La théologie au XXe siècle et l'avenir de la foi

Bernard Sesboüé

La théologie au XXe siècle et l'avenir de la foi

Entretiens avec Marc Leboucher

Desclée de Brouwer

© Desclée de Brouwer, 2007
2, Passage de la Boule-Blanche, 75012 Paris
ISBN : 978-2-220-05741-5

Avant-propos

Le XXᵉ siècle fut un grand siècle théologique. C'est pourquoi j'ai voulu interroger Bernard Sesboüé, qui en fut un témoin, non pas pour qu'il nous en fasse l'histoire au sens technique de ce mot, mais pour qu'il nous dise quels regards il porte sur l'évolution – il faudrait plutôt dire la révolution – qui fut la sienne en cent ans.

En 1900, nous sommes en pleine crise moderniste et la théologie scolastique courante, qui se fait trop facilement passer pour traditionnelle, se débat difficilement avec des remises en question radicales portant sur les Écritures chrétiennes et l'histoire des dogmes. Un travail intense se développe alors et s'exprime à travers une multitude de « mouvements » : le mouvement ecclésiologique et le mouvement liturgique, le renouveau biblique et le renouveau patristique, et d'autres encore. Dans ces recherches, l'*aggiornamento* théologique et doctrinal de l'Église catholique est déjà en marche. Primitivement discret, il s'impose progressivement à la vie du Peuple de Dieu et il reçoit, au milieu du siècle, la confirmation officielle de l'événement conciliaire de Vatican II. Il s'est poursuivi depuis lors dans un climat œcuménique et s'est exprimé une nouvelle fois dans le mouvement christologique des dernières décennies. Une telle transformation n'est pas allée sans turbulences. Mais quelques excès malheureux ne doivent pas cacher la valeur d'un labeur théologique patient, illustré par de très grands noms. Sans doute nul ne peut dire que toutes les questions posées ont été « résolues ». Mais, pour ne prendre qu'un exemple, la simple comparaison entre l'*Histoire des dogmes* de J. Tixeront[1], courageusement publiée entre 1905 et 1911 en pleine crise moderniste, et la récente *Histoire des dogmes*[2] éditée de 1994 à 1996, donne un exemple signifiant du chemin parcouru.

Le bilan ici proposé ne peut être que partiel. Il tient aux choix du théologien interrogé qui a voulu s'engager à titre personnel dans ses propos. Il ne prétend pas donner une histoire complète des grandes œuvres théologiques de ce siècle. Cette histoire a déjà fait l'objet de certaines recherches[3]. Il ne s'attardera pas non plus sur le mouvement biblique au sujet duquel plusieurs exégètes ont récemment donné leur sentiment dans des ouvrages de ce genre.

Ce retour sur un siècle écoulé m'a conduit, pour finir, à poser à mon interlocuteur la question redoutable qui concerne l'avenir de la foi et de l'Église dans notre monde. Comment se fait-il que le grand siècle de réflexion doctrinale sur l'Église se soit achevé par une large désertification des églises en Occident ? Un effort de discernement aussi respectueux que possible sur les contradictions dans lesquelles nous nous débattons était indispensable. Pour y répondre, Bernard Sesboüé s'est livré à un nouveau parcours remontant jusqu'aux origines de la modernité en Europe. Car il voit pour une large part dans la situation actuelle le résultat d'un certain nombre de rendez-vous manqués entre l'Église et ce qu'il y avait de meilleur et

---

1. J. Tixeront, *Histoire des dogmes*, 3 vol., Librairie Lecoffre, Gabalda, Paris, 1905-1911, plusieurs fois réédité.
2. *Histoire des dogmes*, sous la dir. de B. Sesboüé, t. 1 : *Le Dieu du salut*, en coll. avec J. Wolinski, Paris, Desclée, 1994. T. 2 : *L'homme et son salut*, en collaboration avec V. Grossi, L. F. Ladaria, Ph. Lécrivain, 1995. T. 3 : *Les signes du salut*, en collaboration avec H. Bourgeois et P. Tihon, 1995. T. 4 : *La Parole du salut*, en collaboration avec Ch. Theobald, 1996.
3. Cf. par exemple, R. Aubert, *La théologie catholique au milieu du XXe siècle*, Casterman, Tournai, 1954 ; *Bilan de la théologie au XXe siècle*, sous la dir. de R. Van der Gucht et H. Vorgrimler, t. I et II, Casterman, Tournai-Paris, 1970 ; R. Gibellini, *Panorama de la théologie au XXe siècle*, Cerf, Paris, 1994, qui présente les grandes œuvres du siècle, surtout allemandes, et les nouvelles formes de théologie, politique, de la libération, noire, féministe et œcuménique ; Fr. Bousquet, dir., *Les grandes révolutions de la théologie moderne*, Bayard, Paris, 2003.

d'inéluctable dans la modernité. C'est à ses risques et périls qu'il a voulu dire, le plus honnêtement possible et sans langue de bois, comment il voit cet avenir, ses risques comme ses chances. Ce faisant, il est habité par la conviction que la véritable espérance ne peut se développer que sur la reconnaissance de la réalité.

Marc Leboucher

I

Retour aux sources : les Pères témoins de la jeunesse de l'Église

Le point de départ : les Pères et l'Évangile

Je vous propose, Bernard Sesboüé, de commencer par ce premier point : on aurait pu penser qu'un livre avec vous sur l'évolution de la théologie au XXe siècle et sur la foi aujourd'hui partirait du début, c'est-à-dire des évangiles et des Écritures, autrement dit de l'époque fondatrice du Christ. Or vous avez souhaité partir des Pères de l'Église. J'avoue que cela m'étonne, parce que le point de départ de la foi, c'est l'événement du Christ, son enseignement et l'Évangile qu'il nous a laissé.

Bien entendu, le point de départ, c'est l'Évangile qui est sans cesse dans l'Église l'objet d'un retour à la source, à l'origine. Mais la théologie classique de l'époque scolastique, dont celle des Temps modernes a longtemps hérité, considérait que son rapport à la source et à l'Évangile était une chose fermement acquise qu'il n'y avait pas à mettre en question. Son travail théologique partait sans problème des grandes affirmations dogmatiques et se préoccupait de structurer rationnellement le contenu de la foi et de construire des systèmes théologiques. L'originalité du XXe siècle, en cela héritier des questions redoutables posées lors de la « crise moderniste » du tout début de ce siècle, a été d'opérer un retour magistral aux « Sources chrétiennes », comme le dit symboliquement le titre d'une fameuse collection. Car le rapport à la source n'allait plus de soi. Ce mouvement a été double. Il a comporté un retour à l'Écriture dans l'esprit d'une exégèse de plus en plus rigoureuse et scientifique, et aussi un retour aux Pères de l'Église et à l'histoire. Les interrogations de l'époque moderniste avaient concerné à la fois l'Écriture et l'histoire des dogmes. Le XXe siècle, comme le soulignera le P. Congar à propos de Vatican II, a pris une distance à l'égard du IIe millénaire, plus proche et qui le conditionnait au départ, pour se retourner vers le premier millénaire.

Je me suis trouvé, vu le travail qui m'a été demandé, plutôt du côté patristique que du côté scripturaire. Donc, de manière très pratique, je préfère partir des Pères de l'Église.

Sans doute, mais en quoi les Pères de l'Église peuvent-ils être considérés comme des sources, selon le titre de la collection « Sources chrétiennes » ? D'autre part, on a beaucoup discuté sur « la source » ou « les sources ». À Vatican II en particulier, un grand débat a eu lieu sur le rapport entre Écriture et Tradition et sur les « deux sources ». Qu'en pensez-vous ?

Clarifions un peu tous ces termes. La source unique, c'est évidemment l'Évangile, avec un grand É : je reprends ici une formulation du concile de Trente lui-même. Mais l'Évangile, réalité vivante, est d'un même mouvement attesté dans l'Écriture et confié à un peuple qui en sera le porteur vivant et le transmettra de génération en génération. Je prends ici discrètement position sur le problème auquel vous avez fait allusion et qui fut très controversé jusqu'à Vatican II. À partir de l'Évangile, source unique, il y a deux voies de sa transmission dans l'Église, l'Écriture et la tradition. Ces deux voies, on les a appelées indûment « deux sources » contre le vocabulaire du concile de Trente. Une interprétation théologique est même allée plus loin que le Concile en estimant qu'il existait selon lui deux canaux parallèles, et même deux sources ou deux puits dans lesquels on pourrait puiser de l'eau d'un côté comme de l'autre : ce qui n'est pas dans l'Écriture se trouverait dans les ou la tradition orale. Cette thèse est solidaire de la controverse avec les Réformateurs sur le *Scriptura sola*, l'Écriture seule.

Je me rallie à l'autre interprétation, celle qui aura la faveur évidente de Vatican II : l'Évangile, source unique, est attesté dans l'Écriture, elle-même portée par la foi du peuple de Dieu et transmise jusqu'à nous grâce à ce canal de transmission vivant. Il n'y a donc qu'une source, mais une source qui nous parvient à travers une canalisation nécessaire pour que l'eau ne se perde pas ou devienne inutilisable. C'est cela que l'on appelle la tradition : elle transmet à la fois la lettre de l'Écriture et son sens vivant. Le premier acte de la tradition fut la rédaction du Credo, sous des formes diverses d'ailleurs. Le Credo est la récapitulation en quelques phrases très structurées du cœur du message évangélique. Car la foi est toujours un « je crois » qui se dit au présent de l'indicatif. Ce canal de transmission vivante est aussi celui de l'interprétation, de la « diction de sens » et de l'actualisation du message originel. C'est autour et à partir du Credo que les déterminations doctrinales de la foi seront élaborées au cours des âges en fonction des questions qui monteront sans cesse de l'histoire et des cultures.

Ce « je crois », qui doit pouvoir rendre raison de lui-même à travers le temps, va trouver son premier langage dans l'Église ancienne, c'est-à-dire dans les textes des Pères de l'Église. On a distingué à ce sujet, dans le cadre du dialogue œcuménique, « l'époque fondatrice » de l'Église, celle des apôtres, et son « époque édificatrice », celle des Pères de l'Église, c'est-à-dire en gros des docteurs des six premiers siècles. Cette époque édificatrice reste proche de l'époque fondatrice, très proche de la « source » et c'est ce qui explique le titre de la collection « Sources chrétiennes ».

Mais ce n'est plus qu'un sens chronologique. En quoi les écrits des Pères de l'Église sont-ils particulièrement liés à ce que vous avez appelé « la source », c'est-à-dire l'Évangile ?

Ils lui sont liés pour la raison très simple qu'ils sont d'abord et avant tout une lecture de l'Écriture. Le terrain d'envol, si l'on peut dire, de la théologie chrétienne, ce sont les Écritures dans leur totalité. La première théologie fut une réflexion sur le sens et le lien qu'entretiennent entre elles ces différentes Écritures. Au cœur de cette lecture, il y a l'argument prophétique qui nous est devenu aujourd'hui très étranger et qui était alors absolument central. L'argument prophétique, c'est le rapport posé par les chrétiens entre l'Ancien et le Nouveau Testament. C'est l'illustration de la conviction que l'Ancien Testament est une immense prophétie du Christ et que l'événement fondateur du christianisme est l'accomplissement de celle-ci. Entre les deux Testaments, il y a la circulation d'un renvoi mutuel selon l'adage augustinien : « Le Nouveau Testament est caché dans l'Ancien ; l'Ancien est manifesté dans le Nouveau *(Novum in vetere latet ; Vetus in novo patet)*. » C'est ce que le P. de Lubac a développé avec un rare bonheur dans son grand livre *Histoire et Esprit*[1] sur l'exégèse d'Origène.

La théologie de Justin (vers 150) dans son dialogue avec le juif Tryphon en est pour nous la première illustration. Justin veut prouver à son partenaire qu'il n'est pas insensé pour les chrétiens de mettre leur foi en un homme qui a été crucifié, ce qui est un pur scandale pour le rabbin. Il lui montre alors comment les souffrances du Christ ont été annoncées dans le premier Testament, celui dont Tryphon reconnaît pleinement l'autorité. Trente ans plus tard, Irénée de Lyon construit une théologie de l'histoire du salut à partir de l'argument prophétique. Pour Irénée établir une preuve par les Écritures, c'est manifester l'accord entre les deux Testaments. À son tour, Origène thématise de manière plus complexe les trois sens de l'Écriture (le sens littéral, le sens moral et le sens spirituel selon des visées assez diverses d'ailleurs),

---

1. H. de Lubac, *Histoire et Esprit. L'intelligence de l'Écriture d'après Origène*, Aubier, Paris, 1950.

l'essentiel étant toujours que l'Ancien Testament est une figure ou un type (*typos*) du Nouveau.

Ce qui est paradoxal – et aussi très intéressant –, c'est que ces auteurs ne sont nullement dupes de ce qu'ils font. Ils savent très bien que le seul Ancien Testament ne permet pas de « décoder » ses prophéties comme prophéties, ni de déduire le Nouveau à partir de lui. C'est le Nouveau Testament qui fait comprendre l'Ancien comme une prophétie. Ce n'est pas la prophétie qui fait réaliser du premier coup l'événement. C'est la réalisation dans le Nouveau des prophéties qui permet de discerner qu'il y a des prophéties dans l'Ancien. Voilà le paradoxe : on va d'abord du Nouveau à l'Ancien Testament d'où l'on recueille une lumière nouvelle sur le Nouveau. En cela il y a réciprocité.

Mais c'est un peu facile : vous comprenez la prophétie ex eventu, comme on dit, après sa réalisation. La prophétie n'annonce donc nullement l'avenir. À quoi sert-elle ?

Vous avez raison et pourtant la prophétie se révèle pleine de sens. L'intérêt du rapport entre prophétie et accomplissement, c'est qu'il vous donne deux points et qu'il vous permet, comme en mathématiques, d'orienter la droite. Avec un seul point, celui de l'événement, vous pouvez aller dans tous les sens. Avec deux points, vous découvrez que l'événement du Nouveau Testament n'est pas simplement fortuit, mais qu'il est l'objet d'un dessein de Dieu, puisqu'il était annoncé. L'accomplissement non seulement permet de discerner la prophétie dans l'Ancien Testament, mais encore charge de sens ce qui est arrivé. L'orientation de la droite dit sa direction géométrique ; la corrélation entre Ancien et Nouveau manifeste le sens de l'histoire du salut comme œuvre de Dieu. La naissance virginale de Jésus, si troublante et à première vue incroyable, sa mort sur la croix, horrible et odieuse, prennent alors sens : elles sont l'objet d'un dessein de Dieu. L'argument prophétique était un argument doctrinal essentiel qui centrait les Pères de l'Église sur l'Écriture.

En partant des Pères de l'Église, je ne suis donc pas en rupture avec l'Écriture, je suis en présence de la première interprétation de la source scripturaire. N'entrons pas ici dans le domaine de l'exégèse contemporaine, mais la théologie biblique est confrontée aujourd'hui, avec des moyens nouveaux, au même problème du rapport entre Ancien et Nouveau Testament. C'était une préoccupation première de Paul Beauchamp, par exemple, qui estimait que l'exégète contemporain devait reprendre à son compte, avec des procédures nouvelles, le cahier des charges proprement théologique des Pères de l'Église. La remontée qui s'est produite au XXe siècle, de la scolastique des Temps modernes et même médiévale jusqu'aux Pères de l'Église, traduit bien une volonté de retour aux sources. C'est chercher à comprendre l'Écriture dans sa transmission traditionnelle et vivante.

N'oublions pas que la littérature patristique commence à la fin du Ie siècle avec Clément de Rome et sans doute la *Didachè*, et que le IIe siècle est jalonné par des personnes comme Ignace d'Antioche, Justin et Irénée, des témoins de la jeunesse de la foi chrétienne. À propos des Pères de l'Église, on pense spontanément à l'âge d'or du IVe siècle, mais l'époque patristique commence beaucoup plus tôt et va plus loin, jusqu'au VIe-VIIe siècle. Elle a une unité et une continuité.

L'Église et le judaïsme

Une question émerge pourtant, en vous écoutant. Au XXe siècle, dans le monde chrétien, en partie avec le mouvement biblique et les recherches archéologiques, on a redécouvert une nouvelle fraternité entre christianisme et judaïsme. Est-ce que, selon votre conception, lorsqu'un chrétien lit les textes de l'Ancien Testament ou s'intéresse au judaïsme, il ne doit les considérer que comme une préparation au christianisme? N'est-ce pas là le problème de la fameuse Bible des communautés *? Un texte des Psaumes ou l'histoire du Roi David par exemple ne seraient que des préfigurations, et n'auraient pas leur spécificité juive d'abord?*

Vous ajoutez à mes propos un *ne... que...* que je n'ai pas dit. Je ne nie en rien qu'il y ait un contenu de révélation dans l'Ancien Testament et que ce contenu vaut en et par lui-même. Mais comme chrétien, je dois dire que ce contenu est en mouvement constant et qu'il est engagé vers un avenir où il trouvera son plein accomplissement. L'élection du peuple juif, la foi d'Abraham et l'Alliance mosaïque appartiennent à la totalité de l'histoire du Salut. Le Nouveau Testament ne gomme pas l'Ancien : il l'accomplit : « Je ne suis pas venu abolir, mais accomplir », dit Jésus (Mt 5, 17). Une formule de Jean-Paul II, adressée aux juifs en Allemagne en 1980, parle « du Peuple de Dieu de l'Ancienne Alliance, une alliance qui n'a jamais été dénoncée par Dieu (cf. Rm 11, 29)[2] ». Puis le pape cite les *Orientations* pour l'application de la déclaration conciliaire *Nostra Aetate*, affirmant la valeur propre et perpétuelle de l'Ancien Testament, « puisque cette valeur n'a pas été oblitérée par l'interprétation ultérieure du Nouveau Testament qui lui donne son sens plénier[3] ». Ces expressions ont pu être mal comprises et donner à entendre que l'Église n'avait pas à annoncer Jésus-Christ aux juifs, qui resteraient au bénéfice de la première Alliance. Mais pour le chrétien, l'Ancien Testament est une Écriture, c'est-à-dire l'attestation de la Parole de Dieu et donc un texte de référence fondateur. Cela, Pascal l'avait dit dans ses *Pensées*, en s'étonnant qu'une religion nouvelle reprenne à son compte les documents d'une religion précédente : « Preuves des deux testaments à la fois. Pour prouver d'un coup tous les deux, il ne faut que voir si les prophéties de l'un sont accomplies en l'autre. [...] Le vieux testament est un chiffre[4]. » Karl Barth, dans un tout autre contexte, disait que le christianisme a en quelque sorte été privé de son enfance, parce que dans sa première jeunesse il était déjà ancien, puisqu'il était issu de l'Ancien Testament.

---

2. DC 1807 (1981), p. 427.
3. *Ibid.*
4. Pascal, *Pensées*, 274 et 276 (Lafuma).

Cela dit et qu'il fallait dire, vous posez cependant là un problème redoutable. Ce que je viens d'énoncer sur l'Ancien Testament comme prophétie est évidemment inacceptable pour un juif, puisque mes paroles affirment que l'Ancien Testament ne se suffit pas à lui-même, mais qu'il a besoin de quelque chose d'extérieur à lui pour trouver sa vérité totale. C'est comme s'il ne possédait pas en lui-même son propre centre de gravité. Ces affirmations sont typiquement chrétiennes et douloureuses pour un juif. Je soulignerai cependant qu'elles expriment aussi toute la valeur de révélation que le christianisme reconnaît à la première Alliance et au corpus de l'Ancien Testament. Mais même ce terme d'« Ancien », qui remonte au témoignage de l'épître *aux Hébreux*, est difficile à entendre pour un juif. De Gaulle, dans sa célèbre conférence de presse, avait prudemment employé le seul terme de « Testament ». Aujourd'hui beaucoup veulent répandre l'appellation de « Premier Testament ». Elle est acceptable, mais elle risque d'être inopérante. À quoi sert-il de gommer une expression « qui fâche » ? Il s'agit de regarder en face, et dans le respect mutuel, la grave divergence de foi qui existe entre juifs et chrétiens, puisque son objet est Jésus-Christ.

Vous avez dans le Nouveau Testament lui-même des formules extrêmement sévères sur ce sujet, par exemple chez saint Paul, juif lui-même et très attentionné à ses anciens coreligionnaires, quand il parle d'eux en Romains 9-11. Cependant, faisant référence au voile dont se couvrait Moïse pour que le peuple ne voie pas l'éclat de son visage, il va jusqu'à dire : « Mais leur intelligence s'est obscurcie ! Jusqu'à ce jour, lorsqu'on lit l'Ancien Testament, ce même voile demeure. Il n'est pas levé, car c'est en Christ qu'il disparaît. Oui, jusqu'à ce jour, chaque fois qu'ils lisent Moïse, un voile est sur leur cœur. C'est seulement par la conversion au Seigneur que le voile tombe » (2 Co 3, 14-16). On retrouve la chose dans la statue de la cathédrale de Strasbourg qui représente la synagogue avec un bandeau sur les yeux. Comprenez bien que je ne cite pas ce texte dans un esprit de polémique. Je ne juge en rien les personnes. Je reconnais avec joie tout ce qui est commun aux juifs et aux chrétiens ; je signe toutes les affirmations de la déclaration de Vatican II, *Nostra Aetate*, sur le judaïsme. Mais le chrétien a le droit de dire quelle est sa foi. La parole de Paul exprime tout simplement la conviction chrétienne du rapport entre l'Ancien et le Nouveau Testament.

Pourtant l'élection du peuple juif appartient au dessein de Dieu dans le Christ !

Il faut garder toute sa valeur à cette élection et, je dirai aussi, à la conséquence de cette élection qui est le Mystère d'Israël parmi les nations, un Mystère qui continue, aujourd'hui encore, même après la venue du Christ. En même temps, et voilà le point clé et donc le plus difficile dans notre dialogue avec les juifs : nous chrétiens, nous ne pouvons admettre que les juifs demeurent toujours au bénéfice de la première alliance, de l'alliance mosaïque, et que Jésus-Christ ne soit pas venu pour eux. Pour un chrétien, la venue de Jésus de Nazareth est celle d'un Médiateur universel entre Dieu et les hommes. Elle s'adresse absolument à toute l'humanité. On ne peut pas penser qu'il ne serait pas venu pour le peuple qui l'a porté à l'existence et lui a permis d'être suscité, le peuple qui est le sien, puisqu'il était juif lui-même, et qu'il se serait adressé à tous les autres. D'ailleurs, on remarque la priorité que Jésus a toujours respectée en adressant sa prédication d'abord à son peuple. Il est même étonnant que son ministère public soit presque réservé aux juifs. Il ne s'adresse qu'exceptionnellement aux païens. Mais, avant de quitter ses disciples, il les envoie à toute l'humanité, aux extrémités de la terre. Le programme du début des *Actes des apôtres* précise encore la priorité juive : « Vous serez mes témoins à Jérusalem, dans toute la Judée et la Samarie et jusqu'aux extrémités de la terre » (Ac 1, 8). Ce sera le mouvement de tout le livre, l'Évangile passant des juifs aux païens. Saint Paul s'adresse toujours d'abord à la communauté juive des villes qu'il traverse ; et quand cette communauté ou si cette communauté le refuse, il passe aux païens.

Il faut donc en tenir compte et nous, chrétiens, devons nous convertir d'une habitude polémique, à laquelle les Pères de l'Église ont participé aussi dans une certaine mesure, celle qui a tendance à discréditer le partenaire et à minimiser la valeur de ce qu'il représente. Mais en disant cela, je ne prétends pas résoudre ce problème, redoutable encore une fois, et qui tient au spécifique chrétien. Il n'y a d'ailleurs pas de symétrie entre juifs et chrétiens : les premiers peuvent considérer que le problème chrétien n'est pas leur problème, tandis que les seconds ne peuvent se dégager de leur héritage juif qui tient à l'essence de leur foi.

Lire aujourd'hui les Pères de l'Église

Je reviens à nouveau aux Pères de l'Église : est-ce qu'il y a un intérêt à les lire aujourd'hui et à les relire ? On voit bien qu'un auteur comme saint Augustin a reçu une véritable aura de nos jours, parce qu'il intéresse les psychanalystes à cause de ses Confessions *et les historiens du politique à cause de* La Cité de Dieu *; il intéresse même Gérard Depardieu, parce qu'il parle de théâtre. Mais au-delà de ces quelques rencontres fortuites, quel intérêt présentent-ils pour nous ?*

Constatons d'abord un fait : la voix des Pères de l'Église s'est fait entendre à nouveau au XXe siècle. Leur parole a résonné. Elle est sortie des séminaires et des facultés de théologie et elle a parlé à la conscience chrétienne contemporaine. Elle a provoqué un étonnement joyeux par sa manière d'exprimer la jeunesse de la foi, en deçà et au-delà des constructions scolastiques. Elle a fait sens. Les formules d'un Irénée, par exemple, ont fait mouche. À travers une distance culturelle évidente, parfois inquiétante mais toujours fascinante, nous nous trouvons en présence d'une unanimité entre leur foi et la nôtre. Cette expérience a une dimension affective, elle concerne la joie de croire. Elle n'est pas seulement celle des spécialistes, elle a pénétré le peuple de Dieu et intéressé les chrétiens laïcs. Vous n'auriez pas vu au début du XXe siècle des laïcs passer un week-end entier pour réfléchir sur Clément de Rome, Ignace d'Antioche, Irénée, Origène et bien d'autres. Eh bien, ils étaient intéressés ; ils étaient passionnés ! Enfin, la voix des Pères de l'Église s'est fait puissamment entendre pendant le concile de Vatican II. Certains dossiers théologiques ont été révisés à leur école. Voilà le fait sur la signification duquel nous pouvons nous interroger.

Avec les Pères, nous avons affaire à des gens qui ont fait naître la théologie à partir de leur lecture de l'Écriture. Car le christianisme n'est pas une religion du livre comme peuvent l'être le judaïsme ou l'islam. Le christianisme bien sûr reçoit l'Écriture et la respecte dans son intégralité, mais il transmet, à l'intérieur d'une communauté vivante et tout ensemble, la lettre de l'Écriture et le sens qui en fait l'unité. Telle est la tradition dont les Pères constituent les premiers chaînons. C'est chez eux que nous trouvons la première élaboration systématique du mystère chrétien et les témoignages de la première transmission vivante de la foi issue de la parole de l'Écriture. Telle est la raison pour laquelle les Pères de l'Église ont parlé autrefois et nous « parlent » encore aujourd'hui.

Prenons simplement l'exemple d'Irénée qui est la parfaite illustration de ce que je veux vous dire et pour lequel j'ai un faible. La distance culturelle entre lui et moi est considérable. Il a une manière de raisonner qui n'est pas la mienne. Il se bat avec les gnostiques qui ne sont plus dans mon champ de conscience. Et pourtant, quand je le lis, je me sens en communion de foi avec lui, comme avec un frère contemporain. Telle harmonique de la foi, il l'a sentie et su l'exprimer avec bonheur. Il a des formules splendides. On a d'ailleurs quelquefois le tort de retirer d'Irénée quelques formules, sans les resituer dans tout le mouvement de sa pensée. On cite trop souvent, par exemple, « La gloire de Dieu, c'est l'homme vivant », en arrêtant la formule en son milieu et sans dire aussitôt avec lui « et la vie de l'homme, c'est de voir

Dieu[5] ». Surtout, avec les catégories puisées chez saint Paul et saint Jean, il a construit la première théologie de l'histoire du salut, centrée autour de la récapitulation de toutes choses dans le Christ. Il est un témoin privilégié de la genèse du discours chrétien, au moment même où le christianisme prenait figure. Il n'est évidemment pas le seul : d'autres ont même contribué davantage à la création du vocabulaire chrétien. Voilà à mon avis pourquoi les chrétiens du XXe siècle ont trouvé tant d'intérêt à la lecture des Pères de l'Église, et pourquoi ces derniers ont envahi en quelque sorte notre préoccupation de chrétiens.

Ce retour aux Pères de l'Église en amont de la scolastique a été vu au départ par certains théologiens scolastiques et romains d'un fort mauvais œil. On l'a même compris comme une volonté de régression. Cela a compté dans la suspicion qui s'est abattue sur le P. de Lubac. Même Hans Urs von Balthasar a été critiqué pour cette raison. Les théologiens officiels, qui tenaient alors le haut du pavé, leur disaient que la théologie scolastique était infiniment plus élaborée, mieux construite, vraiment systématique et qu'il n'y avait nul besoin de revenir aux balbutiements, sans doute méritoires, des Pères. Ce dont ces théologiens ne voyaient pas l'intérêt, c'est précisément ce qui a fait l'effet d'un air frais et neuf : un langage beaucoup moins technique que le langage des scolastiques, et donc plus proche à la fois de l'Écriture et de l'expérience humaine fondamentale, bref la sève de la foi. Les Pères de l'Église sont en amont des distinctions scientifiques entre théologie dogmatique, théologie spirituelle, morale ou canonique. Pour eux, tout cela ne fait qu'un dans un jaillissement premier. Chez eux les grandes œuvres dogmatiques sont aussi des œuvres pastorales et des œuvres spirituelles. Ce qui faisait l'objet de leur recherche, ils le prêchaient au peuple. Voilà pourquoi le XXe siècle a voulu remonter jusqu'à eux. Le Père Congar a vu juste quand il caractérisait

---

5. Irénée, *Contre les hérésies*, IV, 20,7.

la démarche globale de Vatican II comme un retour au premier millénaire par-delà le second. Dans ce retour en arrière, le Concile s'est engagé à la suite du mouvement patristique. Le côté paradoxal de l'affaire est que le retour au plus ancien nous ouvre les voies de l'avenir. Ce plus ancien a même paru à certains « novateur », au sens péjoratif du mot, c'est-à-dire « hérétique ». Aujourd'hui la référence à la tradition du premier millénaire joue un rôle essentiel dans la compréhension de la foi.

Vous ne m'avez parlé que d'Irénée, mais je suis tenté de vous demander des noms, des visages pour sortir de cet anonymat collectif, qui recouvre sans doute bien des diversités.

Les Pères de l'Église, en effet, constituent toute une littérature. Ils ne sont pas un ou deux, c'est un petit peuple, comme on peut parler du petit peuple des saints. Il y en a deux qui émergent particulièrement et dont on peut affirmer qu'ils appartiennent au « patrimoine mondial de l'humanité », selon le vocabulaire de l'Unesco, c'est-à-dire qu'ils sont deux vrais génies. Il s'agit d'Origène en Orient au IIIe siècle, et d'Augustin en Occident au Ve siècle. Ce sont des « phares » dont l'intelligence est telle – et la production aussi – qu'ils n'arrêtent pas aujourd'hui de fasciner, non seulement dans les milieux ecclésiastiques mais aussi dans l'Université.

À tout seigneur tout honneur ! Parlons un instant d'Origène, un « universitaire » dirions-nous aujourd'hui. Savez-vous qu'il existe tous les quatre ans un congrès international universitaire qui se réunit autour de l'œuvre d'Origène ? Ces rencontres se traduisent par des livres énormes. Je viens de rendre compte pour les *Recherches de science religieuse* du huitième congrès origénien portant sur la tradition alexandrine, milieu de grande effervescence intellectuelle à son époque.

Origène était un chrétien particulièrement cultivé qui a consacré sa vie, à Alexandrie d'abord et à Césarée de Palestine ensuite, à la recherche sur l'Écriture, avec toutes les méthodes accessibles de son temps. D'une part, il écrivait nombre de commentaires des livres bibliques et, d'autre part, il donnait l'homélie lors des assemblées chrétiennes. Origène est au cœur de la lecture ecclésiale de l'Écriture, que j'évoquais tout à l'heure. Il avait le sens du texte et sa préoccupation commence par l'établissement des textes, en cette époque où il n'y avait pas d'imprimerie. Il a écrit un ouvrage presque totalement perdu, dont on a gardé un certain nombre de fragments, qui s'appelle les *Hexaples*, c'est-à-dire une présentation de la Bible établie en six colonnes. La première colonne donne le texte hébraïque ou massorétique. Car Origène a appris l'hébreu à l'école d'un juif pour retourner aux textes originaux de l'Ancien Testament. La deuxième colonne donne la transcription du texte hébraïque en caractères grecs. La troisième est occupée par la traduction grecque de la Septante et les trois dernières par les traductions juives de l'Ancien Testament dues à Aquila, Symmaque et Théodotion, en esprit de compétition à l'égard de la Septante utilisée par le Nouveau Testament et les chrétiens. Pour les *Psaumes*, comme il existe davantage de traductions, Origène va jusqu'à neuf colonnes. C'est la méthode du mot à mot et du juxtalinéaire. Dans la première moitié du IIIe siècle, Origène découvre qu'il y a des différences entre l'hébreu et le grec et aussi entre les diverses traductions grecques. Il note et classifie avec précision toutes les variantes. Dans le même esprit de remontée vers le texte original, nous redécouvrons aujourd'hui que les divergences entre le texte hébraïque et la Septante ne sont pas forcément le fait d'une infidélité de la traduction, mais qu'elles peuvent renvoyer à un autre type original du texte hébreu que le massorétique. Donc, quand le grec n'est pas d'accord avec l'hébreu, ce n'est pas forcément l'hébreu qui a raison. On a par exemple découvert à Qumran certains papyrus dont le texte hébraïque est plus proche de la traduction de la Septante que du texte massorétique. De plus, nos manuscrits de la Septante sont beaucoup plus anciens que les plus anciens manuscrits de la massore. Les choses sont infiniment complexes et nous renvoient à la question du statut du texte écrit par rapport à la tradition vivante qui le porte. Actuellement, un groupe de chercheurs des Hautes Études élabore une édition scientifique de la Bible de la Septante et reprend tous ces problèmes. Tout récemment, des chercheurs anglais viennent de rééditer l'introduction aux *Hexaples* écrite vers 1875 par Frederick Field, chercheur passionné de tous les fragments en cause. Nous sommes donc là sur des questions extrêmement vivantes et actuelles. Ces chercheurs avancent sur la voie primitivement tracée par Origène.

Mais tout cela n'est encore qu'un préalable, l'établissement du texte. Origène a inventé et construit, dans une perspective théologique, le système des trois sens de l'Écriture. Pourquoi trois sens? Parce qu'il se faisait l'objection à lui-même que certaines histoires de l'Ancien Testament (combats guerriers, exécutions des ennemis, adultères et même incestes) n'étaient pas très édifiantes et tombaient facilement sous le coup de la dérision des païens qui les reprochaient volontiers aux chrétiens et leur disaient qu'ils n'en étaient plus là dans la considération de leurs mythes. Origène développe plusieurs grilles différentes des trois sens de l'Écriture que le P. de Lubac a amoureusement analysées dans son grand livre *Histoire et Esprit*, que j'ai déjà mentionné. En simplifiant beaucoup, disons que le premier sens est le sens littéral et correspond à l'histoire racontée; le second sens est moral, c'est-à-dire qu'il constitue une pédagogie évangélique et donne un enseignement invitant à la conversion de la conduite; le troisième sens est spirituel, allégorique ou plus exactement *typologique*. Il révèle à celui qui le cherche que ces histoires – la lettre – sont une *figure* de ce qui va s'accomplir dans le mystère du Christ et de l'Église et de ce qui se réalise en chaque âme chrétienne devenue épouse du Christ. Origène s'émerveille du fait qu'à travers des histoires de rois, de meurtres, de batailles ou d'amour, ce sont des réalités divines qui nous sont transmises. Seulement, il faut savoir les trouver par une approche spirituelle. L'Alexandrin s'y emploie avec une créativité extraordinaire, proposant sans imposer, et demandant même à son lecteur de trouver mieux.

Augustin en Occident est l'héritier de cette lecture de l'Écriture élaborée chez les Pères grecs. Son commentaire sur l'évangile de Jean, une des plus belles œuvres de la littérature patristique, s'inscrit dans la même veine. Augustin nous touche aussi par ses *Confessions*, ouvrage qui marque l'émergence du point de vue du sujet et d'un genre littéraire qui fera florès en Occident. Il est un véritable homme-orchestre, philosophe autant que théologien. Il aime la musique, les sciences mathématiques et la technique. En théologie, il est un chercheur génial qui veut sans cesse « comprendre » – c'est la fameuse formule de « la foi qui cherche à comprendre (*fides quaerens intellectum*) – les points les plus difficiles, comme la Trinité, l'anthropologie chrétienne et la grâce (même si sa thématisation du péché originel a été ambiguë), le sacrifice du Christ et les sacrements ; tout cela pour répondre en vérité aux questions de ses contemporains. Sa postérité intellectuelle s'étend jusqu'à nos jours, comme l'a bien mis en lumière la toute récente *Encyclopédie Saint Augustin. La Méditerranée et l'Europe, IVe-XXe siècles*[6]. Bref, si le général de Gaulle disait avec humour qu'il y avait deux sortes de chercheurs : « Des chercheurs qui cherchent, on en trouve ; mais des chercheurs qui trouvent, on en cherche », Origène et Augustin ont été de prodigieux chercheurs qui ont trouvé.

La Gnose

Une question pour vous taquiner, puisque vous avez évoqué Irénée et les gnostiques : quand vous écrivez un livre de mise au point sur le Da Vinci Code[7], *est-ce que vous avez l'impression de répondre à de nouveaux gnostiques ?*

Le *Da Vinci Code* n'est pas sérieusement comparable au mouvement gnostique ancien. Car rien n'est sérieux dans ce livre qui

---

6. Édition française de M.-A. Vannier, Cerf, 2005.
7. Cf. B. Sesboüé, *Le* Da Vinci Code *expliqué à ses lecteurs*, Seuil, Paris, 2006.

aurait dû se contenter d'être un roman policier et ne pas chercher à tromper son lecteur en lui faisant croire qu'il lui révélait des événements de l'histoire. Mais ce n'est pas pour rien que vous avez dans cet ouvrage une tendance ésotérique qui s'apparente à une forme de gnose. On a pu dire de la gnose qu'elle était éternelle et qu'elle constitue une tentation constante de l'humanité. On la constate aujourd'hui dans certains courants comme dans le Nouvel Âge. Certaines caractéristiques de ce mouvement constituent une forme moderne de gnose.

Comment définiriez-vous la gnose ? Tout simplement, qu'est-ce que c'est ?

Le mot de gnose veut dire connaissance (*gnosis*). La gnose est un désir de trouver le salut à travers une connaissance réservée à une élite privilégiée. La gnose est en quelque sorte réservée à une aristocratie de la pensée. Les gnostiques sont des gens qui ont été les bénéficiaires d'une révélation secrète particulière qui les met au-dessus de l'humanité. Ce trait est le plus commun. Une autre caractéristique importante du gnosticisme ancien, c'est le *dualisme*, qui ne vaut pas pour la gnose moderne. Ce dualisme d'un Dieu bon et d'un démiurge inférieur entraîne une dévalorisation radicale de tout ce qui appartient au monde cosmique et par voie de conséquence de tout ce qui appartient à la corporalité et à la chair. La gnose, élaborée sans doute dans les milieux juifs et hellénisés d'Alexandrie à partir de 120, s'est inspirée à la fois du platonisme, du judaïsme et du christianisme. Elle développe des exégèses de textes bibliques très spéculatives qui lui sont propres.

Mais la gnose a pris aussi une dimension proprement chrétienne. Irénée, dans son fameux livre *Contre les hérésies* – ou, comme le dit le titre complet, la *Dénonciation et réfutation de la gnose au nom menteur* –, entend bien défendre la « vraie gnose », c'est-à-dire le christianisme, contre les adeptes de la « fausse gnose » ou prétendue connaissance. La grande différence, c'est que la connaissance donnée dans le christianisme n'est pas une connaissance ésotérique réservée à quelques privilégiés, c'est la révélation du dessein de Dieu sur l'humanité, qui a une visée universelle. Dom Dupont[8] avait analysé autrefois la double trilogie qui traverse les épîtres de saint Paul. Vous avez la fameuse trilogie que tout le monde connaît : foi, espérance, charité (1 Co 13) ; mais Paul parle aussi au nom d'une autre trilogie : foi, espérance, connaissance (*gnosis*). La gnose est l'homologue de la charité au sommet de la trilogie. Il ne s'agit pas d'une connaissance abstraite, mais d'une connaissance-communion, autre nom de la charité qui demeure.

Le mouvement patristique du XXe siècle

Revenons à ce renouveau patristique qui a marqué fortement le catholicisme et le christianisme au XXe siècle. Comment l'avez-vous perçu, est-ce qu'il y a des personnalités qui vous ont marqué ? Vous vous inscrivez dans un mouvement, avec d'autres théologiens, qu'auriez-vous à dire de ce renouveau patristique ?

Ce renouveau patristique s'est produit un peu partout à travers le monde ; mais je vais vous parler de ce que je connais mieux, c'est-à-dire de ce qui s'est passé en France et en particulier autour de la création de la collection « Sources chrétiennes ». Cela nous ramène au Père de Lubac, qui avait un vieux maître, le Père Fontoynont, l'auteur d'un vocabulaire grec encore en usage aujourd'hui. Ces deux hommes ont beaucoup réfléchi ensemble à Fourvière, pendant les années de la guerre. Ils voulaient offrir aux catholiques d'aujourd'hui un accès possible et facile aux textes des Pères de l'Église. Dans son premier livre de 1938, qui s'appelle *Catholicisme*[9], livre germinatif de sa pensée, le Père de Lubac avait ajouté une cinquantaine de textes des Pères de l'Église, traduits en

---

8. Dom J. Dupont, *Gnosis. La connaissance religieuse dans les épîtres de saint Paul*, Gabalda, Paris, 1949.
9. H. de Lubac, *Catholicisme. Les aspects sociaux du dogme*, nouvelle éd., in Œuvres complètes, VII, Cerf, Paris, 2003.

français, qu'il estimait inaccessibles à l'époque à des lecteurs qu'il voulait familiariser avec la pensée patristique. C'est de ce souci qu'a germé l'idée de la collection « Sources chrétiennes ».

L'idée primitive ne visait qu'une traduction d'œuvres entières et restait assez modeste, pratiquement une collection de vulgarisation. Les tout premiers volumes ne comportaient pas le texte original (ils furent réédités plus tard avec celui-ci), par exemple les œuvres de Grégoire de Nysse et de Clément d'Alexandrie. N'oublions pas que c'était la guerre et l'après-guerre. Dans la suite, la collection évolua, sous la direction énergique du P. Claude Mondésert, vers le niveau scientifique : établissement des textes à partir de la tradition manuscrite sur des bases nouvelles, traduction abondamment annotée, introductions historiques et théologiques. Le modèle en était la célèbre collection Guillaume Budé qui éditait depuis l'entre-deux-guerres les grands textes de la littérature ancienne, grecs (avec la chouette en jaune) et latins (avec la louve en rouge) en donnant en vis-à-vis l'original et la traduction. Cette évolution est due aussi au fait que nombre d'universitaires se sont engagés dans les éditions et les traductions de la collection. Au printemps 2006, nous arrivons au 500e volume, le traité *De l'unité de l'Église catholique* de saint Cyprien de Carthage. Quand j'étais jeune jésuite en formation, je me rappelle la sortie du cinquantième volume. Vous voyez le chemin parcouru. La petite collection est devenue un véritable corpus, même s'il est encore très incomplet, et son autorité s'est imposée bien au-delà des frontières françaises. Depuis lors, d'autres collections se sont inscrites dans son sillage, parfois en gardant davantage le souci d'une haute vulgarisation destinée à des chrétiens qui ne sont pas théologiens de métier. La collection « Sources chrétiennes » est le signe de cet intérêt renouvelé pour les Pères de l'Église, signe et cause d'ailleurs, car sa mise en œuvre a provoqué toute une germination. Elle porte le nom de ses deux fondateurs, Henri de Lubac et Jean Daniélou, mais elle doit beaucoup à celui qui l'a réalisée, Claude Mondésert.

Vous avez évoqué les deux plus grands Pères de l'Église, Origène et Augustin ; parlez-nous maintenant des grandes figures du mouvement patristique français. Par exemple, Henri de Lubac.

Henri de Lubac, jeune professeur à l'Institut catholique de Lyon au début des années trente, n'enseignait pas à Fourvière mais il est venu y habiter. Il y animait un groupe de jeunes jésuites étudiants en théologie dont les noms montrent qu'ils étaient prometteurs : Hans Urs von Balthasar, Henri Bouillard, Donatien Mollat, François Varillon et Jean Daniélou. « Nous étions un groupe beau, décidé et téméraire », dira plus tard Balthasar. Lubac leur communiqua son souci du « retour aux sources » et leur « distribuait généreusement à tous fiches et citations ». Il transmit à Balthasar et à Daniélou son goût pour Origène.

Son premier ouvrage, *Catholicisme*, que j'ai déjà nommé et qui sera amplifié, presque chapitre par chapitre, dans de nombreux livres ultérieurs selon une croissance naturelle, représente une nouvelle manière de faire de la théologie, et de la théologie proprement dogmatique. C'est une petite révolution qui s'ignore. Car H. de Lubac traite de dogme, *Les aspects sociaux du dogme*, dit le sous-titre. Or le livre est totalement construit à partir des textes de la tradition, de manière cumulative d'ailleurs, à partir d'une série d'articles plus tard montés et complétés pour faire des livres. La méthode, très empirique au départ, se révèle féconde. Elle introduit l'histoire dans la réflexion chrétienne et se met au service d'une visée proprement théologique. Les enquêtes historiques les plus fouillées du P. de Lubac, comme *Histoire et Esprit* ou *Surnaturel*[10], sont toujours habitées par cette visée et portées par une intuition fondée sur un sens profond de la foi chrétienne. Une fois l'enquête réalisée, c'est cette même intuition qui va faire l'unité du volume à écrire. Les matériaux rassemblés confirment, enrichissent, nuancent l'intuition, éventuellement la déplacent et

---

10. H. de Lubac, *Surnaturel. Études historiques*, Aubier, Paris, 1946.

l'élargissent. Ils lui donnent un corps et en font un ensemble doctrinal précis.

L'intuition théologique était là au préalable, avec tout ce qu'elle comporte de curiosité, de sensibilité, et d'attention aux pans de la tradition qui sont tombés dans l'oubli. C'était celle du P. de Lubac, dont le flair savait trouver la truffe dans les colonnes interminables des patrologies grecque et latine, éditées au XIXe siècle par l'abbé Migne. Elle comportait aussi une réaction consciente et délibérée à la théologie de controverse à propos de laquelle il aimait répéter cette formule : « C'est un grand malheur, a-t-on dit, d'avoir appris le catéchisme contre quelqu'un[11]. » On ne l'apprend ainsi qu'à moitié et l'étroitesse du point de vue risque d'entraîner à des idées fausses. Au cœur de ses intuitions il y a toujours le respect du *paradoxe* chrétien : dans nombre de domaines, le christianisme propose des données antagonistes, apparemment inconciliables.

Mais quel fut l'impact de tout cela sur la théologie et l'enseignement de la théologie ?

C'est très clair. Cette méthode apparemment innocente et modeste sera le vers dans le fruit de la méthode élaborée dans les Temps modernes pour traiter un dossier dogmatique. Prenons comme point de départ la structure classique de la thèse théologique qui donnait sa forme essentielle à l'enseignement, même si le professeur restait libre de ses investissements et de ses préoccupations. La thèse théologique était une proposition doctrinale, souvent magistérielle, dont les termes étaient d'abord expliqués ; puis elle était prouvée successivement par l'Écriture, la tradition et la raison théologique. Sans doute dans les dernières générations de manuels et dans les cours plus récents, la série des thèses était-elle précédée d'une partie historique, de théologie dite « positive ». L'histoire y reprenait ses droits. Mais la forme scolastique qui

---

11. *Catholicisme, op. cit.*, p. 267.

faisait appel aux citations ayant valeur de preuve (*dicta probantia*), qu'il s'agisse de l'Écriture ou de citations patristiques, n'avait pas perdu les siens. Un professeur pouvait dire, au témoignage du P. Congar : « Mon cours est achevé, je n'ai plus que les citations scripturaires à ajouter. » Il aurait pu dire aussi bien la même chose pour les citations patristiques. La recherche de l'intelligibilité de la foi se faisait dans le cadre de la théologie scolastique des derniers siècles. Écriture et tradition étaient instrumentalisées au titre de *dicta probantia* et d'illustrations. Elles avaient perdu leur force d'interpellation constante.

Le renouveau patristique a largement contribué à l'abandon de cette instrumentalisation du témoignage des Pères, en une séquence de noms rapidement cités à comparaître pour nourrir la preuve de la thèse préétablie. Il leur a redonné la parole, leur propre parole, telle qu'elle est inscrite dans l'ampleur de leurs œuvres et qu'elle prend sens à l'intérieur d'une conception bien précise de l'acte théologique. La tradition n'est plus un magasin documentaire, resté extérieur à la vraie théologie spéculative. Un mur de séparation est renversé. La tradition est entrée en théologie : elle devient l'objet même de l'acte théologique. Elle construit une théologie, qui n'est d'ailleurs pas « nouvelle », quoi qu'on en ait dit. Tel est le sens de l'effort du premier *Surnaturel*.

Les textes eux-mêmes des Pères, « cette grande voix unanime » comme Lubac aimait à le dire, viennent donc structurer l'intuition et engendrer le discours théologique. Celui-ci est le fruit d'une réflexion qui s'est nourrie jusqu'à l'évidence de l'abondance des témoignages. L'époque patristique ne constitue d'ailleurs aucune exclusive dans ces enquêtes sur la tradition. Tous ses âges sont cités à comparaître. Les auteurs médiévaux interviennent spontanément à la suite des Pères de l'Église, de même que des modernes ou des contemporains. De *Catholicisme* à *Surnaturel*, on retrouve la même méthode.

Cette manière de faire donne une place capitale à la tradition de la foi et donc aussi à l'histoire dans l'exposé du dogme. « En connexion étroite avec son caractère social, [il y a] un autre caractère de notre dogme, également essentiel: son caractère historique[12] », disait H. de Lubac dans *Catholicisme*. Car « Dieu agit dans l'histoire, Dieu se révèle dans l'histoire. Bien plus, Dieu s'insère dans l'histoire, lui conférant ainsi une "consécration religieuse" qui oblige de la prendre au sérieux. [...] Si notre salut est d'essence sociale, l'histoire tout entière devient, entre Dieu et chacun d'entre nous, le truchement obligé[13] ». Lubac cherche à réconcilier l'histoire et la dogmatique après la douloureuse crise moderniste. Il voit le dogme comme un édifice lentement construit par la tradition sur le témoignage des Écritures. La méthode associe spontanément la théologie fondamentale et la théologie dogmatique. Car dans l'histoire les deux points de vue se sont épaulés l'un l'autre, comme il apparaît à l'évidence chez un Irénée.

Vous avez prononcé plusieurs fois le mot de surnaturel. *Le livre du P. de Lubac dont il était le titre n'a-t-il pas été au cœur de la crise d'*Humani generis *en 1950?*

Bien évidemment, la simple mention de ce terme et de ce titre le rappelle suffisamment: le souci de faire honneur à l'histoire en théologie et en dogme sera à la source des ennuis du P. de Lubac. Ce qui lui sera reproché par ses adversaires, c'est une prétention à remettre en cause « non seulement le mode d'exposition de la théologie, mais *la nature même de la théologie*, bien plus celle du dogme[14] ». Ce fut le moment où la petite révolution discrète qui s'esquissait à partir du retour aux Pères de l'Église et de l'introduction de l'histoire dans la méthode théologique a été considérée comme une dangereuse révolution qui mettait le dogme catholique lui-même en cause. Certains théologiens, comme le

---

12. *Ibid.*, p. 110.
13. *Ibid.*, p. 133-134.
14. R. Garrigou-Lagrange, « La nouvelle théologie, où va-t-elle? », *Angelicum*, 23, 1946, p. 136.

P. Garrigou-Lagrange, qui étaient habitués à considérer leur propre théologie comme la seule expression possible du dogme catholique, allons plus loin, qui confondaient les positions théologiques couramment acquises dans les derniers siècles avec ce dogme, ont alors tiré le signal d'alarme auprès de Pie XII. Ils y ont vu une reviviscence du modernisme. S'ensuivirent plusieurs années de controverses graves entre théologiens et de procès de tendance sur un certain nombre de points clés de la dogmatique qui aboutirent à l'encyclique *Humani generis*. Étaient en cause des points de philosophie, comme l'analogie de la vérité, et de théologie, comme les questions de la connaissance de Dieu, des sources de la révélation, bien entendu du rapport de gratuité entre la nature humaine et sa vocation surnaturelle dans l'intention créatrice de Dieu, du péché originel et de l'eucharistie. Je ne prétends pas d'ailleurs être complet.

On peut dire que la crise théologique de 1950, qui s'est soldée par la mise à l'écart de l'enseignement du P. de Lubac et de bien d'autres professeurs, fut la seconde grande crise du XXe siècle après celle du modernisme. Je ne peux entrer ici dans son histoire. Je me suis d'ailleurs expliqué sur la question du surnaturel dans un article des *Recherches de Science religieuse*[15]. Dans le sillage de la crise de 1950, il faut placer celle de 1954 où, cette fois-ci, ce furent les théologiens dominicains qui furent les victimes, en particulier le P. Congar dont le premier *Journal*[16] a révélé à quel point sa propre personne en avait été atteinte. Elle a douloureusement marqué les chercheurs de l'époque et l'on peut dire qu'elle ne trouva sa solution que dans les ouvertures du concile de Vatican II qui avalisa publiquement l'ensemble des germinations que la théologie de la première moitié du XXe siècle avait, lentement et trop souvent douloureusement, fait sortir de terre.

---

15. B. Sesboüé, « Le surnaturel chez Henri de Lubac. Un conflit autour d'une théologie », *RSR* 80 (1992), p. 373-408.
16. Y. Congar, *Journal d'un théologien (1946-1956)*, Cerf, Paris, 2000.

Revenons à l'équipe qui s'est groupée à l'époque autour du P. de Lubac. Comment se situe par rapport à lui un de ses tout premiers disciples, qui devait devenir son grand ami, Hans Urs von Balthasar?

Hans Urs von Balthasar a fait sa théologie à Fourvière de 1933 à 1937. Du point de vue de l'enseignement théologique, c'était une période de vaches maigres dont il a gardé un souvenir plus que médiocre. La maison était encore fort éloignée de ce qu'on appellera plus tard « la nouvelle théologie ». Elle était restée sous le régime de la néoscolastique. Comme tout bon disciple, Balthasar va plus loin que le maître H. de Lubac. Il arrive à Fourvière en possession d'une large culture qui lui vient de ses études en germanistique et s'exprime dès 1937 dans *L'apocalypse de l'âme allemande*. Sa théologie ne se cantonnera d'ailleurs jamais au registre des Pères de l'Église. Ceux-ci interviendront à leur place capitale, mais bien d'autres auteurs philosophiques, théologiques et littéraires viendront nourrir sa pensée. On peut distinguer trois grandes étapes à propos de l'entrée des Pères de l'Église dans la théologie de Balthasar, trois étapes que l'on peut discerner par émergences successives, mais dont l'auteur n'abandonnera pas la première au profit de la dernière.

La première étape est celle de la *monographie*, genre littéraire affectionné par l'auteur, qu'il a sans doute hérité de la tradition littéraire allemande et qu'il pratiquera tout autant sur les modernes que sur les anciens. La monographie, qui n'était pas le genre littéraire de Lubac, prend chez Balthasar une ambition formellement scientifique. Il se lance dans une série de monographies sur les Pères : Maxime le Confesseur, avec *Liturgie cosmique*; Grégoire de Nysse, avec *Présence et pensée*, qui paraît en français deux ans avant *Platonisme et théologie mystique* de Daniélou; Origène, avec « Le mysterion d'Origène », repris vingt ans après dans *Parole et Mystère chez Origène* (1957). « Origène, écrit-il, reste pour moi le plus génial et le plus ouvert de tous ceux qui ont interprété et aimé le Verbe de Dieu. […]. Je ne me sens nulle part autant à la maison qu'avec lui[17]. » Il s'intéressera aussi à Augustin et à Denys l'Aréopagite par des monographies qui seront intégrées dans *La Gloire et la croix*. À la fin des années cinquante, il est arrivé à sa pleine maturité théologique.

La deuxième étape est celle de la *théologie de l'histoire*, dont le programme avait été ouvert par le P. de Lubac, mais non réalisé par lui. En 1963, ce sera un nouveau livre sur le même thème, qui sera traduit en français sous le titre un peu sibyllin, *De l'intégration*. En parallèle, J. Daniélou avait publié son *Essai sur le mystère de l'histoire*[18]. Ces ouvrages contribueront fortement au succès de la théologie de l'histoire du salut au milieu du siècle et en particulier à Vatican II. On connaît l'entreprise allemande de *Mysterium Salutis. Dogmatique de l'histoire du salut*[19], sous la direction de J. Feiner et M. Löhrer. Balthasar écrira pour cette œuvre collective la théologie des trois jours[20]. Nous touchons ici du doigt l'entrée des Pères dans la dogmatique. La théologie de l'histoire du salut, dont l'inventeur fut Irénée de Lyon, devient la matrice d'une dogmatique complète.

La troisième étape est celle du grand projet systématique de Balthasar avec le « triptyque », patiemment réalisé à travers les années, de *La Gloire et la croix*, son esthétique théologique, de *La Dramatique divine* et de *La Théologique*. Dans ces grands ouvrages, l'influence des Pères de l'Église est tout intériorisée et n'a plus besoin de la multiplication des citations : il est clair que la théologie de la beauté, par exemple, s'inspire du témoignage « enthousiaste » rendu à la foi par les Pères. La pensée de ces derniers est aussi intégrée au projet principal par des séries de monographies. Balthasar est un de ceux qui ont arraché la patristique à la

---

17. Cité par Ch. Kannengiesser, in *Hans Urs von Balthasar. Gestalt und Werk*, op. cit., p. 81.
18. Seuil, Paris, 1953.
19. Partiellement traduite en français aux éditions du Cerf.
20. Parue en français sous le titre *Le mystère pascal* dans *Mysterium salutis. Dogmatique de l'histoire du salut*, t. 12, Cerf, Paris, 1972.

périphérie de la théologie. Avec cette trilogie, nous avons affaire à l'une des très grandes « dogmatiques » du XXe siècle, et une dogmatique qui n'a rien de scolastique. Si Rahner a été formé à la scolastique, Balthasar n'y est jamais entré. Il l'a regardée d'assez loin, et ce n'est que tardivement qu'il s'est intéressé aux textes de saint Thomas. C'est un homme qui a fait un parcours culturel, littéraire, artistique et philosophique très personnel avant d'entrer en théologie, avec, comme chez Henri de Lubac d'ailleurs, un petit côté autodidacte.

Et Jean Daniélou dans tout cela ? Quel fut son rôle propre ?

Jean Daniélou était de la génération de Balthasar. Ch. Kannengiesser n'hésite pas à comparer le bouillant Daniélou à un saint Paul et le contemplatif Balthasar à un saint Jean, en raison de la tonalité de leurs œuvres respectives. Daniélou a participé au démarrage de la collection « Sources chrétiennes ». Mais il était trop brouillon pour la conduire avec méthode. Il dut laisser vite la direction à Claude Mondésert. Je me rappelle, quand j'étais en formation dans les années cinquante, une conférence du Père Daniélou nous décrivant l'évolution et les progrès du mouvement patristique. Pratiquement, il rendait compte des traductions en préparation à « Sources chrétiennes ». Avec son enthousiasme personnel, il attirait notre attention sur tel ou tel auteur : Origène et Grégoire de Nysse avaient le vent en poupe. À cette époque, il enseignait les origines chrétiennes à l'Institut catholique de Paris. C'était beaucoup plus que de la « théologie positive » ; au-delà de l'information historique, la pensée patristique irriguait la théologie de toute sa dimension doctrinale. À partir de ce moment, les théologiens ne pouvaient plus simplement citer les Pères de l'Église comme des *dicta probantia* dans le cadre de la *thèse* classique. La théologie se doit d'analyser, sur chaque point traité, la pensée des témoins les plus importants, souvent créateurs d'une élaboration doctrinale : ici c'est Cyprien, là c'est Irénée ou Origène, ou encore Augustin. L'analyse redevient vivante et parlante. Daniélou a fait école et il a contribué à engager bien des étudiants dans la recherche patristique.

Il y a aussi quelqu'un qui est toujours là avec nous, c'est le Père Moingt. Comment voyez-vous son rôle dans cette redécouverte des Pères ?

Joseph Moingt arrive après guerre sur le chantier de la théologie, avec une option patristique délibérée. Il était entré dans la Compagnie de Jésus en octobre 1938. La guerre et cinq années de camp de prisonniers avaient bouleversé sa formation, dont il franchit à son retour les étapes à un rythme accéléré. Il arrivait à Fourvière comme étudiant en théologie en octobre 1948 et y resta trois ans jusqu'en 1951. Ces dates sont suffisamment éloquentes : il y a vécu la période de la crise de Fourvière, la mise à l'écart des quatre professeurs et la parution de l'encyclique *Humani generis*. Dès ce temps, il se met à l'étude des Pères de l'Église et prépare son mémoire sur Clément d'Alexandrie. Le P. de Lubac, toujours présent à Fourvière et toujours figure inspiratrice, est encore jusqu'en 1950 directeur des *Recherches de science religieuse* : il s'engage à publier le mémoire et met ainsi le pied à l'étrier au jeune patrologue. Son successeur, le P. Lecler, accomplira la promesse et publiera « La gnose de Clément d'Alexandrie dans ses rapports avec la foi et la philosophie », en parallèle avec les livraisons de l'étude de K. Rahner concernant « La doctrine d'Origène sur la pénitence ». Après son troisième an, J. Moingt prépare sa future grande thèse sur Tertullien de 1952 à 1955. En octobre 1955, il est nommé professeur de théologie dogmatique et revient à Lyon-Fourvière pour y enseigner successivement les cours sur la Trinité, la pénitence et l'incarnation. Sa formation, qui s'était surtout faite à partir de la lecture des Pères de l'Église, débouchait désormais sur une tâche proprement dogmatique.

Joseph Moingt s'est expliqué lui-même sur son itinéraire dans *L'homme qui venait de Dieu*. Dans sa carrière particulièrement longue, on peut distinguer deux grandes époques. Pendant une première époque, il a tenu à revenir aux sources de la théologie en étudiant les Pères dans le texte et en accumulant à leur sujet d'innombrables analyses. Plus encore que ses prédécesseurs, il voulait donner du *Discours chrétien*, selon le titre de l'un de ses cours de l'époque, une lecture spéculative. Ces analyses devenaient la trame de son enseignement en dogmatique. Il avait rédigé nombre de cours qu'il ne publiait pas. Puis il est passé de Lyon à Paris dans l'intention de rédiger une dogmatique sur cette base. Mais à Paris, enseignant désormais à l'Institut catholique, il a rencontré non seulement l'effervescence étudiante des années 1968, mais aussi un nouveau rapport de la théologie à la philosophie, l'ouverture nécessaire de celle-ci aux sciences de l'homme et l'attention à porter aux grandes dogmatiques non catholiques. Le changement de lieu et de statut de son enseignement lui permit cette évolution, cette ouverture et cet enrichissement. La *Dogmatique* prévue n'a jamais été rédigée, mais une œuvre nouvelle a progressivement vu le jour. En même temps, il a assuré pendant trente ans, avec un grand esprit d'initiative, la direction des *Recherches de science religieuse* et lancé une série de colloques bisannuels sur les questions les plus brûlantes de la théologie. Ce chemin du « second Moingt » appartient aussi à l'histoire de la théologie du XXe siècle. La deuxième partie de *L'homme qui venait de Dieu* l'illustre suffisamment. L'étude des Pères ne s'est donc pas révélée comme un domaine clos sur lui-même, mais bien plutôt comme une richesse capable de s'intégrer à un tout qui les dépasse. Car la tradition et son histoire ne s'arrêtent pas. À travers les hommes que j'ai mentionnés, les Pères de l'Église ont montré qu'ils étaient capables de soutenir le dialogue avec tous les âges de la réflexion chrétienne et occidentale.

Joseph Moingt a été mon professeur et j'ai reçu de lui deux cours fort importants, la Trinité et la christologie. Pour moi, après et avec beaucoup d'autres étudiants, sa manière de faire a été, dans le cadre d'un enseignement qui restait par ailleurs très classique, même s'il était intelligemment scolastique, l'objet d'une découverte et d'un émerveillement. Ses cours étaient construits sur la question du développement du dogme. C'était précisément la question que je me posais. Comment peut-on prouver qu'une affirmation doctrinale de l'Église d'aujourd'hui appartient à la foi primitive, celle des apôtres ? Quel est le fil d'Ariane qui permet de passer de l'Écriture, primitivement comprise et récapitulée dans le texte initial du Credo, aux multiples formulations de la foi actuelle ? Tant que cette continuité, à l'intérieur d'une discontinuité évidente, n'avait pas été montrée et démontrée de manière crédible, je ne pouvais pas être satisfait.

C'était précisément cette démonstration que les cours de Joseph Moingt entendaient donner. Ils étaient habités par une ambition spéculative et systématique qui cherchait à rendre compte de la « logique » du développement du dogme, en s'inspirant de la méthode hégélienne pratiquée dans la *Phénoménologie de l'esprit*. Cette référence et la forme hégélienne de ce nouveau discours inquiétèrent un moment le P. de Lubac. Le contenu de ses cours était constitué par un ample exposé du développement de chaque grand dogme, tel que celui-ci s'est effectué au cours de l'histoire sur le fondement du témoignage des Écritures. Il s'agissait de parcourir le lent et long passage de la foi originelle, de la foi des apôtres et du Credo dans ses expressions les plus primitives, à ses formulations conciliaires et à ses expressions théologiques et techniques. Voici comment il s'en explique lui-même au début de *L'homme qui venait de Dieu* :

« Ayant donc étudié avec grande minutie, avec ferveur aussi, non seulement les actes des conciles "christologiques", mais plus encore tous les textes des Pères de l'Église et écrivains ecclésiastiques, grecs et latins, qui avaient élaboré la doctrine, combattu les « hérétiques », participé à ces conciles, expliqué leurs définitions, du IIe au VIIe siècle, et également les auteurs scolastiques qui, de Boèce à Thomas d'Aquin et au-delà, ont ajouté à ces définitions des explications conceptuelles, des développements philosophiques, et ont reconstruit l'objet du dogme de façon théorique et systématique, je faisais mon cours sous la forme (inspirée de Hegel!) d'une "logique de l'histoire" du dogme propre à procurer une intelligence de la foi pour aujourd'hui[21]. »

Une lecture délibérément spéculative de la tradition devenait l'objet d'un enseignement proprement dogmatique. Il nous était montré sur pièces comment le langage de la foi, « le discours chrétien », s'était constitué. L'énoncé de chaque *thèse*, dont le professeur gardait le genre littéraire classique, était daté et repris de l'affirmation majeure d'un Père de l'Église ou d'un concile. Il représentait un « moment » historique concret de ce développement. Un moment, c'est une période de temps au cours de laquelle une question nouvelle a été posée devant une affirmation de la foi et trouve progressivement sa réponse. Cette contestation pouvait venir soit d'une lecture tendancieuse ou erronée de l'Écriture, soit le plus souvent de la raison. Car dans les affirmations de la foi bien des choses « choquent » la raison. L'Église devait alors trouver le moyen de répondre à la difficulté : elle le faisait par le travail des Pères relisant inlassablement l'Écriture et se portant de plus en plus sur le terrain de la réflexion rationnelle qui lui était imposée par la philosophie. Cette réponse se matérialisait dans une formule bien frappée, le plus souvent conciliaire. Chaque thèse exprimait l'énoncé de la foi correspondant à la conscience chrétienne de telle époque. Comme la réponse gardait en général un point aveugle, le moment suivant prenait son point de départ dans cette lacune et le mouvement repartait vers une clarification nouvelle. Cette interprétation dialectique de la progression des énoncés de la foi était extrêmement intelligente. La justification de l'énoncé nouveau montrait comment celui-ci était issu des limites des énoncés précédents. Le corps de la thèse comportait une argumentation patristique développée. On sortait des *dicta probantia* toujours répétés. On entrait dans la cohérence de la pensée de tel

---

21. J. Moingt, *L'homme qui venait de Dieu*, Paris, Cerf, 1993, p. 7-8.

ou tel Père qui était intervenu sur le point en jeu. Le développement du dogme, en définitive, c'est le développement du Credo dans la tradition concrète de la foi.

La succession de ces moments était distribuée en phases, chacune ayant son originalité. Par exemple pour la Trinité, la première phase concernait l'économie du salut, la seconde remontait à la « théologie » au sens ancien du terme, c'est-à-dire à la Trinité immanente, et la troisième apportait les compléments de la théologie médiévale et moderne. Cette dernière était principalement traitée par un résumé précis et rigoureux de la doctrine de saint Thomas. Chaque formulation était ainsi inscrite dans le grand mouvement de la progression des énoncés rationnels d'une foi qui reste toujours la même, tout en « posant » et manifestant les présupposés logiques qui l'habitaient dès le début. Les différents « moments » étaient donc étudiés à la fois selon leur contexte historique et selon la logique dialectique qui développait l'élucidation rationnelle de la foi. Si la méthode dialectique était inspirée de Hegel, le contenu était totalement original et authentiquement chrétien.

La méthode se donnait comme but de proposer une histoire intelligente et intelligible de la foi. Elle montrait comment les générations successives des croyants avaient lu l'Écriture et avaient compris le lien interne qui va de l'Ancien au Nouveau Testament. Elle rendait compte en raison de toutes les apories qui avaient pu monter, d'étape en étape, soit d'un conservatisme scripturaire, soit d'une réflexion rationnelle qui mettait sans cesse les affirmations de la foi à la question. Les grandes hérésies prenaient leur place logique dans ce mouvement et étaient comme enrôlées au service de l'explicitation rationnelle d'une donnée de foi. La démarche situait l'enseignement des grands conciles à leur place et en leur temps : elle interprétait le discernement qu'ils avaient opéré dans la foi et respectait la problématique propre à chacun. Dans ces cours l'Écriture, la tradition et le magistère s'interpénétraient de manière vivante.

Le succès rencontré, dans le contexte de l'époque (1954-1964), par cet enseignement fut considérable auprès de plusieurs générations de jeunes jésuites étudiants de théologie, généralement assez âgés, qui avaient usé leurs fonds de soutane dans de longues et diverses études et qui étaient particulièrement experts à démasquer les ficelles de tout exposé. Ces cours nous apparaissaient comme une nouveauté décisive au regard de la méthode pratiquée par d'autres professeurs. La théologie devenait concrète, elle partait et parlait de la foi, de la foi originelle et de notre foi d'aujourd'hui, reliées par un fil continu. Cet enseignement était celui d'un véritable maître et fondé sur une érudition prodigieuse, une lecture de première main des œuvres patristiques. Il était parfois difficile à écouter, en raison de la rigueur du langage employé et du caractère serré de l'argumentation. Mais il intéressait les étudiants et provoqua même un réel enthousiasme, écho de la « ferveur » avec laquelle le professeur reconnaît avoir étudié les Pères. Il ne fut pas, malheureusement à mon sens, l'objet de publications. Je pense qu'à l'époque, ce type de recherche aurait alimenté un débat théologique fécond et joué peut-être un rôle important dans le mouvement théologique du XXe siècle.

Cet enseignement a exercé sur moi une profonde influence et, à mes débuts dans l'enseignement, j'en ai repris la méthode, insistant plus sur le développement historique que sur la dialectique. Je dois dire à ce sujet qu'au moment où je devais prendre sa succession dans l'enseignement de la Trinité puis de la christologie, le P. Moingt a mis à ma disposition tous ses dossiers patristiques. Cette générosité intellectuelle est assez exceptionnelle pour être soulignée. Ma première tâche fut d'établir l'inventaire de cette mine et j'y ai fait souvent appel dans la préparation de mes cours. Cette méthode m'a aussi branché sur la question du développement du dogme, pour laquelle je m'intéressais aussi aux écrits du P. Pierre Rousselot, théologien jésuite tué en 1915 pendant la Première Guerre et publiés ensuite par le P. de Lubac. Mon orientation personnelle vers cette question me conduira plus tard à une réflexion sur le magistère et aboutira à l'*Histoire des dogmes* et à d'autres publications. Cette manière de procéder avait évidemment une limite, comme toute méthode. Elle n'était pas assez confrontée aux problématiques de la modernité.

Nous aurons l'occasion de reparler du dogme et de son histoire. Je me permets une petite question complémentaire. Est-ce qu'un homme comme le cardinal Ratzinger, aujourd'hui pape sous le nom de Benoît XVI, a été influencé par ce renouveau patristique, ou n'est-il pas plutôt plus tributaire d'une « théologie à l'allemande » ?

J'ai parlé du mouvement patristique en France, parce que c'est celui que je connais le mieux. Il est évident qu'il a existé en Angleterre avec les congrès périodiques d'Oxford, en Italie – où la production patristique est aujourd'hui considérable –, et bien évidemment en Allemagne. Il faudrait évoquer ici, par exemple, le travail patristique de Hugo Rahner, le frère aîné de Karl, mené d'ailleurs pendant un premier temps avec son cadet qui travaillait la discipline pénitentielle dans la théologie d'Origène. Hugo a continué dans ce domaine, alors que Karl se tournait vers la théologie dogmatique. Ce dernier a également commencé à travailler en duo avec Balthasar. Ils ont rédigé ensemble la table des matières programmatique d'une *Dogmatique* possible. Puis ils se sont séparés en raison d'options assez différentes, dues pour une large part au fait que Rahner a toujours enseigné et que Balthasar ne l'a jamais fait. Le premier s'est trouvé confronté pendant des années, et presque jusqu'à sa mort, aux questions qui lui venaient d'année en année de ses étudiants, tandis que Balthasar rédigeait dans une plus grande quiétude ses grands livres, inspirés pour une part par la théologie mystique d'Arienne von Speyr.

Joseph Ratzinger connaît très bien les Pères de l'Église. Il est de ces gens qui ont pratiquement tout lu. Il a écrit un ouvrage de vulgarisation sur le Credo, *La foi chrétienne hier et aujourd'hui*[22],

---

22. Trad. française, Mame, Tours, 1969.

dont la traduction française a connu un réel succès. Pourtant, ce n'est pas la référence aux Pères qui résonne en premier dans sa théologie. Il a davantage écrit sur saint Bonaventure. Il était très lié au mouvement de la théologie allemande dans la deuxième moitié du XXe siècle et a travaillé avec K. Rahner, avant que les deux hommes ne connaissent certaines tensions. Il a joué un rôle réel au Concile, malgré sa jeunesse à l'époque. Il appartenait à l'équipe du cardinal de Cologne, Karl Frings. Certains disent même qu'il a rédigé la contribution initiale de Frings au Concile, qui, après l'intervention du cardinal Liénart, a obtenu le renvoi de l'élection des commissions préfabriquées par la Curie. Le P. de Lubac disait, avec une nuance de coquetterie, qu'il avait rencontré au Concile « le jeune abbé Ratzinger ».

Les problèmes du langage
Avant d'entrer dans le vif du sujet des grands apports théologiques des Pères de l'Église qui vous tiennent à cœur, parlons un peu du langage. Vous l'abordez parfois de manière assez technique. On a l'impression que vous dites, en substance, qu'avant de parler de Dieu, de Trinité et de Credo, il faut d'abord éclairer le langage et être attentif à la culture du temps.

Peut-être pas avant, mais certainement en même temps. Toute théologie, comme toute philosophie, passe par le langage. Il est bien évident que, lorsque l'on prétend en théologie parler d'une révélation transcendante, d'une révélation venant de Dieu, le langage n'existe jamais tout fait; on est bien obligé de tâtonner. Je vais prendre une comparaison à partir du problème que se posent tous les missionnaires qui veulent traduire les évangiles, le catéchisme, la liturgie, dans une langue africaine, par exemple. Le missionnaire a le choix entre deux hypothèses. S'il veut faire comprendre ce que signifie le mot *Esprit*, Esprit Saint, il ne trouve pas dans la langue de mot existant tout fait. Ou bien il garde le mot d'Esprit Saint, en l'introduisant comme un aérolithe dans la langue africaine, puis il donne à ses auditeurs les explications voulues pour le leur faire comprendre. Mais alors la compréhension de ce terme par le peuple en question et, dans son sillage, la compréhension globale de la foi, resteront toujours pour celui-ci des choses étrangères. De même une expression anglaise dans notre vocabulaire reste toujours un anglicisme. Ou alors, le missionnaire prend la deuxième solution et essaie de choisir dans cette langue le terme le plus proche – ce qui suppose qu'il la connaît bien – ou le plus adapté à faire comprendre ce que veut dire le mot Esprit Saint dans l'univers chrétien. Il ne trouvera pas forcément du premier coup le meilleur mot. Quelquefois, le catéchiste va lui proposer un autre mot, meilleur. Il devra aussi donner des explications pour faire comprendre que le sens chrétien du mot choisi n'est pas vraiment le sens que le mot avait dans sa culture originelle. Bref, sa catéchèse fera évoluer *sémantiquement* le terme choisi dans la compréhension de ses auditeurs. Mais à travers ce mot ou plutôt un ensemble de termes et de significations, c'est la conscience culturelle de ceux qui pratiquent cette langue qui s'ouvre à la compréhension de la révélation chrétienne. C'est une entreprise d'inculturation qui s'engage à travers la traduction du mot Esprit Saint dans une nouvelle langue. Cette traduction est toujours au départ sujette à caution. Est-ce la bonne ou n'est-ce pas la bonne ? Elle engage un effort proprement théologique, qui se présente ici sous une forme immédiatement pastorale, un effort aussi d'interprétation de toute la réalité chrétienne de l'Esprit Saint.

Cette petite parabole vous décrit ce qui s'est passé dans le passage du vocabulaire sémitique au vocabulaire grec. La communauté chrétienne du jour de la Pentecôte, la communauté de Jérusalem, était entièrement sémitique. Très vite, avec l'arrivée des païens, le christianisme sera en très grande majorité grec, puis latin. Ces Grecs sont habités par une culture et une philosophie différentes de celles du judaïsme. Ils cherchent à comprendre les grandes affirmations de la foi dans le cadre de leur univers de pensée et de leurs catégories. Cette transposition pose de nouveaux problèmes. Comment faut-il comprendre que Jésus est Fils de Dieu ? Jusqu'où va cette affirmation paradoxale ? Comment peut-on la concilier avec l'unicité divine, proclamée par l'Ancien Testament et reconnue par la philosophie grecque ? Comment exprimer la Trinité des trois noms divins dont témoigne le Nouveau Testament ? Et surtout quel vocabulaire employer pour que tout le monde comprenne bien la même chose ? Quels sont les mots grecs qui sont capables de traduire vraiment les concepts sémitiques ? Une période de tâtonnements s'ouvre donc, car le langage se cherche pendant tout le IIIe siècle, comme on le voit chez Origène dont le vocabulaire n'obéit pas au code sémantique qui sera celui du IVe siècle.

L'hérésie d'Arius sera l'occasion d'établir ce nouveau code de langage, capable d'exprimer avec cohérence le mystère du Christ dans le cadre d'un monde chrétien devenu grec. Cela prendra encore bien des décennies. Car les mots tout faits n'existaient pas : il fallait clarifier le rapport entre la matérialité des mots et l'intention de sens dont on les chargeait. La cohérence vient de ce que les mots prennent leur signification de la relation qu'ils entretiennent les uns envers les autres. Car ils se conditionnent mutuellement. Par exemple, il a fallu trouver le mot qui exprime l'égalité du Père et du Fils, déterminer les mots employés pour dire l'unité de Dieu et les mots utilisés pour dire sa Trinité. Les termes employés vont donc être l'objet d'une évolution sémantique.

Aujourd'hui, dans beaucoup de traductions, on est trop attentif à l'étymologie et pas assez à la sémantique. On voudrait que la traduction d'un terme véhicule toutes les harmoniques de son étymologie dans sa langue originale. Ce n'est pas toujours justifié, parce qu'il faut tenir compte de l'évolution sémantique de ce terme au cours du temps. Le terme de *formidable* n'a pas le même sens chez un écrivain du XVIIe siècle et chez un auteur du XXe. Inutile de revenir à l'étymologie de la *formido* latine. Dans la question qui nous occupe tout est affaire d'évolution sémantique.

Prenons l'exemple du terme de *personne* qui va être choisi pour exprimer ce qui est trois en Dieu. La tradition sémitique en avait le sens et les images sans en avoir encore le mot précis. En tradition grecque et latine, on va donc chercher des mots, d'une part à partir du personnage de théâtre (*prosôpon* en grec) et du sujet de droit (*persona* en latin). Mais les Grecs restent mal à l'aise devant le fait que le personnage de théâtre ne fait que jouer un rôle et est identifié par son masque (qui servait en même temps de porte-voix), sans correspondre à une personne réellement existante. Ils vont partir d'un autre mot, celui d'*hypostasis* ou hypostase, qui était au départ très proche de substance (*ousia*), mais qu'ils ont fait évoluer sémantiquement pour lui faire dire « l'acte concret d'un sujet qui subsiste réellement dans une substance ». Grâce à ce gros travail sémantique, élaboré en particulier par les Cappadociens, les conciles pourront dire qu'en Dieu il n'y a qu'une nature ou substance, mais trois hypostases ou personnes. Nous avons gardé en français quelque chose de ce sens quand nous parlons d'*hypostasier* quelque chose qui n'est pas réel. Les Latins se rallieront à cette formule, sans s'être posés trop de problèmes et en gardant le seul terme de personne. La grande tâche qui présida aux définitions conciliaires fut d'élaborer un code de langage devant servir de référence à tous. Cette tâche fut d'autant plus courageuse qu'elle visait à exprimer dans des catégories *grecques* des réalités qui contredisaient gravement certaines convictions de la philosophie grecque. Celle-ci distinguait bien un premier principe, qui est l'Un ou le Bien, un deuxième principe, qui est le *logos*, c'est-à-dire le Verbe, la parole ou l'intelligence, et un troisième qui est l'âme ou l'âme du monde. On pouvait penser que cela ressemblait étrangement aux trois personnes de la Trinité. Mais il y a un *hic*. Dans cette trilogie, le Verbe ou *logos* est inférieur à l'Un ou au Bien, et à son tour l'âme du monde est inférieure au Verbe. Nous avons là une trilogie en marches d'escalier. Or le concile de Nicée fait dire en grec à des Grecs une chose inadmissible à la pensée grecque : le Fils ou le Verbe est égal, coéternel et consubstantiel au Père.

L'hellénisation du langage dogmatique correspond à une déshellénisation des affirmations de la foi. Le Verbe des chrétiens ne correspond pas au verbe des Grecs. Nous retrouvons la comparaison que je prenais tout à l'heure à propos d'un terme en langage africain. Paradoxalement, l'inculturation de la foi dans une culture ne va jamais sans demander une conversion mentale à cette culture.

Est-ce que cette réflexion sur le langage n'est pas aujourd'hui d'une grande actualité ? On a l'impression parfois, avec la mondialisation et le choc des cultures ou avec la relativisation des vocabulaires théologiques et philosophiques, d'une sorte de confusion des langues et même du langage.

C'est une question de toujours qui devient évidemment plus aiguë à partir du moment où le système de communications s'intensifie et s'universalise. De plus, on ne commande pas au langage par décret. Il ne suffit pas que quelqu'un ait été capable d'élaborer un langage nouveau, adapté à une culture nouvelle, pour dire la foi. Il faut que ce langage soit reçu et qu'il devienne une référence spontanée. Cela demande du temps et beaucoup de débats. Enfin le langage évolue vite et ce qui a constitué une clarification décisive peut se changer en quelques décennies en une pure opacité.

Restons dans l'ordre de la réflexion trinitaire. Je viens de vous parler de l'élaboration de la formule : une nature en trois personnes ou hypostases. Saint Augustin dans son livre sur *La Trinité*, se repose la question : trois quoi ? Et il affirme : « Pourquoi "trois personnes" ? [...] N'est-ce pas parce que nous voulons avoir un mot qui exprime en quel sens il faut concevoir la Trinité et ne pas rester absolument sans rien dire [...][23] ? » Ainsi, pour Augustin la formule trinitaire qui a été établie en 382, une quarantaine

---

23. Augustin, *La Trinité*, VII, 6,11 ; *BA.*, 15, p. 543.

d'années avant qu'il n'écrive et qui est le résultat d'une élaboration extrêmement complexe, est devenue pratiquement opaque, parce qu'elle n'arrive pas à concilier spéculativement le rapport entre trinité des personnes et unité de la nature. Selon lui, elle reste une sorte d'aphorisme. Aussi, comme il n'y voit pas clair, il se lance dans une recherche nouvelle.

On reproche volontiers à la théologie son langage technique. Mais toute discipline a sa technicité et développe son propre langage. Vous savez bien que sur un bateau, il n'y a pas de ficelles, mais des bouts, des drisses et bien d'autres noms de cordages. Celui qui aime la mer les apprend presque spontanément. Je suis étonné et admiratif devant la rapidité avec laquelle notre monde a appris une nouvelle langue, la langue de l'informatique. Nous avons tous besoin de l'informatique et nous nous familiarisons avec des concepts finalement très pointus. Il n'y a pas de problème : tout le monde doit savoir la différence entre un serveur et un opérateur, etc. De même tout étudiant, tout apprenti accepte que sa discipline ou son métier emploie des mots techniques.

Pourquoi apprend-on tous ces mots ? Parce que l'on en a besoin pour communiquer quotidiennement, et finalement parce qu'on en a besoin pour vivre. Si l'on reproche aux mots, non seulement de la théologie mais encore de la foi, leur étrangeté, n'est-ce pas le signe d'un certain désintérêt ? J'ai l'impression qu'aujourd'hui beaucoup ne veulent plus faire ce même type d'effort pour essayer de comprendre leur foi. Or ceux qui le font y trouvent intérêt, confirmation et force nouvelle. Mon vieux professeur de philosophie à Louis-le-Grand nous disait : « Il n'y a pas de choses intéressantes ; on s'intéresse à des choses. » La foi n'est pas intéressante en elle-même ; on s'y intéresse ou on ne s'y intéresse pas. Je constate qu'elle est devenue pour beaucoup inintéressante. Je pense au contraire à cette enfant à qui on donnait un catéchisme trop bien adapté à son âge et qui le trouvait inintéressant, car, disait-elle, « je sais tous les mots qu'il y a dedans ». Elle avait compris qu'on lit un livre pour apprendre et elle attendait qu'on lui apprenne des mots nouveaux.

L'élaboration d'un nouveau langage est une œuvre redoutable pour la raison que je vous ai dite. J'ai essayé d'y contribuer dans le cadre du dialogue œcuménique, cherchant à remplacer un terme tout à fait autorisé par un nouveau. Aussitôt on m'a fait l'objection de l'ambiguïté : « Cette expression est ambiguë. » Généralement, quand on vous dit qu'un terme est ambigu, c'est le signe qu'il n'est pas encore entré de manière consensuelle dans l'organigramme du langage théologique et qu'il n'a pas encore donné lieu à une jurisprudence suffisamment acquise d'interprétation. Quelquefois aussi l'ambiguïté est invoquée pour faire discrètement comprendre : je ne suis pas d'accord avec ce terme et ce que vous voulez lui faire dire. L'élaboration d'un langage nouveau est donc une œuvre de très longue haleine. Ceux qui nous le demandent ne se rendent pas compte de l'enjeu de l'entreprise et critiquent même parfois les premiers efforts réalisés en ce sens. Ce labeur de longue haleine ne s'accomplit que dans la sueur et la douleur. Ce fut le cas au IVe siècle pour l'élaboration du langage trinitaire et au Ve siècle pour celle du langage christologique : ces deux élaborations ne se sont faites que dans des conflits graves où beaucoup d'humain trop humain s'est manifesté. Mais ce n'était pas, quoi qu'on dise, des querelles byzantines : il y allait de l'authenticité de la foi.

II

Actualité du mystère trinitaire

Priorité à la christologie ou à la Trinité ?

Revenons maintenant au dogme de la Trinité pour lui-même. Nous en avons déjà parlé avec saint Augustin, le Père Moingt et les divers exemples que vous avez pris. Ce dogme a fait problème dès le départ et il semble avoir fait au XXe siècle l'objet d'une redécouverte. Du côté protestant comme du côté catholique les grandes dogmatiques font une place centrale au mystère de la Trinité. Mais n'aurait-on pas mieux fait, hier comme aujourd'hui, de commencer par parler du Christ, pour remonter ensuite au Père et à la Trinité divine ?

Mais c'est bel et bien ce que l'on a fait hier et ce que l'on fait encore aujourd'hui ! La grande redécouverte du mystère trinitaire à laquelle vous faites allusion a consisté à reprendre conscience de la solidarité entre christologie et Trinité. Car ce n'est que par et dans la personne de Jésus que nous pouvons avoir accès à la Trinité. C'est encore un aspect de la « révolution théologique » du XXe siècle. La théologie des Temps modernes, héritière de l'organigramme de la théologie scolastique, entendait commencer par le commencement selon l'ordre théorique des mystères : on parlait du Dieu un, puis du Dieu « trine », avant de parler de l'incarnation. On développait donc la théologie des relations trinitaires dans la considération prioritaire de la vie éternelle de Dieu. Le mystère de la Trinité apparaissait comme isolé et comme très abstrait. On voyait mal comment il pouvait intéresser une vie chrétienne. Le XXᵉ siècle, en raison de son double retour à l'Écriture et aux Pères de l'Église, a réalisé de manière vitale – ce que l'on savait bien sûr en principe – que tout l'édifice de la doctrine trinitaire était immédiatement conditionné par la révélation de Dieu en Jésus-Christ et par l'intervention concrète des trois noms divins dans l'histoire de notre salut. Rahner a formalisé la chose à sa manière en posant un « axiome fondamental », dont nous allons parler, qui arrachait le traité de la Trinité à son isolement et le resituait au cœur de l'histoire du salut. Mais revenons aux origines.

Le mystère, et par conséquent le problème, de la Trinité est posé par la revendication du Christ d'être dans une relation unique, une relation d'égalité avec le Dieu de l'Ancien Testament qu'il appelle son Père. Vous connaissez ces versets mystérieux que l'on trouve chez Matthieu et Luc, qui ont une sonorité johannique : « Tout m'a été remis par mon Père. Nul ne connaît le Fils, si ce n'est le Père, et nul ne connaît le Père si ce n'est le Fils, et celui à qui le Fils veut bien le révéler » (Mt 11, 27 ; Lc 10, 22). La revendication de la filiation divine de Jésus dans l'évangile de Jean est encore plus formelle et les juifs le comprennent fort bien : « Il appelait Dieu son propre Père, se faisant ainsi l'égal de Dieu » (Jn 5, 18). La mort de Jésus en croix semblait contredire une telle « prétention », mais sa résurrection a été comprise comme sa confirmation : la fin a bien montré qu'il était celui qu'il prétendait être dès le commencement, comme le dit justement W. Pannenberg.

Le problème trinitaire est également posé d'entrée de jeu par le rôle que le Nouveau Testament donne continuellement à l'Esprit de Dieu. L'Ancien Testament parlait déjà de cet Esprit de Dieu et le Nouveau montre celui-ci singulièrement actif avant la naissance de Jésus, lors de son baptême et de sa vie publique. C'est ce même Esprit que Jésus soufflera sur ses disciples (Jn 20, 22) et qu'il enverra à la Pentecôte. Le problème est encore posé par les trilogies qui énumèrent les trois noms divins et les associent dans une transcendance commune par rapport à tout l'univers créé :

« Il y a certes diversité de dons spirituels, mais c'est le même *Esprit*; diversités de ministères, mais c'est le même *Seigneur*; diversités d'opérations, mais c'est le même *Dieu* qui opère tout en tous » (1 Co 12, 4-6).

Ou encore :

« Il n'y a qu'un corps et qu'un *Esprit*, comme il n'y a qu'une espérance au terme de l'appel que vous avez reçu; un seul *Seigneur*, une seule foi, un seul baptême; un seul *Dieu et Père* de tous, qui est au-dessus de tous, par tous et en tous » (Ep 4, 4-6).

Vous aurez remarqué que l'ordre est dans les deux cas ascendant : il part de nous qui avons reçu l'Esprit, il passe par le Fils qui nous conduit au Père. À ces textes, on peut ajouter l'ordre baptismal de Mt 28, 19, sans doute plus tardif, qui donne pour sa part l'énumération descendante.

Ces trois noms divins, qui entretiennent entre eux une relation unique, scandent toute l'histoire de notre salut. Mais comment une telle révélation est-elle compatible avec la confession du Dieu Un ? Or cette trilogie est omniprésente dans le Nouveau Testament, même si le mot de Trinité n'est pas encore prononcé. Le dogme trinitaire n'est en rien une invention après coup de l'Église : il n'est que l'interprétation d'un donné scripturaire central. Mais retenons bien que la Trinité, dans la révélation chrétienne, c'est d'abord l'intervention des trois noms divins dans l'histoire et pour notre salut.

La première considération de la Trinité ne s'est donc pas portée d'entrée de jeu sur ce que les Pères appelaient la *théologie* et ce que nous appelons la Trinité *immanente* et éternelle. Elle a commencé par celle de l'*économie*, c'est-à-dire les dispositions prises par Dieu pour réaliser ce salut dans l'histoire. Le terme technique est alors celui de Trinité *économique*.

Économie du salut et théologie trinitaire

Ce terme « économique » est un peu technique. En l'employant les gens d'aujourd'hui pensent à tout autre chose, aux entreprises, à la production industrielle.

Je sais bien. Il faut savoir ce que parler veut dire. J'ai employé un jour, dans une conférence sur le Saint-Esprit, l'expression d'« intervention pneumatique ». Mon public se demandait ce que venaient faire les pneus là-dedans ! Dans l'idée d'économie (*oikonomia*), il y a en grec l'idée de *gérance* ou de *gestion* des choses domestiques, d'où le sens des expressions modernes d'économie politique, etc. L'économie du salut, c'est la *gestion* du salut de la famille humaine par Dieu, qui a choisi telle et telle dispositions qui ne s'imposaient pas. Elle s'est réalisée dans l'histoire et coïncide donc avec l'histoire du salut. Or cette économie du salut passe par l'envoi du Fils et le don de l'Esprit Saint. Elle tient religieusement à cœur à tout chrétien, parce qu'elle est au cœur de notre Credo, dans lequel nous confessons successivement le Père, le Fils et l'Esprit sous la forme d'une histoire. Je crois en Dieu le Père, Créateur de toutes choses, qui a envoyé son Fils unique, Jésus-Christ mort et ressuscité pour nous, et qui a donné l'Esprit vivant dans son Église. Le Credo résume l'Écriture.

Cela veut dire que le mystère trinitaire nous concerne au premier chef, puisqu'il nous parle des relations que le Père, le Fils et l'Esprit entendent nouer avec nous, à la fois au cœur de notre histoire et au cœur de chacune de nos personnes. Il nous révèle que Dieu est amour en nous montrant que Dieu nous aime au point de faire de nous des fils du Père, des frères du Fils, « l'aîné d'une multitude de frères » (Rm 8, 29) et les temples de son propre Esprit. Pensez à tout le contenu du discours après la Cène en saint Jean où Jésus parle d'une immanence mutuelle de la présence, aussi bien entre le Père et le Fils qu'entre et nous. C'est pour cela que Dieu nous rassemble dans son Église, c'est pour cela que nous sommes baptisés dans l'invocation de ces trois noms. Tout nous vient du Père, par le Fils et dans l'Esprit, tandis que « la route de la connaissance de Dieu est celle qui va de l'Esprit un, par le Fils un jusqu'au Père un », dira Basile de Césarée[1]. La Trinité est un mystère religieux et concret bien avant d'être un mystère spéculatif. Il est

---

1. Basile de Césarée, *Sur le Saint-Esprit*, XVIII, 47.

au cœur de notre relation à Dieu. Cela a été trop longtemps oublié. Dans notre vie de prière, nous savons bien que nous ne parlons pas de la même façon au Père et au Fils. Quant à l'Esprit de notre adoption, il est à peine un partenaire de notre prière, c'est bien plutôt lui qui prie en nous « en des gémissements ineffables », dit saint Paul. C'est lui qui nous permet de dire « Jésus est Seigneur » (1 Co 12, 3) et « Abba Père » (Rm 8, 15).

Voilà ce qui devrait rester l'objet premier de la prédication et de la foi en la Trinité, la foi du Credo et la foi du baptême, comme ce fut l'objet premier de la réflexion des Pères de l'Église. Bien évidemment, les Pères voulaient garder la foi en un Dieu unique et cette énumération de trois noms divins commençait à leur poser un problème. Ce problème s'était d'ailleurs aussitôt posé dans le dialogue avec les juifs – et nous le retrouvons aujourd'hui –, comme on le voit dans le *Dialogue avec Tryphon*, écrit par Justin au milieu du IIe siècle. Justin n'est pas tout à fait à l'aise dans son argumentation pour répondre aux objections de Tryphon. C'est pourquoi il distingue formellement la preuve que Jésus est le Messie promis par les Écritures et celle démontrant qu'il est le Fils de Dieu. Il espère convaincre Tryphon du premier point, mais il sait que le second sera bien plus difficile à admettre pour lui. En même temps, il répond avec une très grande fermeté sur le fond de la question. Il dit que le Verbe de Dieu n'est pas un « autre Dieu », c'est un « Dieu autre ». Il essaie de montrer, encore maladroitement, qu'il y a une altérité entre le Père et le Fils.

La réponse au problème de l'unité du Dieu trine trouvera une première réponse, que l'on peut estimer peu spéculative, au niveau de l'économie du salut. Celle-ci est unique à travers la dualité de l'Ancien et du Nouveau Testament. C'est un même et unique Dieu qui se révèle d'une manière nouvelle à travers ses « deux mains » que sont le Fils et l'Esprit, comme le dira Irénée, ou à travers ses « ministres » qui constituent avec lui un seul et unique gouvernement du monde, comme le dira Tertullien en employant une image politique.

Mais une solution immédiatement rationnelle était tentante. Certains diront que le Fils et l'Esprit ne sont que des modes d'expression pour nous d'une personne divine une et unique, d'où le nom de *modalistes* qui leur a été donné. Dans l'économie du salut, il y a bien trois noms, mais en Dieu lui-même ceux-ci se ramènent à une unité pure. C'est donc tout aussi bien le Père qui s'est incarné et est mort sur la croix que le Fils. Nous sommes ici en présence des premières hérésies formellement trinitaires.

Mais alors, si les modalistes ont raison, cela veut dire que la révélation de Dieu dans l'histoire du salut n'est pas conforme à ce que Dieu est en lui-même. La révélation n'est alors qu'un faux-semblant, pire elle est mensongère. Si Dieu se manifeste à nous comme Père, Fils et Esprit, il faut qu'il y ait en lui quelque chose qui soit Père, Fils et Esprit. Si son unité est pure solitude, sa manifestation en trois noms nous trompe. Une telle « révision déchirante » de la foi est aussi inadmissible que pour saint Paul l'hypothèse selon laquelle il n'y a pas de résurrection (cf. 1 Co 15). Car alors notre foi est vaine et les relations différenciées que nous avons nouées avec le Père, le Fils et le Saint-Esprit ne signifient plus rien. Nous restons complètement à la porte du mystère de Dieu. Ce sont cette exigence et cette motivation vitales qui vont dans un second temps porter les Pères de l'Église à réfléchir non plus seulement sur la Trinité de l'économie du salut, mais sur la Trinité immanente, qu'ils appelaient la « théologie », c'est-à-dire le discours sur le mystère du Dieu trine considéré dans son éternité. Il faut qu'il y ait une cohérence et une correspondance entre ce que Dieu est en lui-même et ce que Dieu est pour nous. S'il se révèle de manière trinitaire, il doit être aussi en lui-même trine.

C'est cette motivation ancienne que Karl Rahner a formalisée en plein XXe siècle de manière systématique en posant un « axiome fondamental » sur le rapport entre ces deux Trinités qui n'en font qu'une. Je ne peux m'empêcher de faire le lien entre la redécouverte des Pères, à laquelle Rahner a lui-même participé au début de sa carrière sous la houlette de son frère Hugo, et la formalisation de cet adage qui va jouer un rôle considérable dans la théologie du XXe siècle, jusqu'à être interprété au-delà de l'intention de son auteur. Je cite deux expressions complémentaires du même axiome :

« Dieu se comporte envers nous d'une manière trinitaire et justement cette attitude trinitaire (libre et gratuite) envers nous *n'est pas* seulement une image ou une analogie de la Trinité intérieure, mais c'est elle-même, bien que communiquée librement et gracieusement[2]. »

Ou en d'autres termes, très voisins, dans une reprise plus récente de la même affirmation :

« *La Trinité qui se manifeste dans l'économie du salut est la Trinité immanente, et réciproquement*[3]. »

C'est exactement cela que montrait à l'évidence le cours de Joseph Moingt. L'axiome de Rahner n'est que la formalisation du mouvement de la réflexion patristique. Il nous résume ce qui s'est passé chez les Pères quand ils sont allés de la considération économique de la Trinité à sa considération immanente et éternelle. La Trinité est d'abord un mystère religieux d'amour, le mystère de l'amour de Dieu pour nous, qui se révèle être amour en lui-même. Il est cela et non l'énigme rationnelle qu'il est quelque peu devenu dans la théologie des Temps modernes : comment trois peuvent-ils être un ? Le mystère de la Trinité immanente et éternelle est la condition de possibilité même de ce qui nous est révélé et donné. Il faut que Dieu soit tel qu'il s'est révélé. La Trinité éternelle conditionne la réalité même de notre salut accompli par le Christ dans le don de l'Esprit.

Le mouvement de l'amour incite à creuser le mystère de la personne aimée non seulement en ce qu'elle est pour nous, mais

---

2. K. Rahner, « Quelques remarques sur le traité dogmatique "De Trinitate" », *Écrits théologiques*, t. 8, Desclée de Brouwer, Paris, 1967, p. 131. Le texte allemand date de 1960.
3. K. Rahner, *Dieu Trinité. Fondement transcendant de l'histoire du salut*, Cerf, Paris, N[lle] édition 1999, p. 29.

encore en ce qu'elle est en elle-même et depuis toujours. Dans un premier temps, le fiancé s'intéresse à tout ce que sa fiancée lui révèle d'elle-même. Il fait mémoire de leurs rencontres, des événements qu'ils ont vécus ensemble. Mais cela ne suffit pas. Plus il aime sa fiancée, plus il devient curieux à son égard, plus il veut tout savoir sur ce qu'elle a été avant qu'ils ne se rencontrent, sur son origine, ses parents, son enfance, bref tout ce qui l'a constituée telle qu'il la voit aujourd'hui. C'est un mouvement d'amour semblable qui a poussé invinciblement l'Église à creuser le mystère de Dieu en lui-même.

Le développement du dogme trinitaire relu au XXe siècle

Si je comprends bien, nous en arrivons au développement du dogme trinitaire au IVe siècle et au concile de Nicée. Il y a donc eu Arius. S'il faut en croire ce dernier, Jésus n'est pas vraiment Dieu. Il n'est qu'un homme. Il n'y a donc pas de Trinité éternelle.

Vous avez raison. Sur la base de la révélation des trois noms qui accomplissent notre salut dans l'histoire, la question se pose de vérifier le caractère proprement divin du Fils et de l'Esprit. Telle est la raison pour laquelle le développement du dogme trinitaire a précédé celui de la christologie. Il fallait d'abord vérifier la relation de nature entre Jésus et Dieu le Père. Le mouvement de la question est ascendant. Une fois cette vérification faite, alors la compréhension de l'incarnation même du Verbe de Dieu pourra être réfléchie selon un mouvement descendant. Des deux côtés Trinité et christologie sont intrinsèquement liées.

C'est alors qu'intervient Arius que vous venez de nommer. Arius est un bon Grec, qui essaie de comprendre sa foi dans le cadre des catégories platoniciennes et néoplatoniciennes de sa culture. Il est d'une part convaincu de l'unicité de Dieu et il connaît la trilogie platonicienne de l'Un ou du Bien, du Logos et de l'Âme du monde. Or ces trois principes divins du monde sont pour la pensée grecque en marches d'escalier. Je l'ai déjà dit à propos du langage. Le second est inférieur au premier et le troisième inférieur au second. Aux yeux d'Arius, le Fils est bien Dieu par rapport à nous, il n'est pas seulement un homme. Mais par rapport à Dieu, finalement, il ne peut être son égal, il n'est qu'une créature spirituelle, infiniment supérieure à nous, infiniment supérieure aux anges. Mais il n'est pas sur le même plan que le Père. Il ne lui est pas « con-substantiel », il n'est pas vraiment Dieu. Arius estime que cela correspond tout à fait bien aux trois noms du Credo. Ce faisant, il ne se rend pas compte qu'il soumet le paradoxe de la foi à sa raison. Il propose une réduction rationnelle du mystère. Alors qu'au siècle précédent, les modalistes ramenaient les trois noms divins à un seul, Arius tombe dans la tentation opposée : subordonner le Fils au Père et l'Esprit au Fils. Comme cela la « monarchie » de l'unicité divine est bien maintenue. Ces deux tentations sont opposées mais complémentaires : il n'y en a pas d'autre en la matière.

La première réaction des contemporains sera donc de dire : ce n'est pas ainsi que la foi qui nous a été enseignée comprenait les choses, quand on nous expliquait les Écritures qui multiplient les affirmations de Jésus Fils de Dieu. Athanase, le grand adversaire d'Arius, relit toutes ces Écritures pour montrer que le Fils est égal au Père, qu'il lui est co-éternel. La crise donne lieu à la réunion du concile de Nicée qui ose ajouter au langage scripturaire du Credo des expressions tirées du langage philosophique, en confessant Jésus-Christ, le Fils de Dieu « né unique engendré du Père, *c'est-à-dire de la substance du Père*, Dieu de Dieu, lumière de lumière, vrai Dieu né du vrai Dieu, engendré et non pas créé, *consubstantiel au Père* ». On peut aussi traduire « un seul être avec le Père ». Remarquez bien le *c'est-à-dire* qui introduit les expressions plus philosophiques. Il n'ajoute pas un énoncé nouveau. Il est explicatif, interprétatif des expressions antérieures. Il nous dit que nous devons prendre les expressions scripturaires en un sens fort. Ces expressions sont l'acte de naissance du langage dogmatique appelé à un grand développement. Entre parenthèses, c'est ce que Dan

Brown, l'auteur du *Da Vinci Code*, a refusé de prendre en compte pour nous servir la thèse, injustifiable au plan de l'histoire, selon laquelle Nicée a « inventé » la divinité du Christ sous l'injonction de Constantin à des fins purement politiques.

Nicée ne conclut d'ailleurs pas la crise arienne. À la seconde génération, dans la deuxième moitié du IVe siècle, l'héritier d'Arius est un certain Eunome qui porte le débat sur le plan proprement philosophique et rationnel. Il sera suivi sur ce terrain par Basile de Césarée que l'on peut considérer aussi comme le successeur d'Athanase. L'argumentation devient alors très pointue, elle passe par une analyse du langage et je ne peux y entrer ici. Ce sont deux Grecs, également connaisseurs de la philosophie grecque ; ils vivent la même tension entre ce que leur culture leur montre et ce que leur foi leur enseigne. Comme Arius, Eunome soumet la foi aux exigences rationnelles venues de la culture. Il ramène la définition de Dieu en tant que Dieu à l'attribut d'*inengendré*, car Dieu ne doit son existence à personne d'autre. Puisque l'Écriture présente le Fils comme engendré, celui-ci ne peut pas être Dieu. Basile répond à cette objection dans son ouvrage polémique intitulé *Contre Eunome*[4], un ouvrage que j'ai traduit et que je trouve passionnant, parce qu'il ne s'agit pas du traité d'un professeur qui connaît d'avance les choses. Ce sont les vagues successives d'une recherche inlassable qui ne veut pas soumettre la foi aux données de la culture et essaie de dégager une rationalité supérieure de la foi. Il ne trouve pas du premier coup et tombe souvent en arrêt devant la difficulté.

Quelle est sa trouvaille ? Au lieu de raisonner sur les termes d'*inengendré* et d'*engendré*, qui ne sont pas scripturaires, comme le faisait son adversaire, il réfléchit sur les mots révélés de *Père* et de *Fils*. Son éclair de génie est de distinguer dans notre vocabulaire les mots qui ne disent rien du sujet auquel ils sont appliqués, mais

---

4. Basile de Césarée, *Contre Eunome, suivi de Eunome Apologie*, t. 1 et 2, SC 299 et 305, Cerf, Paris, 1982 et 1983.

expriment simplement une relation de ce sujet à quelque chose ou à quelqu'un d'autre : père et fils, frère et ami sont de ce type. Quand je dis que quelqu'un est le père d'un autre, et donc réciproquement que cet autre est le fils du premier, je ne dis rien sur leur nature : il peut s'agir de deux hommes ou de n'importe quel animal. Je ne dis que leur *relation* et cette relation doit être comprise à l'intérieur d'une même nature humaine ou animale. Quand je parle de Père et de Fils en Dieu, je peux comprendre qu'ils sont un absolument en tout, que rien ne les différencie, si ce n'est cette unique opposition qui fait que l'un est père et l'autre fils. La vie, ou la nature divine, est bien une dans les deux, mais elle est habitée par un mouvement d'aller et retour, qui fait qu'elle est vécue chez l'un sous la forme de la donner et chez l'autre sous la forme de la recevoir. Cette semence de pensée sera exploitée par Grégoire de Nazianze, le grand ami de Basile qui posera alors la même question à propos de l'Esprit, qui n'est pas un terme relatif. Selon la même logique, il faut poser une opposition de relation entre l'Esprit et le Père. Comme l'Écriture ne fournit aucun terme à ce sujet (et que l'on ne peut dire que l'Esprit est le second fils du Père, ni le fils du Fils, ce qui en ferait le petit-fils du Père!), Grégoire choisira en saint Jean le terme de *procéder*, qui exprime un autre type de relation d'origine : « L'Esprit qui procède du Père » (Jn 15, 26). Dans l'évangile de Jean, le terme désignait l'envoi de l'Esprit dans l'économie du salut. Grégoire le spécialise pour lui faire dire la procession éternelle de l'Esprit.

Est-ce à partir de là que l'on va parler de personnes divines ? Mais est-ce que la notion de personne ne pose pas un problème ? On peut dire que Jésus est une personne, bien évidemment. Mais pour le Père c'est déjà plus complexe. Quant à l'Esprit Saint, est-ce que ce n'est pas une réalité bien floue, un peu évanescente ? Quand vous lisez les Actes des apôtres *ou la scène du baptême du Christ, les manifestations de l'Esprit se font sous la forme d'une colombe, de langues de feu, ne me dites pas qu'il s'agit là d'une personne.*

Vous aurez remarqué que, si l'on fait abstraction du moment où vous m'avez fait parler du langage[5], jusqu'ici j'ai toujours parlé de « trois noms divins », j'aurais pu dire aussi « trois sujets divins », et jamais encore de personnes divines. Car le vocabulaire de la personne ne va se préciser qu'au IVe siècle. La Bible a bien la notion de la personne, mais elle n'en a pas le vocabulaire. Elle parle de la « face de Dieu ». L'élaboration du concept de personne en Orient fut l'autre aspect de l'œuvre de Basile de Césarée. Le problème que nous avons déjà évoqué était de trouver un mot pour dire en quoi le Dieu un était trois. Un mot qui ne donne pas à penser qu'il y a trois dieux, mais qui n'oriente pas non plus vers le *modalisme*, c'est-à-dire vers la thèse qui soutient que le Père, le Fils et l'Esprit ne sont finalement qu'une seule personne sous des modalités différentes. Difficile! Une fois encore un tel mot n'existait pas. Les Latins, à la suite de Tertullien, vont se contenter du terme de *personne*, pris au départ en un sens de sujet de droit. Mais les Grecs étaient plus exigeants, car ils restaient traumatisés par le danger modaliste. Le terme grec correspondant à personne en grec (*prosôpon*) évoquait pour eux le masque de théâtre permettant d'identifier le personnage pour le spectateur assis au plus haut des gradins. Ce terme manquait de consistance. C'est à partir de la réflexion sur les relations divines que Basile de Césarée, et à sa suite tout l'Orient, vont élaborer le terme de « manière de subsister » dans une même nature divine. Ils vont l'appeler *hypostase* (*hupostasis*), terme qui passe du sens de *substance* à celui de *manière de subsister dans la substance*. Cette expression de « manière de subsister » (*Subsistenzweise*) sera reprise par Karl Rahner dans son interprétation du terme de personne. Le Père et le Fils sont un dans la substance ou nature divine. Mais ils la vivent de manière concrètement différente, comme je l'ai déjà évoqué. Voilà un exemple typique de l'élaboration sémantique d'un langage qui n'existait pas tout fait dans la langue grecque.

---

5. Cf. *supra*, p. 48.

Cela veut dire aussi que ce terme est infiniment plus limité dans son sens à cette époque que le terme actuel de *personne* dans notre monde de culture. Le paradoxe veut que le terme de personne, considérablement enrichi et développé par la pensée occidentale à propos de la personne humaine, ait son origine dans une réflexion concernant les personnes divines. Le personnalisme humain a pour source la considération du personnalisme divin. Mais nous mettons aujourd'hui dans le concept de personne bien des éléments que les anciens attribuaient à la nature. Cela peut engendrer des contresens dans la manière de comprendre par exemple le concile de Chalcédoine. Au sens ancien, le Christ n'a pas de personne humaine, parce qu'il n'a pas un « mode de subsister » humain distinct de son mode de subsister divin : cela ferait deux Christ ! Cela ne veut nullement dire qu'il n'a pas une personnalité authentiquement humaine. Le fait que le même terme de personne puisse être attribué à la fois aux personnes divines et aux personnes humaines est une manière d'exprimer que l'homme est à l'image et à la ressemblance de Dieu. Cependant nous devons admettre que l'emploi de ce terme est analogique entre Dieu et l'homme.

Je vois, pour le Père et le Fils, mais vous n'avez pas encore répondu au sujet de l'Esprit.

Il est vrai que l'affirmation du caractère personnel de l'Esprit, très discuté par les exégètes dans les années récentes, est beaucoup plus difficile. Certains vous diront que, si nous n'avions pas les écrits de saint Jean, si nous n'avions que les *Actes des apôtres*, on ne pourrait pas conclure formellement à un caractère personnel de l'Esprit comme « sujet divin », précisément en raison de ces images matérielles. En 1938, le Père Victor Dillard, qui devait mourir au camp de concentration de Dachau, écrivait un livre de spiritualité consacré à l'Esprit Saint et intitulé *Au Dieu inconnu*[6].

---

6. Paris, Beauchesne, 1938.

Sa méditation exprime bien la difficulté du croyant à se représenter l'originalité de la personne de l'Esprit dans le concert de la Trinité, en raison des images matérielles dont l'Écriture se sert pour le représenter. L'Esprit n'est qu'à peine le partenaire d'une prière dans la liturgie, qui ramène tout au Père, tout en faisant la concession de certaines oraisons adressées au Fils. Les prières de l'Église adressées directement à l'Esprit sont relativement tardives et se réduisent pratiquement à un mot : *Veni Creator Spiritus !* (IXe siècle), *Veni Sancte Spiritus !* (XIIe siècle). La seule prière que nous puissions exprimer devant l'Esprit, c'est de lui dire : Viens en nous !

Si nous voyons mieux en quoi le Père et le Fils peuvent être des « personnes », car ils sont des partenaires vivants de notre foi et de notre prière, nous nous trouvons démunis à l'égard de l'Esprit. En effet, l'Esprit est dans l'Écriture un sujet *sans visage* et *sans voix*. Le Père a un visage que l'homme ne peut voir sans mourir, certes, mais que le Fils a révélé. Le Fils a un visage manifesté par son humanité. La difficulté propre au Saint-Esprit est qu'il n'a pas de visage. De ce fait, il n'est pas un vis-à-vis, il n'est pas un *TU*, il demeure un *IL*. Comme la troisième personne de nos paradigmes grammaticaux, il est celui dont on parle, mais il n'est pas un partenaire à qui on s'adresse. Les symboles objectifs par lesquels l'Esprit est représenté dans le Nouveau Testament nous orientent dans la même voie : la colombe, les langues de feu et le souffle ne donnent pas de visage à l'Esprit, ils expriment une transcendance subjective, c'est-à-dire ce qui nous anime de l'intérieur tout en nous dépassant. Le souffle de la vie habite en nous, mais nous ne pouvons l'objectiver : il vient d'au-delà de nous-mêmes, puisqu'il est le signe d'une vie qui nous est donnée mais nous dépasse. Les apôtres oseront dire une parole incroyable au moment du concile de Jérusalem : « L'Esprit Saint et nous-mêmes, nous avons en effet décidé de... » (Ac 15, 28). Cette immense prétention exprime bien la nature de leur lien à l'Esprit : celui-ci n'est en rien leur partenaire ; il est celui qui agit et décide en eux et par eux.

D'autre part, l'Esprit Saint ne parle pas : il n'est jamais le partenaire d'un dialogue divin. Le Père et le Fils parlent aux hommes. Le Père et le Fils se parlent l'un à l'autre. Jésus, le *Verbe* même de Dieu, est le révélateur du Père : sa mission est de parler et d'enseigner. L'Esprit garde le silence. Il « ne parlera pas de son propre chef » (Jn 16, 13), comme le fait Jésus. L'Esprit est l'interprète de la parole de Jésus : il fera « accéder à la vérité tout entière » (Jn 16, 13) ; « il rend témoignage » (15, 26). Il sera pour nous un autre Paraclet qui restera avec nous pour toujours (14, 16). Dans l'économie de la révélation divine, il y a une parole propre au Père, une parole propre au Fils, mais pas de parole ni d'enseignement, ni de message propres à l'Esprit. L'Esprit fait parler les hommes : « Il parle par les prophètes », disons-nous dans le Credo ; il fait parler les apôtres. C'est en ce sens que certaines paroles sont dans l'Écriture attribuées à l'Esprit.

Car l'Esprit n'est pas seulement objet de la foi comme le Père et le Fils, il est d'abord et avant tout sujet intérieur au croyant qui lui permet de confesser cette foi. Il est présent à son *JE* comme il le sera au *NOUS* ecclésial des confessions conciliaires à venir. Tel est son mode d'être personne. Cela revient à dire que le concept de personne est *analogique*, non seulement entre ses emplois pour Dieu et son usage pour les hommes, mais encore à l'intérieur de la Trinité elle-même, quand il est appliqué au Père, au Fils et à l'Esprit. Les trois personnes divines ne sont pas de simples copies conformes : chacune a son originalité dans sa manière d'être personne.

Tout ceci a une incidence concrète sur notre vie « spirituelle », ou « vie dans l'Esprit ». K. Rahner a analysé l'« expérience transcendantale » qui habite chacun d'entre nous. Il distingue dans notre conscience deux pôles. Le plus immédiat est celui de la connaissance *catégoriale* qui passe par le langage et la thématisation de catégories. Ce pôle est à l'origine des relations humaines situées dans l'histoire entre des personnes « corporelles », et à celle du progrès de toutes les sciences et les techniques. Mais un autre pôle existe, le pôle originaire de la conscience, celui qui échappe toujours à une connaissance thématique, de même que l'œil ne voit pas sa propre rétine qui lui permet de voir, parce qu'il est précisément cette zone mystérieuse du jaillissement de l'initiative de la connaissance et de l'action. C'est à ce pôle que s'adresse la mission de l'Esprit en nous. L'Esprit est présent et agit en nous au pôle originaire de la conscience, là même où nous sommes incapables de le discerner directement et de l'objectiver. Il est, si l'on peut employer cette expression dans un sens bien différent de l'inconscient freudien, notre « inconscient divin ». Il est, au plus profond de nous-mêmes, celui qui inspire notre liberté et la guérit du poids du péché sans jamais la violenter. C'est pourquoi toute la tradition chrétienne, de saint Paul à saint Ignace de Loyola et au-delà, s'est attachée au « discernement des esprits », afin de reconnaître le plus justement possible ce qui vient de l'Esprit de Dieu.

Il ne faut donc pas chercher l'Esprit en face de nous, mais en nous. Il est celui que nous pouvons « contrister » en nous-mêmes, parce qu'il nous a marqués de son sceau (Ep 4, 30). Par rapport à nous, il est une « méta-personne », puisqu'il agit au plus profond du sujet personnel humain. Il fait de nous des personnes adoptées et nous rend personnes filiales et fraternelles à l'égard du Père et du Fils. Il s'offre toujours à nous. Il ne tient qu'à nous de l'accueillir ou de le refuser, de lui ouvrir notre porte ou de la lui fermer. L'Esprit est donc bien une *personne trinitaire*, sous la forme originale d'être une *méta-personne*. C'est ainsi qu'il a agi au nom du Père et du Fils dans l'économie du salut. De même, il est celui qui fait habiter en nous le Père et le Fils, au plus profond de notre conscience, au niveau de ce que j'ai pris la liberté d'appeler notre « inconscient spirituel ».

Le mystère de la Trinité donne toujours à penser

Les choses ne se sont pas arrêtées au IVe *siècle. Que s'est-il passé depuis lors? Quelle fut en particulier l'« actualité » du dogme trinitaire au XX*^{e} *siècle?*

Les choses ne s'arrêtent jamais en théologie comme ailleurs. Nous sommes donc à la fin du IVe siècle. La réflexion trinitaire est passée du domaine de l'économie du salut, c'est-à-dire des missions du Fils et de l'Esprit pour nous, à celui des « processions » éternelles en Dieu. Ce terme n'est pas à prendre au sens de la procession du Saint-Sacrement, mais à celui que j'ai indiqué tout à l'heure en disant que l'Esprit « procède du Père ». En Dieu il y a deux « processions », c'est-à-dire deux manières dont le Fils et l'Esprit proviennent du Père : la génération du Fils, le mot va de soi, et la procession de l'Esprit, puisque l'Écriture ne permet pas de la nommer autrement. Nous affirmons donc un mouvement éternel qui habite la vie de Dieu : le Père engendre éternellement le Fils qui se donne en retour au Père dans un amour filial ; le Père fait procéder l'Esprit d'amour qui unit éternellement le Père et le Fils. Le Fils retourne à son tour l'Esprit à son Père, participant ainsi à sa procession. Bien évidemment, tout cela ne peut être dit qu'à la lumière dont le Fils vient à nous en Jésus par une génération humaine et donne pendant sa vie le témoignage d'un amour totalement filial de son Père jusqu'à la mort de la croix ; et à la lumière dont l'Esprit nous est envoyé en accompagnement de la mission du Fils et au terme de cette mission à la Pentecôte. Les relations manifestées entre les trois dans l'histoire nous révèlent les relations qui les unissent éternellement.

Revenons un instant à saint Augustin, auteur du traité sur *La Trinité* auquel j'ai déjà fait allusion, ouvrage qui sera une référence constante en Occident. Augustin connaît les Pères grecs, on dit même qu'il a réappris le grec pour pouvoir étudier le livre de Basile de Césarée, *Contre Eunome*. Il est en quelque sorte la plaque tournante de la transmission de l'enseignement des Pères grecs en Occident. Augustin développe et prolonge l'idée de Basile sur les personnes divines considérées comme des relations. Mais il va se heurter à une difficulté nouvelle et à un point resté jusqu'ici aveugle dans l'échange trinitaire. La relation entre le Père et le Fils est la génération. La relation entre le Père et l'Esprit est la procession.

Mais qu'en est-il de la relation entre le Fils et l'Esprit ? Si l'on ne veut pas que le Fils se confonde avec l'Esprit, il faut qu'il y ait aussi une relation de procession entre les deux. Cependant, le Père est la source unique de toute la Trinité. Augustin dira donc que l'Esprit procède du Père et du Fils, mais principalement du Père, source de la Trinité, le Père et le Fils s'unissant dans une seule action pour faire procéder le Saint-Esprit. C'est le fameux *Filioque* de notre Credo : « L'Esprit, qui procède du Père et du Fils. »

Ce développement est typiquement occidental, car les Pères grecs, encore très attachés à l'idée de propriété incommunicable constituant chaque personne, n'éprouvaient pas le besoin d'aller jusque-là. Ils disaient simplement que « le Père procède par le Fils », de même que le Fils envoie l'Esprit sur les siens de la part du Père. Voilà l'origine de la querelle sur le *Filioque* qui dure jusqu'à nos jours entre l'Orient et l'Occident. Chez Augustin, le *Filioque* est seulement l'objet d'une conclusion théologique. Les choses vont se corser lorsque les théologiens du temps de Charlemagne vont pousser à ce que le *Filioque* soit introduit dans le chant du Credo de Nicée-Constantinople. Je n'entre pas dans les détails assez subtils de ce débat. Les efforts d'union entre l'Orient et l'Occident qui ont été tentés aux conciles de Lyon en 1274 et de Florence en 1439 n'ont pas été reçus par le peuple des Églises d'Orient, parce qu'ils imposaient pratiquement à l'Orient la théologie occidentale. Sur la question de l'insertion de la formule dans le Credo, c'est l'Occident qui a eu tort. Car cette insertion a été unilatérale et s'est faite en dehors de tout concile. Or le concile d'Éphèse avait demandé autrefois que l'on ne touche plus au Credo. D'ailleurs, la chose est aujourd'hui reconnue dans les faits : l'Église catholique de Grèce a enlevé le *Filioque* du Credo ; le pape Jean-Paul II, à l'occasion du seizième centenaire du concile de Constantinople I en 1981, a récité solennellement le Credo de ce concile sans le *Filioque*. En France, une commission a préparé une traduction « œcuménique » du Credo de Nicée Constantinople, d'où cette formule est retirée. On dit simplement « l'Esprit, qui tient son origine du Père ». Ceci ne veut pas dire que l'Occident reconnaisse que le *Filioque* est une hérésie. Disons qu'il s'agit de deux approches de la procession du Saint-Esprit qui sont complémentaires et doivent s'équilibrer l'une par l'autre. Au plan de la doctrine, la convergence frise aujourd'hui l'accord, comme le montre une « clarification » récente du Conseil pontifical pour l'unité des chrétiens[7]. Nous sommes devant un exemple typique du lien entre vérité et charité. Quand la charité manque – et Dieu sait si elle a manqué au cours du second millénaire entre Orient et Occident – chacun cherche à justifier sa part de vérité de manière unilatérale et accuse l'autre d'hérésie en caricaturant sa position. Au contraire, quand la charité revient, on s'aperçoit que l'on peut tendre ensemble vers une vérité plus complète, dans le respect des approches respectives.

Après saint Augustin, nous voici au Moyen Âge. Avec Boèce, théologien-philosophe qui fut aussi un homme politique (480-524), la réflexion change en quelque sorte de statut. Jusqu'ici elle essayait de trouver le langage adéquat pour rendre compte des affirmations scripturaires. Elle était déjà passée du plan de l'économie du salut à celui des processions éternelles. Maintenant elle va se livrer à un travail de la raison spéculative. Saint Thomas, dans son commentaire d'un opuscule de Boèce sur la Trinité, dira avec sa lucidité habituelle : il y a deux manières de parler de la Trinité, soit par *autorités*, soit par *raisons*. Les Pères de l'Église ont parlé selon les autorités (Écriture et tradition) ; Boèce, considérant comme acquis le travail antérieur, a parlé par raisons. Augustin est le seul à avoir employé successivement les deux méthodes dans son traité de *La Trinité*. Il a fait en quelque sorte le pont entre les deux. En effet, il récapitule d'abord l'enseignement scripturaire des Pères grecs ; ensuite il se pose des questions nouvelles et cherche des

---

7. « Les traditions grecque et latine concernant la procession du Saint-Esprit ». Clarification du Conseil pontifical pour la promotion de l'unité des chrétiens, DC n° 2125 (1995), p. 941-945.

analogies trinitaires dans diverses trilogies humaines – par exemple la trilogie de la mémoire, de l'entendement et de la volonté. Dans ce discernement génial, Thomas exprime le grand tournant qui s'est produit entre les Pères de l'Église et les théologiens scolastiques. Le propre de la scolastique sera de travailler par la raison.

Le Moyen Âge se lance donc dans une longue réflexion spéculative sur les personnes divines comme relations, réflexion qui aboutira à la doctrine vraiment géniale de saint Thomas en la matière. C'est la doctrine des « relations subsistantes ». Je n'ose pas trop y entrer ici, car elle est complexe. En bref, il s'agit de montrer que les relations qui chez nous ne sont que des accidents, sont en Dieu identiques à son être même. Elles ne multiplient donc pas l'unité divine. Un père de famille ne se réduit pas à sa paternité. Il a existé comme personne avant d'être père et il continue à se définir par bien d'autres aspects. Sa relation paternelle est « accidentelle », non pas qu'elle soit sans importance, mais parce qu'elle s'ajoute à ce qu'il était auparavant. En Dieu il n'en va pas ainsi : le Père n'est que père, son être même s'identifie à cette relation paternelle. Elle n'est pas un « accident ». Sa paternité est sa manière propre de s'identifier à la nature divine. Il en va de même pour le Fils.

Tout le monde n'est pas obligé d'entrer dans cette réflexion très spéculative. Mais il est absolument capital que cette spéculation existe. Elle veut dire que la Trinité n'est pas une absurdité, une contradiction dans les termes ou un cercle carré. Elle n'est pas banalement irrationnelle : elle est supra-rationnelle. Elle reste sans doute un mystère, mais la raison peut aussi en rendre compte. On connaît la phrase de Paul Ricœur sur le symbole qui donne à penser. Je dirai volontiers que la Trinité est un mystère chrétien qui donne à penser. Aujourd'hui encore elle donne à penser.

Cela se vérifie dans l'histoire de la philosophie occidentale des Temps modernes. Il est remarquable de voir que la philosophie, qui depuis Descartes a voulu s'affranchir de la théologie, est restée comme fascinée par les deux dogmes chrétiens les plus fondamentaux, l'incarnation et la Trinité. L'incarnation ou la christologie, c'est le mystère de l'Absolu qui se manifeste dans le contingent[8]. Quant à la Trinité, Kant lui fait déjà une place dans son livre *La religion dans les limites de la simple raison*. À son tour le jeune Hegel produisit un certain nombre d'écrits théologiques qui montrent combien il était intéressé par le dogme trinitaire. Il considérera toujours le christianisme comme la « religion absolue » mais présentée à ses fidèles sous le mode de la *représentation*. Lui-même voudra faire passer son contenu au niveau du *concept*, c'est-à-dire d'une interprétation spéculative qui en révèle le sens profond au regard de la pensée humaine. Aussi, dans son *Encyclopédie* prendra-t-il la Trinité comme cadre global et comme idée directrice de sa philosophie. L'histoire du monde est une grande dialectique en trois temps, celle de la Logique, de la Nature et de l'Esprit, dans lesquels se trouvent conceptualisés le Père, le Fils et l'Esprit. Cette dialectique assume la *négativité*, illustrée par la mort du Christ en croix (« le Vendredi Saint spéculatif »). Dans sa pensée Dieu se réalise comme Dieu dans l'histoire du monde. On peut dire que cette philosophie identifie la Trinité économique à la Trinité immanente au point que pour Hegel cette dernière se réalise dans l'histoire. L'histoire du monde est l'histoire de Dieu se réalisant concrètement comme Trinité. Cette perspective sort de l'épure du dogme chrétien et dépasse notre sujet. Elle entend pénétrer totalement la rationalité du mystère. Elle donnera lieu à des interprétations bien différentes, suivant que l'on estime que Hegel s'inscrit dans une tradition théiste ou inaugure une forme originale d'athéisme.

Tout ceci est impressionnant comme parcours culturel. Mais est-ce que, outre le retour aux Pères, la Trinité a fait l'objet d'élaborations nouvelles au XXe siècle ?

---

8. Je ne peux que renvoyer ici aux divers ouvrages de Xavier Tilliette sur la christologie philosophique.

C'est le retour aux Pères qui désenclave la considération trinitaire et l'arrache à son isolement spéculatif. Celle-ci va connaître dans la deuxième moitié du XXe siècle un véritable renouveau. La systématisation scolastique, que j'ai évoquée, donnait l'impression que sur la Trinité on n'avait plus grand-chose à dire et qu'il s'agissait d'un dogme purement spéculatif demeurant étranger à la vie concrète de la foi. On avait en fait oublié tout l'enjeu doctrinal, et combien parlant pour le croyant, de la Trinité économique. Le XXe siècle a remis la Trinité en orbite à partir de l'économie du salut. J'ai déjà cité le fameux axiome de Rahner, dont j'ai dit qu'il récapitulait le mouvement même de la foi exprimée par les Pères. Cet axiome est inscrit dans un long article sur le dogme trinitaire où Rahner se demandait si le chrétien moyen n'est pas finalement un monothéiste pur et simple. Est-ce que sa foi vivante fait place à la Trinité ? Le théologien montre alors la dimension trinitaire de l'incarnation et du mystère de la grâce de Dieu. Car le Dieu-Trinité est le fondement transcendant de l'histoire du salut. L'axiome de Rahner a relancé la théologie trinitaire.

Nous aurons à reparler du mouvement christologique qui s'est développé à la même époque. Mais ce mouvement est également un mouvement trinitaire. Car la théologie situe désormais l'un et l'autre mystère selon leur solidarité originelle. On peut citer ici Yves Congar avec sa trilogie sur l'Esprit Saint[9], qui cherche à répondre à l'objection constante que font les orthodoxes à l'Église catholique d'oublier le Saint-Esprit, et même à Vatican II, d'en avoir « saupoudré » ses textes après coup. Congar admet bien l'axiome de Rahner, mais il émet une réticence sur le « réciproquement ». La Trinité immanente est bien la Trinité économique ; mais la réciproque – la Trinité économique est à son tour la Trinité immanente – peut donner à penser que la Trinité éternelle se ramène purement et simplement à ce qui nous est révélé dans l'histoire. Il n'y aurait plus en définitive que la Trinité économique.

---

9. Y. Congar, *Je crois en l'Esprit Saint*, 3 vol., Cerf, 1979-1980.

Ce *ne... que...* est réducteur et certains théologiens abuseront de cette réciprocité. Rahner avait pourtant apporté une nuance capitale en disant que la Trinité économique est la Trinité immanente « communiquée librement et gracieusement ».

Du côté catholique, le représentant le plus caractéristique de la théologie de la Trinité est certainement Hans Urs von Balthasar, dans le cadre de sa monumentale trilogie déjà évoquée, *Esthétique*, *Dramatique* et *Théologique*, chaque temps comportant plusieurs volumes. Le théologien suisse reconnaît parfaitement la valeur et l'enjeu de l'axiome de Rahner et le suit rigoureusement, même si sa théologie trinitaire des personnes divines est sensiblement différente de celle de son ancien ami avec lequel il a rompu quelques lances.

Balthasar estime que nous ne pouvons rien connaître de la Trinité immanente si ce n'est à partir de la Trinité économique : « Distinguer [...] plusieurs sujets en Dieu n'est chrétiennement possible qu'en partant du comportement de Jésus-Christ. En lui seul la Trinité est ouverte et accessible. [...] Du Père, du Fils et de l'Esprit en tant que "Personnes divines" nous ne savons quelque chose que par la figure et le comportement de Jésus-Christ. Il faut donc approuver le principe souvent employé aujourd'hui d'après lequel nous ne pouvons connaître la Trinité immanente et risquer des assertions sur elle que par la Trinité économique[10]. »

Le mystère de la croix et de la résurrection de Jésus est la révélation pleine et entière de l'échange trinitaire. Tous les mystères de la vie de Jésus peuvent et doivent se comprendre comme des actions où les trois personnes divines sont en jeu. Balthasar cherche donc à construire une théologie de la Trinité éternelle en tenant compte de la révélation bouleversante de l'anéantissement (*kénose*) du Fils dans son incarnation rédemptrice. Il interprétera donc l'éternel échange des processions divines en terme de kénose.

---

10. H. Urs von Balthasar, *La dramatique divine*. II. *Les personnes dans le Christ*, Lethielleux/Paris, Culture et vérité/Namur, p. 403.

La génération du Fils par le Père est une pleine dépossession de soi du Père dans le don. Il en va de même du retour d'amour du Fils. Toute l'obéissance de Jésus est l'expression de sa filiation en langage d'existence humaine. Il est remarquable que Paul dans les *Actes des apôtres* (13, 33) cite le verset du psaume : « Tu es mon Fils, moi aujourd'hui je t'ai engendré » (Ps 2, 7), à propos de la résurrection de Jésus. Cette résurrection du Christ est la transposition et la manifestation pour nous de l'éternelle génération du Fils. Autrement dit, l'échange trinitaire nous est visualisé à travers le mouvement de la croix et de la résurrection. Tout en respectant la transcendance absolue de la Trinité immanente, Balthasar cherche à réintroduire en elle, de manière sans doute analogique, un certain nombre d'aspects qui appartiennent à l'économie de l'existence humaine de Jésus. Ce qui se passe entre le Père et le Fils à travers la Passion et la résurrection est la transcription de l'échange trinitaire. Sans doute cette théologie pose-t-elle à son tour des problèmes et l'on peut se demander si Balthasar ne va pas trop loin dans la visée d'une certaine négativité en Dieu. Mais son principe est profondément juste. La figure de Jésus, c'est-à-dire l'ensemble de sa vie, de sa mort et de sa résurrection est la *parabole* en acte de l'échange trinitaire. Dans la vie de Jésus l'Esprit a évidemment toute sa place.

Cette visée de Balthasar a fait un émule du côté protestant chez le réformé Jürgen Moltmann dans *Le Dieu crucifié*[11]. Ce livre est habité par un sens chrétien authentique et il a « parlé » à notre temps. Je suis en plein accord avec son titre : c'est vraiment Dieu, le Fils de Dieu, « l'un de la Trinité » comme disait le concile de Constantinople II en 553, qui a souffert et est mort en croix. C'est parce qu'il en est ainsi que Dieu nous montre jusqu'où va son amour et sa solidarité avec nous. Cependant Moltmann va trop loin – selon un héritage hégélien – dans son identification entre Trinité

---

11. J. Moltmann, *Le Dieu crucifié. La croix du Christ, fondement et critique de la théologie chrétienne* (1972), trad. fr. Cerf-Mame, Paris, 1974.

immanente et Trinité économique. Vraiment, chez lui la première n'est plus que la seconde, car il affirme que les personnes se réalisent comme personnes à la croix. La Croix n'est plus la révélation du mystère trinitaire, elle en devient la réalisation même, comme si Dieu n'était pas d'abord trinitaire en lui-même, comme si ce n'était pas la Trinité qui avait rendu possible l'événement bouleversant de la croix. Il exploite le « réciproquement » de Rahner bien au-delà de l'intention de celui-ci. Bien des lecteurs n'ont pas vu cet enjeu, que Kasper a aussitôt détecté en parlant de la nécessaire *analogie* à maintenir toujours quand nous parlons de la transcendance absolue de Dieu. Oui, Dieu s'est vraiment manifesté à nous tel qu'il est dans l'histoire de notre salut, mais il s'est manifesté précisément en s'adaptant aux conditions de l'histoire, afin que nous puissions le reconnaître dans notre langage. Pour parler comme Balthasar, le Christ « est le voile qui révèle ». Sa révélation est loin d'épuiser à nos yeux l'insondable mystère de Dieu qui existe de toujours à toujours.

Toujours du côté protestant et de manière plus profonde, Eberhard Jüngel est entré dans la même perspective : « La doctrine chrétienne du Dieu Trinité est la quintessence de l'histoire de Jésus-Christ, car c'est en distinguant les trois personnes du Père, du Fils et Saint-Esprit en un Dieu unique que la réalité de l'histoire de Dieu avec l'homme accède à sa vérité[12]. »

Le scandale trinitaire au regard des juifs et des musulmans

On voit bien comment cette notion de Trinité a pu choquer les juifs. C'est déjà l'un des enjeux du Dialogue avec Tryphon *de Justin dont nous avons parlé. Mais, encore une fois, comment tout cela est-il compatible avec l'unicité de Dieu? Plus tard, l'islam reprendra la polémique. Aujourd'hui encore cette accusation reste forte. Alors*

---

12. E. Jüngel, *Dieu mystère du monde* (1977), trad. fr. t. II, Cerf, Paris, 1983, p. 205 et 193.

comment pouvons-nous nous situer par rapport aux juifs et à l'islam à ce sujet ? Est-ce que tous les fils d'Abraham croient finalement au même Dieu ?

La question est capitale. Croyons-nous tous au même Dieu, le Dieu d'Abraham ? Distinguons les deux cas. Le christianisme prétend bien garder la foi au Dieu unique de l'Ancien Testament. Car le Dieu de l'Ancien Testament, le Dieu des juifs donc, est celui qui s'intéresse à l'homme, qui choisit un peuple, qui l'aime et le fait vivre « à main forte et à bras étendu ». Il est bien le Dieu qui enverra selon le même mouvement son Fils Jésus-Christ. Le Dieu des musulmans est lui aussi un Dieu unique, il est appelé le « miséricordieux ». Il y a donc une ressemblance. J'hésiterais pourtant à dire que c'est exactement le même Dieu, parce que son rapport à l'humanité n'est pas le même. Allah s'intéresse-t-il vraiment aux hommes ? Mais revenons à la question essentielle de l'unicité de Dieu.

Avec les juifs, il y a sans doute une piste que nous pourrions peut-être suivre et qui a été déjà envisagée par la maison d'études de Ratisbonne à Jérusalem. Mais jusqu'à présent cela n'a pas eu de suites. Car il existe là-bas un groupe de judéo-chrétiens, c'est-à-dire de juifs authentiquement convertis au christianisme et qui cherchent à rendre compte de leur foi le plus possible dans le cadre des catégories juives. Or nous avons les écrits d'un certain Aphraate le Sage Persan[13], qui était un spirituel chrétien du milieu du IVe siècle, mais qui vivait en dehors des limites de l'Empire. La nouvelle du concile de Nicée n'était pas parvenue jusqu'à lui. Il exprimait une théologie christologique et trinitaire indépendante du développement dogmatique qui s'était accompli en milieu culturel grec. Son vocabulaire restait très biblique et même largement vétéro-testamentaire. Une étude mériterait d'être faite

---

13. Aphraate le Sage Persan, *Les exposés*, I et II, SC 349 et 359, Cerf, Paris, 1988 et 1989.

pour voir si nous ne pouvons pas exprimer le mystère trinitaire en restant plus proches des catégories sémitiques, ce qui permettrait à ces chrétiens d'origine juive de mieux comprendre le sens de la foi trinitaire. La traduction du mystère chrétien en langage culturel grec est la seule qui ait vraiment réussi jusqu'ici. Mais pourquoi ne pas reprendre le travail en fonction d'autres cultures et en particulier de retrouver en quelque sorte le cordon ombilical qui nous met en lien vivant avec la mentalité juive ?

Je pense en particulier que nous pourrions davantage remettre en honneur l'ordre révélé des personnes divines : il y a un premier, un second et un troisième, selon l'Écriture. Dans notre signe de croix nous respectons cet ordre. Le Père est l'origine de toute la Trinité. L'Orient chrétien est resté très sensible à cette visée. Le Père donne tout au Fils, à l'exception d'être Père : en cela il est le premier. C'est ainsi que Basile de Césarée répondait à l'objection tirée de la parole johannique : « Le Père est plus grand que moi » (Jn 14, 28) : le Fils est en tout égal au Père, mais il reste le second, le Père est plus grand, parce qu'il est celui qui l'a engendré. On peut parler ici d'un « subordinatianisme » orthodoxe. Normalement ce terme désigne l'hérésie qui subordonne le Fils au Père en l'estimant inférieur quant à sa nature. Ici je tiens que les personnes divines sont égales en tout, mais qu'elles s'inscrivent dans cet ordre qui subordonne d'une certaine manière le Fils et l'Esprit au Père. Telle est la doctrine de Basile de Césarée, le grand docteur du Saint-Esprit.

Mais le dogme de la Trinité fait aussi grandement difficulté dans le dialogue avec l'islam.

Avec l'islam, les choses sont beaucoup plus complexes. Le débat sur la Trinité entre théologiens musulmans et théologiens chrétiens remonte presque à l'origine de l'islam. Il est d'ailleurs étonnant de voir que les chrétiens reprenaient pratiquement devant les musulmans les arguments de Basile de Césarée contre Eunome, ce qui veut dire que l'objection musulmane est bien l'objection rationnelle du Dieu unique. Ce débat existe donc depuis qu'il y a des chrétiens, et depuis qu'il y a des musulmans. L'islam ne peut admettre la spécificité chrétienne, paradoxale et pour lui scandaleuse, qui affirme ensemble un Dieu unique et trois personnes divines. La spécificité chrétienne consiste à maintenir ce paradoxe. Je ne crois donc pas qu'il faille mettre en veilleuse la Trinité pour faciliter le dialogue avec l'islam. Car le dialogue interreligieux ne peut avoir de valeur que dans la mesure où chacun est loyalement soi-même devant le partenaire. Sans juger celui-ci, encore moins le condamner, il faut rester soi-même dans l'exposé de sa foi. Aucun dialogue interreligieux ne peut se dérouler sainement si les chrétiens mettent entre parenthèses la dimension trinitaire de leur foi. Tout est évidemment dans la manière d'en témoigner. Nous devons être d'autant plus modestes que ce que nous professons apparaît à nos partenaires plus inadmissible. Mais être modeste ne signifie pas chercher la conciliation à tout prix.

Nous pouvons dire en particulier le sens ultime et humainement très compréhensible du mystère trinitaire. La Bible nous dit que Dieu est amour. Si Dieu est vraiment amour au plus profond de lui-même sans altérité aucune, cela veut dire qu'il ne fait que s'aimer lui-même ! Comment Dieu peut-il être amour, sans connaître en lui-même une forme d'altérité ? Pour aimer, il faut avoir un autre à aimer. La comparaison entre amour humain et amour divin a valeur de parabole. L'amour humain passe par une altérité : un homme aime une femme ; les parents aiment leurs enfants, etc. Dans l'amour conjugal, l'altérité est signifiée par le sexe. Ce qui est fascinant entre l'homme et la femme, c'est que tout est semblable et tout est différent. Le différent n'est pas à côté du semblable mais au cœur du semblable. Analogiquement, la différence qui demeure entre les personnes divines exprime cette altérité. On peut même dire que c'est l'expérience intradivine de l'altérité qui a poussé Dieu à créer. Comme le disait merveilleusement Irénée : ce n'est pas parce qu'il avait besoin de quelqu'un que Dieu a créé Adam, « c'était pour avoir quelqu'un en qui déposer ses bienfaits[14] ». L'altérité intradivine est la plus radicale et permet l'amour le plus total, puisque chaque personne ne vit que par le mouvement qui la donne totalement aux autres. C'est-à-dire que la plénitude de chaque personne est en même temps d'une pauvreté totale. La plus grande richesse qui puisse exister, la nature divine, est possédée sous la forme d'un échange et d'un don constant. Dieu est un passionné de Dieu, telle est la raison pour laquelle il est un passionné de l'homme. Nous sommes là sur un point sur lequel on ne peut pas transiger.

Quand même, pour faire l'avocat du diable, la place de Jésus est importante dans le Coran. Il y a des choses qui peuvent paraître proches de nous. Est-ce qu'il n'y a pas une grandeur dans cette affirmation de la transcendance et de l'absolue altérité de Dieu ?

Oui, Jésus, plus exactement Issa, est présent dans le Coran. Mais Issa n'est pas Jésus. Issa est un prophète qui s'inscrit dans une ligne qui comporte un après et un plus avec Mohammed. Issa n'est pas mort sur la croix. Issa n'est évidemment pas le Fils de Dieu reconnu par les chrétiens. Un ami, préfet apostolique au Tchad, dont le dialogue avec l'islam est pain quotidien, le signalait récemment dans une communication. Il ne sert à rien de « raboter » ce qui est scandaleux pour l'islam dans la révélation de Dieu en Jésus-Christ, ni de se laisser aller à un quelconque syncrétisme. Un chrétien ne peut reconnaître en Mohammed un prophète, ni le Coran comme parole de Dieu, sans désavouer sa propre foi. Mais cette franchise, cette *parrèsia*, doit rester infiniment modeste et respecter toutes les valeurs religieuses positives de l'islam et la sainteté de bien des musulmans. Je reconnais avec vous que les musulmans dans leur manière de prier sont pour nous des témoins de l'absolue transcendance de Dieu. Je respecte tout le positif que le concile de Vatican II a reconnu dans l'islam.

---

14. Irénée, *Contre les hérésies*, IV, 14, 1.

Mais je dois vous avouer aussi que la naissance de l'islam après le christianisme est pour moi une énigme. Une énigme parce que, comme chrétien, autant je comprends la dynamique qui va du judaïsme au christianisme et l'intention divine qui la sous-tend, autant je comprends mal pourquoi dans un milieu chrétien l'islam a pu naître. Les conflits intérieurs aux chrétiens ont certainement joué un rôle dans la naissance de l'islam. Mais comment l'islam a-t-il pu naître après la révélation chrétienne ? Je dis cela comme une question avec tout le respect possible envers cette religion.

Un autre problème, enfin, vient de ce que bien des musulmans vivent encore leur foi d'une manière médiévale. Je regrette en particulier beaucoup qu'aucune autorité dans les diverses familles musulmanes ne se soit encore nettement prononcée pour condamner les violences qui sont, prétend-on, commises au nom de l'islam. J'attends qu'une autorité, même régionale, dise haut et fort que les violences actuellement commises ne peuvent pas se revendiquer de l'enseignement du Coran.

Un Dieu passionné pour l'homme

Un historien spécialiste de l'Antiquité, qui n'est pas chrétien, Paul Veyne, vient d'écrire que la grande spécificité du Dieu judéo-chrétien, c'est qu'il est passionné de l'homme et que l'homme est passionné de Dieu. Il dit que dans l'Antiquité, les dieux du panthéon se moquent complètement des hommes.

Il a tout à fait raison. Les Grecs n'avaient pas les dieux qu'ils méritaient, disait, je crois, Péguy ; et il continuait : nous, nous avons un Dieu que nous ne méritons plus. Un Dieu qui s'approche des hommes, c'est déjà tout l'Ancien Testament. « Quelle est en effet la grande nation dont les dieux se fassent aussi proches que Yahvé notre Dieu l'est pour nous chaque fois que nous l'invoquons ? […] Est-il un dieu qui soit venu se chercher une nation au milieu d'une autre par des épreuves, des signes, des prodiges et des combats, à main forte et à bras étendu ? », dit Moïse dans le *Deutéronome* (4, 7 et 34). Clément d'Alexandrie lui fait écho à distance en affirmant que « notre Dieu est un Dieu qui s'approche ». Voilà la grande spécificité judéo-chrétienne : notre Dieu est un Dieu qui cherche l'homme, pour qui l'homme existe en vérité. Cette proximité s'est accomplie parfaitement, totalement par l'incarnation de Dieu en Jésus-Christ. Mais ceci est lié à la proclamation trinitaire de la foi chrétienne. Sans la Trinité, la réalité de notre salut s'évanouit. Ce n'est pas pour rien non plus que les théologiens chrétiens ont discerné des annonces mystérieuses de la Trinité dans l'Ancien Testament. Tertullien faisait cette réflexion très juste : si rien dans l'Ancien Testament n'annonce la Trinité, comment pourrions-nous la croire dans le Nouveau ?

Ce discernement était déjà celui de Basile de Césarée. Beaucoup de religions croient en un seul Dieu, disait-il. Mais la spécificité chrétienne, c'est qu'il y a Dieu et le Christ. Bien entendu, il n'oubliait pas le Saint-Esprit, inséparable de la révélation de Dieu en Jésus-Christ.

Vous dites que la véritable réponse à l'athéisme contemporain se situe dans le mystère de la Trinité.

C'est exact et la grande question de l'athéisme qui a préoccupé la seconde moitié du XXe siècle n'est pas pour rien dans l'approfondissement du mystère de la Trinité. La Trinité permet de sortir du dilemme immédiat entre théisme et athéisme. La Trinité révèle la spécificité du « Dieu de Jésus-Christ ». Comme le dit W. Kasper, au début d'un livre où il traite tout ensemble du problème de Dieu et de la Trinité, « la réponse à la question moderne de Dieu et à la situation de l'athéisme moderne ne peut être que le Dieu de Jésus-Christ, la confession trinitaire, qu'il faut ramener de sa marginalité, pour en faire la grammaire de toute la théologie[15] ». Ce livre est le

---

15. W. Kasper, *Le Dieu des chrétiens* (1982), trad. fr. Cerf, Paris, 1985, p. 7.

fruit de la grande visée qui essaie de rejoindre la Trinité immanente à partir de la Trinité de l'économie du salut.

On connaît la phrase de Kant: « De la doctrine de la Trinité, prise à la lettre, il n'y a absolument rien à tirer pour la pratique[16]. » Autrement dit, c'est un dogme inutile. Je crois avoir montré que le dogme de la Trinité est non seulement un dogme nécessaire au plan spéculatif, mais qu'il est aussi un dogme utile, parce qu'il est nourrissant pour la vie de foi. En tout cas, au XXe siècle, il a porté beaucoup de fruits.

N'est-ce pas paradoxal pour notre monde de répondre de cette manière-là ?

C'est paradoxal et ce n'est pas paradoxal. Cela signifie que le christianisme comprend parfaitement que le déisme des XVIIe et XVIIIe siècles, c'est-à-dire le Dieu d'une religion purement naturelle, n'intéresse plus personne. Pensons au grand horloger de Voltaire qui fait bien marcher le monde, mais ne s'intéresse pas aux hommes. La réponse à l'athéisme contemporain, c'est précisément la révélation que je suis aimé, au-delà même de ce que je puis penser ; je suis aimé de manière absolue et définitive, mon existence est reconnue et a du prix aux yeux de Dieu lui-même. Dans un autre langage, je dirais : mon existence est justifiée par Dieu. Nous faisons tous l'expérience que nous ne pouvons vivre et survivre que dans la mesure où nous existons pour d'autres. L'enfant doit être aimé par ses parents, le mari par sa femme, tout homme ou femme par des amis, des relations professionnelles ou autres. Si un jour je découvre que ma vie n'intéresse plus personne, n'est plus reconnue par personne, je suis au bord du désespoir. La révélation chrétienne nous dit alors que Dieu est celui qui nous reconnaît, qui s'intéresse à nous, s'approche de nous et veut nous

---

16. E. Kant, *Le conflit des Facultés*, *Œuvres philosophiques*, Pléiade, Gallimard, t. III, 1980, p. 841.

communiquer sa propre vie. En lui je peux trouver la fondation absolue de mon existence. Tel est le sens de la fameuse affirmation paulinienne, reprise en chœur par la Réforme et qui reste malheureusement encore trop étrangère à une mentalité catholique : la justification par la grâce moyennant la foi. La grâce, c'est-à-dire l'amour bienveillant de Dieu pour moi, est la source de tout. Pour la recevoir en plénitude, il ne m'est demandé que la foi.

L'athéisme auquel vous pensez a été en grande part, l'héritier de Nietzsche, de Marx ou de Freud, les fameux « maîtres du soupçon ». C'est le refus d'un Dieu qui n'est finalement qu'une projection inutile de l'homme et en ce sens absurde. On peut penser aussi à Sartre ou à d'autres. Aujourd'hui, on a le sentiment qu'on revient à quelque chose de beaucoup plus antireligieux. N'est-ce pas ce que l'on trouve chez un Michel Onfray par exemple ? Les religions sont insupportables parce qu'elles nous empêchent de vivre, qu'elles nous empêchent d'être sexuellement épanouis et qu'elles sont violentes. Est-ce que la Trinité peut être une réponse à cela ?

Nous sommes ici en présence d'un phénomène nouveau, que j'appellerais l'« abréaction antichrétienne ».

Qu'est-ce que c'est que l'abréaction ?

Ce terme appartient au vocabulaire de la psychanalyse. Je l'emploie de manière analogique, pour exprimer la réaction négative de rejet à l'égard du christianisme et qui affecte de plus en plus notre société, comme si l'influence chrétienne multiséculaire qu'elle a subie de la part de l'Église l'avait traumatisée. L'adolescence comporte un moment transitoire d'abréaction de l'enfant vis-à-vis de ses parents : il les envoie promener, parce qu'ils ont été ses tuteurs et qu'ils ont exercé leur autorité sur lui. Il veut manifester son autonomie nouvelle par un rejet des modèles éducatifs reçus. Bien évidemment, cette phase se résoudra plus ou moins heureusement suivant que l'éducation reçue aura été traumatisante ou non.

L'Église catholique, particulièrement en France, a été l'instance morale et spirituelle qui a régenté la vie personnelle et sociale des Français pendant un millénaire. Nous discernons aujourd'hui une forme d'antichristianisme que je distinguerai formellement de l'anticléricalisme de la fin du XIXe et du début du XXe siècle. L'anticléricalisme s'attaquait à l'Église et aux hommes d'Église en tant que puissances sociales. Le comportement de l'Église avait en effet des aspects « cléricaux ». Aujourd'hui ce n'est plus du tout la question, sinon pour certains « laïcs » retardataires. Ce qui est l'objet des attaques nouvelles, ce sont les figures fondatrices du christianisme, Jésus, la Vierge Marie ; ce sont les dogmes chrétiens, c'est surtout la morale chrétienne dont on veut se libérer et dont l'Église est la représentante. Elle est l'objet d'un rejet, précisément parce qu'elle a conditionné la civilisation dans laquelle nous vivons. Cela ne se manifeste pas seulement chez les penseurs, mais aussi dans la publicité, à la télévision et chez les humoristes qui estiment que l'on peut rire absolument de tout et donc ridiculiser les grands thèmes chrétiens. On ne se contente plus alors d'un athéisme ou d'un agnosticisme prudent, on rejette le Dieu de Jésus-Christ et on l'accuse de nos maux ; on lui reproche en particulier la violence. René Rémond a bien analysé cette donnée nouvelle dans le livre où il a répondu à vos questions[17].

Les religions facteurs de violence, voilà un thème répandu aujourd'hui. Je ne veux pas revenir sur le problème douloureux de la violence qui se revendique de la loi islamique. Il est vrai que la tentation de toute religion est de se confondre elle-même avec l'absolu dont elle doit être le témoin. Telle est la raison de tous les intégrismes et de toutes les intolérances. Mais il est gravement injuste de confondre la religion avec ses dérapages. Quant à

---

17. R. Rémond, *Le christianisme en accusation, Entretiens avec Marc Leboucher*, DDB, Paris, 2000.

l'accusation portée sur Dieu devant les violences humaines et les horreurs du XXe siècle, même si on en comprend et parfois on en partage la motivation, elle me paraît un singulier alibi. Le seul reproche que l'on puisse faire à Dieu, si l'on croit en lui, c'est d'avoir créé l'homme libre. Tel est le risque dramatique qu'il a pris. Il n'a pas voulu faire de nous des pantins dont il tirerait les ficelles. Qui oserait le lui reprocher ? N'est-ce pas de l'homme, et très concrètement de chacun d'entre nous, que vient la violence ? N'est-ce pas le désordre de nos désirs, qui nous pousse au mensonge, à la cupidité et à la violence, ce que l'Église appelle le péché originel, terme sans doute ambigu mais correspondant à une réalité évidente ?

Je pense au livre du philosophe orthodoxe Bertrand Vergely, La mort interdite[18]*, sur l'existence de Dieu, mais aussi sur la vie et la mort. Il exprime fortement cette objection faite sur Dieu. Après la dernière guerre, des gens comme Merleau-Ponty, Camus ou Sartre dialoguaient d'une manière très respectueuse avec le christianisme. Je pense aux grands entretiens du XXe siècle. Aujourd'hui certains continuent de le faire, comme Régis Debray, Luc Ferry, André Comte-Sponville. Ce sont des intellectuels vraiment respectueux. En revanche, on en voit aujourd'hui d'autres, qui vulgarisent une hostilité très violente.*

D'une certaine manière le *Da Vinci Code* en est une expression. Car sa grande thèse est que l'Église est bâtie sur un mensonge fondamental, qui se cache par des crimes en série. Ses papes et ses cardinaux ne sont pas capables de pratiquer ce qu'ils enseignent et l'image même du Christ est banalisée au niveau de la médiocrité commune. On essaie de nous faire accepter comme chose sans importance qu'il ait eu des relations avec Marie Madeleine, au rebours du témoignage évangélique. La jeune Sophie du roman, à qui l'on révèle qu'elle est la descendante de Jésus et de

---

18. J.-C. Lattès, Paris, 2001.

Marie-Madeleine, finit par dire : finalement cela ne me gêne pas. Il s'agit de faire tomber de son piédestal l'image de Jésus et cela c'est une expression de l'antichristianisme dont parlait René Rémond.

Finalement, pour revenir à votre question sur la Trinité comme réponse à l'athéisme contemporain, je crois que le seul Dieu qui peut donner sens concret à notre vie, c'est le Dieu de Jésus-Christ, le Dieu qui s'intéresse à nous, qui entre dans notre histoire, qui se solidarise avec nous et avec notre malheur jusqu'à mourir sur une croix. Une interprétation humoristique de l'athéisme chrétien des années soixante-dix le commentait ainsi : « Dieu n'existe pas, mais Jésus-Christ est son Fils. » Le non-sens de la formule nous rappelle à sa manière que Jésus-Christ ne peut avoir que Dieu pour Père. Mais nous voilà sur le terrain de la christologie.

Vous nous avez parlé d'un Dieu passionné pour l'homme, mais vous ne nous avez pas beaucoup parlé de l'homme lui-même. La fois prochaine nous aborderons ce qui concerne le Christ. Ne pourriez-vous pas nous dire un mot d'anthropologie ? La théologie de la création a-t-elle bougé au XXe siècle ? Et qu'en est-il aujourd'hui du péché originel ?

On a parlé au milieu du siècle de tournant anthropologique. Nous y reviendrons sans doute. À propos de la théologie de la création, dont je ne suis pas spécialiste, je voudrais souligner deux choses. Elle fut évidemment le grand lieu de dialogue entre la science et la foi, après avoir été au XIXe siècle le lieu par excellence de leur conflit. Il faut citer ici la grande figure du Père Pierre Teilhard de Chardin. Cet homme de science a voulu intervenir en théologie par réaction contre celle qu'il avait reçue. Il a surpris, inquiété même par certaines de ses vues, puis la parution posthume de ses œuvres lui a permis d'exercer une influence de plus en plus grande, même si son œuvre scientifique apparaît inévitablement datée. Le P. de Lubac avait jadis justifié l'essentiel de ses intuitions[19]

---

19. H. de Lubac, *La pensée religieuse du Père Pierre Teilhard de Chardin*, Aubier, Paris, 1962.

théologiques dans un ouvrage que certains avaient trouvé trop apologétique. Teilhard connaît aujourd'hui une sorte de consécration, comme le montre le récent ouvrage du P. Martelet[20]. Aujourd'hui le souci d'une articulation crédible entre le concept scientifique de création – ordonné à la recherche du *commencement* –, et le concept biblique et théologique de création – ordonné à parler de l'*origine* – est très présent en de nombreux groupes de dialogue.

La deuxième chose est la réintégration de la création dans sa signification religieuse. Le XIXe siècle en avait fait en quelque sorte une considération avant tout philosophique. Aujourd'hui elle a retrouvé sa place dans le cadre du premier article du Credo avec toute sa dimension trinitaire. K. Barth y fut pour beaucoup, au risque même de réduire la création à n'être qu'un pur présupposé de l'histoire du salut. Elle en est le premier temps, un temps qui a sa valeur en lui-même. On a redécouvert la belle formule d'Irénée, déjà évoquée : « Au commencement non plus, ce ne fut pas parce qu'il avait besoin de l'homme que Dieu modela Adam, mais pour avoir quelqu'un en qui déposer ses bienfaits[21]. » Si on a pu reprocher aux théologiens de se désintéresser de la création pendant un certain nombre de décennies, la chose n'est plus exacte aujourd'hui.

Quant à la théologie du péché originel, elle est enfin – je dis enfin car la chose s'est produite avec au moins un siècle de retard – libérée de la vision concordiste qui confond l'Adam théologique de la *Genèse* avec le processus de l'hominisation et qui cherche à situer le premier à l'un des degrés de l'échelle du second. Aujourd'hui il est devenu clair, et il devrait l'être pour tous, que l'Adam théologique est une figure symbolique et non empirique, qui exprime, dans le cadre d'un récit de facture mythologique – Jean-Paul II lui-même a employé ce langage –, un drame

---

20. G. Martelet, *Teilhard de Chardin, prophète d'un Christ toujours plus grand : primauté du Christ et transcendance de l'homme*, Ed. Lessius, Bruxelles, 2005.
21. Irénée, *Contre les hérésies* IV, 14, 1 ; éd. Rousseau, p. 445-446.

fondamental dans la relation de l'homme avec Dieu. Ce drame universel ne peut être posé qu'à l'origine : après l'origine bonne de toute la création en tant qu'elle sort des mains de Dieu, suit une origine mauvaise qui vient d'un refus de l'homme au dessein de Dieu.

Le péché en tant que tel n'a aucune rationalité : il est l'opacité même, à propos de laquelle on ne peut rien dire. Le paradoxe est de vouloir en rendre raison au plan intellectuel et de le justifier d'une certaine manière. Mais le justifier en le faisant entrer dans un certain ordre des choses, n'est-ce pas aussi le justifier moralement ? Je pense, à la suite de K. Rahner, que le meilleur mouvement d'intelligibilité n'est pas celui qui va d'Adam à nous, mais celui qui remonte de nous vers Adam. Le centre de gravité de la doctrine du péché originel est le péché de l'humanité, le péché qui habite chacune de nos libertés – le désordre de notre désir, terme par lequel on peut traduire celui de concupiscence –, tout autant que la solidarité de nos libertés et qui aboutit au péché du monde. Nous sommes là devant un constat que personne ne peut nier. C'est ce poids inéluctable de la condition humaine et dont les manifestations sont multiples que la foi chrétienne appelle péché du monde ou péché originel *originé*, c'est-à-dire inscrit en nous. La première réponse et la seule en définitive à ce mal incompréhensible pour lequel nous sommes toujours tentés d'intenter un procès à Dieu, c'est la croix du Christ. Dieu a envoyé son Fils pour porter avec nous le poids du péché afin de nous en libérer. Le récit d'Adam, celui du péché originel *originant*, a simplement pour but de nous dire que la cause (c'est un récit *étiologique*) de cet état de choses ne vient pas de Dieu mais de l'homme. Cela dit, la théologie du péché originel reste encore pour une large part à construire, si tant est que la chose soit possible.

III

Jésus de l'histoire et Christ de la foi

Poursuivons notre conversation sur la question du Christ et de la christologie. J'ai envie de partir d'un horizon très large. Aujourd'hui, dans bien des cas, que ce soit du côté des sciences humaines, depuis le XIXe siècle, mais aussi en raison d'une approche plus populaire de la question de Jésus, on a toujours tendance à opposer le Christ de la foi ou du dogme et le Jésus de l'histoire, celui qui apparut il y a vingt siècles et que l'on essaie de traquer par toutes les méthodes possibles. Alors, comment faire l'unité entre ces deux images de Jésus, l'une qui reste très humaine et l'autre qui lui donne tous ses titres divins?

Cette opposition a de fait longuement marqué et marque encore la recherche. Elle est le résultat d'une conjoncture historique et nous ramène à la crise moderniste du début du XXe siècle. D'un côté, l'enseignement dogmatique avait oublié les données de l'histoire, continuant à se rapporter à l'événement fondateur avec la sécurité qui était celle des Pères de l'Église et des docteurs du Moyen Âge. De l'autre côté, l'histoire se développait comme une science à partir du XVIIe siècle et trouvait ses pleines lettres de noblesse au XIXe. L'écart entre les deux images de Jésus apparaissait alors immense. Comment le combler? Si la question a été posée en terme d'opposition, c'est bien en raison des progrès de la recherche historique en contexte de modernité, qui appliquait un regard critique à toutes les sources concernant le Jésus de l'histoire, tandis que la christologie dogmatique lui accordait peu d'intérêt et prenait son départ dans les définitions conciliaires plus que dans le

Nouveau Testament. Cette christologie dogmatique s'exprimait en termes scolastiques, procédait largement de manière déductive et multipliait les thèses spéculatives sans retourner suffisamment aux données évangéliques Sur cette base, on a assisté tout au long du XXe siècle à une petite révolution dans la manière de traiter théologiquement du Christ. Pour faire bref, la christologie dogmatique est retournée à l'Écriture et à l'événement de Jésus comme fondement premier de sa réflexion ; de ce fait elle s'est heurtée de manière immédiate aux données de l'histoire avec le souci de vérification qui est typique de notre temps.

Pourtant, je poserais volontiers ici un nouvel axiome, analogue à celui de Rahner pour la Trinité : « Le Christ ressuscité et glorieux, le Christ confessé comme Fils de Dieu et Dieu, est le Jésus de Nazareth qui est né, a vécu et est mort sur la croix en Palestine et réciproquement. » Le ressuscité reste le crucifié et le crucifié est le ressuscité. Le Christ de la foi est le Jésus de l'histoire et le Jésus de l'histoire est le Christ de la foi. De même que l'on parlait au XVIe siècle de l'article « qui faisait tenir ou tomber l'Église », cet axiome ou article fait tenir ou tomber la christologie. Tout le problème est d'en rendre compte en vérité, en respectant en même temps les données de l'histoire et la confession de la foi.

Beau programme ! Mais ne serait-il pas utile de préciser le rapport que peuvent entretenir entre elles l'histoire et la foi ? Est-ce que la foi a besoin de l'histoire ? Est-ce que l'histoire peut prouver la foi ?

Le rapport entre l'histoire et la foi est paradoxal, parce que, d'un côté, le christianisme se présente comme un événement qui s'est passé dans l'histoire, avec toutes les limites et les particularités qui sont liées à toute histoire ; d'un autre côté, le mystère chrétien se présente comme quelque chose qui est la révélation d'un Dieu transcendant et de ce fait n'est accessible qu'à la foi. La foi a donc besoin de l'histoire, sous peine de se liquéfier dans une sorte de gnose. Mais l'histoire ne peut donner tout simplement la preuve de la foi, car alors il n'y aurait plus de transcendance. Par exemple, l'histoire ne peut pas prouver la résurrection de Jésus. Elle ne peut donner que des signes. Les choses sont donc complexes. Dans la perspective qui est la nôtre, le rapport entre l'histoire et la foi est un rapport de réciprocité circulaire. Ni l'une ni l'autre ne peuvent tenir seules. La foi renvoie sans cesse à l'histoire et l'histoire fait signe à la foi.

La foi chrétienne nous dit en effet que Jésus est vraiment homme et vraiment Dieu. S'il est vraiment homme, il est justiciable de toutes les disciplines et de toutes les approches scientifiques et culturelles qui valent pour toute réalité humaine. Il est donc justiciable de l'histoire, mais aussi de la psychologie, de la sociologie, des analyses culturelles et même religieuses. Nous pouvons appliquer légitimement au Christ toutes ces disciplines, en tant qu'il se présente comme un homme parmi les hommes. Vous voyez que cela peut aller très loin. De l'autre côté, nous le confessons comme vraiment Dieu. Mais l'histoire ne peut pas nous donner la preuve de cette divinité. Si elle pouvait nous donner une preuve scientifique de la divinité du Christ, tout le monde serait alors croyant. Mais on se tromperait gravement, car un Dieu prouvé simplement par l'histoire ne serait plus Dieu. Il deviendrait une création de l'homme. Nous ne pouvons reconnaître la divinité du Christ que par un acte personnel et existentiel d'une foi qui discerne qu'en Jésus de Nazareth c'est Dieu lui-même qui parle à l'homme. Cette foi discerne alors la transcendance absolue de Dieu. Mais alors nous ne sommes plus dans le domaine de l'évaluation scientifique, mais dans celui de la rencontre personnelle et de la naissance d'une relation interpersonnelle. Si quelqu'un m'interpelle, je peux écouter son interpellation ou la refuser. Si j'écoute, j'accepte d'entrer en relation avec lui. Dans mon attitude, ma liberté va jouer un rôle décisif. Cela ne m'empêche pas d'avoir des raisons capables de fonder mon entrée en relation avec lui. La reconnaissance de la divinité du Christ est un acte de foi qui reconnaît, à travers un certain nombre d'indices, qu'en Jésus de

Nazareth, il y a plus que l'homme, plus que Salomon, parce qu'en lui Dieu s'intéresse à moi, Dieu m'interpelle et vient me chercher, veut me sauver et me propose de vivre avec lui.

Il y a, dans ce que j'appellerais après d'autres « l'excellence humaine de Jésus », le témoignage d'une humanité qui transcende tout autre témoignage humain. C'est la fameuse parole de ceux que l'on avait envoyés pour arrêter Jésus : « Jamais homme n'a parlé comme cet homme » (Jn 7, 42) ; ou encore l'audace de la parole de Jésus sur lui-même : « Qui de vous me convaincra de péché ? » (Jn 8, 46). C'est l'accord toujours parfait entre ce qu'il dit et ce qu'il fait. C'est sa constance à accomplir sa mission, alors que la contradiction se fait de plus en plus menaçante. C'est son attitude unique pendant sa Passion et jusqu'à la mort qui provoque la confession de foi du centurion romain. C'est ce que le Père de Grandmaison appelait naguère la *limpidité* de Jésus. Voilà le témoignage humainement exceptionnel qui me permet de croire en sa résurrection. Mon acte de foi vis-à-vis de lui est vraiment raisonnable.

Au cœur de tout cela, il y a un événement réalisé dans notre histoire et un événement qui dépasse les limites notre histoire, la résurrection. Entre l'analyse historique et l'acte de foi il y a donc une relation. C'est la fameuse relation du fait et du sens. Il ne me suffit pas, surtout à notre époque critique, de fonder ma foi sur le sens salvifique qui m'est donné de l'événement de Jésus ; il faut que ma foi puisse s'appuyer sur le contexte d'une histoire crédible. Il faut que les signes qui m'ont conduit à croire soient vrais.

Je vous propose dans cet entretien de partir de l'histoire et de tous les problèmes qu'elle pose. Ensuite, nous pourrons mieux voir comment la christologie dogmatique, celle qui analyse et rend compte de la foi de l'Église, intègre aujourd'hui ces données.

Commençons donc par la recherche historique. Le XXe siècle est parti de l'héritage du précédent concernant la recherche sur la vie de Jésus (l'expression allemande consacrée est celle de la *Leben Jesu Forschung*, parce que les choses se sont passées surtout en Allemagne). On y a vu se développer successivement ce que l'on appelle trois questions, trois quêtes ou trois enquêtes sur le Jésus historique, c'est-à-dire trois manières de conduire la recherche et d'en apprécier les résultats. La « première question » correspond à la position de R. Bultmann. La « deuxième question » est celle de E. Käsemann et de ses amis, qui réagissent de manière très critique à la position de leur maître Bultmann. La « troisième question » nous vient surtout des États-Unis où l'on met en valeur la figure de Jésus maître de sagesse.

Avant d'entrer dans le vif du sujet, je crois qu'il est bon de signaler deux distinctions à propos de l'histoire. La première est la distinction entre l'histoire établie scientifiquement à partir des traces et des témoignages dûment critiqués (histoire *Historie*, disent les Allemands) et l'histoire qui a marqué le cours du monde de manière décisive en raison de tel ou tel événement (histoire *Geschichte* pour les Allemands). Cette distinction joue un rôle important pour notre sujet. Car l'événement de Jésus est analysable de l'un et l'autre point de vue. Il s'agit d'une distinction qui ne doit pas aboutir à une séparation.

Une autre distinction semble évidente mais elle est souvent oubliée : elle s'exprime dans la différence entre le *Jésus de l'histoire* et le *Jésus historique*. Le Jésus de l'histoire est le Jésus qui a concrètement vécu en Palestine au Ier siècle de notre ère, qui est mort en croix et que ses disciples ont proclamé ressuscité. Le Jésus historique est le Jésus que la recherche historique actuelle essaie de rejoindre et parfois de restituer ou de reconstruire par ses méthodes propres. Ses résultats comportent des approximations ou des doutes, et nous verrons toute la part de projection qu'il peut comporter. Il est clair que le second ne coïncide pas avec le premier. Ce que nous savons et pouvons dire de Jésus est infiniment plus pauvre que ce qu'il a été concrètement. Le Jésus historique est de plus l'objet de corrections ou de mises au point, liées au progrès de la recherche. Cela nous invite à être très modestes concernant nombre de données sur lesquelles soit nous ne pouvons rien dire, soit rien conclure.

Des recherches sur la vie de Jésus au Jésus historique

Quand commence cette recherche sur la vie de Jésus ? Sans doute au début du XIXe *siècle chez les philosophes et les historiens allemands. On peut citer un grand nombre de noms, Hegel, Feuerbach, Harnack, Strauss. En France il y a Renan. Comment les choses s'engagent-elles ?*

Au cours du XVIIIe siècle, l'histoire n'était pas considérée comme une référence spéculative, parce qu'elle est de l'ordre de la contingence et du particulier, alors que la philosophie doit se situer dans l'ordre du nécessaire et de l'universel. Mais au XIXe siècle, l'histoire a conquis ses lettres de noblesse de science reconnue et l'on découvre sa pertinence au plan de la réflexion. L'histoire est un des lieux de la vérité. En fait, elle se cherchait déjà comme science, en particulier dans le domaine biblique dès le XVIIe siècle. Je ne reviens pas sur l'interprétation philosophique de la personne du Christ et du mystère trinitaire et ne retiens ici que le travail des historiens, c'est-à-dire le grand mouvement qui va de Reimarus (1788) à Wrede (1904) et recherche le « vrai » visage de Jésus en deçà ou au-delà du Christ prêché par l'Église. Le démarrage se fait en Allemagne dans un climat positiviste au plan de l'histoire et rationaliste au plan de l'interprétation, c'est-à-dire excluant tout surnaturel. La figure de référence en la matière est celle de David-Frédéric Strauss qui dans sa *Vie de Jésus* (1835) oppose le « mythe » à l'« histoire ». Le mythe, c'est-à-dire toutes les affirmations transcendantes concernant Jésus (conception virginale, résurrection), peut bien avoir valeur de « vérités éternelles » accessibles à l'interprétation, mais Strauss ne retient pour sa part que le « résidu historique ». Dans les évangiles n'est historiquement recevable que ce qui s'inscrit dans l'ordre du vraisemblable immédiat et peut être établi par des arguments positifs. L'émule en France de Strauss sera Ernest Renan, dont la *Vie de Jésus* (1863) connut un succès plus grand encore. Renan avait gardé une grande affectivité religieuse et exalte en Jésus l'« homme incomparable », au point que son livre a pu être lu au réfectoire de moniales avec beaucoup de piété et de vénération. Mais Renan était habité par le même historicisme, très proche de ce que sera le scientisme du XIXᵉ siècle, qui refuse *a priori* toutes les marques de l'intervention transcendante de Dieu dans l'ordre des événements humains. Renan comme Strauss étaient persuadés de rejoindre l'objectivité pure de l'histoire et ne prenaient pas conscience de la « précompréhension » ou du « préjugé » herméneutique qui affectait leurs interprétations. Le siècle se conclut avec *L'essence du christianisme* (1900) d'Adolf von Harnack, qui oppose le message simple du Jésus prêchant au Christ prêché et à la construction métaphysique grecque du dogme chrétien. Harnack s'en prend déjà à Paul dont la christologie recouvre l'humanité de Jésus au risque de l'écraser.

N'est-ce pas ce parcours que vous avez voulu donner avec Jésus-Christ, à l'image des hommes[1] ?

Dans ce livre, qui dépasse de beaucoup le XIXᵉ siècle, j'ai voulu montrer le phénomène de projection qui se produit régulièrement à propos de Jésus. Chaque époque reconstruit une figure de Jésus sur la base de ses propres valeurs. On vous présente alors au XVIIIᵉ siècle un Jésus rationaliste et maître de vertu puis un Jésus révolutionnaire, au XIXᵉ un Jésus libéral ou un Christ républicain, ou encore au XXᵉ un Jésus de science-fiction, un Jésus de roman, un Jésus postchrétien et même athée, ou un « provocateur dans toutes les directions », selon H. Küng. Strauss et Renan entrent parfaitement dans cette séquence.

---

1. Desclée de Brouwer, Paris, 2ᵉ éd., 1997.

Mais la recherche sur la vie de Jésus a engendré son contraire dès la fin du XIXe siècle, avec un théologien allemand luthérien, Martin Kähler, qui récusa ce Jésus soi-disant historique (*historische*) au nom du Christ vivant (*geschichtliche*) qui a exercé une influence décisive sur l'histoire de l'humanité en suscitant la foi de siècle en siècle. « Le véritable Christ, c'est le Christ prêché ; mais le Christ prêché, c'est le Christ cru[2]. » Nous rencontrons ici un conflit entre les deux sens du mot histoire. La décomposition de Jésus en ces débris historiques, changeant de couleur avec chaque auteur, ne rend pas compte du vrai Christ de l'histoire, celui qui est à l'origine du christianisme. Kähler opposait donc une tout autre historicité à l'historicité positiviste. Il est important de mentionner cet auteur car on peut considérer Bultmann comme un héritier extrême de sa pensée.

De Schweitzer à Bultmann : la « première question » du Jésus historique

Ce régime de projections successives ne peut aboutir qu'à un échec. Mais est-il possible de faire vraiment une vie de Jésus ?

Là est bien la question. Nous en arrivons maintenant au XXe siècle avec un livre retentissement d'Albert Schweitzer, plus connu par la suite comme le médecin qui soigna les lépreux à Lambaréné au Gabon. Mais il était aussi exégète et théologien. Il fit en 1906, dans un livre au titre explicite, *De Reimarus à Wrede. Histoire de la recherche sur la vie de Jésus*[3], le bilan – ou plutôt le procès – de la recherche historique du XIXe siècle : « Il n'y a rien de plus négatif, concluait-il, que les résultats de la recherche libérale sur la vie de Jésus. » Il montrait qu'il y avait autant de portraits de Jésus que de

---

2. M. Kähler, *Der sogenannte historische Jesus und der geschichtliche, biblische Christus*, Nelle éd. Kaiser, Munich, 1953, p. 44.
3. Tübingen, 1906. Ce livre n'a jamais été traduit en français.

chercheurs et d'auteurs. On a pu dire que cet ouvrage était l'« oraison funèbre » de cette recherche et on en tira la conclusion qu'il était désormais impossible d'écrire une vie de Jésus. Il y a quelque chose de surprenant à voir cet homme, qui a écrit un livre important sur saint Paul et cet ouvrage aux effets drastiques pour les historiens, interrompre toute recherche théologique. Cette interruption d'une carrière intellectuelle déjà brillante est énigmatique. Il avait bien sa propre idée sur le Jésus historique, celle d'un prophète apocalyptique, mais peut-être la trouvait-il douteuse comme celle des autres. Alors il a mis sa propre foi au service des malades et donné un très bel exemple. M. Kähler et A. Schweitzer préparent en quelque sorte Rudolf Bultmann qui est leur héritier extrémiste.

Bultmann est mort presque centenaire en 1976. Mais sa grande période de production se situe entre les deux guerres mondiales, alors qu'il ne va « arriver » en France qu'après la Deuxième Guerre, à un moment où il est déjà critiqué par ses élèves. Bultmann exprime un pessimisme presque absolu sur ce que l'on peut dire de Jésus au plan de l'histoire. Selon lui, il est certain que Jésus a existé, qu'il a été baptisé par Jean, qu'il est mort sur la Croix et qu'il est à l'origine du christianisme. Tout le reste est pratiquement du roman ou ce sont des conjectures que nous ne pouvons pas confirmer par la méthode historique. La seule chose que nous puissions rejoindre par cette méthode, c'est l'annonce du message chrétien après la Pentecôte. Bultmann instaure une discontinuité presque totale entre le Jésus de l'histoire et le Christ de la foi, c'est-à-dire entre le Jésus pré-pascal et celui qui est l'objet de la prédication (*kérygme*) de la Pentecôte. C'est le second qui l'intéresse exclusivement. On ne peut même pas savoir, estime-t-il, si Jésus ne s'est pas « effondré » sur la croix. Le kérygme primitif est comme un rideau de scène derrière lequel nous ne pouvons pas aller.

Mais la conviction scientifique et historique de Bultmann se double d'une conviction théologique inspirée de la tradition luthérienne. Ce n'est pas la personnalité de Jésus qui est importante, c'est l'interpellation que Dieu nous adresse à l'occasion de sa venue. Car la foi n'a pas besoin de l'appui de l'histoire, si l'on applique à cette question l'adage du *fide sola* de la Réforme. Tout désir de légitimer la foi à partir de l'histoire est contraire à la foi. Bultmann en reste à un constat minimum : « Chacun est libre de mettre le nom de "Jésus" entre guillemets et de considérer ce mot comme une abréviation pour le phénomène qui nous occupe[4]. » Jésus n'est plus à la limite qu'un nom de code. Nous sommes ici au plus haut point du divorce entre le Jésus de l'histoire et le Christ de la foi.

On a pu caricaturer ainsi les choses : à la question « Quand Jésus est-il mort ? », Barth répond : « Le Vendredi Saint à trois heures de l'après-midi. » Bultmann répond : « Jésus est mort et ressuscité quand je crois à sa parole. » L'événement de Jésus est clairement ramené à un événement de parole du côté de la révélation et de foi existentielle du côté des croyants. Ce n'est plus le Verbe qui s'est fait chair, c'est l'humanité de Jésus qui se réduit à la Parole.

Est-ce que ce n'est pas justement une formulation ultime, une espèce de transcendance protestante ? Tout est ramené à la foi seule. Mais du coup on n'a plus du tout la même vision de l'incarnation. La personne de l'homme Jésus est complètement « desséchée » !

Plus que desséchée, elle est pratiquement absente. C'est ce que j'ai voulu exprimer avec l'expression de « mot de code ». Vers la fin de sa vie, Bultmann a mis certainement de l'eau dans son vin et tenu compte de la manière dont ses propres disciples prenaient leur distance à son égard. Certains de ses interprètes le ramènent à des vues beaucoup plus nuancées. Ce que j'ai dit reste quand même l'argumentation fondamentale de sa pensée. En tout cas c'est bien cela qui a été retenu et a exercé longtemps une influence.

---

4. R. Bultmann, *Jésus. Mythologie et démythologisation*, Seuil, Paris, 1968, p. 39.

Cette prise de position radicale a évidemment secoué les esprits, non seulement protestants mais aussi catholiques, et provoqué pas mal d'analyses et de recherches nouvelles. D'une certaine manière Bultmann est, du côté protestant, au point de départ du grand mouvement christologique qui va se produire dans la seconde moitié du XXe siècle. Mais vous voyez que chez lui la considération de l'histoire reste solidaire de la position de la foi. Avec Bultmann nous sortons d'une thématique purement historique à propos de Jésus. Nous entrons déjà dans une thématique proprement théologique.

Ernst Käsemann et *alii* : la « deuxième question » du Jésus historique

On peut penser qu'il était difficile d'en rester là. Mais la critique de la pensée de Bultmann peut-elle être sérieusement fondée ?

Le plus caractéristique est que les propres élèves de Bultmann ne l'ont pas suivi sur ce point et sont revenus à une autre manière de penser le rapport de l'histoire et de la foi. Le plus célèbre en la matière est Ernst Käsemann qui battit en brèche les thèses de son maître dans une conférence non moins célèbre donnée à Marburg en 1953 sur « Le problème du Jésus historique ». Käsemann refuse la manière dont Bultmann réduit le Jésus historique à un quasi-point mathématique. Il estime que, même s'il n'est pas possible de faire une biographie de Jésus au sens moderne de ce mot, il reste que l'on peut atteindre un certain nombre de données fermes sur Jésus et, au-delà des repères chronologiques généralement acquis, rejoindre un portrait de Jésus, lacunaire sans doute, mais déjà d'une originalité extraordinaire. Il fait aussi cette réflexion toute simple : si Bultmann avait raison, si la seule chose importante était la vérité du kérygme apostolique, pourquoi les évangiles ont-ils pris tant de soin pour « mettre en récit » l'événement de Jésus avant Pâques, pour nous raconter une série de scènes de son existence, alors que la transmission d'un certain nombre de paroles (*logia*) aurait suffi ? Les évangiles sont sans doute des témoignages de foi, mais des témoignages de foi qui passent par le récit. Ces récits, écrits à la lumière de la résurrection sans aucun doute, ne sont pas un rideau opaque, ils nous conduisent à une réalité historique que nous pouvons discerner avec la méthode historique. Pourquoi donc une proportion aussi importante de ces récits nous racontent-ils la vie publique de Jésus, son ministère, sa prédication, ses miracles, avec une section extrêmement longue sur la Passion ? Pourquoi ces récits accumulent-ils les détails humiliants pour Jésus qui pourraient alimenter plutôt les objections, alors que la communauté chrétienne primitive glorifie le ressuscité ? Käsemann en conclut que cette communauté a toujours identifié le Seigneur abaissé avec le Seigneur élevé, qu'elle n'a pas voulu séparer histoire de Jésus et foi au ressuscité, qu'elle ne veut pas non plus remplacer l'histoire concrète de Jésus par un mythe, bref que le Jésus pré-pascal appartient lui aussi au kérygme de la foi. Elle comprend cette histoire à partir de Pâques, mais elle comprend aussi Pâques à partir de l'histoire du Jésus terrestre. « L'Évangile soutient toujours un combat sur deux fronts[5]. » Günther Bornkamm, un autre élève de Bultmann, partage totalement cette visée : les évangiles, bien loin de nous interdire de poser la question du Jésus historique, l'exigent, car ils sont le refus du mythe.

Nous sommes là devant un renversement spectaculaire des fronts par rapport à l'échec de la recherche précédente sur le Jésus historique et les thèses extrêmes de Bultmann. C'est pourquoi on a parlé à l'époque de la « nouvelle question du Jésus historique », c'est-à-dire d'une manière totalement nouvelle de la poser. Aujourd'hui, comme une troisième quête s'est exprimée sur d'autres bases, on parle plutôt de la « deuxième question du Jésus historique ».

Sur l'essentiel Käsemann a profondément raison à la fois au plan exégétique et au plan dogmatique. Le ressuscité reste le crucifié. Il y a une réciprocité entre les deux et nous retrouvons l'article qui

---

5. E. Käsemann, *Essais exégétiques*, Delachaux et Niestlé, Neuchâtel, 1972, p. 154.

fait tenir ou tomber la christologie, celui qui maintient l'identité entre le Jésus pré-pascal et le Christ ressuscité. Cela ne veut pas dire que Käsemann a résolu tous les problèmes. Peut-être ne distingue-t-il pas avec assez de netteté le « Jésus historique » et le « Jésus de l'histoire ». Mais ne nous étonnons pas si les théologiens catholiques se sont sentis assez vite à l'aise avec cette perspective.

Quand est sorti, il y a quelques années, le Jésus[6] *de Jacques Duquesne, tout un débat a resurgi sur la possibilité d'écrire une vie de Jésus. La recherche a pourtant avancé et il y a quand même un certain nombre de connaissances historiques auxquelles nous pouvons nous fier, vous venez de le dire. On peut alors vulgariser ces connaissances et essayer de construire un discours sur Jésus qui soit honnête, même s'il n'est pas totalement scientifique. Il faut quand même bien parler du Christ. On a parfois l'impression que l'Église a peur de ce discours fait à partir de l'histoire qui met dans le grand public les résultats et les découvertes des chercheurs.*

Il est évident que tout le monde peut parler de Jésus et je ne dénie nullement à un journaliste le droit à la vulgarisation. Le livre de Jacques Duquesne, comme celui de tout un chacun, doit être jugé en raison de sa valeur et le métier de journaliste ne le met pas au-dessus de la critique. Celui qui aborde la question de Jésus doit savoir qu'il s'avance sur un terrain particulièrement difficile, parce qu'il a été labouré par deux cents ans de recherches, nous venons de le voir. On peut dire que ce livre, quelles que soient la bibliographie et les lectures dont il fait état, est dans sa conception même un retour en arrière vers les *Vie de Jésus* du XIXe siècle. Duquesne reconstruit une vie de Jésus, en s'appuyant sans doute sur les recherches récentes, mais avec le même esprit qui présidait aux recherches d'il y a bientôt deux cents ans. Il dresse son portrait de Jésus en effectuant une nouvelle projection, plus en harmonie

---

6. Flammarion-Desclée de Brouwer, Paris, 1994.

avec les valeurs actuelles de notre société. J'ai débattu à Marseille avec lui sur ce livre en lui disant : « Votre ouvrage me fait penser au thème développé par Jacques Chaban-Delmas, aidé de Simon Nora et de Jacques Delors, de la "nouvelle société". » Le Jésus de Jacques Duquesne, c'est le Jésus de la nouvelle société. Je ne suis pas contre la nouvelle société et je respecte l'idéal qu'elle voulait promouvoir, mais je dois vous avouer que Jésus est tout autre chose que cela. S'il se réduisait à l'idéal de la nouvelle société, je ne vois pas pourquoi j'aurais consacré ma vie à son service. Ce *Jésus* essaie de boucher les trous des évangiles, de manière sans doute vivante. Mais son auteur semble tout ignorer des débats autour des deux questions du Jésus historique que j'ai évoquées. Il n'avait sans doute pas à en traiter, mais il devait en tenir compte. Je ne critique nullement l'effort de vulgarisation mais le caractère superficiel et quelque peu tapageur de celle-ci. Mais, grâce à Dieu, des vulgarisations honnêtes sur le Jésus de l'histoire sont tout à fait possibles : elles existent mais ne sont pas assez fréquentées.

Vous voulez dire que Duquesne présente un Jésus compatible avec la modernité ?

Laissons pour l'instant la modernité. Il présente un Jésus qu'il juge « acceptable » pour le public contemporain. Un Jésus qui, selon lui, « parle » à nos mentalités. Mais ce Jésus n'est plus vraiment le même que le Verbe fait chair et ressuscité. Son Jésus, sans doute justement marqué par toutes les particularités de notre conditionnement, devient tellement terrestre qu'il n'est plus auprès de nous le médiateur de la transcendance de Dieu. L'entreprise de Duquesne sur Jésus a un relent de positivisme.

Je sais combien une vraie vulgarisation est difficile. Elle doit renoncer à écrire une vie de Jésus, au sens où un historien peut écrire une vie de Napoléon. Nous avons vu que les éléments suffisants nous manquent. Mais elle peut et doit rendre compte en toute honnêteté, non seulement des faits incontestables et de la chronologie, mais aussi du portrait de Jésus. À ce dernier niveau, la précompréhension et finalement la foi du rédacteur sont inévitablement en jeu. Nous retrouvons le lien de l'histoire et de la foi.

La « troisième question » du Jésus historique

Vous avez parlé d'une troisième question du Jésus historique. Y a-t-il une fois encore un renversement de situation aussi spectaculaire dans la recherche ?

Sans doute dans l'intention de certains de ses protagonistes, mais certainement pas dans les faits. Il s'agit d'un ensemble, certains disent d'une « nébuleuse », de recherches qui ont lieu surtout aux États-Unis depuis les années quatre-vingt et qui valorisent les paroles (*logia*) de Jésus au détriment des événements qu'il a vécus, en particulier de sa mort et sa résurrection. Jésus apparaît alors surtout comme un maître de sagesse ou un prophète, auteur de paraboles, de proverbes, d'aphorismes ou de sentences que l'on confronte avec celles de ses prédécesseurs. Cette nouvelle quête entend souligner la judaïté de Jésus (en particulier chez E.P. Sanders qui fait avant tout de Jésus un juif réformateur) ; elle privilégie la continuité entre Jésus et son milieu au détriment de la discontinuité, de la nouveauté et de l'altérité de Jésus. Elle s'appuie massivement sur la fameuse « source Q », à la dénomination peu heureuse en français, expression qui vient, une fois encore, d'un terme allemand, *Quelle*, « source ».

Qu'est-ce que la source Q ?

On estime aujourd'hui généralement que les évangiles de Matthieu et de Luc ont pour source première celui de Marc qu'ils ont réécrit et complété, chacun en fonction de sa propre théologie et du public auquel il s'adressait. C'est ce qui explique la parenté synoptique entre ces trois évangiles. Cependant, on trouve dans

Matthieu et Luc un ensemble de péricopes qui leur sont communes tout en étant absentes de Marc. D'où viennent-elles ? Pour les expliquer, on a postulé l'existence d'une autre source, appelée du nom de code *Source Q*. Cette source n'est pas connue autrement que par cette déduction. Son hypothèse est fort intéressante au plan herméneutique. Mais on ne doit jamais oublier qu'elle n'est qu'une hypothèse. Certains exégètes sont allés jusqu'à la publier comme un document à part, ce qui lui donne une allure de texte concret et suivi, ce qui est très exagéré. Car on n'a pas découvert la source Q dans une grotte de parchemins anciens comme à Qumran et à Nag-Hammadi. On ne peut la brandir comme ces évangiles gnostiques auxquels les média d'aujourd'hui font tant de publicité. D'ailleurs, son étendue exacte et ses limites sont l'objet de débats entre les experts. Une édition particulière suppose ces problèmes un peu vite résolus.

La source Q est privilégiée par les tenants américains de la troisième question du Jésus historique, parce qu'elle est principalement un recueil de sentences. Pour certains tenants de cette recherche Jésus parlait dans un horizon eschatologique ; d'autres récusent vigoureusement cet aspect, réagissant ainsi contre une position de la deuxième quête. La source Q n'intègre pas le récit de la vie de Jésus à ses paroles, comme le font les évangiles. Certains chercheurs la jugent plus ancienne que les évangiles synoptiques donc plus « historique », mais cette position est loin de faire l'unanimité. La source Q accréditerait une autre image de Jésus qui n'a pas encore été reçue dans l'Église. Ses tenants nous renvoient une image de Jésus très déconnectée de toute théologie. Ils s'appuient également sur l'*Évangile* apocryphe et gnosticisant *de Thomas*, dont ils invoquent la similitude avec la source Q et qu'ils jugent porteur de traditions très anciennes, certains faisant la remarque que Harnack favorisait lui-même la source Q. Bultmann voulait partir de l'historicité du kérygme. La nouvelle quête écarte le kérygme lui-même et éloigne encore plus Jésus de l'enseignement de Paul.

Qu'en pensez-vous à titre personnel ?

Je veux rester prudent. D'une part, toute recherche nouvelle doit être abordée avec un préjugé favorable, afin de pouvoir discerner au sein même de ses excès l'élément de vérité qu'elle aura dégagé. D'autre part, il ne faut pas faire l'amalgame entre des positions sensiblement différentes les unes des autres. Mais je suis plutôt inquiet devant ses prétentions, comme celle de tel groupe (le « Jesus Seminar ») qui entend décider par vote à la majorité si telle parole est bien de Jésus ou non. Cette nouvelle quête n'échappe évidemment pas à la tentation de la projection, qui est immanente à toute recherche, mais que la seconde quête avait sans doute mieux dominée. De plus, sa tendance très libérale (au sens XIXe siècle de ce terme) l'apparente à certains portraits de Jésus proposés par la première quête. Jésus devient avant tout un maître de morale, un homme spirituel, un charismatique, ou le militant d'une révolution sociale, ou encore pour certains un philosophe cynique itinérant. D. Marguerat se demande si ce Jésus est « autre chose que l'utopie d'une Amérique désenchantée d'après 1970[7] ». Des éléments essentiels des récits évangéliques, comme la Passion et la mort de Jésus, sont passés par profits et pertes. La transcendance de l'homme Jésus dans sa relation au Père n'apparaît plus. Je ne pense pas que cette troisième quête du Jésus historique remette en cause les résultats les plus fermes de la deuxième. Elle prend trop de liberté avec la tradition évangélique. On ne peut oublier que l'évangile de Thomas est vraisemblablement postérieur à nos évangiles canoniques. Des chercheurs sérieux estiment que, bien loin de nous faire remonter à une source présynoptique, il est dépendant des évangiles.

---

7. D. Marguerat, « La "troisième quête" du Jésus de l'histoire », dans *Le cas Jésus Christ, historiens et théologiens en confrontation*, Bayard, Paris, 2002, p. 136.

Quel bilan ?

En conclusion, que peut-on dire de certain sur le Jésus historique ?

Il ne faudrait pas en conclure que finalement devant tant d'images reconstruites de Jésus nous devons renoncer à savoir quelque chose de certain à son sujet. La meilleure conclusion consiste à bien poser la question, au terme des méandres et des retournements de ces deux cents ans de recherche. Ce parcours nous a montré combien il est difficile d'isoler l'histoire de la foi en la matière, parce que la quasi-totalité de nos documents sont des témoignages de foi et que dans les Temps modernes le préjugé de foi ou de non-foi a interféré considérablement avec le jugement historique. Il nous faut tout d'abord reconnaître que la foi ne peut trouver sa preuve apodictique dans l'histoire et qu'il est bon qu'il en soit ainsi, car nous serions ballottés sans cesse d'une position à une autre. Il nous faut ensuite accepter tout l'enjeu de l'histoire pour notre foi, car il y va de la continuité entre le fait et le sens. Bultmann voulait garder le sens en évacuant le fait. Mais alors le sens sans le fait n'est évidemment plus le même que le sens en lien avec le fait. L'histoire intervient donc et pose un certain nombre de signes que nous pouvons reconnaître dans la foi.

Il est évident que nous ne pouvons pas fonder sur l'histoire bien des affirmations de notre foi. Il nous est impossible de rejoindre par cette voie la conception virginale de Jésus ; il nous est également impossible de « prouver » la résurrection. Nous pouvons seulement prouver que les disciples ont vraiment témoigné de la résurrection, ce qui est tout autre chose. Nous devons donc admettre une distance, une discontinuité entre les enseignements de l'histoire et ceux de la foi. Car la foi est le fruit d'une rencontre et de la perception de la présence et de la parole de Dieu dans l'événement de Jésus.

Pourtant, non seulement le chercheur, l'exégète ou le théologien, mais aussi le chrétien de base, ne peut se désintéresser de la recherche sur le Jésus historique, chacun à la mesure de sa propre culture. Nous baignons tous dans une culture de la vérification et nous avons besoin de cette vérification pour croire. L'ignorance de l'histoire des origines chrétiennes est la raison de l'émotion que le livre de Dan Brown, le *Da Vinci Code*, a pu provoquer chez beaucoup de catholiques. Ceux-ci ont pris pour argent comptant un roman cherchant à se faire passer pour fondé en histoire.

Le vrai problème n'est pas de savoir si le Jésus historique coïncide avec le Christ de la foi, mais si ce que nous pouvons rejoindre sérieusement de son histoire est capable de porter avec cohérence l'annonce de la foi. Si l'on pouvait me brosser le portrait fondé d'un Jésus médiocre, lâche, pécheur comme tout un chacun, un Jésus dont la vie démentirait son enseignement, un Jésus qui aurait échappé à la croix, etc., je ne pourrais évidemment pas croire qu'il est le Fils de Dieu. Nous revenons à l'excellence humaine de Jésus dont j'ai parlé. Elle est essentielle. Il faut que son humanité même donne des signes de sa divinité.

Soyons plus précis. Si un homme de la rue vous disait : quels sont les points d'histoire dont on est vraiment sûr concernant Jésus ? Vous répondriez quoi ?

Je ne lui répondrais pas trop vite. Je lui dirais d'abord : lisez les évangiles. Ils s'adressent à vous. Considérez-vous comme un témoin des scènes racontées, comme un partenaire des paraboles. Essayez de vous dire : dans cette parabole ou dans cette scène de quel côté suis-je ? De celui du fils aîné ou du prodigue, du pharisien ou du publicain ? Du fils qui dit, je vais à la vigne, et n'y va pas, ou de celui qui dit, je n'y vais pas, et y va ? Etc. De même, lisez la Passion et regardez l'attitude de Jésus devant ses adversaires. Voyez ce que cette lecture produit en vous et posez-vous la question : est-ce que tout cela a pu être inventé à partir d'un homme ordinaire ou d'un homme médiocre ? Est-ce que cette lecture me pose une question sur le sens de ma propre existence et donc une question de foi ? Est-ce que je ne dois pas approfondir ma recherche en même temps du côté de l'histoire et du côté de la foi chrétienne ?

Mais à vous aujourd'hui je dois une autre réponse. Car il existe un bilan sérieux, même s'il est toujours révisable, de ce que l'histoire peut dire au sujet de Jésus. Ce bilan se précise même actuellement. En France, pour ne prendre qu'un exemple parmi bien d'autres, nous avons les livres de Charles Perrot[8] d'une dimension tout à fait accessible. Mais je voudrais surtout signaler la parution récente de l'immense recherche de l'américain John P. Meier, avec son ouvrage *Un certain juif, Jésus. Les données de l'histoire*[9], en quatre et même cinq tomes qui feront plus de trois mille pages ! C'est une œuvre remarquable, une véritable somme. Meier est un catholique américain, actuellement professeur à l'université Notre-Dame aux États-Unis. Il a entrepris de faire le bilan le plus honnête possible de tout ce que la recherche contemporaine peut dire sur l'histoire de Jésus. Sa documentation est exceptionnelle et se montre dans des notes scientifiques qui occupent une grande place dans ces tomes.

Mais ce que je voudrais souligner surtout, car cela intéresse notre propos, c'est la nature et la méthode de son travail, qui ont prêté à débat. Meier, prêtre catholique, nous dit que dans ce livre il veut essayer de rejoindre l'histoire de Jésus par les seules ressources de la méthode historique. Pour cela il met entre parenthèses tout ce qu'il sait par la foi sur Jésus, ce qui ne veut nullement dire qu'il le renie ! Il sait bien que l'objectivité historique parfaite n'existe pas et qu'elle ne peut constituer qu'un « but asymptotique ». Il est parfaitement conscient que l'historien parle au nom d'une précompréhension globale de l'histoire et du sujet qu'il étudie. La meilleure manière de lutter contre le « subjectivisme

---

8. Ch. Perrot, *Jésus et l'histoire*, Desclée, Paris, 1979 ; *Jésus*, « Que sais-je » n° 3300, PUF, Paris, 1998, avec une abondante bibliographie.
9. J. P. Meier, *Un certain juif Jésus. Les données de l'histoire*. I. *Les sources, les origines, les dates*. II. *La parole et les gestes*. III. *Attachements, affrontements, ruptures*. IV. *Questions ouvertes et enjeu* (à paraître), Cerf, Paris, 2004-2006.

rampant » est de reconnaître honnêtement les présupposés de sa position personnelle. Bien des auteurs modernes qui dénoncent les préjugés de leurs prédécesseurs semblent oublier que les leurs sont parfois plus gros que des montagnes. Contemporain américain des chercheurs de la troisième quête du Jésus historique, Meier propose une approche bien différente.

Autrement dit, il veut aborder Jésus le plus possible comme il le ferait avec tout autre personnage de l'histoire. Son point de départ se situe dans le caractère « marginal » de Jésus au regard de l'histoire universelle. Le titre américain de son ouvrage est d'ailleurs *Un juif marginal. Jésus*, et je regrette qu'on ne l'ait pas respecté en français. Son travail est d'une grande honnêteté, en particulier parce qu'il est modeste. Au terme d'une longue enquête sur tel ou tel point Meier est capable de reconnaître qu'il ne peut pas donner de conclusion dirimante, mais doit en rester à telle ou telle vraisemblance. Il intitule même la conclusion de sa première partie : « Pourquoi se donner tant de mal ? »

Mais alors il revient à l'histoire pure comme au XIXe siècle ?

Oui et non, car il travaille dans un esprit tout différent. On lui a reproché de fait de prétendre étudier la vie de Jésus en renonçant à toute référence proprement christologique. Ce n'est pas vrai. Meier avoue tout bonnement que son point de départ est le « contexte catholique » de la recherche. Il sait que sa tentation est de projeter l'enseignement catholique dans sa lecture des évangiles et il veut s'en défendre. Il demande même aux autres chercheurs de lui dire si et quand ils trouvent que sa position historique serait injustement motivée par sa foi catholique. Mais cet horizon catholique intervient inévitablement de manière globale dans les objets de sa recherche, dans l'intérêt qu'il prend à telle question, dans l'évaluation qu'il fait de telle donnée. Il n'entend nullement séparer les deux registres de l'histoire et de la foi, encore moins les opposer, mais seulement les distinguer, comme la tradition catholique l'a toujours fait. Il ne prétend nullement remplacer le Christ de la foi par un nouveau Jésus de l'histoire. Ce n'est plus l'un contre l'autre, c'est bien plutôt le second au service du premier. Meier se met au service de la vérification dont je parlais tout à l'heure : le Jésus historique, avec toutes les limites de la connaissance que nous pouvons avoir de lui, est-il en cohérence avec le Christ de la foi ? Meier entend proposer la meilleure base possible aux théologiens dans leur élaboration christologique. Telle est son intention explicite.

Aussi accepte-t-il d'abord tous les problèmes qui ont été de fait posés sur Jésus, même s'ils peuvent apparaître choquants de prime abord. Il écrit par exemple quinze pages sur la question : « Jésus était-il marié ? », pour montrer que le célibat dans le monde juif de l'époque était rare mais connu et tout à fait possible ; « Jésus était-il illettré ? », pour rejoindre avec quelque vraisemblance ce qu'a pu être la formation scolaire et religieuse de Jésus dans son milieu ; « Était-il charpentier ? » Quelle était sa famille ?

Que dit-il sur l'exacte parenté des frères et sœurs de Jésus ? Frères ou cousins ?

Il ne prétend pas conclure avec certitude. Mais il dit que l'analyse historique donne une plus grande vraisemblance à l'existence de frères au sens strict du terme. Peut-être veut-il sur ce point donner des gages à ceux qui soupçonneraient son catholicisme. Il n'entre pas dans la question de l'affirmation de la foi concernant la virginité perpétuelle de Marie. Mais il donne honnêtement l'histoire de l'interprétation. Il n'aborde cependant pas un point qui m'intrigue. Comment se fait-il que les Pères du IVe siècle, qui ont décanté la doctrine de la virginité perpétuelle de Marie, n'ont pas vu d'objection dans la mention multiforme des frères et sœurs de Jésus dans les traditions du Nouveau Testament ? Jérôme connaissait tout de même bien la Bible. Pour ma part je pense que ce point est indécidable au plan de l'histoire, car les arguments se retournent sans cesse. Il est vrai que l'affirmation de la virginité perpétuelle de Marie est le fruit d'une réflexion de la foi sur le rôle de la Mère de Dieu dans le mystère du Christ. Meier ne la nie pas : il pose simplement le problème aux théologiens.

Alors, en définitive, que peut-on dire de Jésus à partir de l'histoire ? Pouvez-vous donner les résultats principaux de la recherche de Meier ?

Il me faudrait beaucoup trop de temps ! Car ses ouvrages passent au peigne fin tout l'enseignement de Jésus, ses paroles et ses gestes, en particulier ses miracles, ses relations avec les différents courants du judaïsme de son temps, ses paraboles et sa passion, bien entendu. Je ne peux vous résumer tout cela ! D'autre part, je ne prétends pas que Meier soit le dernier mot d'une recherche toujours en mouvement. Retenons quelques points majeurs.

L'auteur montre tout d'abord que les sources de l'histoire de Jésus sont presque toutes chrétiennes, mais que le témoignage de l'historien juif Flavius Josèphe, vraiment indépendant des évangiles et du Nouveau Testament, suffit à nous assurer que l'existence de Jésus n'est pas une invention des chrétiens, ce que certains osent encore affirmer aujourd'hui. J'ai entendu cette position exprimée naguère au cours d'une table ronde à la télévision, un Vendredi Saint comme par hasard. Meier fait aussi le point des données chronologiques concernant la naissance, le début du ministère de Jésus et sa passion sous Ponce Pilate. Mais surtout ses analyses brossent progressivement le portrait d'un Jésus qui n'a rien de pâle ou de doucereux. Une expression toute biblique résume ce portrait : Jésus est le « prophète eschatologique », à la manière d'Élie, déjà reconnu pour tel dans l'Ancien Testament. Un prophète eschatologique n'est pas simplement le dernier dans la série des prophètes. Il est le prophète de la fin des temps, c'est-à-dire de l'intervention définitive de Dieu dans l'histoire. Jésus prêche le « Royaume de Dieu », c'est-à-dire la souveraineté définitive de Dieu sur le monde, Royaume à la fois futur et présent, dont la réalité est liée à l'aujourd'hui de sa prédication.

Ce prophète est aussi un thaumaturge à l'exemple d'Élie : les miracles tiennent une grande place dans son ministère. Sa position à l'égard de la Loi est originale, puisqu'il dit comment l'observer ou s'en libérer suivant les cas, et prend l'initiative d'en abroger ou d'en corriger certains éléments institutionnels. Jésus ne se présente pas comme un interprète de la Loi à la suite d'autres rabbis, mais comme le vrai maître de la Loi. Il manifeste son autorité à son égard et prétend connaître la volonté même de Dieu. Telle est sa grande « revendication » ou « prétention » d'autorité.

Après avoir rendu compte de Jésus vu en lui-même, Meier aborde les relations de Jésus avec ses disciples et les différents groupes de ses adversaires ou de ses concurrents (esséniens, sadducéens et pharisiens). Jésus a appelé de manière péremptoire les Douze à le suivre dans son ministère itinérant, et à le faire au prix des plus grands sacrifices. À partir d'eux il a commencé à structurer son mouvement. Ses paroles et ses actes ne pouvaient que susciter tensions et affrontements. Jésus n'était pas un leader politique, mais sa proclamation que le présent ordre des choses allait toucher à sa fin ne pouvait qu'inquiéter les hommes politiques du temps. Jésus choquait aussi par sa manière d'aller manger avec les publicains et les pécheurs. Pour la mort de Jésus Caïphe et Pilate s'accordèrent sur un geste de *Realpolitik* : comme Hérode Antipas avait décapité le mouvement de Jean-Baptiste en même temps que son chef, ils pensèrent donner à celui de Jésus un coup préventif et décisif. Je m'arrête là, mais la conclusion de Meier n'est pas complète, car à l'heure où je vous parle le quatrième tome n'est pas encore paru en français. Il annonce qu'il veut encore aborder plusieurs énigmes concernant Jésus.

Mais inévitablement cette histoire nous renvoie à la foi. De même que c'est finalement une question de foi qui a motivé cette débauche de recherches sur le Jésus historique.

IV

La christologie en mouvement

Quand je suis à la messe et que je récite le Credo, le Symbole des apôtres, je ne dis pas : je crois en l'Évangile, je crois en la vérité. La communauté dit : je crois en Jésus-Christ, etc. Comment expliquez-vous que le plus important pour un chrétien soit de dire : je crois au Christ mort et ressuscité, plutôt que de dire sa foi en telle parole, béatitude, ou parabole, en telle ou telle doctrine de sagesse ?

Le Credo que nous proclamons à la messe est tiré tout droit du Nouveau Testament. Il en résume le message dans une formule brève. La Bible est un énorme livre, plus exactement une bibliothèque. Le Nouveau Testament à lui seul comporte vingt-sept livrets. Comment récapituler l'essentiel de toute cette histoire ? La récapitulation que nous propose le Credo se fait selon un double schéma, trinitaire et christologique, c'est-à-dire très exactement ce dont nous parlons dans nos entretiens. La construction du texte n'est pas celle du : « je crois *que*... », mais du « Je crois *en*... ». Non pas une foi en un certain nombre de vérités ; mais une foi qui répond personnellement à l'annonce de l'intervention des trois personnes divines dans notre histoire. Ce Credo est un très bref résumé des récits évangéliques et il est lui aussi un récit. Cette formule brève se concentre sur l'événement central et décisif de toute cette histoire, la naissance, la vie, la mort et la résurrection de Jésus, proclamé Seigneur et Christ. Le cœur de notre foi, c'est la personne de Jésus de Nazareth, qui nous met en communion de vie avec le Père et nous donne son Esprit. C'est bien pourquoi les chrétiens ne cessent d'inventorier et de chercher à comprendre le mieux possible toutes les richesses de la personne du Christ.

De même, la théologie du XXe siècle s'est illustrée par son christocentrisme. Nous avons déjà évoqué son intérêt pour l'histoire du salut, comme événement trinitaire. Mais au cœur de cette histoire et au centre de cet événement il y a la figure du Christ, figure de révélation par excellence du mystère de Dieu. Ce christocentrisme s'est exprimé assez tôt, bien avant le mouvement qui se développera dans la deuxième moitié de ce siècle. Il a valeur de recentrement de la théologie sur l'essentiel, sur le message originel, sur le kérygme, qui est la matrice de notre Credo.

Après le parcours que nous avons accompli sur l'histoire de Jésus, qui obsède les chrétiens depuis plus de deux cents ans, pouvez-vous nous donner les axes majeurs de la christologie proprement dite, c'est-à-dire de la recherche théologique qui développe et actualise pour nous l'enseignement de foi de l'Église ?

Cette recherche historique sur la vie de Jésus ne pouvait pas ne pas poser de graves questions à la théologie et à la foi. Elle a inévitablement provoqué de grands débats, en particulier autour des thèses de Bultmann. Est-ce que l'abandon pratique des données historiques, proposé par Bultmann, est acceptable du point de vue d'une foi authentique en Jésus de Nazareth ? C'est dans ce climat qu'est né le grand mouvement christologique de la deuxième moitié du XXe siècle.

Pour en comprendre la nécessité et l'enjeu, il faut en revenir, une fois encore, à l'état de la théologie néoscolastique au début du XXe siècle. Son discours sur le Christ était réparti en trois volets. Il était entendu que la résurrection appartenait à la preuve de la foi et de ce fait était traitée dans un chapitre de théologie fondamentale. Elle était presque totalement oubliée dans le traité du *Verbe incarné* qui analysait, à partir des conciles, l'identité du Christ comme vrai Dieu et vrai homme. La théologie dogmatique développait certaines thèses, en particulier sur la conscience de Jésus, qui ne semblaient pas compatibles avec les témoignages évangéliques. Mais comme ce point avait été sensible au moment de la crise moderniste, on n'osait pas trop y toucher. On raffinait également sur des points de plus en plus abstraits. Un troisième traité enfin, celui de la rédemption, rendait compte de la manière dont la croix du Christ nous sauve. Remarquons que la sotériologie était directement et presque exclusivement rattachée à la mort du Christ et non à sa résurrection.

C'est tout cet ensemble qui va être complètement remodelé. D'abord, les frontières entre les traités vont tomber. La christologie doit embrasser tout l'événement du Christ. Elle doit tenir compte de la solidarité des deux aspects du mystère pascal, mort et résurrection. L'identité du Christ n'est pas séparable de son œuvre salvifique. Toute la tradition ancienne montre que la motivation des grandes affirmations conciliaires était sotériologique. Corrélativement, une autre frontière tombe, celle qui était instaurée entre la théologie fondamentale, attachée à donner la preuve rationnelle de la foi, et la théologie dogmatique, appelée à développer son contenu. Dans la visée classique il était entendu que la théologie fondamentale n'était qu'un préalable. Une fois ce préalable traité, le dogmaticien pouvait développer son discours sur la base de l'enseignement magistériel. Une séparation aussi arbitraire ne pouvait plus tenir en un temps où la question de la foi et de sa crédibilité est reposée à propos de chaque point du dogme chrétien. La christologie doit donc assumer totalement la tâche de la preuve, celle-ci entendue au sens théologique des raisons de croire. Un consensus s'est vite établi entre théologiens et entre protestants et catholiques sur cette nécessité. Du même coup, il fallait remonter à l'origine et donc à l'Écriture, et se heurter aux problèmes de l'histoire. La christologie ne peut plus se contenter de développer les affirmations conciliaires dont la référence principale est Chalcédoine. Elle doit d'abord remonter en amont, au témoignage de l'histoire de Jésus dans les récits du Nouveau Testament compris à la lumière de la résurrection, et être capable de montrer la légitimité du développement conciliaire et dogmatique. Dans le domaine trinitaire, nous avons vu que le retour aux sources est largement passé par la référence patristique. Ici le retour est encore plus radical. Le retour de la christologie à l'Écriture est le grand événement qui a affecté cette discipline. Il s'agit d'un déplacement considérable du centre de gravité de la démarche, qui constitue à sa manière une petite révolution.

Les hommes et les œuvres

Comment les choses se sont-elles passées?

Commençons par deux préludes: en 1949 paraissent les *Leçons sur le Christ*[1] du P. Yves de Montcheuil, ouvrage posthume issu de conférences données en 1942. L'auteur y met vigoureusement en question la théologie néoscolastique de la satisfaction et proposait une théologie de la rédemption comme « mystère d'amour ». En 1950, François-Xavier Durrwell publie un ouvrage destiné à avoir un écho considérable et à connaître de multiples rééditions, *La résurrection de Jésus mystère de salut*[2]. Le théologien réinscrit la résurrection au cœur de l'événement du salut, place qu'elle n'aurait jamais dû quitter. Ce livre déclenche « une joie contagieuse en de nombreux milieux ». Nous sommes exactement au milieu du XXe siècle.

En 1951 se célébrait le quinzième centenaire du concile de Chalcédoine (451), auteur de la fameuse formule christologique qui établit que le Christ est une seule personne en deux natures. On peut prendre symboliquement cette date comme celle du point de départ du nouveau mouvement christologique. À cette occasion les théologiens allemands publièrent, de 1951 à 1954, trois grosses briques intitulées *Chalkedon*[3] qui sont une sorte de

---

1. Y. de Montcheuil, *Leçons sur le Christ*, Ed. de l'Épi, Paris, 1949.
2. Onzième édition profondément renouvelée, Cerf, Paris, 1982.
3. Sous la direction de A. Grillmeier et de H. Bacht, 3 vol., Echter-Verlag, 1951-1954. Quelques théologiens français comme Y. Congar y ont participé.

somme de recherches christologiques, non seulement sur l'événement conciliaire, mais encore sur ses suites à travers l'histoire. Dans cet ouvrage, Karl Rahner a donné une contribution programmatique, intitulée « Chalcédoine, fin ou commencement[4] ? », dans laquelle il posait toute une série de questions et indiquait les tâches d'une christologie renouvelée. Il rappelait certaines apories de la « christologie classique » et, en amont de Chalcédoine, il proposait le retour à une christologie biblique et « existentielle » et à une théologie des mystères de la vie de Jésus, situés dans l'histoire du salut. Il rouvrait aussi discrètement le dossier de la conscience de Jésus. Cette contribution, suivie de plusieurs autres de la même trempe, trouva un grand écho chez les théologiens, comme si une brèche avait été ouverte. Un processus s'enclenche alors et un tournant christologique est pris. On peut donc nommer, au point de départ de ce mouvement christologique, un homme du côté catholique, Karl Rahner, et un homme du côté protestant, Rudolf Bultmann, en raison des débats qu'il a provoqués.

Les décennies qui suivent virent une floraison exceptionnelle d'ouvrages de christologie dogmatique ou systématique selon les vocabulaires, aussi bien du côté protestant que du côté catholique. J'ai scrupule à en nommer quelques-uns sans les nommer tous. Mais il ne s'agit pas de faire ici le catalogue du Bon Marché ! Du côté protestant, si l'on se situe après la *Dogmatique* de K. Barth, l'auteur le plus important fut certainement Wolfhart Pannenberg avec son *Esquisse d'une christologie*[5], dont les grands thèmes vont exercer une profonde influence même sur les catholiques. Il faut aussi citer Jürgen Moltmann avec *Le Dieu crucifié*[6],

---

4. Contribution republiée sous le titre « Problèmes actuels de christologie », dans K. Rahner, *Écrits théologiques*, t. 1, Desclée de Brouwer, Paris, 1959, p. 115-181.
5. W. Pannenberg, *Esquisse d'une christologie* (1964), trad. fr. Cerf, Paris, 1971, n^{lle} éd., 1999.
6. J. Moltmann, *Le Dieu crucifié. La croix du Christ, fondement et critique de la théologie chrétienne* (1972), trad. fr. Cerf-Mame, Paris, 1974.

la *Dogmatique de la foi chrétienne* de Gerhard Ebeling[7] et *Dieu mystère du monde*, d'Eberhard Jüngel[8].

Du côté catholique, la théologie germanophone manifesta un dynamisme étonnant. La première publication fut *La Gloire et la croix*[9], c'est-à-dire l'esthétique théologique de Hans Urs von Balthasar, premier volet d'une future trilogie qui comportera une *Dramatique* et une *Théologique*, dont nous avons déjà parlé. Hans Küng défraya davantage la chronique en raison de certaines positions extrêmes de son *Être chrétien*[10]. La même année paraissait la très sérieuse christologie de Walter Kasper, *Jésus, le Christ*[11]. Elle fut suivie en Allemagne du *Traité fondamental de la foi* de K. Rahner[12], qui enchâsse une importante étape consacrée à la christologie. Je dois nommer aussi un ouvrage plus général, la *Dogmatique de l'histoire du salut*[13] qui fait une large place à la christologie et rassemblait de grands noms. Plus récemment, Peter Hünermann a publié sa propre christologie[14]. En Belgique et en Hollande il faut mentionner le livre de Piet Schoonenberg, *Il est le Dieu des hommes*[15] et l'œuvre abondante d'E. Schillebeeckx, malheureusement non traduite en français[16]. En Espagne, parmi d'autres, je signale l'importante

---

7. T. II, Tübingen, Mohr, 1979, non traduite en français.
8. E. Jüngel, *Dieu mystère du monde. Fondement de la théologie du Crucifié dans le débat entre théisme et athéisme* (1977), trad. fr. Cerf, Paris, 1983.
9. H. Urs von Balthasar, *La Gloire et la croix. Les aspects esthétiques de la révélation*, III. *Nouvelle Alliance* (1969), trad. fr. Aubier, Paris, 1975.
10. H. Küng, *Être chrétien* (1974), trad. fr., Seuil, Paris, 1978.
11. W. Kasper, *Jésus, le Christ* (1974), trad. fr., Cerf, Paris, 1976.
12. K. Rahner, *Traité fondamental de la foi. Introduction au concept du christianisme* (1976), trad. fr. Centurion, Paris, 1983.
13. *Mysterium salutis. Dogmatique de l'histoire du salut*, sous la direction de J. Feiner et M. Löhrer, t. III, *L'événement Jésus-Christ*, trad. fr. Cerf, 1972.
14. P. Hünermann, *Jesus Christus Gottes Wort in der Zeit. Eine systematische Christologie*, Aschendorff, Münster, 1994.
15. P. Schoonenberg, *Il est le Dieu des hommes* (1969), trad. fr. Cerf, Paris, 1973.
16. E. Schillebeeckx, *Jesus. Die Geschichte von einem lebenden* (1974), trad. all. Herder, 1975; *Christus und die Christen. Die Geschichte einer neuen Lebenspraxis* (1977), trad. all. Herder, 1977.

christologie d'Olegario Gonzalez de Cardedal[17] et en Italie celle de Bruno Forte[18].

En France nous avons connu également une abondante moisson avec le christocentrisme décidé de Gustave Martelet et les christologies de Christian Duquoc[19] et de Louis Bouyer[20]. Une collection fut même consacrée explicitement à la christologie sous la direction Joseph Doré[21], sous l'indicatif « Jésus et Jésus-Christ ». Elle n'est pas loin aujourd'hui de son centième volume. Elle a intégré à son programme une série de monographies sur la christologie de tel Père de l'Église, de tel théologien ou spirituel, de même que certains points de vue non-catholiques. Je pense aussi aux productions de Jacques Guillet, à la fois exégétiques et théologiques[22] et à plusieurs christologies du Nouveau Testament. La pensée christologique de Pierre Teilhard de Chardin fut aussi une source d'inspiration, en particulier pour Gustave Martelet. Plus récemment, nous avons reçu les ouvrages de Joseph Moingt[23]. La sotériologie proprement dite, la théologie de la Croix comme celle de la Résurrection, a été également revisitée. La christologie philosophique a fait l'objet de nombreuses recherches de la part de Xavier Tilliette[24] et d'Adolphe Gesché[25]. À quoi il faut ajouter une multitude d'ouvrages collectifs, d'un grand nombre d'articles de revues, d'études, de thèses et de débats sur les christologies les plus en vue[26].

---

17. O. Gonzalez de Cardedal, *Jesus de Nazareth. Approximation à la Cristologie*, BAC, Madrid, 1978 ; *Cristologia*, BAC, Madrid, 2001, n^lle édition, 2004.
18. B. Forte, *Jésus de Nazareth. Histoire de Dieu, Dieu de l'histoire*, trad. fr. Cerf, 1984.
19. Ch. Duquoc, *Christologie, essai dogmatique*. I. *L'homme Jésus* ; II. *Le Messie*, Cerf, Paris, 1969 et 1972.
20. L. Bouyer, *Le Fils éternel. Théologie de la parole de Dieu et christologie*, Cerf, Paris, 1974.
21. Ce dernier a résumé récemment dans son ouvrage autobiographique *La grâce de vivre*, Bayard, Paris, 2005, l'essentiel de son cours de christologie donné précédemment à l'Institut catholique de Paris.
22. J. Guillet, *Jésus devant sa vie et sa mort*, Aubier, Paris, 1971.
23. J. Moingt, *L'homme qui venait de Dieu*, Cerf, Paris, 1995 ; *Dieu qui vient à l'homme*, t. I, *Du deuil au dévoilement de Dieu* ; t. II, *De l'apparition à la naissance de Dieu*, vol. 1 et 2, Cerf, Paris, 2002, 2005 et 2007.
24. X. Tilliette, *Le Christ de la philosophie*, Cerf, Paris, 1990, et autres ouvrages.
25. A. Gesché, *Dieu pour penser*, t. VI, Le Christ, Cerf, Paris, 2001.
26. Cf. J.-F. Baudoz et M. Fédou, *20 ans de publications françaises sur Jésus*, Desclée, Paris, 1997.

Ce mouvement n'est pas uniquement européen. Il faudrait aussi nommer telle ou telle christologie nord-américaine, dont la problématique est proche des européennes. Je retiens surtout, étant donné l'écho provoqué, la christologie de la libération avec Leonardo Boff[27], Gustavo Guttierez, Juan Luis Segundo[28] et Jon Sobrino[29], dont on sait les débats qu'elle a provoqués, pour une part d'ailleurs en raison d'une distance culturelle qui a donné place à des interprétations mal fondées. Ce mouvement très vivant va s'essouffler dans les années quatre-vingt-dix, pour faire place d'ailleurs à un nouveau débat christologique. La théologie connaît, elle aussi, ses modes...

Les principales caractéristiques : le retour à l'Écriture et à l'histoire de Jésus

Cette production est impressionnante. Est-il possible, tout en respectant les particularités de chaque œuvre, de synthétiser les tendances majeures ?

On peut s'y essayer. J'ai suivi cette production avec attention en raison du « Bulletin de christologie » que j'ai tenu de 1969 à 1995 dans les *Recherches de science religieuse*. Dans des recensions personnalisées je pouvais entrer dans la démarche des différents ouvrages, souligner la spécificité de chacun, son apport le plus marquant et exprimer un accord ou un désaccord, parfois engager un débat. Aujourd'hui, je ne prétends nullement faire un bilan, mais dégager les orientations principales. J'en ai d'ailleurs indiqué déjà l'une ou l'autre.

À titre de préliminaire, disons que dans ce mouvement, christologie catholique et christologie protestante ont largement vécu en

---

27. L. Boff, *Jésus-Christ libérateur. Essai de christologie critique*, Cerf, Paris, 1974.
28. J.-L. Segundo, *Jésus devant la conscience moderne. L'histoire perdue*, Cerf, 1988.
29. J. Sobrino, *Jésus en Amérique latine. Sa signification pour la foi et pour la christologie*, Cerf, 1986 ; *La fe en Jesucristo, Ensayo desde las víctimas*, Trotta, Madrid, 1999.

vases communicants. Non pas que les positions tenues soient partout les mêmes, mais parce que toute avancée importante dans la problématique, de quelque côté qu'elle vienne, devenait vite un bien commun. Cette nouveauté est notable par rapport à la situation antérieure de controverse. Elle est non seulement le fait du climat œcuménique nouveau mais aussi de la reconnaissance mutuelle de la valeur scientifique des travaux des uns et des autres. Les protestants empruntent aux catholiques et les catholiques font de même avec les protestants.

La caractéristique la plus nette de ces christologies est leur retour spectaculaire à l'Écriture, c'est-à-dire au témoignage de la vie, de la mort et de la résurrection de Jésus de Nazareth, proclamé par les chrétiens Christ et Seigneur. Du côté catholique, les ouvrages d'E. Schillebeeckx sont les plus radicaux en la matière. Dans ses deux énormes volumes le retour de la théologie dogmatique à l'Écriture est massif. Ce sont des ouvrages de christologie biblique à la fin desquels se trouve une brève section sur le développement conciliaire et dogmatique. Ce retour à l'Écriture veut dire plusieurs choses. Il exprime à l'évidence le souci de réconcilier l'image dogmatique du Christ avec l'image évangélique de Jésus. Le centre de gravité de l'exposé s'est déplacé et a quitté le lieu privilégié de la tradition ecclésiale au profit de l'enquête scripturaire. Corrélativement, le centre de gravité doctrinal se déplace de la considération de l'incarnation, lieu privilégié de l'ancien traité *Du Verbe incarné*, à celle du mystère pascal, conformément au message originel. Le point de départ est ainsi décrit par W. Kasper : « La confession ecclésiale ne repose pas sur elle-même. Elle a son contenu et sa norme préétablie dans l'histoire et le destin de Jésus. Les confessions et les dogmes christologiques doivent être compris dans leur rapport à cette réalité visée et à partir d'elle[30]. » En d'autres termes, le sens donné par la foi au mystère du Christ ne peut être déconnecté du fait de l'événement historique. Fait et

---

30. W. Kasper, *Jésus, le Christ, op. cit.*, p. 51.

sens sont inséparables. Une telle affirmation est la conséquence directe des meilleurs acquis de la recherche sur le Jésus historique.

Cette correspondance entre histoire et foi renvoie également à la correspondance entre le Jésus pré-pascal et l'expérience du ressuscité. Ce sont les deux piliers d'une christologie qui veut maintenir l'identité entre Jésus de Nazareth et le Christ ressuscité. Ce que Jésus a prétendu être pendant tout son ministère pré-pascal, sa résurrection le confirme. Wolfhart Pannenberg, luthérien comme Bultmann mais aux options bien différentes, a justement souligné la rétroactivité de la résurrection qui conduit à relire tous les récits concernant le Jésus pré-pascal à la lumière de celle-ci et à montrer que Jésus était déjà depuis l'origine ce que sa résurrection a manifesté. Il pose un principe qui a un fondement biblique certain : « Ce qui vaut de la fin doit aussi déterminer déjà le commencement. » Si Jésus est manifesté Fils de Dieu dans la gloire de sa résurrection, c'est qu'il l'était déjà depuis toujours. Les deux piliers de la christologie se correspondent et se confirment l'un l'autre. Ils permettent de fonder la foi. Si je ne sais rien du Jésus pré-pascal, sa résurrection ne sera pour moi la résurrection de personne. Je ne peux croire en la résurrection de quelqu'un, événement qui bouscule toute notre expérience, que si j'ai un minimum de connaissance du contexte historique et religieux dans lequel on m'a dit que celle-ci s'est produite et de la personne qui en a été le sujet. La proclamation d'une résurrection ne peut tenir toute seule. Il faut qu'elle ait un avant. Réciproquement, il faut que la résurrection ne soit pas seulement un événement de foi dans la conscience des disciples, mais aussi un événement réellement arrivé à Jésus. Pannenberg, dont je discuterai certains points de la pensée, a pleinement raison sur cette donnée fondamentale. Cette perspective a été largement reçue.

Dans un autre vocabulaire, on peut dire que la christologie du Jésus pré-pascal reste implicite. Elle ne s'exprime pas par une titulature définissant son identité. Elle se manifeste dans les attitudes de Jésus, dans ses gestes et les prétentions immanentes à ses paroles. Après Pâques, cette christologie implicite devient explicite, en ce sens que les disciples confessent Jésus avec un certain nombre de titres, dont aucun ne suffirait à lui tout seul : Christ, Seigneur, Fils de Dieu, plus tard Verbe de Dieu. Entre l'avant et l'après de Pâques il y a à la fois continuité et discontinuité : continuité parce que dans les deux cas il s'agit d'une seule et même personne ; discontinuité parce que l'on passe du Jésus serviteur au Jésus Seigneur et du Jésus prêchant le Royaume au Jésus prêché par les apôtres, ce que Harnack et Bultmann avaient déjà remarqué. Mais cette discontinuité n'est pas totale, puisque Jésus met en lien avec sa propre venue l'annonce du Royaume, qui est là.

Vous reprenez par une autre face la correspondance entre l'histoire et la foi déjà évoquée. Mais n'est-ce pas, d'une certaine manière, fonder la foi par l'histoire ?

Dans toute cette démarche, nous rencontrons le souci des sciences d'aujourd'hui d'opérer la vérification de leurs démarches et de leurs résultats. Vérifier un résultat, c'est poser en amont une question sur sa signification et sa crédibilité. J'ai déjà abordé ce thème en soulignant le lien entre théologie fondamentale et dogmatique. La christologie comporte désormais dans son cahier des charges la tâche de justifier la christologie. Elle ne peut donc pas se contenter de considérer les affirmations dogmatiques comme toutes faites. Elle doit les fonder. Cela correspond d'ailleurs à la manière dont J. Moingt développait le discours dogmatique, tant sur la Trinité qu'en christologie. Dans les deux cas, il revenait à la confession de foi originelle. Mais ici la vérification va plus loin, puisqu'elle remonte jusqu'à l'histoire du Jésus pré-pascal. Tous les récits évangéliques deviennent des lieux de vérification.

Mais vérification ne signifie pas forcément preuve historique au sens strict. Sur ce point Pannenberg est allé certainement trop loin, au risque de retomber dans certaines erreurs positivistes. On comprend bien son souci global : « Le sens de la recherche christologique [...] est de justifier [dans l'histoire de Jésus], mais en la contrôlant, la manière chrétienne de parler de Jésus[31]. » La christologie ne peut donc se contenter de suivre le développement historique et traditionnel des affirmations sur le Christ. La foi doit opérer une vérification de ses affirmations dans l'Écriture. Tout cela est très juste. Mais cela ne signifie pas pour autant que le sens de l'événement est immédiatement transparent à son fait et qu'il me suffit de connaître l'événement pour en lire le sens. Pannenberg semble en revenir à une objectivité du fait pur, que seule la mauvaise foi pourrait refuser. Mais d'une part, le fait à l'état pur n'existe pas : en tant qu'il est historique, il est toujours compris dans un milieu humain d'interprétation. D'autre part, et Ch. Duquoc lui en a fait le reproche, Pannenberg oublie une double intervention nécessaire en la matière : la liberté de chacun qui s'engage quand elle dit le sens qu'elle reconnaît à l'événement, car l'acte de foi est un engagement ; et la grâce de Dieu qui vient convertir et fonder ma liberté, sans la supplanter, pour permettre mon engagement en faveur de ce sens. Quand je dis : Jésus est ressuscité, je m'appuie sans doute sur un certain nombre de témoignages fort importants, mais je discerne en eux des signes de l'intervention transcendante de Dieu, je dialogue avec Dieu. La preuve, au sens que la foi donne à ce nom, me vient de cette correspondance, elle ne vient pas de la seule histoire. Cela apparaît un peu compliqué, mais c'est ce que font concrètement tous les croyants, même s'ils n'analysent pas le processus.

Christologie d'en bas et christologie d'en haut

Si je vous comprends bien, vous optez là pour une priorité donnée à ce qu'on a appelé la « christologie d'en bas » ?

---

[31]. W. Pannenberg, *Esquisse d'une christologie, op. cit.*, p. 13.

Oui, pour une priorité chronologique. Mais je n'oublie pas pour autant la christologie d'en haut. Ce fut encore Pannenberg qui se fit le premier et vigoureux avocat en faveur d'une christologie d'en bas. La christologie traditionnelle prenait son point de départ dans les formules johanniques : « Le Verbe s'est fait chair » (Jn 1, 14). Cette formule est évidemment descendante : elle évoque le Verbe de Dieu qui s'abaisse pour s'incarner dans l'humanité. Mais elle représente le point d'arrivée du Nouveau Testament, son dernier mot en quelque sorte. Avant d'en arriver là, le Nouveau Testament a fait tout un parcours à partir de la confession initiale du jour de la Pentecôte : « Dieu l'a fait Seigneur et Christ, ce Jésus que vous aviez crucifié » (Ac 2, 36). Dans ce discours de Pierre, nous sommes en présence d'une formule ascendante, puisqu'elle part de l'homme Jésus élevé dans la gloire du Père par sa résurrection. La toute dernière christologie, celle de Paul et de Jean, ne nous autorise pas à oublier ses étapes antérieures, qui ont l'immense avantage de nous montrer comment les croyants en sont venus, à partir du double témoignage du Jésus pré-pascal et de la résurrection, à approfondir tout ce qui était engagé par là et à clarifier la relation originelle de Jésus à Dieu. Autrement dit, « nul n'est monté au ciel, sinon celui qui est descendu du ciel, le Fils de l'homme » (Jn 3, 13).

Un débat a porté sur le danger d'un unilatéralisme qui voudrait s'en tenir à la christologie d'en bas. Pannenberg a tenu à se justifier à ce sujet et il nuancé ses propos. D'ailleurs, il n'a jamais refusé de donner une christologie du *Logos*. Mais d'autres ont pu même être tentés d'en rester à une « christologie en bas », qui n'essaierait plus de rejoindre l'en haut, et de minimiser la valeur de révélation de l'évangile de Jean. Or il faut dire hautement que le renversement de la christologie d'en bas vers la christologie d'en haut n'est pas le fait des Pères de l'Église mais du Nouveau Testament lui-même. Pour ma part, j'estime que ces deux christologies sont nécessaires et complémentaires et que le problème est de les articuler justement l'une à l'autre.

Pour le faire, il faut rejoindre en quelque sorte ce que j'appelle la *Pédagogie du Christ*[32]. Celui-ci n'a pas annoncé d'entrée de jeu sa divinité. Il a usé de toute une pédagogie avant Pâques pour permettre à ses disciples l'accès à la foi. À travers un temps de vie commune avec eux il leur a fait faire l'expérience de son « excellence » et de sa « transcendance » et les a conduits à un acte de foi de plus en plus fondé. Il les a fait passer par l'épreuve de sa Passion et de sa mort et les rendus témoins de sa résurrection. Ensuite, la réflexion des apôtres et des évangélistes les a fait remonter, à la lumière de la résurrection, à une christologie de l'origine et de l'envoi. C'est toujours le renversement de la fin vers le commencement.

Cette démarche me paraît tout à fait essentielle aujourd'hui et montre la dimension pastorale de la christologie contemporaine. On ne peut plus annoncer la foi au Christ, sans proposer en même temps l'accès à cette foi. Cette démarche peut et doit habiter la catéchèse. Elle doit commencer par montrer l'excellence de l'humanité de Jésus et faire réaliser au petit garçon et à la petite fille d'aujourd'hui que jamais homme n'a parlé comme cet homme. Tout l'enseignement sur le Royaume et par les paraboles intervient au maximum. Dans ce contexte, les « prétentions » de Jésus ne sont pas celles d'un fou ou d'un maniaque. Jésus, qui se prétend comme le Saint par excellence, se montre bon et pardonnant avec les pécheurs. Voilà ce qui peut conduire à la confession de l'inouï de la résurrection et à toute la suite de la christologie. Celui qui était mort, Jésus de Nazareth, monte vers le Père – c'est le mouvement ascendant de l'ascension – pour siéger à sa droite et être reconnu pour ce qu'il était déjà, le Fils. Mais ce Jésus qui est monté au ciel, d'où vient-il en définitive ? Qui était-il avant d'être venu vers nous ? Saint Paul et saint Jean, chacun à sa manière, nous disent que le Père nous a envoyé son propre Fils.

---

[32]. Bernard Sesboüé, *Pédagogie du Christ. Éléments de christologie fondamentale*, Cerf, Paris, 1994.

Les quatre prétentions d'autorité de Jésus

Je vois bien la ligne générale : mais pouvez vous être plus précis sur les signes donnés dans la vie pré-pascale de Jésus en faveur de son identité messianique et divine ?

Je retiens de manière privilégiée les quatre grandes formes que prend la « prétention d'autorité » – entendue ici en bonne part – du Jésus pré-pascal dans sa revendication d'une relation unique avec Dieu. Elles font l'objet d'un consensus assez large entre théologiens et il est remarquable que la recherche de Meier les confirme dans le langage plus prudent qui est le sien, tout en donnant plus de place encore à l'activité thaumaturgique de Jésus. Je les formalise rapidement.

La première « prétention » est celle de pardonner les péchés au paralytique (Mt 9, 1-9 et par.) et à la pécheresse chez Simon le pharisien (Lc 7, 36-50). Dans les deux cas Jésus provoque le scandale de l'assistance au nom du fait que Dieu seul peut pardonner les péchés. Dans les paraboles de la miséricorde, il entend aussi montrer que l'attitude qu'il prend avec les pécheurs lui fait accomplir ce que Dieu fait lui-même. S'il mange avec les pécheurs, il agit comme le père de la parabole qui tue le veau gras pour son fils prodigue (Lc 15).

La seconde prétention est celle de « corriger » la Loi de Moïse par sa propre parole. On la trouve en Matthieu dans la série des oppositions : « Il a été dit aux anciens… Et moi je vous dis » (Mt 5, 17-48). Jésus met sa parole non seulement en parallèle mais au-dessus de la parole de Moïse. « Jésus s'est considéré, écrit W. Kasper, comme la bouche de Dieu, comme la voix de Dieu[33]. »

Troisième prétention : la position que l'on prend vis-à-vis de Jésus est la position que l'on prend pour ou contre Dieu. C'est une

---

33. W. Kasper, *Jésus le Christ, op. cit.*, p. 149.

prétention absolue, définitive, eschatologique. Si Jésus n'est qu'un homme, elle est intolérable. Elle s'apparenterait au totalitarisme.

Quatrième prétention, la plus impressionnante peut-être, celle d'avoir une relation absolument originale avec le Dieu de l'Ancien Testament. Jésus appelle ce Dieu « mon Père » et s'en proclame le « Fils » d'une façon tout à fait originale. Nous en voyons l'expression dans les versets dits johanniques de Matthieu et de Luc : « Nul ne connaît le Fils si ce n'est le Père, et nul ne connaît le Père si ce n'est le Fils, et celui à qui le Fils veut bien le révéler (Mt 11, 27 ; Lc 10, 22). À l'agonie de Jésus, Marc met sur ses lèvres le terme de « Abba » (Mc 14, 36), ce qui veut dire très exactement « papa ». L'évangile de Jean, sans doute plus tardif, donne un écho de la même prétention dans les débats de Jésus avec les juifs. S'il proclame que Dieu est son Père, il se fait l'égal de Dieu (Jn 5, 18). Ces quatre prétentions sont reconnues comme remontant à l'enseignement pré-pascal de Jésus et non comme une rétroprojection de la lumière de la résurrection. Elles appartiennent à l'ordre des signes qui permettent la foi en la résurrection.

La conscience de Jésus

Dans tout ce mouvement christologique, voulez-vous préciser ce que fut l'apport propre de K. Rahner que vous avez placé à son départ ?

J'ai signalé en effet ses articles programmatiques et l'impulsion qu'il a donnée à l'ensemble du mouvement christologique. Lui-même est passé d'une christologie partant immédiatement d'en haut à une démarche d'en bas, mais rejoignant intégralement les données de la christologie d'en haut, et sur ce point il est redevable à Pannenberg. Mais sa plus grande originalité se situe dans l'établissement d'une « christologie transcendantale ». Cette démarche assez complexe entend répondre à la question : quelles sont les conditions de possibilité qui permettent à l'homme de croire *raisonnablement* qu'un autre homme de notre histoire puisse être le « Sauveur absolu » de l'humanité ? C'est une question de vérification ou de théologie fondamentale. Est-ce que l'on peut fonder en raison l'acte de foi en l'homme Jésus, présenté et affirmé comme le Fils même de Dieu ? Rahner essaie de déduire en quelque sorte un « portrait-robot » du Christ, dont la venue représente la seule possibilité pour Dieu de se révéler à l'homme dans l'histoire, s'il ne veut pas interrompre immédiatement le cours de cette histoire. Mais cette déduction s'arrête à la porte du jugement de foi qui reconnaît que Jésus de Nazareth est cet homme. Cette théologie ne prétend pas démontrer que Jésus est le Sauveur absolu. Elle entend seulement, et c'est déjà assez important, dire que celui qui croit en Jésus comme le Sauveur absolu pose un acte de foi profondément raisonnable et donc justifié.

Vous avez beaucoup parlé de l'excellence de l'humanité de Jésus. Mais qu'en est-il de la conscience intérieure de cet homme ? A-t-il pris progressivement conscience de son origine divine, d'être Fils de Dieu et Dieu lui-même ? Il en va également de sa conscience d'être le Messie.

Nous ne sortons pas de Karl Rahner. C'est un problème essentiel sur lequel je m'inscris délibérément dans sa perspective. Car je crois qu'il est celui qui a dit les choses les plus décisives en ce domaine. Il cherchait à réconcilier les récits évangéliques qui font état des paroles et des actions de Jésus avec l'affirmation dogmatique de l'« union hypostatique », signifiant que l'humanité de Jésus est unie à la personne du Verbe, en sorte de constituer une seule personne divine totalement humanisée. À première vue, il n'est pas simple de tenir les deux choses ensemble. L'union hypostatique ne comporte pas de plus ou de moins : elle concerne l'être de Jésus depuis son origine. Or si Jésus a réellement partagé notre condition humaine, son expérience s'est inscrite dans le temps et a connu une progressivité de science et de conscience, sous peine que l'on fasse de lui un monstre humain. Rahner s'est donc posé la question de savoir comment cette union hypostatique a pu devenir expérience concrète dans l'existence de Jésus. Il l'a fait dans le cadre d'un dialogue avec un confrère exégète, Anton Vögtle.

Rahner se réfère à « l'expérience transcendantale » qui nous habite tous et qui comporte deux pôles, le pôle originaire de la conscience, le pôle source du jaillissement de nos pensées et de nos désirs, qui se situe en nous à la frontière du conscient et de l'inconscient, et le pôle de l'objectivité du langage par lequel nous communiquons et travaillons. Le premier est toujours dans un au-delà du second. Il est habité par une transcendance, c'est-à-dire par un mouvement de dépassement constant de nos pensées, de nos désirs et de nos buts. C'est le pôle du « toujours plus », orienté vers l'infini et l'absolu, comme la boussole est orientée vers le nord. C'est aussi le pôle où se joue l'engagement fondamental de notre liberté. Le bébé dans son berceau est déjà un homme, en ce sens qu'il a tout pour devenir un homme. Il ne peut pas encore se servir du langage, si ce n'est par quelques mouvements de ses yeux et ses premiers sourires. Mais la conscience de son identité humaine est déjà présente en lui, comme enfouie à ce pôle originel. Il sait déjà qu'il est un homme, même s'il n'en a pas la conscience claire, pour la simple raison qu'il va pouvoir apprendre le langage. Il répond aux sourires de sa mère, puis il articule quelques mots. En grandissant, il prendra conscience qu'il est un homme et il n'aura pas trop de toute sa vie pour approfondir cette expérience.

Revenons à Jésus. Il a vécu ce même processus, puisqu'il a partagé notre condition humaine, mais avec une différence radicale. Il a été dans son berceau un véritable petit enfant, le Verbe qui ne parle pas, ce qui est paradoxal. Il n'a aucune conscience claire de son identité. Mais, au plus profond de sa conscience, il sait qu'il est un homme, comme chacun d'entre nous ; il sait aussi qu'il est au regard du Père cet homme unique qui est son Fils en un lien unique. C'est sur le fond de cette conscience originelle qu'il va prendre conscience de lui-même au cours de son enfance. Cette conscience prendra une forme objective dans son langage. Toute sa vie Jésus approfondira dans sa conscience humaine l'expérience fondamentale de sa filiation divine, jusqu'à la vivre en son sommet dans l'acte de la remise de lui-même au Père sur la croix.

Est-ce que les évangiles confirment cela ? Il est très caractéristique que la première parole que Luc met dans la bouche de Jésus à douze ans est : « Ne savez-vous pas qu'il me faut être chez mon Père ? » (Lc 2, 49). La relation unique est déjà là. Voilà un enfant qui a grandi, qui a reçu l'éducation juive de son époque et lu les psaumes, etc. Il a donc pris conscience qu'il appartenait au peuple juif comme un autre enfant. Mais en même temps, il avait au cœur de sa conscience la certitude, la réalité d'une relation tout à fait originale avec Dieu son Père. Certains ont voulu voir dans la scène du baptême de Jésus une sorte d'adoption filiale de Jésus par le Père. Ce serait le commencement absolu de sa filiation. L'exégète A. Vögtle a montré que l'on ne pouvait pas faire porter un tel poids à cette scène. On ne peut la considérer comme le point de départ de la conscience que Jésus avait de sa filiation divine. Il n'y a pas de moment temporel précis que l'on puisse identifier comme le commencement de cette relation : elle est de toujours à toujours. Mais tout au long de son existence Jésus exprime en son langage, actualise en sa prière et thématise en une connaissance de plus en plus réfléchie cette relation originelle qu'il a avec son Père. Sa prière est un mystère pour nous. Car le *Pater*, c'est la prière qu'il nous enseigne, non sa prière personnelle. La seule prière personnelle que nous connaissons, c'est la prière de l'agonie, là où justement il exprime sa relation intime avec le Père, en disant Abba !

Un théologien anglican, plein d'humour, a dit qu'il est bien outrecuidant de vouloir savoir ce que l'on peut expérimenter quand on est Fils de Dieu. Il est clair que cela nous dépasse totalement. Mais cette analyse de Rahner nous permet d'avoir un minimum de représentation de la chose de manière raisonnable et authentiquement humaine.

Dans la même ligne, que pouvez-vous dire de la science de Jésus ?

Sur ce point, la tradition théologique, qui a accepté très facilement la *kénose* du Christ dans le domaine de ses pouvoirs divins, a eu beaucoup plus de mal à accepter ce qui lui correspond dans le domaine de la connaissance. Depuis le IXe siècle, elle a tenu assez couramment la thèse de la vision béatifique du Jésus pré-pascal, c'est-à-dire que Jésus, dans sa vie courante, aurait été gratifié de la vision qui est le propre des bienheureux au ciel. Quelque chose est contradictoire dans cette position qui attribue simultanément à Jésus deux régimes normalement incompatibles. C'est une confusion entre le statut du Jésus pré-pascal et celui du ressuscité. La scolastique a développé ensuite de multiples sciences de Jésus, en particulier sa science de vision. Cette difficulté a refait surface au moment de la crise moderniste, parce que l'on estimait que cette vision béatifique était nécessaire à la conscience que Jésus avait de sa filiation divine. Nier l'une revenait à mettre l'autre en cause. C'est pourquoi cette thèse a été soutenue par la Commission biblique en 1918. Mais la théologie de Rahner, que je viens de vous résumer, a montré qu'il ne fallait pas confondre la conscience de soi originelle de Jésus et donc la conscience de sa divinité avec une connaissance objective reçue de l'extérieur. C'est pourquoi il a changé le terme de vision béatifique en celui de « vision immédiate », qu'il interprète comme la conscience que Jésus a de sa relation à son Père.

En définitive, la science de Jésus est la science de la révélation qu'il devait nous communiquer pour nous sauver. C'est une science salvifique. Les évangiles nous montrent son ignorance de l'avenir, en particulier en ce qui concerne le jour du jugement (Mc 13, 32). Nous devons respecter les évangiles et accepter que Jésus ait marché vers son avenir dans la pleine confiance envers son Père et dans l'ignorance du détail. Quant à lui prêter des connaissances scientifiques étrangères à son époque, cela n'a aucun sens.

La résurrection

Nous avons beaucoup parlé du Jésus pré-pascal. Mais sa résurrection pose une tout autre difficulté. On a l'impression d'un certain flou ou d'un malaise dans le langage employé à son endroit. Notre mentalité humaine demande des preuves, elle se réfère à l'histoire et reste perplexe devant la réalité de la résurrection. Elle admet le Jésus maître de sagesse, elle reconnaît le Jésus crucifié, mais elle bute sur le Jésus ressuscité tel que la foi des premiers disciples l'atteste. En même temps, elle reste fascinée par la personne de Jésus, au point qu'elle voudrait presque en avoir une photo. Elle cherche une preuve de la résurrection. Comment pouvez-vous lui répondre aujourd'hui ?

Je dirais que la résurrection est le lieu de concentration de tout ce que nous avons dit sur le rapport en l'histoire et la foi. Elle est l'affirmation fondamentale du christianisme. Le chrétien est celui qui *croit* que le Christ est ressuscité. Et pourtant, elle est également affirmée comme un *événement* historique. Le paradoxe est total : la résurrection est un événement intervenu dans l'histoire et que pourtant on ne peut reconnaître que dans la foi.

Comment le comprendre ? La résurrection est à la fois un événement historique et un événement non-historique. Sa dimension historique vient de ce qu'elle n'est pas inscrite dans un temps mythique, ou dans le temps des contes : « Il était une fois… » Elle est inscrite dans un espace-temps tout à fait repérable de l'histoire romaine, de l'histoire du peuple juif et donc de l'histoire universelle. Elle est liée à la mort de Jésus, qui est un événement historique universellement reconnu. Il est certain qu'elle a été attestée historiquement par des hommes qui s'en sont proclamés les témoins. Avec les ressources de l'histoire, nous pouvons dire que les disciples ont vraiment annoncé la résurrection de Jésus.

Mais si vous entendez par historique ce que je peux rejoindre de manière certaine par la démarche scientifique de la recherche historique, je vous répondrai : la résurrection n'est pas historique dans ce sens-là. Pour une raison très simple, qui ne vient pas de son caractère éventuellement douteux, mais en raison du contenu transcendant de ce qu'elle nous annonce. Elle nous dit que Jésus de Nazareth, après sa mort, a échappé aux contraintes empiriques de notre espace-temps et qu'il a franchi les limites de l'histoire. En franchissant ces limites, le ressuscité échappe aussi à la compétence de la science historique, qui ne peut rendre compte que des événements qui se trouvent enclos dans notre espace-temps. Tant que je suis dans l'histoire, je ne peux pas prouver par l'histoire le franchissement des limites de l'histoire. Il nous est dit par les témoins que celui qui était mort crucifié, Dieu l'a ressuscité. Dieu ne l'a pas rendu à sa vie antérieure, mais lui a donné une vie définitive et transcendante que nous ne pouvons plus contempler. Cette vie n'a été manifestée qu'à ceux qui avaient déjà la foi en Jésus et dans des circonstances très particulières. En ce sens, la résurrection n'est pas historique et elle ne peut pas l'être. Car même les disciples, qui disent avoir vu Jésus ressuscité, se présentent comme des témoins qui l'ont reconnu dans la foi. Car Jésus n'est apparu qu'à ses disciples, à ceux qui l'avaient connu et avaient commencé à croire en lui. Cette pédagogie de la foi vaut pour nous : je ne peux pas croire à la résurrection de Jésus si je ne le connais pas suffisamment pour avoir un début de foi et d'amour pour lui.

Le paradoxe tient donc dans cette double affirmation : la résurrection est bien un événement réel. Elle a un enracinement crédible dans l'histoire. Et pourtant, dans sa nature même, elle n'est pas historique, elle est *méta-historique* et nous ne pouvons la reconnaître que dans la foi. Vous voyez combien le problème est complexe.

Autre explication : les apôtres, au soir de la mort de Jésus, ont tellement intériorisé l'expérience spirituelle qui les a nourris tout au long de la vie de Jésus, qu'ils réalisent finalement que cette vie est plus forte que la mort. Est-ce que l'on pourrait comprendre les choses comme cela ? Est-ce que cela « suffit » ?

On peut le dire et même on doit le dire, mais cela ne suffit pas. Ce que vous décrivez, c'est déjà la foi du centurion au pied de la croix. Quand il reconnaît que Jésus était « un juste » ou « fils de Dieu », il proclame en quelque sorte que cette manière de mourir ne peut pas mourir. Mais il ne suffit pas que Jésus soit ressuscité dans la foi subjective des apôtres, et plus tard dans le kérygme, comme le dira Bultmann. Il faut aussi que la résurrection soit un événement concernant la personne concrète de Jésus. Car dans sa mort, le problème se pose de savoir de quel côté est Dieu : du côté de Jésus ou du côté de ceux qui l'ont condamné ? Or les apparences sont contre Jésus. Le plus scandaleux peut-être dans la mort de Jésus, c'est le silence de Dieu. Jésus a pu crier : « Mon Dieu, mon Dieu, pourquoi m'as-tu abandonné ? » (Mt 27, 46) et Dieu n'a pas répondu. C'est la question que nous posons encore à propos des millions de victimes innocentes de la dernière grande guerre. Jésus lui-même a fait l'expérience de la solitude et de l'absence de Dieu. La résurrection est précisément l'acte divin, le signe divin éclatant par lequel Dieu nous confirme qu'il était bien depuis toujours du côté de Jésus et qu'il a pleinement exaucé sa prière. La mort de Jésus est la signature ultime de son existence en langage d'existence humaine ; sa résurrection est la signature divine, en langage transcendant et divin, de la vérité de la vie de Jésus depuis son origine. Elle confirme que Jésus était bien celui qu'il prétendait être.

Christianisme et judaïsme

Est-ce que selon vous le christianisme fait à ce moment-là, par sa proclamation de Jésus ressuscité, sa rupture avec le judaïsme ou est-ce qu'il ne s'agit encore que d'une réforme du judaïsme, la vraie rupture devant intervenir avec saint Paul ou d'autres ?

La rupture de fond est déjà là avec Jésus et saint Paul la thématisera de manière plus théologique. Mais entre christianisme et judaïsme il y a à la fois continuité et rupture. Nous devons tenir compte des deux. Quand j'emploie le terme de rupture, je pense au message religieux de fond et non aux vicissitudes et aux conflits que cette rupture prendra dans l'histoire avec des hommes qui demeurent pécheurs. Les chrétiens ne doivent jamais oublier les éléments de continuité. Le christianisme a toujours besoin de l'Ancien Testament et il en a besoin au cœur même de sa foi. Car l'événement de Jésus n'est pas compréhensible sans sa référence à l'Ancien Testament. Jésus s'inscrit dans la grande tradition des prophètes, dans celle des sages et même dans la tradition des patriarches, et son événement s'est accompli « selon les Écritures ». Mais il y a rupture dans la mesure où Jésus est venu annoncer quelque chose de radicalement nouveau, en proclamant que le Royaume de Dieu était présent avec et dans sa propre personne. Les prétentions de Jésus, que je viens de résumer, en particulier celle d'appeler Dieu son propre Père, étaient inacceptables dans une perspective juive rigoureuse. La paternité de Dieu est une donnée biblique traditionnelle, mais dire Abba, Papa, était absolument nouveau. Cette nouveauté a été bien ressentie comme telle. Elle est à l'origine de ce véritable mystère que fut le refus massif par le peuple juif de reconnaître le Christ et aussi de la permanence de ce même peuple, qui s'inscrit toujours dans la grande histoire du salut. Le dialogue judéo-chrétien ne peut pas ignorer cette rupture, ainsi que son fondement en Jésus. Dans une perspective juive, l'affirmation que Jésus est le Christ, c'est-à-dire le Messie et plus encore le Fils de Dieu n'est pas admissible, car elle met en cause l'unicité même de Dieu

Devant ce qui s'est passé, il y a quelques années, avec l'émission « Corpus Christi », où le christianisme est accusé d'activer un espèce d'antisémitisme, en particulier à travers l'évangile de Jean, que répondez-vous ?

Ces émissions m'ont mis mal à l'aise, parce que ce sont les deux réalisateurs qui en ont fait le sens. Je n'aurais jamais accepté d'être interviewé dans ces conditions-là. Ils ont fait parler un certain nombre de chercheurs biblistes, des juifs et des chrétiens de diverses confessions, ainsi que des agnostiques. Mais au montage, ils ont « saucissonné » leurs réponses en fonction de la thématique qui était la leur. De ce fait, on ne pouvait pas se rendre compte de la position réelle de chacun dans la propre cohérence de sa recherche et selon les arguments qu'il invoquait. Un « dit » s'ajoutait à un « dit » contraire. Parfois une réflexion sérieuse était suivie d'une affirmation invraisemblable, par exemple sur le rapport entre Jésus et Judas. Les positions contradictoires s'annulaient les unes les autres. Le soupçon était brandi sur des données élémentaires, comme l'écriteau de la croix. La première impression qu'en recevait le téléspectateur non-instruit était qu'il n'y avait rien de certain dans tout cela. Un des thèmes récurrents était la culpabilisation portée sur les récits évangéliques et le christianisme primitif, accusés d'avoir voulu blanchir Pilate de la condamnation de Jésus pour en charger abusivement les autorités juives. L'accusation sourde d'antisémitisme portée contre le Nouveau Testament est un anachronisme majeur. Il est patent que les écrits néotestamentaires font état de la rupture entre la Synagogue et l'Église et d'un conflit religieux entre les deux. Mais cela n'a rien à voir avec ce qu'on appellera plus tard l'antisémitisme. C'est de l'antijudaïsme, correspondant de l'autre côté à de l'antichristianisme.

Une autre accusation d'antisémitisme est brandie contre l'évangile de saint Jean, où l'on voit que Jésus n'arrête pas de débattre avec les juifs. Il y a même l'une ou l'autre traduction qui n'ose plus dire les « juifs », mais les « adversaires ». D'ailleurs, les enquêtes historiques d'aujourd'hui distinguent de mieux en mieux les différentes étapes du judaïsme. Celui du temps de Jésus n'est pas celui du conflit ultérieur avec l'Église. Il est certain que les récits évangéliques portent la marque de la rupture entre judaïsme et christianisme, qui s'est produite bien après la Pentecôte. Au cœur de l'histoire, les choses sont complexes. Il s'est produit un phénomène de rupture et de rejet mutuel et au plan humain on peut penser que les responsabilités sont partagées. Les hommes sont les hommes. Mais, théologiquement parlant, une certaine forme de rupture était inévitable.

C'est faire preuve d'un anachronisme assez grave que de projeter dans les récits évangéliques l'antisémitisme moderne. Nous confondons trop vite antisémitisme et antijudaïsme. L'antisémitisme est un concept des Temps modernes. Il est lié à l'idée de race, mais pas uniquement à la race ; il tient également à la situation de rupture et de ségrégation sociale entre les communautés juives et la population globale qui était chrétienne. Cette rupture avait aussi ses dimensions économique et politique. Sur ce terrain historique, les chrétiens ont une grande part de responsabilité, je n'hésite pas à le reconnaître. Mais, si l'on veut être honnête, tout ceci me paraît absent de l'époque des origines chrétiennes. À cette époque, l'antijudaïsme a été réel du fait de la rupture entre les deux communautés. Mais il se plaçait sur un plan proprement religieux. Par la suite, chez certains Pères de l'Église, cet antijudaïsme s'est exprimé d'une manière polémique qui nous choque aujourd'hui. Mais quand Jean Chrysostome demande à ses fidèles de ne pas aller à la synagogue, c'est pour des raisons de compétition religieuse. Il se bat avec des chrétiens qui préfèrent entendre la prédication synagogale plutôt que la prédication chrétienne !

Cet antijudaïsme de l'époque patristique doit être compris en fonction de la mentalité culturelle de l'époque dans le traitement des adversaires. On relève aujourd'hui le discours contre les juifs, mais le discours contre les hérétiques non juifs était tout aussi polémique. L'hérétique est l'objet courant d'une description abominable : il a tous les défauts, physiques, moraux et mentaux. Son portrait est brossé au noir. C'est le discours culturel classique entre adversaires. Le discours des hérétiques sur les hommes de la grande Église est de la même eau. C'était aussi le ton de la polémique entre écoles philosophiques. Cela ne veut donc pas dire que les Pères de l'Église ait été particulièrement méchants. Ils étaient de leur temps. On voudrait bien sûr qu'ils aient eu une délicatesse plus grande et que l'Évangile ait davantage pénétré le ton de leurs propos. Mais la conversion d'une culture se fait lentement. Ce statut du discours polémique n'est plus le nôtre. La polémique entre les chrétiens et les juifs est à situer dans ce climat. C'était une polémique d'ailleurs très verbale, qui ne se traduisait pas, sauf exception, par des faits de persécution. La contrainte par corps des hérétiques sera le fait du Moyen Âge ; c'est une autre et triste histoire, mais ne faisons pas d'anachronisme.

Sotériologie : l'unique Médiateur

Poursuivons votre démarche christologique. Il y a une thématique que vous avez beaucoup abordée, celle de Jésus comme unique Médiateur. N'est-il pas surprenant pour un théologien catholique d'être aussi ferme sur ce point, alors que dans le catholicisme il y a bien d'autres médiations : celle de l'Église, celle du prêtre, etc. ? Est-ce que vous n'êtes pas là un théologien plus protestant que catholique ?

Je crois que ma prétention à être un théologien catholique est légitime ! Le mot de médiation a des significations sémantiques variées. Au sens fort, « il n'y a qu'un Dieu, qu'un seul Médiateur aussi entre Dieu et les hommes, un homme : Christ Jésus », comme l'atteste la *Première épître à Timothée* (2, 5). Jésus est Médiateur du simple fait de sa constitution personnelle : d'une part, il est vraiment Dieu et d'autre part, il est vraiment homme. Il peut donc réunir l'homme et Dieu, parce qu'il est, dans sa personne même, l'union de l'homme et de Dieu. Il est, si vous me permettez cette image, la plate-forme de communication entre Dieu et l'humanité, dans les deux sens. Tout passe par la médiation du Christ.

Quand on parle de la médiation de l'Église, on ne parle pas du tout de la même chose. Cette médiation unique du Christ a besoin d'être représentée et actualisée au-delà de la période de la vie de Jésus. Tel est le rôle ministériel de l'Église. Le Christ s'est lié à son Église, de telle façon que celle-ci soit toujours porteuse de la médiation dont il est le fondement. L'Église, avons-nous dit déjà, est à la fois événement et institution. Plus exactement, l'Église est l'institution de l'événement du Christ. Elle porte cet événement dans le temps et dans l'espace. C'est pourquoi elle doit être le plus possible transparente à l'événement qu'elle représente, en ce sens qu'elle le rend présent et qu'elle n'en est pas seulement le signe. Elle le re-présente efficacement, c'est-à-dire d'une manière sacramentelle. L'Église est le grand sacrement de la présence de Jésus. Mais la médiation du Christ et celle de l'Église ne sont pas sur le même plan. La médiation du Christ est le fondement transcendant et la source qui va pouvoir s'exprimer par la médiation en quelque sorte instrumentale de l'Église. En un tout autre sens dans l'existence humaine, nous sommes tous médiateurs les uns par rapport aux autres. Un chrétien, témoin de sa foi, va pouvoir susciter ou contribuer à susciter l'acte de foi d'un autre : il aura été un médiateur concret de cette foi. Il faut bien voir en quel sens on parle de l'unique médiation du Christ.

Pourquoi une telle insistance sur le terme de Médiateur qui n'est pas tellement courant dans la catéchèse sur la rédemption et le salut ?

Si j'ai privilégié le terme de Médiateur dans mes ouvrages sur la rédemption, c'était dans l'intention de récapituler de manière dynamique et équilibrée tous les aspects de la théologie du salut, et de sortir d'une perspective qui absolutisait indûment l'aspect de la satisfaction, au point de lui donner une interprétation extrême, contraire à l'Écriture et à la tradition ancienne. Car Dieu n'exige pas une compensation offerte à sa justice en préalable au pardon des péchés ; bien au contraire, il nous pardonne pour nous donner la possibilité de réparer notre péché. Le salut est d'abord et avant tout un acte gratuit qui vient de Dieu et s'accomplit dans notre histoire, afin de nous conduire au seul et vrai bonheur que nous désirons tous. Le salut nous apporte la réussite totale de notre vie. C'est une initiative qui nous libère à la fois de notre finitude créée et de notre finitude pécheresse, la seconde redoublant en quelque sorte la première. La finitude créée vient de ce que nous ne sommes pas Dieu, bien que notre désir soit de vivre en communion avec la vie infinie et absolue de Dieu. Le paradoxe de la condition humaine, selon le christianisme, vient de ce que, tout en étant des êtres finis, nous sommes invités par vocation à voir Dieu et vivre en communion avec lui. Par hypothèse, nous ne pouvons nous procurer cette communion avec nos propres forces. Le salut pris en ce sens ne peut être que l'objet d'un don, du don que Dieu nous fait de lui-même, ce que la tradition théologique appelait la divinisation et que K. Rahner a nommé l'« autocommunication de Dieu ». Mais s'ajoute à cette finitude créée la finitude pécheresse, c'est-à-dire la situation universelle de l'humanité qui se trouve d'une part en rupture d'amitié avec Dieu et dont le désir est désormais désordonné. Le désordre du désir est ce que saint Augustin appelait autrefois la concupiscence. Il est à la source du mensonge et de la violence, de l'égoïsme et de l'orgueil, et de tous les dérapages qui conduisent à ces nouvelles idoles que sont le sexe ou la drogue, bref de ce que nous voyons tous les jours. Nous avons donc besoin de nous réconcilier avec Dieu, d'être reconduits à Dieu, et cette démarche, nous ne pouvons pas non plus l'accomplir par nos propres forces, et d'autant moins que notre liberté est blessée. Il a donc fallu que Dieu vienne nous prendre là où nous étions pour pouvoir nous reconduire à lui par et dans le Christ.

Le salut apporté par le Christ nous rend donc bénéficiaires d'une double libération : libération de notre finitude créée qui nous fait communiquer à la vie même de Dieu et libération de notre finitude pécheresse, qui restaure notre liberté et nous réconcilie avec Dieu. Il est bien évident que nous avons à répondre librement dans la foi à cette offre de salut de Dieu. Le don n'est véritablement un don que lorsqu'il a été effectivement reçu par le donataire. Pour que le salut s'accomplisse, il faut donc que se correspondent les deux mouvements de la médiation, celui qui vient de Dieu vers l'homme et celui qui, venant de l'homme, retourne à Dieu. Le Christ, vrai Dieu et vrai homme et constitué de ce fait unique Médiateur entre Dieu et les hommes, a accompli les deux mouvements de la médiation, celui qui va de Dieu à l'homme, que l'on peut appeler mouvement descendant, et celui qui va de l'homme à Dieu, celui du retour, que l'on peut appeler mouvement ascendant.

Le terme de médiateur a maintenant un autre sens dans la société française avec le médiateur de justice, chargé de résoudre les conflits entre l'administration de l'État ou la justice elle-même et les particuliers. Est-ce que le Christ est celui qui vient résoudre le conflit entre Dieu et les hommes ?

Le médiateur dont vous parlez est un « Monsieur bons offices » et en fait un intermédiaire. On l'appelle médiateur en un sens large. Il faut bien distinguer l'intermédiaire du véritable médiateur. Le « médiateur de la République » est un intermédiaire, dans la mesure où il a une fonction à la fois officielle et officieuse. Il est indépendant de la machine judiciaire et il est censé être plus proche de la population, et de ce fait corriger, dans des cas particuliers, une décision de justice manifestement contraire à l'équité. Il n'est pas un médiateur au sens où le Christ est constitué Médiateur entre Dieu et l'homme, parce qu'il est à la fois l'un et l'autre.

Autour de cette double libération et en fonction de ce double mouvement d'aller et retour accompli par le Christ unique Médiateur, l'Écriture articule un certain nombre de termes, assez nombreux d'ailleurs, qui expriment les différentes facettes de notre salut. Tous ces mots sont des images. Les images ne sont pas des concepts : elles ne collent jamais parfaitement à la réalité visée. Il faut les prendre pour ce qu'elles sont et ne pas les faire jouer au-delà de leur pertinence.

Vous dites quelque chose de très important. Tous ces mots ne sont que des images ?

Bien sûr. Tous ces mots sont des images ou des métaphores et il ne peut en être autrement. Le mystère chrétien s'exprime dans un langage humain. Le salut exprime un changement radical de notre relation avec Dieu. Mais notre langage ne connaît pas les mots capables d'exprimer en elle-même la transcendance de Dieu et donc notre relation à cette transcendance. Pour l'exprimer, l'Écriture ne peut que recourir à la palette innombrable des relations humaines en les transposant dans une sorte de passage à la limite. Nous pouvons passer en revue les mots principaux du salut, tous porteurs d'une image.

Du côté de la médiation descendante vous avez l'image très parlante de l'*adoption filiale* (Rm 8, 15, 23 ; Ga 4, 5 ; 1 Jn 3, 1-2) qui fait de nous des frères du Fils et des fils du Père. Tout le monde sait ce qu'engage l'expérience de l'adoption, ainsi que la communication de vie à laquelle elle ouvre. L'affirmation se formalise une fois dans l'expression de notre « communion à la nature divine » (2 Pi 1, 4). Mais la communion est, elle aussi, l'expression d'une relation humaine transposée en fonction de notre relation à Dieu. Le terme de divinisation ne doit pas donner à penser que nous allons être arrachés à notre humanité. Humanisation et divinisation ne sont pas en proportion inverse, mais en proportion directe : plus je deviens homme, plus Dieu me divinise.

Vous avez également l'image de la *justification*, qui fait référence au fonctionnement de la justice humaine, mais dans un sens paradoxal. Ici encore il faut bien comprendre les limites de l'image. Car la justice de Dieu n'est pas celle qui condamne le pécheur : elle n'est en rien vindicative. Elle est la justice salvifique qui accomplit par grâce les promesses de Dieu. Elle rend sa justice au pécheur, en lui faisant grâce et en lui redonnant l'amitié divine. À ce don de la justice que Dieu propose ne peut et ne doit répondre que l'acte de foi, comme ce fut le cas pour Abraham dans l'Ancien Testament et pour la Vierge Marie dans le Nouveau.

Ce langage est plus en cours chez les protestants. Il reprend celui de l'épître aux Romains.

Le vocabulaire de la justification est dominant chez saint Paul dans ses épîtres aux *Romains* et aux *Galates*. Il est le fruit de son expérience de conversion : Paul, juif pratiquant et observant, voulait conquérir en quelque sorte sa propre justice par ses œuvres. Il a vécu un renversement intérieur et a compris que le pécheur qu'il était ne pouvait que recevoir la justice du don de Dieu. La même expérience de la justification sera prioritaire pour un saint Augustin et un Luther. Le jeune Augustin, après bien des échecs, découvre comme une illumination que seul l'unique Médiateur peut le libérer de son péché. Luther, à son tour, réalise que ses œuvres de pénitence ne le libèrent pas de ses tentations. En lisant l'épître *aux Romains*, il comprend que c'est le Christ qui nous justifie, par la foi et non par nos œuvres. En lisant un livre de saint Augustin, *L'Esprit et la lettre* (*De Spiritu et littera*), il découvre que celui-ci avait interprété saint Paul comme lui. C'est encore une fois l'illumination. C'est pourquoi la doctrine de la justification par la foi apparaît souvent comme une doctrine protestante, alors qu'elle n'est qu'une doctrine chrétienne. La *Déclaration commune sur la justification*[34] de 1999, entre luthériens et catholiques, a reconnu pour l'essentiel la communion de foi sur cet article dont Luther disait qu'il fait tenir ou tomber l'Église. Mais ce terme de justification est encore très peu compris par les catholiques, parce qu'il n'appartient pas suffisamment à la catéchèse. C'est un terme qui renvoie principalement à la dimension pécheresse de l'homme. Il n'est pas à opposer au précédent, mais bien plutôt à considérer comme complémentaire. Beaucoup de mots essaient de cerner de manière convergente une réalité dont le mystère nous échappe toujours.

---

34. Église catholique et Fédération luthérienne mondiale, *La doctrine de la justification. Déclaration commune* (Augsbourg, 31 octobre 1999), coédition Bayard, Centurion, Fleurus, Cerf, Labor et Fides, 1999.

Le terme le plus répandu, au point d'être devenu synonyme du salut en général, est certainement celui de *rédemption*, qu'il faut toujours accoler à celui de *libération*, car les deux vocabulaires sont dans le Nouveau Testament. Le second terme est plus évocateur pour nous que le premier, parce qu'il renvoie à des images plus contemporaines. Ces deux mots nous disent que la rédemption est le fruit d'un combat douloureux et victorieux. La rédemption est encore une fois une métaphore qui renvoie à la pratique culturelle dans l'Antiquité du rachat des esclaves, ou des captifs soit de la délivrance d'une armée ou d'un peuple réduit en esclavage. Nous retrouvons aujourd'hui cette situation avec les prises d'otages. Mais la métaphore véhicule l'idée de la rançon, car ce genre de tractation n'est généralement pas gratuit. Les évangiles emploient eux-mêmes ce terme : « Le Fils de l'homme est venu, non pour être servi mais pour servir et donner sa vie en rançon pour la multitude » (Mt 20, 28). Ce verset a fait couler beaucoup d'encre et suscité une littérature indue et inutile qui oubliait qu'il s'agit d'une métaphore. Le texte ne dit pas à qui la rançon a été donnée et il ne faut lui chercher aucun destinataire, ni le démon comme certains Pères ont été tentés de le faire (mais tentés seulement), ni encore moins Dieu, comme le Moyen Âge sera tenté de le penser. « Donner sa vie en rançon » est une métaphore qui exprime le côté dramatique et onéreux de la rédemption, de même que nous disons : « Cela lui a coûté cher ! », « Il y a mis le prix ! » ou encore « Il a payé de sa personne », à propos de quelqu'un dont la réussite a été particulièrement onéreuse, mais qui n'a accompli aucune transaction financière. Le Christ est allé jusqu'à la mort dans sa lutte victorieuse contre le péché. Car il n'y a pas de plus grand amour que de donner sa vie pour ses amis. Le Christ n'a versé de rançon à personne. Remarquons aussi que le renversement de sens qui estime que la rançon devait être versée à Dieu lui-même en compensation de l'offense renverse aussi le terme du côté descendant vers le côté ascendant : quelles sont les exigences de la justice divine pour que le pardon de l'humanité devienne possible ?

Vous reconnaissez cependant la valeur des termes qui expriment la médiation ascendante et le retour de l'homme à Dieu ?

Ces termes sont surtout au nombre de quatre : le sacrifice, l'expiation ou la propitiation, vocabulaire incontournable, parce qu'il est scripturaire. Deux autres mots sont venus s'y ajouter à partir du Moyen Âge, la satisfaction et la substitution.

Le *sacrifice* a été l'objet de tout un débat, en particulier à partir des livres de René Girard[35] qui refusait formellement le « pacte sacrificiel ». Cette théorie suppose que l'homme verse à Dieu une compensation équivalente au poids de l'offense faite, tandis que Dieu s'engage à pardonner après que cette prestation a été accomplie. Girard a parfaitement raison de réagir à cette conception théologiquement primitive et dans son fond complètement étrangère au mystère chrétien, mais qui a eu effectivement cours. Il va trop loin, ou du moins il allait trop loin, car sa pensée a connu d'importants rectificatifs, en refusant formellement le terme de sacrifice et en projetant l'idée du pacte sacrificiel dans certains textes de l'Écriture. Le terme de sacrifice est inévitable, car il est présent à trop de pages des Ancien et Nouveau Testaments ; mais ici encore, la référence aux sacrifices anciens est de l'ordre de l'image. Le sens du terme s'est modifié radicalement entre les sacrifices anciens et le sacrifice du Christ, puisque le second abolit les premiers. Le sacrifice du Christ, dont la tradition dit qu'il comprend l'identité du prêtre et de la victime, n'est plus une offrande matérielle ou extérieure. C'est un sacrifice « existentiel », c'est-à-dire le don de soi que le Christ accomplit « jusqu'à la fin » par amour de son Père et de ses frères. C'est un sacrifice spirituel dont le caractère onéreux vient, non pas du Père, mais des hommes pécheurs coalisés contre la personne de Jésus le « juste ». Le Christ a accompli, sous cette forme douloureuse, le retour de l'humanité

---

35. Cf. R. Girard, *Des choses cachées depuis la fondation du monde*, Grasset, Paris, 1978 ; *Je vois Satan tomber comme l'éclair*, Grasset, Paris, 1999.

à Dieu, et a donné la réponse de la foi et de l'amour qui avait été demandée à Adam. Yves de Montcheuil, dès les années quarante du siècle dernier, avait défini le sacrifice du Christ comme « le sacrement du sacrifice de toute l'humanité ». Ce sacrifice en est le fondement et nous donne à notre tour la possibilité de nous offrir à Dieu en sacrifice vivant (cf. Rm 12, 1). Telle est aussi la doctrine de saint Augustin. Mais on peut effectivement parler d'une « dérive sacrificielle » dans les Temps modernes.

Le terme d'*expiation* est aussi présent dans le Nouveau Testament (Rm 3, 25 ; 1 Jn 2, 2) et il nous heurte, parce qu'il semble nous renvoyer à la même conception archaïque du pacte sacrificiel. Une fois encore, la Bible emprunte son vocabulaire au fonds sémantique de l'histoire des religions. Mais elle transforme le sens des mots pour leur faire dire quelque chose de spirituel et d'humain. Le P. Stanislas Lyonnet, grand spécialiste de saint Paul, avait montré en son temps que dans la Bible l'expiation devient intercession et le terme d'expiation synonyme de propitiation. Il s'agit d'une prière qui engage toute la vie. À la croix, le Christ inaugure sa fonction future d'être le « toujours vivant qui intercède pour nous » (He 7, 25) au nom de la solidarité que lui a conférée son incarnation. Il est vrai que la rhétorique du sang est présente en plusieurs textes, mais elle doit être comprise comme une métonymie ; c'est-à-dire que le sang est la partie prise pour le tout du don existentiel de la vie.

Avec la *satisfaction*, nous rencontrons un terme qui n'est pas employé dans l'Écriture, et qui vient de la doctrine de la pénitence. Mais nous devons faire attention, satisfaire, c'est « en faire assez », ce n'est pas « compenser » intégralement. Aujourd'hui encore, il existe un organisme qui libère les foyers exagérément endettés, sans leur demander la totalité des sommes dues, mais en estimant ce qu'ils peuvent raisonnablement rendre. L'idée juste est celle de la réparation que doit désirer accomplir dans la mesure du possible tout homme conscient de ses fautes, et c'était au fond celle d'Anselme qui a introduit ce terme dans le champ théologique.

Mais l'interprétation courante de la pensée d'Anselme a répandu l'idée de l'exigence d'une compensation exacte du mal commis, et plus encore d'une compensation accomplie avant le pardon pour que celui-ci soit possible. En vérité la satisfaction est une exigence que le pardon lui-même rend possible et qui vient donc après lui. Mais ce terme a trop accaparé la doctrine occidentale de la rédemption qui lui a fait une place indûment centrale.

On arrive aussi au dernier terme, celui de *substitution*, qui s'inscrit dans le sillage du précédent et reste dans la perspective compensatoire. Il a donné lieu aux excès de la « substitution pénale ». Le Christ, innocent, a été considéré par Dieu comme un coupable méritant punition, et il s'est substitué à nous, pour subir devant Dieu la peine exigée en raison du péché. Il est inutile d'entrer dans les détails. Aujourd'hui cette perspective n'est présente que dans les courants évangéliques de tradition fondamentaliste. Ce terme n'est retenu qu'au sens d'une « substitution initiatique » (B. Lauret), c'est-à-dire que le Christ a pris l'initiative d'être le premier de cordée qui nous entraîne à sa suite dans son retour vers le Père, initiative dont nous étions radicalement incapables. Pour le reste le terme de *solidarité* remplace généralement celui de substitution, comme l'a proposé W. Kasper.

Vous nous ramenez à l'origine biblique, mais tout cela a joué de manière bien différente jusqu'à nos jours. Je n'y reconnais pas tout à fait l'enseignement courant de naguère – il n'y a pas encore si longtemps – sur la satisfaction.

Je vous ai ramené à la fois au fondement biblique et à l'enseignement des Pères de l'Église. Mais je vous y ai ramené en fonction de la lecture qui a mûri lentement au XXe siècle sur ce grave sujet. Le mouvement descendant, qui est prioritaire, si on lit justement l'Écriture et la tradition ancienne, ne nous dispense nullement du mouvement ascendant ; bien au contraire, il le rend possible. Mais l'histoire de la théologie atteste un changement de centre de gravité entre, disons pour faire bref, le premier et le deuxième millénaire. Les deux perspectives sont bien présentes dans ces deux temps. Mais en Occident depuis le Moyen Âge et dans les Temps modernes l'attention s'est focalisée à la fois sur le second mouvement et sur la libération du péché. La rédemption n'était plus l'initiative de Dieu venant « racheter » son peuple, c'est-à-dire s'acquérir à nouveau comme son peuple une humanité tombée dans le péché ; elle était devenue l'ensemble des conditions exigées de l'homme pour que Dieu puisse lui pardonner. La justification n'était plus l'acte de Dieu venant justifier le pécheur, mais pratiquement l'acte de l'homme venant rendre justice à un Dieu offensé.

Le XXe siècle, et ceci est encore un aspect de la révolution théologique accomplie au cours de ses cent ans, est revenu à la perspective globale du premier millénaire qui respecte la dominante de la médiation descendante. L'initiative de salut et de pardon vient de Dieu et se situe avant l'exigence de réparation. Dieu aime, pardonne, afin que nous puissions l'aimer et réparer en retour. Dans la première partie du XXe siècle, le grand théologien catholique de la Rédemption fut Jean Rivière dont les études historiques sur l'histoire de ce dogme font encore autorité. Il avait bien senti les excès de la théologie de la substitution, mais il gardait dans sa pensée personnelle la perspective dominante d'une « satisfaction vicaire », d'ailleurs assez modérée. Le premier à avoir contesté avec vigueur et profondeur non pas la donnée fondamentale de la satisfaction du Christ, mais la théologie qui avait été élaborée avec les débordements que j'ai indiqués, fut le P. Yves de Montcheuil, auquel j'ai déjà fait allusion, dans ses *Leçons sur le Christ*[36]. Ce livre est paru en 1949 après sa mort, mais il est le fruit de conférences données à Paris en 1941-1942. Dans le climat théologique de 1950, cette perspective doctrinale ne fut pas acceptée et le livre fut retiré. Mais les idées qu'il avait lancées et

---

36. Yves de Montcheuil, *Leçons sur le Christ*, Éd. de l'Épi, Paris, 1949.

avec lesquelles son grand ami le P. de Lubac était d'accord, continuèrent à faire le chemin. Il a été suivi avec discrétion par le sulpicien Louis Richard, qui de livre en livre[37] a modifié sa perspective de la rédemption et a pris un vrai tournant par rapport aux idées de Rivière. Les recherches bibliques ont été également nombreuses à modifier la compréhension des choses. Pour ma part, j'ai repris le dossier là où l'avait en quelque sorte laissé Richard[38] et je me suis beaucoup servi des intuitions de Montcheuil. J'ai opéré une relecture de l'Écriture et de la tradition autour du thème de l'unique Médiateur, et j'ai proposé ensuite une forme de théologie narrative en recueillant les effets de sens des textes bibliques. Plus récemment, j'ai rendu compte en détail de la pensée du P. de Montcheuil sur la satisfaction[39].

Un nouveau débat : l'unicité du Christ

Est-ce que tout ce que l'Église affirme de Jésus, en particulier sa prétention d'autorité et l'affirmation de sa divinité, ne nous conduit pas au seuil de la question de l'unicité de Jésus ? Il n'y a pas eu deux hommes comme celui-là sur la terre. Ce n'est pas sans conséquences pour le dialogue interreligieux.

Vous avez raison. Le dernier grand débat dans les toutes dernières décennies du XXe siècle sur la personne de Jésus a porté sur son unicité. Il s'est élevé dans le large concert du dialogue interreligieux. De quoi s'agit-il ? Si Jésus est l'unique Médiateur entre Dieu et les hommes, s'« il n'y a aucun salut ailleurs qu'en lui, s'il n'y a sous le ciel aucun autre nom offert aux hommes qui soit

---

37. Voir son dernier ouvrage, *Le mystère de la rédemption*, Tournai, Desclée, 1959.
38. B. Sesboüé, *Jésus-Christ l'unique Médiateur. Essai sur la rédemption et le salut*, t. 1. *Problématique et relecture doctrinale*, Desclée, Paris, 2e éd., 2003 ; t. 2. *Les récits du salut : proposition de sotériologie narrative*, Desclée, 1991.
39. B. Sesboüé, *Yves de Montcheuil (1900-1944) précurseur en théologie*, Paris, Cerf, 2006, surtout p. 199-212 et le texte inédit de sa leçon sur la satisfaction à l'Institut catholique de Paris, p. 388-399.

nécessaire à notre salut » (Ac 4, 12), comme le dit Pierre devant le Sanhédrin, alors qu'en est-il des autres religions ? L'unicité du Christ entraîne l'unicité du christianisme pour apporter le salut aux hommes. Ne sommes-nous pas devant une prétention insoutenable par l'exclusion qu'elle exprime devant toute autre « voie de salut » ? La « prétention de Jésus » que nous avons analysée se transforme en prétention du christianisme. Dans notre monde pour lequel le pluralisme est devenu une valeur essentielle, elle apparaît intolérable car intolérante.

La première chose à dire est que, si ce problème a déjà fait l'objet de toute une littérature, il n'a pas encore trouvé de réponse satisfaisante dans le cadre du dialogue interreligieux. Cet enjeu capital sera sans doute le grand problème doctrinal du XXIe siècle, il demandera autant d'efforts et risque de provoquer autant de conflits que les débats sur la Trinité au IVe siècle et la christologie au Ve siècle. Nous sommes en fait ici sur la même ligne de crête. C'est toujours le même scandale du christianisme, le scandale de l'incarnation, qui resurgit sous un nouveau visage et dans un contexte nouveau. Mais il nous faut le traiter non plus dans une aire culturelle limitée et homogène, mais au sein du dialogue entre les diverses cultures mondiales. Après avoir dit cela, je ne peux pas m'engager avec trop de précision, à la fin de notre dialogue sur la christologie, dans le contenu d'un débat dont la complexité est immense. Je ne peux que donner quelques indications de sa « mise en situation ». On parle volontiers de trois courants principaux.

D'abord, le courant « exclusiviste », dont le dernier grand tenant fut Karl Barth, consiste à prendre en toute rigueur l'opposition entre la révélation chrétienne qui engendre la foi et la religion, considérée comme une entreprise humaine de domestication de la puissance du Dieu transcendant. Le christianisme est une foi et non une religion, et toute religion est radicalement perverse et pécheresse, puisqu'elle est une entreprise de salut par des œuvres humaines. Une telle position ne permet à l'évidence aucun dialogue.

Le second courant est une approche « inclusiviste ». Il fait attention à toutes les valeurs positives présentes dans les autres religions, il admet même l'hypothèse que celles-ci peuvent être porteuses d'éléments de révélation authentiques. Mais il estime que ces valeurs appartiennent de soi à la vérité chrétienne. Il fait en quelque sorte retour à la doctrine de Justin sur les « semences du Verbe » répandues partout dans le monde. Cette théologie fut, avec des différences sensibles, celle de plusieurs grands théologiens du XXe siècle, Henri de Lubac, Yves Congar, Jean Daniélou et Karl Rahner (avec sa théologie plus particulière des « chrétiens anonymes »), avant de devenir celle du concile de Vatican II de la déclaration *Nostra Aetate* sur les religions non-chrétiennes.

Depuis lors un troisième courant, généralement appelé « pluraliste », s'est exprimé en reprochant à la théorie inclusiviste une opération de récupération des autres religions et un manque de respect envers leur altérité propre. Sa version la plus radicale consiste à dire que le dialogue interreligieux doit renoncer à placer le Christ au centre des religions, mais y mettre Dieu lui-même. Dans cette perspective, toutes les religions gravitent autour de la réalité divine absolue, sans privilège pour le christianisme. Bien entendu, tous ces théologiens ne vont pas jusque-là, mais tous veulent valoriser au maximum les positions du partenaire. Ce courant est représenté d'une part par des théologiens asiatiques (par exemple Raymond Pannikkar, Aloysius Pieris…) et nord-américains (par exemple John Hick, Paul Knitter…). En Europe, H. Küng en serait proche ; Jacques Dupuis[40], dont on sait les difficultés qu'il a rencontrées devant la Congrégation pour la doctrine de la foi[41], se situerait entre le deuxième et le troisième courant. Je ne veux porter aucun jugement général sur ces auteurs, car leurs positions s'inscrivent dans un arc-en-ciel aux nuances multiples et chaque thèse demanderait une

---

40. J. Dupuis, *Vers une théologie chrétienne du pluralisme religieux*, Cerf, Paris, 1997 et autres livres.
41. Notification de la Congrégation pour la doctrine de la foi au P. Jacques Dupuis s.j., *Théologie chrétienne des religions et pluralisme religieux*, DC 2244 (2001), p. 271-276.

analyse très fine. Mais l'enjeu est grave, car il y va de l'unicité du Christ comme Médiateur et Sauveur. Le magistère catholique est devenu très attentif à la question, comme l'a montré la Déclaration *Dominus Jesus* qui a donné lieu à des controverses en 2000[42].

Le problème qui est posé est désormais le suivant. Je l'exprime en transposant une question célèbre de Jean-Paul II concernant les requêtes actuelles sur le mode d'exercice de son ministère pontifical : « Nous devons écouter la requête qui nous est adressée de trouver une forme d'annonce de l'unique médiation du Christ qui soit ouverte à la situation nouvelle du pluralisme religieux et de la mondialisation des cultures, mais sans renoncement aucun à l'essentiel de son contenu. » Cette « quadrature du cercle » passe par une attitude de modestie et d'humilité, forme suprême de la charité. Le dialogue en vue de la vérité ne peut se développer que dans un climat de grande charité. Il doit partir de l'« excellence humaine » de Jésus, dont nous avons parlé, et évoquer la manière dont Jésus a vécu et subi sa Passion (kénose), scandale pour les juifs et folie pour les Grecs, mais aussi témoignage de poids donné à sa transcendance. L'unicité salvifique a besoin de pouvoir s'appuyer sur l'excellence de l'existence humaine. Ce dialogue doit aussi faire se rencontrer les catégories de la christologie traditionnelle et la conceptualité propre aux cultures non-méditerranéennes. Le partenaire chrétien devra mettre en honneur toutes les valeurs du personnalisme venu de la révélation et ne devra jamais oublier que le Verbe peut certainement agir au-delà des limites de son incarnation, mais qu'en définitive il s'agit toujours de celui qui demeure pour l'éternité le « Verbe incarné ».

Jésus aujourd'hui dans notre société

Pour terminer, comment expliquer la fascination que continue de nourrir ou de susciter Jésus chez nos contemporains ?

---

[42]. Déclaration de la Congrégation pour la doctrine de la foi, *Dominus Jesus. Sur l'unicité et l'universalité salvifique de Jésus-Christ et de l'Église*, DC 2233 (2000), p. 812-822.

Il est certain que Jésus reste une personne fascinante pour notre société et notre culture. Périodiquement paraissent de petits livres où diverses personnalités, chrétiennes et non-chrétiennes, acceptent de répondre à la question *Pour vous qui est Jésus-Christ ?*[43]. Les croyants disent leur foi, souvent en des termes émouvants. Les non-croyants rendent aussi témoignage à ce que j'ai appelé l'« excellence humaine de Jésus ». Dans cette fascination on retrouve aussi un certain nombre de projections. Léon Zitrone répond par exemple que pour lui Jésus est « d'abord, un extraordinaire orateur », mais aussi un visionnaire de génie et un homme courageux. Ce n'est pas pour rien non plus que les magazines redonnent périodiquement des numéros consacrés à Jésus. Dans notre univers de consommation Jésus se vend. Pourquoi cette fascination ? Parce que dans notre monde occidental, chrétien de formation et de culture, Jésus reste l'expression la plus grande du sacré, le repère par excellence du Bien. Cette fascination est dans l'ensemble positive sauf dans certains développements tout à fait nouveaux. Ceux qui disent : Jésus oui, l'Église non, font précisément la différence entre une institution à leurs yeux très mélangée et une figure limpide au-dessus de tout soupçon.

Mais tout récemment quelque chose de nouveau vient de se produire auquel il faut être attentif. C'est une tentative non seulement de nous montrer que Jésus n'était pas Dieu, comme le prétendent les chrétiens, mais que Jésus était finalement un homme tout à fait ordinaire. Dans ces entreprises, on brode généreusement sur la sexualité de Jésus. Dans notre monde obsédé par les questions de sexualité, il apparaît invraisemblable, voire inacceptable, que Jésus n'ait pas exercé de sexualité conjugale. Je ne vais pas reprendre ici le petit dossier que j'ai abordé à propos du roman de Dan Brown[44]. Les évangiles nous disent que

---

43. *Pour vous qui est Jésus-Christ ?*, Cerf, Paris, 1970 ; *Pour vous qui est Jésus ?*, Desclée de Brouwer, Paris, 2001.
44. B. Sesboüé, *Le Da Vinci Code expliqué à ses lecteurs*, *op. cit.*

Jésus a aimé des hommes (le jeune homme riche, Lazare, Pierre, le disciple bien-aimé). Il n'était pas homosexuel pour autant. Jésus a aimé des femmes (la Samaritaine, la femme adultère, la pécheresse chez Simon, Marie de Béthanie et Marie-Madeleine). Il ne les a pas aimées au sens que notre mentalité moderne met spontanément sous ce terme. Or la virginité de Jésus, j'emploie ce mot comme on l'emploie pour la Vierge Marie, est la plus symbolique et la plus importante. Je crois que la virginité de Jésus est exprimée dans la parole de l'évangile de Matthieu sur les eunuques : « Il y a des eunuques qui sont nés ainsi du sein maternel ; il y a des eunuques qui ont été rendus tels par les hommes ; et il y en a qui se sont eux-mêmes rendus eunuques à cause du Royaume des cieux. Comprenne qui peut comprendre ! » (Mt 19, 12). Jésus emploie un mot assez cru. Certains exégètes pensent qu'il le prend, parce qu'il *reprend* un terme prononcé à son encontre, comme un quolibet. À ceux qui le traitent d'eunuque, Jésus répond : ce n'est pas ce que vous croyez. Il y a des eunuques pour le Royaume de Dieu.

Et l'on entend aussi opposer souvent Jésus et l'Église. C'est le fameux Jésus, oui, d'accord ou à la limite, mais l'Église non, que vous venez d'évoquer.

Ce slogan change d'ailleurs de sens avec les années. De Jésus à l'Église un seuil formidable est franchi. Seul Jésus est sans péché. Seul il peut présenter un témoignage parfaitement limpide. L'Église ne peut pas être parfaite, parce que ses membres sont pécheurs. Ce qu'a fait Jésus – dans la pleine logique de son incarnation d'ailleurs –, c'est de confier son Église et donc le mystère du salut de l'humanité à des hommes pécheurs. Il a couru un risque énorme. L'Église ne sera jamais à la hauteur du Christ. Il faut le reconnaître. Certaines pages de l'histoire de l'Église sont pécheresses et tout le monde les connaît. La tâche redoutable de l'Église est d'être suffisamment transparente et fidèle pour pouvoir être le témoin toujours crédible du Christ. Mais sur l'Église il s'est passé aussi beaucoup de choses au XXe siècle. Parlons donc de l'Église. Mais cela fera un nouveau chapitre.

V

Le siècle de l'Église

Nous avons longuement parlé du Christ la dernière fois et nous nous demandions pour finir pourquoi tant de nos contemporains pouvaient opposer le Christ et l'Église. Revenons aujourd'hui sur l'Église. Une phrase célèbre de Loisy est souvent citée : « Jésus annonçait le Royaume, et c'est l'Église qui est venue. » Cette Église est très institutionnelle et elle semble briser l'élan mystique qui fut celui du départ pour le conduire à la politique.

Repartons de la réflexion finale à laquelle nous nous étions arrêtés à propos de l'Église : un seuil formidable est franchi dans le mouvement qui va de Jésus jusqu'à elle. Jésus a couru le risque étonnant de confier son Église, porteuse du don du salut, à des hommes pécheurs, et cela en pleine conformité avec la logique de l'incarnation. L'Église nous apparaît de ce fait comme un « mixte » d'humain, très humain, et de divin. Peut-être tenons-nous dans ce caractère mélangé de l'Église la raison pour laquelle sa théologie s'est élaborée assez tardivement. Les chrétiens des premiers siècles vivaient dans et de l'Église : ils n'en faisaient pas la doctrine. Les théologiens du XIIIe siècle traitaient de l'Église à partir des sacrements. Le premier traité de l'Église date du XIVe siècle. Très vite, il se centrera sur son institution.

Cette parole de Loisy est célèbre : « Jésus annonçait le Royaume et c'est l'Église qui est venue[1]. » Elle renvoie à la perplexité des

---
1. A. Loisy, *L'Évangile et l'Église*, Picard, Paris, 1902, p. 111.

premiers chrétiens devant le fait que la fin du monde et le retour du Christ, annoncés, tardaient à venir. Elle nous ramène aussi au début du XXe siècle, en exprimant la nouvelle perplexité des exégètes et des théologiens devant les premiers résultats de la recherche sur Jésus et la relation entre lui et l'Église.

Mais la recherche a progressé au long des années et l'on peut dire que, théologiquement parlant, le XXe siècle fut le siècle de l'Église. En son milieu s'est tenu le concile de Vatican II, le concile par excellence de l'Église. Jamais il n'y a eu, au cours des deux mille ans de christianisme, une réflexion aussi intense sur le mystère de l'Église. Ce travail ecclésiologique a commencé dès la fin de la Première Guerre mondiale et trouve aujourd'hui un certain accomplissement. Je pense en disant cela à la doctrine sur l'Église, mais pas à sa situation concrète.

Les précurseurs au XIXe siècle

Est-ce que ce siècle de l'Église est arrivé comme une génération spontanée, ou faut-il lui reconnaître des signes avant-coureurs? Est-ce qu'il n'y avait pas déjà toute une réflexion nouvelle sur l'Église au XIXe siècle?

Bien évidemment, le grand renouveau de la théologie de l'Église au XXe siècle a eu des précurseurs. Plusieurs théologiens du XIXe siècle ont commencé à vouloir sortir du carcan de l'ecclésiologie néoscolastique qui ne s'intéressait qu'à la structure institutionnelle et hiérarchique de l'Église selon la tradition remontant à Bellarmin. C'est ce que le Père Congar appelait, avec une pointe d'agressivité et d'ironie, la *hiérarchologie*. Cette nouvelle génération de théologiens considérait davantage l'Église comme mystère, retrouvait la notion de l'Église Corps du Christ et élaborait une première théologie de l'Église sacrement. Vatican I avait aussi prévu une Constitution sur l'Église, dont le schéma était déjà rédigé. Mais l'interruption brutale du Concile en raison de la guerre franco-allemande ne lui a pas donné le temps d'en traiter. On voit que la question doctrinale sur l'Église était déjà à l'ordre du jour. Retenons trois noms, parmi plusieurs autres: J.A. Möhler, J.H. Newman et Matthias Scheeben, ainsi que l'École romaine.

Johann-Adam Möhler (1796-1838) fut l'un des premiers théologiens de l'école de Tübingen et il a laissé deux ouvrages marquants sur l'Église. Le premier est un livre de jeunesse, puisqu'il avait vingt-neuf ans quand il a écrit *L'unité dans l'Église ou le mystère de l'Église selon les Pères des trois premiers siècles*[2]. C'est une ecclésiologie catholique centrée sur le Saint-Esprit, fait assez rare pour être souligné. Le mouvement de l'ouvrage va de l'intérieur à l'extérieur. Il part de la vie de l'Esprit dans l'Église, comme celui qui est la source de l'unité de son enseignement et sa charité. Puis, dans un second temps seulement, il passe à l'institution visible de la hiérarchie jusqu'au primat. Remarquons au passage le retour drastique opéré par Möhler, non seulement vers le premier millénaire, mais vers les trois premiers siècles comme référence privilégiée pour parler du mystère de l'Église. Il propose une ecclésiologie de communion. Le souci de l'unité de l'Église dans son rapport avec sa nécessaire diversité est primordial dans tout l'ouvrage. Ce serait un anachronisme d'inscrire Möhler dans la catégorie des théologiens « œcuménistes », cependant il partage déjà un grand souci du dialogue entre chrétiens, comme le prouvera sa seconde grande œuvre, *La Symbolique*, qui est un exposé des « contrariétés dogmatiques entre les catholiques et les protestants ». Cet ouvrage est rédigé sur la base des confessions de foi et Symboles des grandes confessions chrétiennes, ce qui explique son nom. Möhler l'a écrit après avoir voyagé dans les grandes universités protestantes d'Allemagne, afin d'avoir une documentation de première main. La valeur de ce travail fut reconnue du côté protestant. Le ton était objectif et respectueux, tout étant critique. Möhler sortait de la théologie de controverse et manifestait un intérêt réel pour les

---

2. J.-A. Möhler, *L'unité dans l'Église ou le principe du catholicisme d'après l'esprit des Pères des trois premiers siècles (1825)*, tr. fr. Cerf, Paris, 1938. Cf. le récent livre de M. Deneken, *Johann-Adam Möhler*, Cerf, 2007.

doctrines qu'il étudiait. Il instituait ainsi un premier dialogue, que l'on pourrait appeler préœcuménique. Cette *Symbolique* contient un nouvel exposé sur l'Église, mais celui-ci est cette fois-ci très christocentrique. Möhler est toujours préoccupé par « l'interpénétration du divin et de l'humain » dans l'Église et il montre que sa structure profonde obéit à la loi fondamentale de l'incarnation, celle du Verbe fait chair, que l'Église reproduit analogiquement en articulant en elle l'invisible divin et le visible humain, l'un et l'autre restant à la fois distincts et unis. L'Église est pour lui, compte tenu d'une analogie qu'il ne faut jamais oublier, l'incarnation permanente du Fils de Dieu dans la durée. Cette perspective sera souvent reprise, malgré son unilatéralisme, car elle passe sous silence le rapport de l'Église à l'Esprit. N'oublions pas que dans le Credo l'Église appartient au troisième article, l'article du Saint-Esprit. Mais Möhler a joué un rôle capital dans le renouveau de l'ecclésiologie au XIXe et encore au XXe siècle.

Car si le second livre de Möhler a exercé une grande influence au XIXe siècle et contribué à répandre la conception de l'Église Corps mystique du Christ, au XXe siècle c'est surtout son premier ouvrage qui attire le plus l'attention. Dans les années trente, le jeune P. Congar en lien avec le P. Chaillet, qui sera plus tard un des artisans des *Cahiers clandestins du Témoignage chrétien*, redécouvre Möhler et fait paraître en 1938 la traduction de *L'unité dans l'Église*, puis un gros ouvrage collectif d'études sur Möhler[3], rédigé par des théologiens allemands et français et qui sortira dans les deux langues. Cet ouvrage, publié en 1939, contient une contribution du P. de Montcheuil. Il y a là une continuité intéressante. En Allemagne, l'école de Tübingen avec Josef Rupert Geiselmann reste fidèle à la théologie de Möhler sur l'Église et la tradition.

Pour John Henry Newman (1801-1890), la question de la véritable Église fut au cœur de sa démarche de foi et le conduisit, à partir de plusieurs études sur l'époque patristique, à sa conversion

---

3. *L'Église est une. Hommage à Möhler*, Bloud et Gay, Paris, 1939.

au catholicisme. Une fois catholique, il continua sa réflexion et fut confronté à la définition de l'infaillibilité pontificale. Grand défenseur de l'institution visible dans sa période anglicane, il insiste davantage, dans sa période catholique, sur la grâce de Dieu qui fait de l'Église le Corps mystique. Il montre la place de l'Église dans le dessein de Dieu, elle qui permet la présence continuée du Christ dans le monde. Newman est également un précurseur dans sa manière de considérer le rôle des laïcs dans l'Église. Il leur attribue une responsabilité dans la conservation et le développement de la foi, ce que l'on appelle le *sensus fidelium*. Sa pensée restera une référence inspiratrice au XXe siècle.

Revenons en Allemagne. À la fin du siècle, Matthias Scheeben (1835-1888) développe sa conception de l'Église comme Corps et épouse du Christ, Église qui exerce un rôle maternel en engendrant par ses sacrements les hommes à la vie divine. Sa maternité est à la fois sacramentelle et juridictionnelle, mais Scheeben insiste davantage sur sa dimension sacramentelle. Il écrit ainsi : « On peut appeler mystère sacramentel le mystère uni à une chose visible. Dans ce sens, l'Homme-Dieu est le mystère sacramentel par excellence et, après lui, l'eucharistie et l'Église. » Cette idée de l'Église-sacrement, dans le sillage du Christ premier et unique Sacrement, reconnu comme tel par Luther lui-même, s'était discrètement développée au XIXe et sera reprise après Scheeben. L'Église est considérée comme le sacrement global, matrice englobante de l'économie des sept sacrements.

Le premier schéma sur l'Église du concile de Vatican I était l'héritier de l'ecclésiologie de l'école romaine. L'Université grégorienne fut un grand foyer de réflexion ecclésiologique avec les jésuites Perrone, Passaglia, Schrader puis Franzelin. Cette école était en lien réciproque avec la théologie allemande, parce que, d'une part, certains de ses leaders étaient allemands et connaissaient bien l'œuvre de Möhler et que, d'autre part, elle avait contribué à la formation d'un Scheeben. Cette école, incontestablement très ultramontaine, ne voulait pas en rester aux éléments visibles dans l'Église. Ses représentants connaissaient les Pères grecs et reprenaient l'analogie entre l'union hypostatique du Christ et la relation du Christ à son Église. Ils développaient eux aussi l'idée paulinienne de l'Église Corps du Christ. Le schéma de Vatican I, rédigé par Schrader, affirmait ainsi en son premier chapitre : « L'Église est le corps mystique du Christ », avant de traiter de la structure visible de la société ecclésiale. Mais cette première affirmation surprit les Pères conciliaires comme nouvelle et insolite, trop obscure et métaphorique. Elle fut retirée du second schéma où l'Église institué par le Christ devient dans une perspective plus bellarminienne l'« assemblée des fidèles ».

Si le terrain ecclésiologique avait été bien ensemencé au XIXe siècle, ces recherches nouvelles n'arrivaient pas encore à irriguer la vie concrète de l'Église, ni la théologie scolaire. Le P. Congar a pu présenter un panorama de l'ecclésiologie depuis la Révolution française jusqu'à Vatican I « sous le signe de l'affirmation de l'autorité[4] », c'est-à-dire de la question omniprésente de l'infaillibilité.

Au XXe siècle : l'ecclésiologie de l'entre-deux-guerres

Avec Loisy nous voici déjà au XXe siècle. Nous sommes au cœur de la crise moderniste dont nous avons déjà parlé. Est-ce à ce moment que débuta le grand mouvement ecclésiologique du XXe siècle ?

La formule de Loisy, en pleine crise moderniste, est tirée d'une réponse à un ouvrage de Harnack sur l'*Essence du christianisme*, qui ramenait l'enseignement de Jésus à la prédication d'un Royaume spirituel et moral d'ordre tout intérieur. Loisy lui répond avec force, dans son « petit livre rouge » (déjà !) intitulé *L'Évangile et l'Église*, en montrant que le centre de gravité de la prédication de

---

4. Y. Congar, « L'ecclésiologie, de la Révolution française au concile du Vatican, sous le signe de l'affirmation de l'autorité », dans *L'Ecclésiologie au XXe siècle*, collectif, Cerf, Paris, 1960, p. 77-114.

Jésus est bien l'annonce du Royaume de Dieu, mais d'un Royaume transcendant et eschatologique dont l'arrivée est à ses yeux imminente. Cette vision d'un Évangile prêché dans la perspective d'une fin du monde imminente domine son interprétation. Dans une telle visée, la fondation d'une Église institutionnelle est secondaire, même si Jésus a donné les premiers linéaments de l'organisation du groupe qu'il avait fondé. Pour autant Loisy entend justifier la légitime continuité entre Jésus et l'Église et utilise un certain argument de tradition contre Harnack. Car la prédication de l'Église reste au service du Royaume. Mais il s'agit d'une continuité assez lâche à laquelle le P. de Grandmaison, dans sa critique à la fois ferme et respectueuse du livre de Loisy, reprochera que son premier maillon est le plus lâche. Ce dernier mettait en relief les grandes évolutions de l'institution ecclésiale à travers le temps et l'histoire au nom d'un sens du développement, dans laquelle on a vu une inspiration hégélienne. Le discours de Loisy entendait se fonder avant tout sur les données de l'histoire et trahissait un certain divorce entre histoire et foi. Dans le contexte des débats de l'époque, le petit livre rouge fit l'effet d'une bombe. N'oublions pas non plus que, malgré les efforts évoqués pour faire revenir l'ecclésiologie à la tradition ancienne et à l'Écriture, l'enseignement officiel courant, resté très scolastique, véhiculait toujours une ecclésiologie sociétaire et pas toujours respectueuse des origines chrétiennes. On retrouve ici un hiatus analogue à celui que j'ai noté en christologie à la même époque.

Mais le mouvement ecclésiologique en Europe ne démarrera qu'après la Première Guerre mondiale dans les années vingt, au moment où se fait la première prise de conscience de la rupture de fait entre l'Église et le monde moderne. Le premier développement concerne la conception de l'Église Corps mystique du Christ. Cette perspective n'est plus l'apanage de quelques théologiens, elle se répand dans la conscience des croyants de manière spectaculaire, à la fois sous l'effet du renouveau de la liturgie, surtout en Allemagne, et de la naissance de l'Action catholique spécialisée en Belgique et en France. Il se produit là une rencontre entre le renouveau théologique et les aspirations des fidèles. L'Action catholique s'est fait le haut-parleur de cette théologie du Corps mystique. L'Église n'était plus une affaire livresque, abstraite, de pure hiérarchie, mais devenait une grande famille, appartenant au Christ et faisant partie de son mystère. Le centre de gravité de la réflexion sur l'Église passe ainsi du côté visible, institutionnel et extérieur au côté spirituel et mystique, sans que leur articulation soit toujours présentée de manière suffisante. C'est l'époque où le jésuite belge Émile Mersch publie ses grandes études sur le Corps mystique[5].

Les autres grandes idées qui se font jour sont celles de la dimension catholique de l'Église, avec la publication du premier grand livre du P. de Lubac, *Catholicisme*, dont nous avons déjà parlé, qui ne prétend pas présenter une ecclésiologie complète, mais souligner les « aspects sociaux » du dogme et par là même orienter le croyant vers une toute nouvelle façon de se rapporter à l'Église et à ses sacrements comme à une communauté et à un peuple. Une autre idée suit son cours, celle de la sacramentalité de l'Église, dont nous avons vu les précédents au XIXe siècle. Enfin le développement de l'Action catholique attire l'attention sur le rôle du laïcat dans l'Église, préoccupation qui infléchira de plus en plus toute l'ecclésiologie. On parle beaucoup à l'époque de la « promotion du laïcat ». La théologie de la mission ou *missiologie* se développe également avec les œuvres d'un autre jésuite belge, le P. Charles.

Mais vous ne me parlez pas du P. Congar : ce fut bien pourtant le moment de ses débuts ?

À tout Seigneur tout honneur. C'est dans ce climat que le P. Yves Congar, né en 1904 et ordonné prêtre en 1930, pose les premières

---

5. E. Mersch, *Le Corps mystique du Christ. Études de théologie historique*, Paris-Bruges, 1°éd. 1933 ; *Morale et corps mystique*, Desclée de Brouwer, Paris, 1937.

pierres de son œuvre ecclésiologique immense. Avec beaucoup de détermination, il fonde une nouvelle collection théologique, consacrée à l'ecclésiologie, la collection *Unam Sanctam*, dont il écrit le premier ouvrage, *Chrétiens désunis*[6], qui témoigne à la fois de son engagement œcuménique et de son souci de la catholicité de l'Église. Il publie divers articles qui seront rassemblés pendant la guerre sous le titre *Esquisses du mystère de l'Église*[7]. Ce livre paraîtra sous l'Occupation, à un moment où le Père Congar est prisonnier de guerre en Allemagne. Il y fait largement référence à Möhler sur lequel il travaillait, comme je vous l'ai dit tout à l'heure. L'ecclésiologie qu'il propose reste encore très solidaire du langage scolastique de sa propre formation. Les lecteurs d'aujourd'hui sont sensibles à un certain nombre de rides de ces textes et Congar lui-même, à la fin de sa vie, reconnaîtra dans ses « rétractations » les évolutions de son itinéraire. Mais ce que nous devons voir surtout dans ces livres, ce sont les ouvertures exprimées et le tournant pris vers un avenir prometteur, par un Congar encore jeune qui va à l'extrême de ce que la théologie catholique pouvait supporter à cette époque. Les idées majeures sont bien celles que j'ai déjà évoquées : une intention œcuménique délibérée en un temps où ce type de démarche et de relations faisait passer facilement un théologien pour quelqu'un d'aventureux et peu fiable ; une théologie du Corps mystique inspirée par l'analogie entre Église et incarnation, mais comportant aussi une attention discrète au Saint-Esprit à partir de la donnée baptismale ; la sacramentalité essentielle au mystère d'une Église matrice, ou plutôt mère des sacrements, et l'idée des sacrements-personnes ; une articulation signifiante entre la catholicité et l'unité de l'Église ; enfin, et cela est très neuf, la perception que la vie même de l'Église est un lieu théologique qui doit nourrir la réflexion.

---

6. Y. Congar, *Chrétiens désunis. Principes d'un « œcuménisme » catholique*, Cerf, Paris, 1937.
7. Y. Congar, *Esquisses du mystère de l'Église*, Cerf, Paris, 1941.

Le P. Congar était-il le seul à cette époque en France ?

Bien sûr que non. Je signale à titre d'exemple les relations nouées avant-guerre avec le P. Chaillet au nom d'un enthousiasme commun à l'égard de Möhler. C'est l'époque où les deux théologiens animent ensemble le livre consacré à Möhler, *L'Église est une*. Remarquons le lien entre l'esprit œcuménique, auquel Chaillet participait, et ce qui deviendra l'esprit de résistance au nazisme. En pleine guerre et sous l'Occupation, Montcheuil donne une série de conférences que le P. Congar publiera ensuite dans sa collection *Unam Sanctam* sous le titre *Aspects de l'Église*[8]. J'ai étudié de près ces conférences et ai été très surpris de voir que leur structuration est pratiquement celle de *Lumen Gentium*[9]. Montcheuil part de l'Église, Royaume de Dieu et Corps du Christ. Il reste dans la perspective de ses collègues : l'Église est « Jésus-Christ répandu et communiqué », selon la formule célèbre de Bossuet, que son ami Lubac avait déjà citée, mais il n'oublie pas pour autant que la vie de l'Église est une vie dans l'Esprit. Il traite de la totalité des membres de l'Église comme communion de l'assemblée des fidèles ou du peuple chrétien, et des quatre notes qui caractérisent son corps global – même s'il n'emploie pas l'expression de Peuple de Dieu –, avant d'aborder la question de la hiérarchie. À propos de celle-ci il respecte un juste équilibre entre épiscopat et primat, mais il n'emploie pas le terme de collégialité. Il propose également les premiers principes d'une théologie des laïcs et s'intéresse à tous ceux qui sont en dehors de l'Église catholique, les chrétiens non catholiques, ceux qui sont en dehors du christianisme et croyants d'autres religions et non-croyants. Il termine par le rapport de l'Église à l'ordre temporel. On sent dans son livre l'influence de son ami H. de Lubac, dont il reprend l'expression de l'Église,

---

8. Y. de Montcheuil, *Aspects de l'Église*, Cerf, Paris, 1949.
9. Cf. B. Sesboüé, *Yves de Montcheuil (1900-1944). Précurseur en théologie*, Cerf, Paris, 2006, p. 271-294.

sacrement du Christ, et Montcheuil se réfère explicitement aux deux premiers ouvrages de Y. Congar dont il partage l'enthousiasme pour Möhler.

Tout ce mouvement centré sur la théologie du Corps mystique aboutit à l'encyclique de Pie XII Mystici corporis.

Les conférences du P. de Montcheuil précèdent en effet immédiatement la parution de l'encyclique de Pie XII, *Mystici corporis Christi*. Cette encyclique entendait à la fois confirmer l'ecclésiologie du Corps mystique et en corriger certaines dérives possibles en articulant avec la plus grande vigueur le mystère invisible et l'institution visible. Sa thèse majeure était la suivante : « Le Corps mystique du Christ *est* l'Église catholique. » L'encyclique, rédigé par le P. Tromp, jésuite professeur à la Grégorienne, reprenait l'affirmation majeure d'un livre qu'il avait écrit en 1937[10]. Cette encyclique marquait un aboutissement heureux, mais elle est plus un aboutissement de l'initiative entravée à Vatican I qu'un point de départ. Elle abordait bien l'Église à partir du mystère divin qui la constitue, mais aussi elle identifiait si exclusivement le Corps mystique à l'Église catholique romaine, qu'elle en excluait de fait tous les chrétiens non-catholiques, orthodoxes et protestants. Ceux-ci ne pouvaient être qu'« ordonnés à l'Église ». Cette identification amènera tout un débat sur la question de savoir qui est « membre de l'Église ». Rahner, lui-même, élaborera une interprétation assez compliquée de cette encyclique. Celle-ci posera un problème redoutable à Vatican II qui transformera subtilement mais réellement la thèse de l'encyclique en celle-ci : « L'unique Église du Christ [...] subsiste (*subsistit in*) dans l'Église catholique » (*L.G.* 8). L'affirmation demeure, mais perd son exclusivité. Pour la même raison Vatican II évitera systématiquement le vocabulaire des

---

10. S. Tromp, *Corpus Christi quod est Ecclesia*. I. *Intr. Generalis*, PUG, Rome, 1937.

membres de l'Église. Si les seuls catholiques sont « pleinement incorporés à l'Église », les autres chrétiens sont aussi incorporés à l'Église, seuls les non-chrétiens lui sont « ordonnés ».

Entre la Seconde Guerre et Vatican II

Nous voici à la fin de la Deuxième Guerre mondiale, presque au milieu du siècle. La guerre a été une expérience dramatique qui ne pouvait pas ne pas changer le rapport de l'Église au monde. Est-ce qu'il y a eu à ce moment rupture ou continuité avec le mouvement ecclésiologique, qui s'était développé avant guerre ?

Le choc de la guerre et les nouvelles prises de conscience qui s'ensuivirent accélérèrent le processus et celui-ci d'une certaine manière s'emballa. Mais de 1945 à 1962, c'est-à-dire de la fin de la Seconde Guerre mondiale à Vatican II, le climat théologique connaît les vicissitudes que l'on sait. En un premier temps, on prit acte des situations inédites créées par la guerre et du grave problème d'une Église devenue largement étrangère au monde. Ce choc sera la source de nombreuses initiatives pastorales et liturgiques dont les prêtres-ouvriers sont le symbole. Il suffit de mentionner l'ouvrage devenu célèbre de *France Pays de Mission*[11] pour évoquer la profondeur de cette prise de conscience. Une réflexion critique sur les institutions chrétiennes se poursuit et ce qui se cherche est déjà la possibilité d'une meilleure articulation entre les Églises locales et le centre romain. Le thème de la « présence au monde » est porteur. Toute la théologie est en effervescence, car sont publiés alors des livres retardés et mûris pendant le temps de la guerre. En Allemagne, Karl Rahner et, en France, les acteurs de ce que l'on a appelé la « nouvelle théologie » s'attaquent à des problèmes de fond, trop gelés dans la théologie scolastique. Ce premier *aggiornamento*, jugé prématuré à l'époque et objet de

---

11. H. Godin et Y. Daniel, *France, pays de mission ?*, Éd. de l'Abeille, Paris, 1943.

mesures disciplinaires sévères, prépare cependant les cristallisations futures de Vatican II. Puis l'horizon s'obscurcit très vite dans la seconde partie du pontificat de Pie XII. En 1950, l'encyclique *Humani Generis* refuse formellement l'ensemble de ce renouveau théologique. Plusieurs théologiens jésuites de Fourvière sont retirés de l'enseignement. En 1954, des mesures analogues frapperont les théologiens dominicains, en particulier le P. Congar, qui savait être depuis longtemps l'objet de soupçons en raison de son orientation œcuménique. Dans son premier journal, celui-ci a dit combien profondément il en avait été meurtri[12]. Puis le ciel s'éclaircit à nouveau avec l'arrivée de Jean XXIII et la convocation du concile de Vatican II, qui permettra la floraison de tous les germes de théologie déjà présents. La libération ressentie alors vient de l'expérience d'un nouvel équilibre dans la vie de l'Église entre le mouvement descendant qui va du centre à la périphérie et le mouvement ascendant qui remonte des Églises locales désormais entendues.

Le P. Congar est-il toujours une figure de proue du mouvement ?

Le P. Congar était revenu de son camp de prisonniers en 1945. Si nous le prenons toujours comme fil conducteur du travail de cette époque, nous rencontrons deux œuvres majeures écrites par lui : *Vraie et fausse réforme dans l'Église*[13] et *Jalons pour une théologie du laïcat*[14]. Le sujet du premier livre était doublement scabreux, car d'une part Congar mettait en cause certaines structures institutionnelles de l'Église, au nom d'une distinction entre « structures essentielles » et « structures superficielles » datées, et d'une autre distinction entre *structure* et *vie* ; d'autre part il jetait un regard nouveau sur la Réforme protestante. Parlant de la sainteté d'une

---

12. Y. Congar, *Journal d'un théologien (1946-1956)*, présenté et annoté par E. Fouilloux, Cerf, Paris, 2000.
13. Y. Congar, *Vraie et fausse réforme dans l'Église*, Cerf, Paris, 1950.
14. Y. Congar, *Jalons pour une théologie du laïcat*, Cerf, Paris, 1953.

Église faite de pécheurs, il évoque sa faillibilité historique. Il développe également une première ecclésiologie de communion, communion hiérarchique s'entend, mais aussi plus horizontale et décentralisée au bénéfice d'une responsabilité authentique des Églises locales. Cet ouvrage coûtera cher à son auteur, objet d'un blâme du Saint-Office et désormais soumis à la censure romaine pour tous ses écrits.

Jalons pour une théologie du laïcat, ouvrage paru en 1953, sera un livre fondateur pour toute la recherche sur le rôle des laïcs dans l'Église pendant cinquante ans. L'évolution même de la vie de l'Église depuis le début du siècle et la naissance de l'Action catholique le rendaient nécessaire. Congar donne une première définition du laïc, sans vouloir en rester à une vision négative – celui qui n'est ni clerc ni religieux –, mais en recherchant une formulation positive. Le laïc est au cœur de la relation entre l'Église et le monde. Le théologien analyse la responsabilité des laïcs selon le schéma des trois *munera* du ministère épiscopal et presbytéral : fonctions sacerdotale, royale et prophétique qui l'inscrivent dans la responsabilité apostolique de l'Église. Il analyse aussi la réalité ecclésiale de l'Action catholique dans le cadre de cette même fonction apostolique. Il esquisse enfin une spiritualité des laïcs. Le lecteur d'aujourd'hui ressent certainement les limites de cet ouvrage. La distinction entre vie et structure n'est pas suffisamment réconciliée et Congar le reconnaîtra plus tard. Cette théologie des laïcs n'est pas encore une théologie de l'Église, alors que les deux sont appelés à coïncider (E. Borne). Mais *Jalons* est la première réflexion systématique d'envergure sur la théologie du laïcat. Ce livre restera le point d'ancrage de tout le développement de la théologie du laïcat au XXe siècle. D'ailleurs, Congar n'en restera pas là : il accompagnera toujours cette théologie jusqu'en 1983, à travers les évolutions et les approfondissements dus au Concile, l'ouvrage initial se trouvant corrigé et complété par beaucoup d'autres choses.

Il y a aussi Méditation sur l'Église *du P. de Lubac.*

Je dois signaler aussi l'important ouvrage en deux tomes[15] du futur cardinal Charles Journet, qui garde une forme scolastique et propose un contenu très classique : son exposé commence par l'étude de la hiérarchie et donne une très grande place au traitement de la juridiction. Mais son second tome, publié dix ans plus tard, aborde la structure interne de l'Église dans son rapport au Christ, à l'Esprit et à la Vierge Marie et s'inscrit à son tour dans la perspective du corps de l'Église comme Corps du Christ.

Passons maintenant du côté Lubac. La même année que *Jalons*, le P. de Lubac publiait en effet sa *Méditation sur l'Église*[16]. À cette époque, il était « en disponibilité », si l'on peut dire, puisqu'il était interdit d'enseignement et, lui aussi, soumis à la censure romaine. Cet ouvrage impressionnera par sa sérénité et sa ferveur spirituelle envers une Église qui avait été si sévère à son égard et pour laquelle il avait souffert. En fait, comme beaucoup de ses livres à cette époque, celui-ci était le fruit du rassemblement de conférences données à des prêtres avant la crise de 1950. Le théologien part du mystère de l'Église et souligne les deux aspects de l'Église une : corps mystique et institution visible. Il noue le rapport entre l'Église et l'eucharistie dans une formule devenue tellement célèbre qu'on l'attribuera aux Pères de l'Église : « L'Église fait l'eucharistie et l'eucharistie fait l'Église. » Cette formule récapitule chez lui toute une théologie de l'eucharistie, déjà étudiée dans un livre retiré du commerce et intitulé *Corpus mysticum*. Lubac y montrait l'inversion progressive de deux adjectifs et de deux substantifs au cours du Moyen Âge. Dans un premier temps, le *corps eucharistique* du Christ était appelé le *corps mystique* et l'Église était le « corps vrai *(corpus verum)* ». Puis les adjectifs se

---

15. Ch. Journet, *L'Église du Verbe incarné*. I. *La hiérarchie apostolique*, Desclée de Brouwer, Paris, 1942 ; II. *Sa structure interne et son unité catholique*, Desclée de Brouwer, 1952.
16. H. de Lubac, *Méditation sur l'Église*, Aubier, Paris, 1953.

sont déplacés, le corps eucharistique est devenu le vrai corps du Christ et l'Église son corps mystique. Cette inversion s'est faite au détriment d'une compréhension plénière de l'eucharistie dont le sacrement ne s'arrête pas à la présence réelle du Christ dans les oblats, mais construit l'Église comme le Corps vrai du Christ. La réalité ultime de l'eucharistie est de « faire l'Église ». Il est clair que la formule n'a pas le même sens dans ses deux emplois. « L'Église fait l'eucharistie », parce qu'il lui a été donné de la célébrer liturgiquement ; mais bien plus profondément « l'eucharistie fait l'Église » par l'action même du Christ. Ce qui veut dire que la finalité du mystère eucharistique est bien la construction de l'Église comme Corps du Christ. Une autre caractéristique de ce livre est le développement du thème de l'Église sacrement, à la suite de son ami Montcheuil. Pour finir, Lubac anticipe sur la décision conciliaire, en consacrant son dernier chapitre à « L'Église et la Vierge Marie ».

Nous avons vu que le thème de l'Église-sacrement venait du XIXe siècle. Toujours en 1953, O. Semmelroth écrivait en Allemagne un livre sur *L'Église sacrement de la rédemption*[17], thème également développé par Rahner. En Hollande, E. Schillebeeckx écrivait *Le Christ sacrement de la rencontre de Dieu*[18]. Car le Christ reste le sacrement fondateur et l'Église le sacrement fondé. Cette expression sera en quelque sorte « canonisée » par le concile Vatican II, avec une certaine prudence et dans un sens un peu différent. Congar, bien plus tard, fera toute l'histoire de la progression de la notion de l'Église-sacrement[19].

Quel est l'intérêt d'une telle expression ? C'est une manière heureuse de dire le rapport de l'invisible au visible dans l'Église. Elle évite de la définir d'abord et avant tout par son institution

---

17. O. Semmelroth, *L'Église sacrement de la rédemption* (1953), trad. fr. Éd. St Paul, Paris, 1962.
18. E. Schillebeeckx, *Le Christ sacrement de la rencontre de Dieu* (1957), trad. fr. Cerf, Paris, 1960.
19. Y. Congar, *Un peuple messianique*, Cerf, Paris, 1975, p. 57-74.

visible ou hiérarchique. Selon l'analogie utilisée, le sacrement est un geste visible et institutionnel qui s'inscrit dans une histoire et à travers lequel s'exprime et se vit le don même de Dieu. Sa dimension invisible et réelle est incommensurable par rapport à ce qui se passe au plan visible. Le geste de baptiser un enfant peut apparaître dérisoire au regard de ce que la foi professe sur la vérité du baptême : la libération du péché, l'acte du Christ lui-même qui baptise, le don du Saint-Esprit, etc. Parler de l'Église-sacrement, c'est la considérer tout entière comme la matrice de tous les sacrements. Car son service n'est pas simplement humain. Au-delà des sept sacrements, mais comme eux, elle est fondée comme une réalité sacramentelle dans toutes ses manifestations. Elle est sacramentelle dans l'annonce de la parole, ce qui annonce la perspective de Vatican II associant dans la liturgie le pain de la parole au pain de l'eucharistie. L'annonce de la parole est un don de Dieu. Elle est aussi sacrement, puisque les sacrements de la foi lui ont été confiés et qu'elle les distribue. Sa nature sacramentelle est également liée à sa responsabilité de gouvernement : la « guidance » des ministres – dans l'épître *aux Hébreux*, ceux-ci sont appelés des « guides » – n'est pas simplement le fait d'une société qui veut être bien organisée ; elle est le fruit de la dévolution d'une autorité qui vient du Christ et elle a une fin transcendante, surnaturelle et eschatologique. Cet aspect sacramentel vaut aussi pour la vie des communautés chrétiennes, car tout le peuple de Dieu doit être « signe » vrai et efficace du don de Dieu dans l'histoire, c'est-à-dire sacrement pour le monde. Cette idée sera reprise par Joseph Ratzinger qui voit dans l'Église « le petit nombre pour la multitude[20] », c'est-à-dire un peuple dont le rôle est sacramentel au service du salut de tous les autres. Nous aurons l'occasion de revenir sur ce thème important[21].

---

20. J. Ratzinger, *Le nouveau peuple de Dieu*, Aubier, Paris, 1971, sur « Les nouveaux païens et l'Église », p. 130-144.
21. Cf. *infra*, p. 332-333.

Vatican II et ses suites

Nous voici maintenant au seuil de Vatican II, en 1962. Quelles vont être ses options majeures ? Va-t-il entériner tout le mouvement antérieur ou fera-t-il des choix ?

Nous savons maintenant que tout ce mouvement conduisait au sommet ecclésiologique du XXe siècle que sera la réunion du concile de Vatican II. Il ne pouvait s'agir alors de reprendre le travail engagé à Vatican I. Trop de choses s'étaient passées depuis lors dans l'Église et dans le monde. La théologie avait fait suffisamment de redécouvertes pour que la problématique ne soit pas assez radicalement changée. Il fallait traiter du mystère de l'Église sur des bases nouvelles et structurer au plan dogmatique les innombrables germinations du mouvement antérieur. La préoccupation de l'Église est première dans l'ensemble des documents, mais bien évidemment d'abord et surtout dans *Lumen Gentium*, la Constitution dogmatique sur l'Église, *Gaudium et Spes*, la Constitution pastorale sur l'Église dans le monde de ce temps – typique de la sensibilité nouvelle qui ne peut plus considérer l'Église simplement en elle-même –, et ensuite dans les trois décrets *Christus Dominus* sur les évêques, *Presbyterorum Ordinis* sur les prêtres, et *Apostolicam actuositatem* sur l'apostolat des laïcs. Il y a aussi tous les décrets sur la vie religieuse, la liturgie, les missions, l'œcuménisme, la liberté religieuse et les relations avec les religions non-chrétiennes, dont la portée ecclésiologique est évidente. Tout cet ensemble constitue donc la doctrine complète et bien charpentée de Vatican II sur l'Église. Paul VI soulignera que jamais dans l'histoire un concile ne s'était autant penché avec autant d'attention sur le mystère de l'Église.

Sur Vatican II il y a eu nombre d'études très pertinentes et d'une certaine manière tout a été dit, même si la réception de ce concile est encore en cours. Nous disposons maintenant de deux générations de travaux. La première génération fut celle des acteurs eux-mêmes et des contemporains qui produisirent nombre de journaux et de relations sur le Concile, avant d'en donner des commentaires, comme ceux de tous les documents conciliaires dans la collection *Unam Sanctam* du P. Congar. Aujourd'hui nous avons l'édition vaticane officielle des textes, des actes, des débats et des documents « collatéraux », qui permet de suivre dans tous ses méandres la progression des travaux. Enfin l'Institut de Bologne, sous la direction de Giuseppe Alberigo, vient de nous donner une *Histoire du concile Vatican II*[22] en cinq tomes, qui représente un travail de deuxième génération. La distance historique prise par rapport à l'événement permet de discerner un nouveau relief entre les textes et de faire entrer dans leur interprétation le phénomène de la réception. Je ne prétends nullement ajouter à tout cela une nouvelle contribution.

Mais, dans l'esprit de ces propos qui veulent jalonner le renouveau théologique du XXe siècle, essayons de récapituler les points majeurs. Nous avons d'abord la priorité donnée au Peuple de Dieu sur la considération de la hiérarchie dans le mystère de l'Église, dont je vous ai dit que le P. de Montcheuil l'avait anticipée. Nous avons ensuite le rééquilibrage entre le primat et l'épiscopat. Le sujet de l'épiscopat et de son « droit divin », selon l'expression ancienne, avait failli faire achopper la dernière période du concile de Trente. Les positions étaient assez contradictoires et l'ordre était venu du pape de ne pas aborder ce thème jugé trop brûlant en ce temps de la Réforme. On ne parlait sans doute pas à Trente de collégialité, mais c'était bien cette question qui était en jeu à propos du « pouvoir divin des évêques ». Je suis encore étonné aujourd'hui de l'âpreté des débats suscités à Vatican II autour de la redécouverte de la collégialité. Je pense encore à cette requête de cent onze pères conciliaires, adjurant Paul VI de ne pas s'engager sur cette voie. Pour certains, la collégialité signifiait la mort de

---

22. *Histoire du concile Vatican II*, sous la dir. de G. Alberigo, version française sous la dir. de E. Fouilloux, 5 volumes, Cerf, Paris, 1997-2005.

l'autorité « monarchique » de l'évêque de Rome, comme si l'Église allait tomber dans une sorte d'oligarchie. Comment le rappel de la fondation du collège des Douze par Jésus pouvait-il apparaître comme une « nouveauté » ? Car en matière doctrinale le terme de *nouveau* et de *novateur* est souvent un euphémisme, pour dire « hérétique » ! Or la théologie de Cyprien de Carthage au IIIe siècle comporte déjà une doctrine de la collégialité dans son fameux opuscule sur *L'unité de l'Église catholique* dont l'édition et la traduction viennent de faire l'objet du 500e volume des « Sources chrétiennes[23] », nous l'avons vu. Cette doctrine n'est pas simplement celle d'un homme, c'est une doctrine ecclésiale qui a été vécue pendant tout le premier millénaire de l'Église et sous une autre forme, plus discrète, pendant le second millénaire.

Curieusement, cette redécouverte s'est faite en deux temps. Car *Lumen Gentium* ne fait pas encore le lien entre collégialité et Église locale ou particulière. L'esprit humain est temporel ! Il faut parfois beaucoup de temps pour faire la connexion entre deux choses évidemment liées. Ce n'est qu'avec le second document, *Christus Dominus*, consacré au ministère des évêques, que le lien sera fait avec la théologie de l'Église locale. Car la collégialité des évêques est l'expression privilégiée de la communion entre les Églises locales ou particulières. J'emploie les deux mots parce que Vatican II a essayé de poser une distinction entre l'Église particulière, c'est-à-dire le diocèse confié à un évêque, et l'Église locale, qui serait un ensemble d'Églises particulières, reliées entre elles par une tradition, un rite ou une affinité culturelle. Aujourd'hui, on parle à nouveau, selon le vocabulaire le plus traditionnel, du diocèse comme d'une Église locale. La collégialité joue par excellence dans le cas du Concile où chaque évêque intervient comme le témoin de la foi de son Église et revient chez lui en apportant la décision prise comme la foi de toute l'Église. Mais la collégialité ne

---

23. Cyprien de Carthage, *L'unité de l'Église (De Ecclesiae Catholicae unitate)*, SC 500, Cerf, Paris, 2006.

saurait se réduire au cas du Concile. La « nouveauté » du texte vient précisément de la prise en compte de l'exercice de la collégialité dans la vie courante des Églises. Vatican II a considéré cet exercice comme normal, en particulier au plan local et régional, en dehors de tout concile. La collégialité s'exerce toujours au sein de la communion avec l'évêque de Rome, même si celui-ci n'est pas présent et si elle ne rassemble pas tous les évêques. Elle s'est exercée à l'évidence au sein des synodes régionaux qui ont précédé de longtemps la réunion du premier concile œcuménique (325). Le P. Congar estimait que les rencontres des Conférences épiscopales, et l'on pourrait ajouter aujourd'hui des Conférences continentales d'évêques, sont un équivalent des synodes régionaux anciens, même si aujourd'hui le droit canon fait la différence entre les unes et les autres. La collégialité ne joue donc pas seulement comme une relation personnelle de chaque évêque au chef du collège, le pape, mais aussi entre les évêques qui sont en communion mutuelle et avec le pape.

La même logique amenait à conclure à la sacramentalité de l'épiscopat, question longtemps débattue, mais qui n'est une fois encore que l'expression concrète de l'institution divine de l'épiscopat. Tout ceci a permis à Vatican II de poser les bases d'une ecclésiologie de communion. « L'évêque est dans l'Église et l'Église est dans l'évêque », disait déjà saint Cyprien, en entendant la chose de l'Église locale. L'ecclésiologie de communion ne peut se fonder sur la seule collégialité des évêques en ignorant ce lien fondamental de chacun avec son peuple, c'est-à-dire avec la « portion » du Peuple de Dieu qui lui est confiée. Ainsi la triple dimension de la vie de l'Église se trouve équilibrée, la dimension communautaire, la dimension collégiale et la dimension de la présidence. Cet équilibre permet un mouvement de va-et-vient entre la base et le sommet. Vatican II a certainement pris le tournant vers l'ecclésiologie de communion. Enfin l'Église n'est plus identifiée purement et simplement au Royaume qui en est l'accomplissement eschatologique et la Vierge Marie est traitée dans le cadre du mystère de l'Église.

Tout ce renouveau de l'ecclésiologie s'est précisé de document en document, sans que ceux-ci en aient toujours fait l'exposé formel. Sur ces points, le Concile menait un véritable combat en raison des interventions vigoureuses de la minorité. Le pape Paul VI, dans un esprit irénique, a voulu donner droit le plus possible aux requêtes de la minorité, afin que les documents puissent être approuvés à la quasi-unanimité. Il a voulu éviter ce qui s'était passé à Vatican I où certains évêques de la minorité malmenée d'alors avaient quitté Rome avant le vote de l'infaillibilité pontificale. Ils ne pouvaient voter oui et ne voulaient pas être mis dans la nécessité de voter non. Leur départ était une manière plus respectueuse de voter non. Mais une difficulté, due à cette ouverture aux requêtes de la minorité de Vatican II, se retrouve aujourd'hui dans l'interprétation des textes, qui comportent ici ou là des affirmations divergentes avec le centre de gravité de leur développement. On peut donc structurer leur lecture selon des perspectives différentes, en ayant toujours des textes pour la fonder. C'est une des grandes difficultés de la « réception » de ce concile. La ligne de force de l'ecclésiologie de communion est dominante, mais il est également possible de relire les documents au bénéfice d'une ecclésiologie universaliste et centralisée, parce que vous disposez de quelques textes qui vont dans ce sens. La réception ecclésiale, toujours en cours à mon avis, est extrêmement importante, parce que c'est elle qui va finalement dirimer le débat entre les deux interprétations. Pour ne prendre qu'un exemple, certains théologiens et canonistes estiment que la sacramentalité de l'épiscopat ne s'impose pas au nom de la foi, puisque le Concile n'a pas voulu faire de définition à son sujet. De même l'affirmation, dont nous avons déjà parlé, que l'Église de Jésus-Christ *subsiste dans* l'Église catholique romaine et donc ne coïncide pas avec elle totalement et exclusivement, est subtilement ramenée un équivalent du *est* de l'encyclique *Mystici Corporis*. Or l'expression conciliaire va infiniment au-delà de la théologie des « vestiges de l'Église (*vestigia ecclesiae*) », qui était classique pour parler de la consistance ecclésiale des Églises séparées de Rome. Pour les Églises de l'orthodoxie en particulier, c'est beaucoup trop négatif, et cette visée ne respecte pas non plus la consistance ecclésiale des Églises issues de la Réforme.

Il y aurait encore beaucoup de choses à dire sur Vatican II, comme l'articulation nouvelle entre annonce de l'Évangile et eucharistie, le ministère des prêtres, l'œcuménisme, la liberté religieuse. Tous ces thèmes marquent chaque fois le même tournant pris. J'ai employé le terme de petite révolution pour la théologie du XXe siècle, ce terme est mal adapté évidemment pour un concile. Mais on peut parler d'un tournant conscient, prononcé et cohérent dans ses diverses expressions.

Après Vatican II

Vous venez de faire une lecture très positive de Vatican II. Pourtant, ce qui est apparu de plus net dans les années qui ont suivi le Concile, c'est une crise majeure dans toute l'Église. Je pense à l'abandon du ministère par de nombreux prêtres, aux multiples contestations, à des excès manifestes, et, de l'autre côté, à la réaction intégriste qui est allée pour certains jusqu'au schisme. Plusieurs, même, ont rendu Vatican II responsable de tout cela.

Ce n'est qu'une face des choses, que j'interpréterai d'ailleurs assez différemment. La réalité est plus complexe. Je dirais plutôt que le Concile nous a évité une crise plus grave. Si j'avais un reproche à lui faire, c'est d'être intervenu trop tard. À mon sens, un jalon conciliaire a manqué entre Vatican I et Vatican II. Nous savons aujourd'hui que Pie XI en 1926, et donc après la Première Guerre mondiale qui avait fait bouger tant de choses dans le rapport de l'Église au monde, avait pensé réunir un concile. Tous ses conseillers et les cardinaux consultés ont estimé que la chose n'était pas possible tant que la question romaine ne serait pas réglée. Car, depuis la prise de Rome par la République italienne en

1870, la thèse officielle était que le pape restait « prisonnier » au Vatican. Dans l'hypothèse d'un concile, Mussolini aurait eu intérêt à tout faire pour faciliter la chose et la thèse du pape prisonnier aurait fait long feu. Pie XI mit donc la question romaine au premier plan de ses objectifs, ce qui conduisit aux accords du Latran de 1929 avec le règlement global du contentieux ancien et la signature du concordat avec l'Italie. Pie XII a pensé, lui aussi, à la réunion d'un concile et a lancé quelques commissions préparatoires, mais la Deuxième Guerre mondiale a empêché tout le processus. Alors je me plais à rêver, car on ne refait pas l'histoire avec des *si*. Supposons qu'un concile ait pu se tenir sensiblement plus tôt dans le courant du XXe siècle. Il n'aurait sans doute pas accompli le travail de Vatican II, mais il aurait constitué un jalon d'*aggiornamento*, de « mise à jour » de l'Église, dans son fonctionnement et dans sa relation avec le monde, selon le mot de Jean XXIII. Le choc que constitua Vatican II aurait été moins grand, car un grand retard avait été pris et avait approfondi la distance entre la vie de l'Église et l'évolution du monde. Le tournant pris a semblé trop raide.

Je veux bien. Mais il est étonnant que le Concile ait provoqué des turbulences apparemment contradictoires. Beaucoup de prêtres qui attendaient les réformes de Vatican II ont quitté le ministère, tandis que d'autres, plus traditionalistes et accompagnés eux aussi de laïcs, ont refusé Vatican II, à des degrés divers. Mais certains n'ont pas hésité à aller jusqu'au schisme au nom même de leur fidélité à l'antique Église romaine.

Ce serait une erreur de rapporter toutes les turbulences dont vous parlez au seul événement de Vatican II. La société de l'après-Deuxième Guerre mondiale évoluait, elle aussi, à grande vitesse et amorçait son mouvement de sécularisation. L'athéisme devenait une sorte de drapeau. Je ne crois pas que Vatican II ait été pour beaucoup dans la crise de mai 1968 par exemple. Quand on parle donc des conséquences de Vatican II, il faut toujours les situer dans le cadre global de l'évolution de la société et de son impact sur les consciences.

Vatican II voulant « mettre à jour l'Église », a essayé de proposer une « figure de la foi » capable de se réconcilier avec la « figure de la conscience » contemporaine. Il est capital pour l'Église que la figure de la foi qu'elle propose et dans laquelle elle fait vivre ses fidèles soit en correspondance avec la figure de la conscience de la société globale. Cela ne veut évidemment pas dire qu'il faut tout d'un coup se mettre à la remorque du monde. Mais le chrétien comme membre de l'Église doit pouvoir vivre l'expérience de sa foi en cohérence avec sa participation à la société. Il est possible d'être en même temps un chrétien et un citoyen de ce monde. Aujourd'hui chacun vit sa foi en homme et en femme d'une génération marquée par un ensemble de requêtes qui concernent la raison d'une part – comment donner un « "oui" intellectuellement honnête à la foi chrétienne[24] », disait K. Rahner – et un sens très exigeant de la liberté personnelle. Le même Rahner a parlé de la foi d'aujourd'hui comme d'une foi « exposée ». L'enjeu est là. Une telle correspondance entre foi et société était globalement le cas au Moyen Âge mais dans les Temps modernes, cette correspondance s'est fissurée. Nous aurons à y revenir. Les documents de Vatican II ont essayé de réduire cette distance sur nombre de points, dont la liturgie et l'affirmation de la liberté religieuse sont des symboles. Ce faisant, il a ouvert certaines vannes tenues jusqu'alors terriblement fermées et il a renoncé à nombre de soupapes de sécurité. La pression était trop forte et certaines personnes n'y ont pas résisté. Les choses étant ce qu'elles étaient, c'était sans doute inévitable. Si vous me permettez une comparaison qui n'est peut-être pas très heureuse, il n'y a pas de décolonisation facile. Quand un pays veut décoloniser un territoire qui lui était soumis, cela passe toujours à un moment ou à un autre par la violence. Nous sommes ici dans un

---

24. K. Rahner, *Traité fondamental de la foi* (1976), Centurion, Paris, 1983, p. 18.

autre cas de figure. Il ne s'agissait pas d'une décolonisation, mais du passage d'une figure de la foi soumise à l'autorité, un peu comme l'enfant est soumis à l'autorité de ses parents, à une foi proprement adulte et responsable. Un tel passage était à la fois inévitable et nécessaire pour l'avenir même de la foi. Mais, compte tenu du retard acquis, il ne pouvait se réaliser sans turbulences. C'est le pape Paul VI qui en a le plus souffert. Ces turbulences ont été le contrecoup de tensions et de malaises qui s'étaient accumulés souterrainement depuis longtemps.

En disant cela, je pense d'abord à la grave crise qui a marqué les prêtres et a conduit une minorité notable d'entre eux à quitter le ministère et certains autres à se lancer dans des initiatives contestables, le plus souvent liturgiques. Cette crise aurait eu lieu de toute façon. Certains ont estimé que les engagements qu'ils avaient pris n'avaient pas été enracinés dans une liberté suffisamment personnelle, mais avaient été trop influencés par les milieux très protégés de leur formation dans les petits et les grands séminaires. Leur maturité humaine avait pris un trop grand retard par rapport à leurs engagements existentiels. Ici encore ils ont eu à faire le passage entre deux figures de la liberté, l'une inscrite dans un milieu ecclésial homogène et porté par l'institution, l'autre devant s'exercer dans le grand vent de la société moderne et ne pouvant reposer que sur sa propre colonne vertébrale. Telle me semble la raison générale pour laquelle certains, ne pouvant pas porter ce choc et vivre la conversion d'une reprise en sous-œuvre de leur vocation, ont demandé à être relevés de leurs engagements. La valorisation globale de la sexualité a joué un rôle certain, mais l'explication n'est pas suffisante. Ce passage à une nouvelle figure de la liberté, plus enracinée dans la personne, plus assumée, me paraît éminemment bénéfique. L'Église ne pouvait en faire l'économie. Malheureusement, elle se l'est trop laissé imposer. Mais on doit reconnaître que la gestion ecclésiale de cette nouvelle manière de vivre de sa foi est infiniment plus difficile que la précédente. On peut faire le reproche à l'Église d'avoir trop prolongé une solution de facilité.

Grâce à Dieu, et on l'oublie trop souvent, la grande majorité des prêtres a su porter le choc et vivre le ministère dans des conditions qui se sont assez vite montrées radicalement nouvelles. Car dans le même moment, les ordinations se faisaient de moins en moins nombreuses, le clergé vieillissait et l'on constatait une désaffection du peuple catholique à l'égard des sacrements. Mais il serait injuste de nier tous les efforts pastoraux qui ont été faits depuis Vatican II et toute la réception du Concile qui a changé considérablement la nature et la qualité des relations au sein du Peuple de Dieu. Vous avez évoqué également la turbulence traditionaliste. Celle-ci est paradoxale, car elle est allée jusqu'au bord du schisme – et certains ont franchi la ligne –, en raison d'une prétendue fidélité à l'Église romaine d'avant 1962. Nous y reviendrons[25].

Comme il arrive toujours, les périodes de turbulence amènent une réaction de l'autorité. On a pu constater, à la fin du règne de Paul VI et beaucoup plus durant le pontificat de Jean-Paul II, une volonté de reprise en main centralisatrice par le magistère romain. De très vieux réflexes ont joué en ce sens selon la pente qui remonte au début du XIe siècle d'une centralisation qui s'est développée en plusieurs phases. Elle vient de la réforme grégorienne, juste après la rupture catastrophique entre l'Orient et l'Occident en 1054. Cette réforme fut sans doute très bénéfique à l'époque pour libérer l'Église de graves abus et de certaines féodalités qui l'emprisonnaient, mais elle fut aussi déjà centralisatrice. Le Moyen Âge tint un certain nombre de conciles, mais ceux-ci avaient tous lieu à Rome et l'autorité du pape y était dominante. On ne doit pas oublier non plus la crise conciliariste du XVe siècle, due à la persistance de trop d'abus et signe d'une grande tension dans l'Église entre primat et épiscopat[26]. Le concile de Trente, qui reste médiéval par bien de ses aspects, amorce une seconde étape de

---

25. Cf. *infra*, ch. VIII, p. 303-306.
26. Cf. Groupe des Dombes, « *Un seul Maître* ». *L'autorité doctrinale dans l'Église*, Bayard, Paris, 2005, n° 111.

centralisation, la centralisation proprement doctrinale, en réponse à la Réforme comprise comme une désobéissance. Désormais, l'Église va vivre quatre cents ans sans concile. Toutes les difficultés doctrinales seront gérées par le magistère romain. La troisième étape fut Vatican I qui, avec la définition de l'infaillibilité pontificale, met la dernière pierre à l'édifice. Dorénavant, selon cette logique, l'Église n'aurait plus besoin de concile. Le paradoxe de Vatican II fut que ce concile a été voulu par le pape et le pape seul.

Dans la seconde moitié du XXe siècle, les turbulences ont réactivé le processus centralisateur. La collégialité a bien été reconnue et affirmée à Vatican II : elle n'est pas encore vraiment passée dans la chair et le sang de l'Église. Le discours officiel l'a toujours « louée » et invoquée de manière assez formelle. Mais elle a été neutralisée de fait, là où elle pouvait redistribuer les cartes en quelque sorte, c'est-à-dire ouvrir l'Église à des initiatives et des inspirations venant des divers continents. Le Synode triennal des évêques à Rome a vu son règlement devenir si rigoureux qu'il interdisait tout débat réel entre les évêques. Les consultations des évêques ont été discrètes, parfois sélectives et réservées aux présidents de Conférences épiscopales, un peu parce qu'il fallait dire que l'on consultait. Les conditions de la consultation anticipaient en quelque sorte sur la réponse souhaitée. Elles n'ont jamais pris, sur des points importants, l'importance des deux consultations de l'épiscopat mondial réalisées par Pie IX et Pie XII avant leurs définitions mariales, et qui ont été une manière discrète de faire fonctionner la collégialité. À tout ceci il faut ajouter une politique très orientée dans le choix des évêques, qui, en bien des cas, privilégiait l'esprit de soumission à Rome par rapport à la personnalité de l'intéressé. En tout cela, c'est le principe de sécurité qui a joué. Mais ne nous étonnons pas si certains problèmes de fond sont restés pendants, ou ont été reportés systématiquement de synode en synode, comme l'a reconnu le cardinal Martini.

Quand la périphérie est traversée par des mouvements centrifuges, le centre réagit par un mouvement centripète. Or il faudrait inverser ces deux mouvements : le centre romain doit devenir plus centrifuge et la périphérie plus centripète. Mais la représentation courante pense que la périphérie comporte un risque centrifuge et que donc le centre doit garder toutes ses prérogatives centripètes. Or le centre doit rester ouvert et respecter le plus possible les libertés des Églises locales ; celles-ci à leur tour ne doivent jamais oublier leur solidarité et leur communion avec le centre de Rome. Ceux qui se sont engagés dans certaines turbulences ecclésiastiques et quelquefois doctrinales ne se sont pas rendu compte qu'ils favorisaient le retour progressif à l'interventionnisme romain.

Dans les synodes des évêques à Rome, si j'ai bien compris, chacun expose son point de vue mais on ne débat pas. Il y a une succession de petits discours où chaque évêque expose son point de vue, mais il n'y a pas de véritable confrontation d'idées. Est-ce que cela n'exprime pas une difficulté profonde, au-delà de la question des évêques et de Rome, ou des évêques et des théologiens, à vivre en Église la confrontation des idées, la reconnaissance des points de vue différents et parfois même une forme de conflit ?

Il n'y a pas, ou plus exactement il n'y a plus, de débat dans les Synodes romains triennaux ! Alors qu'à Vatican II on a assisté à des débats « au sommet », pourrait-on dire. Un cardinal pouvait dire qu'il fallait intégrer la Vierge Marie à la Constitution sur l'Église et un autre cardinal le contraire. Il était même très sain que le débat soit inauguré par l'exposé des positions opposées, faites par des hommes dont l'autorité avait le même poids. Par deux fois, le Concile s'est trouvé partagé par des votes à 50/50, ce qui est évidemment dramatique. Mais par deux fois aussi, le Concile a su surmonter ses divergences de manière constructive. Sur certains points, mineurs évidemment, le Concile a même refusé telle ou telle suggestion du pape. Peut-être d'aucuns sont-ils restés traumatisés par les débats de Vatican II. Certains évêques aujourd'hui ont également peur du débat et leur grand souci est de les éviter le plus possible. Le débat est trop souvent jugé dangereux. Le débat, c'est un peu la « chienlit » du général de Gaulle. Il est vrai que le débat peut apparaître comme la solution *difficilior* pour résoudre un problème. Il n'est jamais commode et il y aura toujours des gens pour en abuser. Il n'en est pas moins nécessaire à l'être de l'Église, comme l'attestent le débat des *Actes des apôtres* sur les observances juives et la suite ininterrompue des conciles. Il est vrai aussi que le débat doit pouvoir se conclure par une décision qui vaut pour tous. Mais il n'est pas bon de l'interdire avant le temps de la décision ou de ne pas lui laisser les délais nécessaires.

Est-ce qu'on ne recherche pas parfois une unanimité de façade ?

Disons que dans l'Église, le souci est très fort de garder une façade unanime. Cela crée un certain malaise et les fidèles ne s'y retrouvent pas. Il est extrêmement difficile pour un évêque d'avoir une parole personnelle au nom de la responsabilité et donc de la liberté qui doivent être les siennes. La hantise des évêques d'aujourd'hui, tout à fait légitime d'ailleurs, est que l'on puisse dire qu'ils sont en délicatesse avec le pape ou qu'ils ne sont pas tous totalement d'accord entre eux sur certains points délicats. Dans leur discours officiel, il faut toujours qu'ils manifestent cette unanimité. C'est un phénomène important qui devrait être analysé. Il est bien évident que les évêques, quels qu'ils soient, veulent rester en pleine communion avec le pape. Mais il n'est pas sain que cela leur enlève une parole personnelle sur les problèmes de l'Église. En France en particulier, certains fidèles les guettent et parfois les attaquent et les dénoncent, dès qu'ils estiment qu'une parole n'est pas exactement dans l'axe pontifical. Cela bloque les choses et empêche un légitime débat dans l'Église. Il est assez remarquable que nous ayons entendu dans les dernières années des déclarations importantes et courageuses d'évêques devenus émérites. Je pense par exemple à la déclaration de Mgr John

R. Quinn, archevêque émérite de San Francisco et ancien président de la Conférence épiscopale américaine, faite à Oxford en 1996[27]. Il entendait répondre positivement à la parole de Jean-Paul II sur une manière nouvelle d'exercer le ministère de communion de toute l'Église. Il n'est pas sain que des évêques doivent attendre d'être à la retraite pour pouvoir dire leur opinion sur la vie de l'Église.

Allons plus loin, n'y a-t-il pas un malaise avec les principes démocratiques au sein de l'Église, tout simplement ?

La question est très délicate, parce que l'Église n'est pas une démocratie, et pourtant elle porte en elle des éléments incontestables de vie démocratique. Elle ne peut pas être une démocratie au sens plein du terme, pour la simple raison qu'elle se reçoit d'un Autre, alors que le principe de la démocratie est que le peuple souverain peut à tout instant changer ses lois et même les données de base de sa Constitution. L'Église se met sous l'autorité de la Parole de Dieu et elle est le témoin d'un Évangile et d'un Credo sur lesquels elle n'a pas de prise. Son peuple ne saurait donc être la référence souveraine de ses paroles et de ses actes. Elle ne peut modifier au suffrage universel ni son dogme ni la charte dont elle vit ni donc les grands principes constitutionnels qui lui ont été donnés par le Christ.

Mais si sa structure est hiérarchique, l'Église n'est pas pour autant une monarchie et il existe, en raison de sa fondation, des éléments démocratiques dans sa vie. Car l'Évangile a été confié à la totalité d'un peuple habité par l'Esprit Saint, et qui ne saurait prévariquer dans la foi, comme le dit expressément Vatican II : « L'ensemble des fidèles, qui ont reçu l'onction du Saint, ne peut faillir dans la foi, et manifeste cette propriété qui lui est particulière, par le moyen du sens surnaturel de la foi de tout le peuple,

---

27. *DC* 2147 (1996), p. 930-941.

quand "depuis les évêques jusqu'aux derniers fidèles laïcs", il exprime son consentement universel en matière de foi et de mœurs » (L.G., 12). Le sens de la foi des fidèles (*sensus fidei, sensus fidelium*) est un lieu théologique, parce qu'il est un lieu théologal, c'est-à-dire le lieu où le Saint-Esprit est présent et agit. Cette référence communautaire fonde une responsabilité et une expression légitime du peuple de Dieu, qui doit, bien entendu, s'articuler avec l'exercice du ministère hiérarchique dans un échange solidaire et vivant. Nous trouvons ici une certaine analogie avec la démocratie, puisque la vérité n'est pas le monopole de la hiérarchie. La grande difficulté tient dans le discernement du *sensus fidelium*, qu'il ne faut pas confondre avec l'opinion dominante d'un moment. Mais cette difficulté ne doit pas évacuer le problème d'une juste complémentarité entre dimension communautaire, dimension collégiale et dimension présidentielle dans l'Église. Aujourd'hui où la mentalité démocratique est générale, l'Église est de plus en plus confrontée à ce problème.

Mais pendant cette période, y a-t-il eu une production nouvelle sur la théologie de l'Église ?

Certainement. Vatican II a induit une nouvelle recherche ecclésiologique, tant au plan scripturaire que dogmatique. Cette recherche est également habitée par le souci œcuménique. L'ecclésiologie du Nouveau Testament se renouvelle profondément et fonde une nouvelle « ecclésiologie d'en bas », analogue à la christologie d'en bas, qui donne une importance plus grande aux données des lettres pauliniennes. Le manifeste le plus important de cette tendance s'exprimera dans l'ouvrage de Hans Küng *L'Église*[28], auquel Congar reprochera de passer d'un paulinisme à un « corinthisme » pratiquement exclusif. Il est dommage que les excès de Küng aient nui à la pertinence de certaines de ses intuitions. Au plan

---

28. H. Küng, *L'Église* (1967), trad. fr. 2 vol., Desclée de Brouwer, Paris, 1968.

dogmatique, l'œuvre la plus importante est l'ecclésiologie pneumatologique de Heribert Mühlen[29], qui poursuivait la réalisation d'une formule dogmatique pour l'Église capable de correspondre aux formules christologique et trinitaire. Il proposait : « Une personne en de multiples personnes. » Mühlen avait écrit sa thèse au moment même où se réunissait le Concile. Il la compléta après celui-ci avec un chapitre nouveau, estimant que Vatican II confirmait ses vues. Il mettait en valeur les affirmations de *Lumen Gentium* sur le rôle de l'Esprit du Christ dans l'Église. Le rééquilibrage de l'ecclésiologie catholique, passant d'un certain « christomonisme » à une mise en relief de la présence et du rôle de l'Esprit est certainement l'un des fruits de Vatican II, comme le montrera encore plus tard la trilogie du P. Congar sur le Saint-Esprit[30].

De son côté, Y. Congar poursuivait inlassablement son œuvre historique, avec *L'ecclésiologie du Haut Moyen Âge*[31] et *L'Église de saint Augustin à l'époque moderne*[32]. Il participait aussi à la dogmatique de l'histoire du salut *Mysterium Salutis*, en y écrivant la section sur l'Église[33]. Ne se plaignait-il pas que le temps « perdu » au Concile l'avait empêché d'écrire deux ou trois livres ? Il faudrait aussi mentionner ses innombrables articles. Dans les mêmes années, Louis Bouyer publiait également *L'Église de Dieu, Corps du Christ et Temple de l'Esprit*[34] dans une perspective délibérément conciliaire. Il refaisait l'histoire de l'ecclésiologie, donnait une grande place à Möhler et à Newman et traitait de l'ecclésiologie des Églises issues de la Réforme.

---

29. H. Muhlen, *Una mystica Persona. Die Kirche als das Mysterium der heilsgeschichtlichen Identität des Heiligen Geistes in Christus und den Christen. Eine Person in vielen Personen*, 2ᵉ éd. F. Schöningh München-Paderborn, 1967 ; trad. fr. *L'Esprit dans l'Église*, 2 vol., Cerf, Paris, 1969.
30. Y. Congar, *Je crois en l'Esprit Saint*, 3 tomes, Cerf, Paris, 1979-1980.
31. Y. Congar, *L'ecclésiologie du Haut Moyen Âge. De saint Grégoire le Grand à la désunion entre Byzance et Rome*, Cerf, Paris, 1968.
32. Y. Congar, *L'Église de saint Augustin à l'époque moderne*, Cerf, Paris, 1970.
33. Y. Congar, *L'Église une, sainte, catholique et apostolique. Mysterium Salutis*, t. 15, Cerf, Paris, 1970.
34. L. Bouyer, *L'Église de Dieu, Corps du Christ et Temple de l'Esprit*, Cerf, Paris, 1970.

Dans les deux dernières décennies du siècle, la réflexion théologique, toujours sur la lancée de Vatican II, se porta davantage vers l'analyse de l'ecclésiologie de communion. Le P. Congar écrivit encore *Diversité et communion. Dossier historique et conclusion théologique*[35], et l'on sait par son journal du Concile combien cette perspective lui tenait à cœur et qu'il avait essayé de convaincre Paul VI de son enjeu. Le principal représentant de cette recherche fut le P. Jean-Marie Tillard, dominicain vivant au Canada et très engagé dans le mouvement œcuménique. Il publia d'abord *L'évêque de Rome*, montrant par l'histoire que la primauté papale a son fondement dans celle de l'Église de Rome et en le présentant comme le serviteur par excellence de la communion. Ce fut ensuite *Église d'Églises. L'ecclésiologie de communion* et encore *Chair de l'Église, chair du Christ. Aux sources de l'ecclésiologie de communion*[36]. Il y a là une œuvre cohérente, à la fois fondée en tradition et ouverte au dialogue œcuménique qui présente l'Église comme une communion de communions. L'analyse de l'Église locale comme réalité théologale y joue un rôle important. En France, la même tendance s'exprime dans les ouvrages de Jean Rigal, en particulier *L'ecclésiologie de communion*[37], théologien très préoccupé par l'avenir de l'Église. On sait aussi que cette orientation a inquiété Rome et motivé une lettre aux évêques de la Congrégation pour la doctrine de la foi « Sur certains aspects de l'Église comprise comme communion[38] ». Cette lettre reconnaît parfaitement les principes de l'ecclésiologie de communion. Mais dans sa manière

---

35. Y. Congar, *Diversité et communion. Dossier historique et conclusion théologique*, Cerf, Paris, 1982.
36. J.-M.-R. Tillard, *L'évêque de Rome*, Cerf, Paris, 1982 ; *Églises d'Églises. L'ecclésiologie de communion*, Cerf, 1987 ; *Chair de l'Église, chair du Christ. Aux sources de l'ecclésiologie de communion*, Cerf, 1992.
37. J. Rigal, *L'ecclésiologie de communion ; son évolution historique et ses fondements*, Cerf, Paris, 1997.
38. Congrégation pour la doctrine de la foi, *Lettre aux évêques de l'Église catholique sur certains aspects de l'Église comprise comme communion*, du 28 mai 1992. DC 2055 (1992), p. 729-734.

de situer la relation entre l'Église universelle et les Églises particulières elle soutenait une priorité ontologique et chronologique de la première sur les secondes. Cette vision, jugée très unilatérale, qui n'hésitait pas à corriger une formule célèbre de Vatican II, provoqua tout un débat qui ne fut pas inutile, car il conduisit à certaines clarifications. Cet incident a rappelé combien le sujet reste sensible et nous renvoie à ce que je viens de dire sur la tendance centrifuge et la tendance centripète.

Le débat sur les ministères

Mais de nouveaux sujets de réflexion se sont fait jour aussi. La question des ministères dans l'Église est l'objet de préoccupations nouvelles. On n'arrête pas d'en parler depuis lors.

La question des ministères était déjà présente à Vatican II. L'épiscopat, thème central du Concile, était bien une question de ministère. Comme les Pères conciliaires se sentaient gênés d'avoir tant et si bien parlé d'eux-mêmes, ils ont voulu faire un document consacré aux prêtres. Ce décret applique avec exactitude l'enseignement de *Lumen Gentium* au cas des prêtres, situés comme des collaborateurs des évêques, parce qu'ils assument les trois mêmes grandes tâches d'annonce de la parole, de sanctification par les sacrements et de conduite de la communauté. Mais ils le font de manière limitée, sous l'autorité de l'évêque, dans le cadre de l'Église locale et donc sans responsabilité propre à l'égard de l'Église universelle. On peut même montrer le parallèle existant entre les deux exposés de *Lumen Gentium* sur les évêques et de *Presbyterorum Ordinis* sur les prêtres. Vatican II a également restauré le diaconat permanent. Cette question était posée depuis pas mal d'années en Allemagne et en France, déjà en raison de la diminution du nombre des prêtres. Disons à ce sujet que si Vatican II a pris cette décision, il n'a pas clarifié l'originalité propre du ministère des diacres. Sa préoccupation majeure a été de savoir si l'on pouvait faire l'expérience de diacres mariés. Vatican II en est resté à l'idée du diacre « ordonné non au sacerdoce mais au service ». Mais ce terme peut être interprété en des sens divers, et le Concile n'a pas cherché à lever l'ambivalence entre un type spécifique de diaconie ou l'aide immédiatement pastorale aux prêtres. Depuis lors cette ambivalence n'a pas été levée[39].

Il faut reconnaître que Vatican II ne s'est pas posé le problème théologique de la collaboration de laïcs au ministère pastoral, tout simplement parce qu'à l'époque il n'y avait aucune urgence à s'engager dans cette voie. Le décret sur l'apostolat des laïcs décrit toute la panoplie des ministères fondés sur les sacrements de l'initiation chrétienne, que l'on peut appeler « ministères baptismaux ». Seul un passage du décret sur les missions fait l'hypothèse d'une collaboration épisodique et exceptionnelle de laïcs à certaines tâches du ministère ordonné[40]. Mais ce phénomène jugé secondaire et transitoire, lié à des Églises qui n'avaient pas encore trouvé leur régime de croisière, ne faisait place à aucune réflexion théologique.

Depuis Vatican II, il s'est passé beaucoup de choses et le problème du ministère et des ministères est venu sur l'avant-scène à la fois aux plans théologique, œcuménique et pastoral pour plusieurs raisons convergentes. D'un côté l'enseignement du Nouveau Testament sur les ministères a fait l'objet de recherches très précises au plan exégétique et a conduit à la reconsidération d'une lecture trop formelle du fondement des ministères dans l'Église[41]. Au plan théologique, les contributions furent extrêmement nombreuses et donnèrent lieu à certains débats, telle la controverse qui opposa Pierre Grelot et Edward

---

139. Cf. B. Sesboüé, « Quelle est l'identité ministérielle du diacre ? » dans *L'Église à venir. Mélanges offerts à Joseph Hoffmann*, Cerf, Paris, 1999, p. 223-257.
40. *Apostolicam actuositatem*, n° 24.
41. Cf. *Le et les ministères dans le Nouveau Testament. Dossier exégétique et réflexion théologique*, sous la dir. de J. Delorme, Seuil, Paris, 1974.

Schillebeckx[42]. H. Legrand et J. Moingt écrivirent aussi beaucoup d'articles sur ce thème toujours sensible étant donné ses répercussions institutionnelles. A. Vanhoye intervint, au nom de sa connaissance de l'épître *aux Hébreux*, à propos de la catégorie de sacerdoce. Le dialogue œcuménique était également intense et cherchait sur quelles bases doctrinales il était possible d'envisager la réconciliation des ministères entre Églises. Au plan pastoral, l'Église s'est trouvée confrontée à la régression constante du nombre des ordinations presbytérales. Les conséquences en ont été évidemment progressives. Dans un premier temps, le clergé a vieilli et on l'a retiré de bien des tâches jugées moins essentielles comme l'encadrement des jeunes ; dans un second temps, les rangs se sont tellement éclaircis que l'on a procédé à la réunion des paroisses en de plus grands ensembles ; dans le troisième, c'est-à-dire aujourd'hui, nous sommes au bord de l'implosion du quadrillage paroissial. Il fallait évidemment faire quelque chose et l'on a fait appel assez massivement à des laïcs pour des tâches proprement pastorales : participation à l'annonce officielle de la parole, participation, limitée bien entendu, à la sanctification par les sacrements, participation à la conduite de communautés paroissiales ou d'aumôneries.

C'est sur ce point que vous êtes intervenu ?

Je suis intervenu comme théologien. Comme je l'ai dit un jour à un évêque, je n'ai jamais signé de lettre de mission et n'en signerai jamais. Si un évêque le fait une fois pour confier une mission particulière à un laïc, cela ne me regarde pas, je lui fais confiance et n'ai rien à dire. Par contre, si un grand nombre d'évêques, dans beaucoup de pays et pendant plusieurs décennies,

---

42. E. Schillebeeckx, *Le ministère dans l'Église. Service de présidence de la communauté de Jésus-Christ*, Cerf, Paris, 1981 ; P. Grelot, *Église et ministères. Pour un dialogue critique avec Edward Schillebeeckx*, Cerf, 1983 ; E. Schillebeeckx, *Plaidoyer pour le peuple de Dieu* (1985), Cerf, 1987 ; P. Grelot, *Les ministères dans le peuple de Dieu*, Cerf, 1988.

le font, je suis alors devant un « fait d'Église ». Mon rôle est d'essayer d'en rendre compte au regard du mystère et de la structure de l'Église. J'ai simplement essayé de dire le sens *théologique et doctrinal* de ce que fait un évêque quand il signe une lettre de mission. Mais il arrive dans l'Église de Dieu que l'on fasse des choses sans admettre de reconnaître et de dire qu'on les fait. Je regrette que cela n'ait pas donné lieu à un débat.

Pourquoi ce phénomène de recul ? Pour des raisons bien compréhensibles, mais qui me semblent tenir exagérément à la peur. Le petit nombre de candidats à l'ordination presbytérale a créé dans l'Église une sorte d'obsession. Tout ce que l'on dit à ce sujet est jugé comme un risque de décourager les vocations et de les diminuer. Cette obsession n'est pas bonne, même pour les jeunes prêtres, trop entourés au temps de leur formation, trop fêtés au moment de leur ordination et ensuite trop abandonnés à leur solitude devant des responsabilités prématurées et rendus de ce fait trop vulnérables aux inévitables échecs de leur ministère.

Qu'ai-je dit ? Tout simplement ceci. Si l'on prend au sérieux la structure ministérielle de l'Église qui distingue ce qui est le fait de tous en raison de l'initiation chrétienne et le charisme sacramentel du ministère ordonné, ce qu'a formellement confirmé Vatican II, on ne peut pas fonder simplement sur l'initiation chrétienne, et éventuellement le mariage, un ministère de participation durable, même s'il n'est pas perpétuel, aux tâches proprement pastorales, telles que je viens de les évoquer. Il y faut autre chose. Cette autre chose est bien reconnue au plan juridique : ce type de ministère ne peut s'exercer que sous l'autorité et par la mission reçue de l'évêque. J'ai, pour ma part, traduit au plan théologique ce qui était dit au plan juridique. L'envoi en mission par l'évêque est un acte de juridiction posé au nom de l'ordination qui le relie à la chaîne de ceux qui ont été envoyés par le Christ pour paître ses brebis. C'est donc un acte théologal qui greffe le laïc envoyé sur son propre envoi, pour en faire un autre type de collaborateur de son ministère. Par voie de conséquence, si la personne envoyée reste bien un laïc aux plans sociologique et canonique, elle n'est plus tout à fait un laïc au plan « théologal ». Les fidèles s'en rendent parfaitement compte, qui acceptent de nouer avec ces personnes *envoyées* une relation proprement pastorale, relation tout à fait originale, parce qu'elle ne se fonde ni sur la famille, ni sur l'amitié ou la camaraderie, mais sur cet envoi par l'évêque.

Mais une telle affirmation a fait peur parce qu'elle a semblé établir un trop grand parallèle entre ces ministères et celui des prêtres. Mon article de 1992[43], qui n'était d'ailleurs que la reprise d'une conférence donnée lors de la rencontre des évêques de l'Ouest de la France, avait aussi le tort de manifester des contradictions entre le discours officiel et la réalité. Il a donc été rappelé que ces laïcs ne peuvent être des pasteurs, cette qualité étant intrinsèquement liée à l'ordination. Cependant, on reconnaît en même temps – et cela ne va pas sans quelque contradiction – qu'ils reçoivent des fonctions proprement pastorales, même si aujourd'hui les lettres de mission évitent ce terme pour parler de « charges ecclésiales ». Certaines requêtes se sont même exprimées pour réduire l'emploi du terme de ministère au seul ministère ordonné, ce qui serait contraire au témoignage même du Nouveau Testament qui emploie certainement ce terme pour ce que nous appelons aujourd'hui le « ministère baptismal ». Un document romain de 1997 a même été écrit pour minimiser ces ministères de type pastoral conférés à des laïcs en les considérant comme une sorte de parenthèse qu'il fallait chercher à fermer au plus vite. Cette Instruction a fait mal à beaucoup de ceux qui s'étaient engagés de tout leur cœur dans ce ministère, non pas pour obtenir une « promotion du laïcat », mais pour servir l'Église. La difficulté est que nul ne voit quand la parenthèse pourra être fermée. Le document regarde délibérément en arrière et ne cherche pas à voir

---

43. B. Sesboüé, « Les animateurs pastoraux laïcs. Un prospective théologique », *Études*, sept. 1992, p. 253-265.

ce que l'Esprit dit aux Églises à travers ces situations nouvelles[44]. Aujourd'hui encore le problème ecclésiologique reste pendant.

Le théologien dans l'Église

Vous êtes donc intervenu plusieurs fois sur la question des ministères, à la fois dans le dialogue œcuménique et dans deux livres qui prenaient une position jugée avancée sur les ministères des laïcs. Est-ce qu'il ne vous en pas coûté ? Est-ce que l'on ne vous pas jugé comme un théologien un peu moins sûr ?

Je vous réponds par manière de boutade en vous citant cette béatitude du P. Charles, ce jésuite belge spécialisé en missiologie : « Bienheureux ceux qui n'ont pas d'idées, car ils seront appelés des esprits sûrs ! » C'est peut-être pour cela que j'étais considéré comme un théologien « sûr ». Je ne prétends pas avoir eu beaucoup d'idées neuves en théologie. J'essaie simplement de comprendre les choses et d'avoir aussi quelques convictions. J'ai été longtemps considéré comme très « classique », pour ne pas dire conservateur, parce que j'ai un sens très grand de la tradition. En quelques circonstances j'ai cependant fait l'expérience que le métier de théologien demandait du courage, quand, en mon âme et conscience, j'étais amené à dire des choses « qui ne plaisaient pas ». C'est ce qui m'est arrivé en France à propos des ministères. Mes réflexions « n'ont pas plu » et cela m'a valu d'être beaucoup moins consulté qu'auparavant par la Conférence épiscopale. Mais le reproche est resté de l'ordre du simple silence, alors que j'aurais préféré un débat. Cela m'est arrivé aussi à Rome à la Commission théologique internationale sur d'autres points. Disons que j'ai « gaffé » en disant des choses qu'il ne fallait pas dire. Mais la gaffe était lucide et volontaire. Le théologien doit avoir le courage de ses

---

44. Cf. B. Sesboüé, *Rome et les laïcs. Une nouvelle pièce au débat : l'Instruction romaine du 15 août 1997*, Desclée de Brouwer, Paris, 1998.

convictions et les dire « au milieu de l'Église (*in medio ecclesiae*) ». Mon désir est d'être courageux dans les deux sens. Quand j'estime que quelque chose appartient à la foi, je le dis et je le soutiens. Quand la foi laisse ouverte une porte, je n'hésite pas à la franchir et à mettre au service de l'Église des possibilités nouvelles. En particulier j'estime que l'on ne doit pas fermer au plan doctrinal une hypothèse légitime, pour la simple raison que l'on ne la trouve pas opportune au plan pastoral. Les deux domaines doivent rester distincts. J'ai parlé sur la question des ministères, étant donné son urgence. J'admets bien volontiers que l'on discute certaines de mes positions théologiques, à la condition que l'on ne mette pas en cause mon orthodoxie : dans ce cas, je monte aussitôt au créneau !

À la Commission théologique internationale, vous avez fait connaissance avec le cardinal Ratzinger.

J'avais lu, comme tout le monde, deux livres marquants de lui et traduits en français : *Jésus-Christ hier et aujourd'hui* et *Le nouveau peuple de Dieu*[45]. Le second en particulier, qui est un ouvrage notable sur l'Église dans la période immédiatement postconciliaire, m'a inspiré sur bien des points en ecclésiologie. Il y parle d'une décentralisation possible de l'Église catholique, à travers la création de patriarcats d'un nouveau genre. Son chapitre sur la formule « Hors de l'Église pas de salut » a été une référence pour mon livre sur le même sujet. Je l'ai rencontré une première fois à Munich ou plus exactement à Freising en 1980, où Karl Rahner m'avait généreusement emmené à l'assemblée des théologiens allemands. Je l'ai retrouvé à la Commission théologique où il succédait au cardinal Seper. J'ai eu à traiter avec lui d'une question œcuménique difficile. Plus récemment, il m'a invité à un colloque organisé par la Congrégation pour la doctrine de la foi sur le rapport de la

---

45. J. Ratzinger, *Foi chrétienne hier et aujourd'hui* (1968), Mame, Tours, 1969 ; *Le nouveau peuple de Dieu*, Aubier, Paris, 1971.

théologie morale à la christologie. J'ai toujours eu à me louer de la qualité de son écoute et de son sens de la justice envers les personnes, qui étaient beaucoup plus que de la simple courtoisie.

J'arrête cette parenthèse trop personnelle en disant que je n'ai jamais sérieusement souffert de suspicion dans mon travail théologique. Mais, si je considère encore une fois l'histoire de la théologie au XXᵉ siècle, je dois reconnaître que l'Église catholique n'est pas très tendre avec ses théologiens. Les grandes affaires du milieu du siècle concernant les jésuites avec le P. de Lubac, puis les dominicains avec le P. Congar, sont dans toutes les mémoires. Mais il y a eu bien d'autres affaires qui ne sont pas venues à la conscience de l'opinion publique et qui ont contribué à briser les ailes de la recherche théologique au nom d'un principe de précaution parfois devenu obsessionnel. L'histoire devra en être écrite un jour[46]. Ce sera d'autant plus nécessaire pour éviter tout amalgame entre les divers cas de nature et d'enjeu très différents. La relation entre magistère et théologiens, qui a connu une belle embellie au moment de Vatican II, s'est durcie à nouveau. Un grand effort est à faire pour la rétablir dans un climat de confiance mutuelle.

Je crois pouvoir arrêter là le parcours de l'ecclésiologie au XXᵉ siècle. Je ne prétends pas avoir tout dit, mais j'espère avoir dégagé un profil juste de ce grand mouvement de recherche qui a fait appeler le XXᵉ siècle le siècle de l'Église. Maintenant nous nous heurtons au paradoxe que ce siècle de l'Église s'est terminé sur une grande désertification des églises…

---

46. Cf. P. Christophe, *Souffrance dans l'Église au XXᵉ siècle. Savants et théologiens français dans l'épreuve*, Cerf, Paris, 2005.

VI

La conversion œcuménique

En parlant de l'Église nous avons déjà touché à bien des questions œcuméniques. Impossible aujourd'hui de réfléchir sur l'Église catholique sans penser à ses relations avec les autres chrétiens. Pourtant il nous faut reprendre le problème pour lui-même.

Il faut considérer ce nouveau chapitre de nos conversations comme le complément indispensable du précédent. La préoccupation œcuménique ne peut pas être la « spécialité » de quelques-uns dans l'Église. Elle touche à son être même, à sa vie et à sa mission. Elle conditionne la crédibilité de son témoignage. Il ne s'agit pas d'un règlement de boutique, d'un arrangement institutionnel de bas étage, il s'agit du service de l'Évangile et de l'unique Christ devant le monde. « Que tous soient un comme toi Père tu es en moi et que je suis en toi, qu'ils soient en nous eux aussi, afin que le monde croie que tu m'as envoyé » (Jn 17, 21).

S'il en est ainsi, la première remarque est de s'étonner de ce que les Églises se soient aussi bien installées dans la division au cours des siècles : bientôt mille ans de rupture entre l'Orient et l'Occident, près de cinq cents ans depuis la déchirure de l'Église d'Occident. Le repli identitaire a trop longtemps prévalu sur la démarche d'ouverture et de charité. Sur ce point, nous sommes très en retard par rapport aux invitations du Sermon sur la montagne. Il faut également reconnaître que la prise de conscience de l'urgence œcuménique est venue des Églises de la Réforme et plus exactement de leur dynamique missionnaire au XIXe siècle.

Comment annoncer un unique Christ aux peuples qui ne le connaissent pas en se présentant en ordre dispersé, en Églises rivales, et en exportant des divisions qui ne concernent en rien ces peuples ? C'est dans ces Églises que le terme d'*œcuménisme* est né en son sens moderne. Ce sont elles qui ont pris les premières initiatives.

Le tournant œcuménique de l'Église catholique au XXe siècle

Peut-on retracer les grandes avancées de l'œcuménisme au XXe siècle ? Qu'est-ce qui a été décisif ? La place des grands pionniers ? Le rôle du Concile ? Certaines initiatives de Jean-Paul II ?

L'Église catholique doit reconnaître que sa conversion œcuménique a été plus tardive que celle des autres. Puisque nous nous occupons du XXe siècle, quelle était la situation dans les années 1900 ? Je ne prétends pas retracer l'histoire de l'œcuménisme entre Églises issues de la Réforme ni les premières ouvertures orthodoxes. Il y aurait beaucoup à dire. Je me contente de la participation catholique. Dans les dernières années du XIXe siècle avaient eu lieu les premières conversations entre Charles Wood, anglican plus connu sous le nom de Lord Halifax, et le P. François Portal, lazariste qui fonda la *Revue anglo-romaine*. Les deux hommes s'étaient rencontrés à Madère et avaient lié une profonde amitié. Si l'on fait abstraction des deux précurseurs au XIXe siècle que j'ai déjà évoqués, Möhler et Newman, Portal fut sans doute le premier pionnier catholique de l'œcuménisme. Il demanda à Léon XIII de réexaminer la question de la validité des ordres anglicans. Le pape nomma donc une commission pour étudier la chose, ce qui suscita un certain espoir. Mais les conclusions de la commission furent contradictoires et dans la Bulle *Apostolicae curae*, le pape déclara la nullité des ordinations anglicanes en raison d'un manque d'intention, lors des premières ordinations, et d'une insuffisance de forme liturgique. Cette décision fut très douloureuse aux anglicans qui tiennent beaucoup à l'épiscopat « historique ». Par la suite, nombre d'évêques anglicans se firent ordonner par les Vieux-Catholiques qui avaient gardé la succession apostolique. Mais Léon XIII fut aussi le premier pape à introduire dans la pensée pontificale un souci que l'on pourrait appeler « unioniste » et à signer un appel à la prière pour l'unité.

Au début du XXe siècle, l'Église catholique se débattait avec la crise moderniste. Elle n'était évidemment pas prête, dans ce climat de soupçon généralisé, à accueillir des ouvertures œcuméniques. L'heure était à la sécurité dogmatique. En 1908, Portal est démis de ses fonctions de Supérieur de grand séminaire et interdit de publier et de parler en public. On lui reproche de faire de son Séminaire un lieu de rencontres entre catholiques et hérétiques. Il se lance alors dans des œuvres sociales à Paris, avant de devenir l'aumônier officieux de l'École normale supérieure où il connaîtra Marcel Légaut et Antoine Martel. L'Église catholique en restait à sa conviction d'être une société parfaite, complète, autonome ; l'unité existait chez elle et il suffisait que les autres chrétiens la rejoignent. La Première Guerre mondiale sera l'occasion d'un rapprochement entre protestants et catholiques dans la fraternité des tranchées et donnera même lieu à certaines collaborations entre prêtres et pasteurs. Mais cela reste très officieux, pour ne pas dire pratiquement secret.

Après la guerre, le cardinal Mercier, dont l'autorité était grande en raison de son attitude courageuse pendant le conflit, engagea de 1921 à 1926 les conversations dites de Malines où l'on retrouve Lord Halifax et l'infatigable P. Portal, mais aussi dom Lambert Beauduin, engagé dans la création du prieuré bénédictin d'Amay, qui, dans une intention œcuménique de réconciliation avec l'orthodoxie, célèbre dans deux Églises distinctes la liturgie latine et les liturgies orientales. Ce prieuré se déplacera à Chevetogne en 1939. À cette époque, Lambert Beauduin rédige un document intitulé « L'Église anglicane unie, non absorbée », qui sera très mal reçu à Rome et lui vaudra quelques années d'exil. Pourtant le pape

Paul VI reprendra l'expression plus tard. Les conversations de Malines s'arrêtèrent sans aucun résultat. En 1928, l'encyclique de Pie XI *Mortalium animos*[1] semble mettre un terme définitif à ce type de rencontres et porte un jugement extrêmement sévère sur les assemblées des « a-catholiques » ou des « panchrétiens » : « Sous les séductions de la pensée et la caresse des mots, se glisse une erreur incontestablement des plus graves et capable de ruiner de fond en comble la foi catholique. » Le pape interdit aux catholiques d'y participer. Il estime intolérable que « la vérité révélée soit mise en discussion » et redoute le progrès de l'indifférentisme et du modernisme. Il refuse formellement la distinction entre articles fondamentaux et non-fondamentaux de la foi. Nous sommes loin de la « hiérarchie des vérités » de Vatican II. La seule voie d'union « est le retour des dissidents à la seule et véritable Église du Christ qu'ils ont eu jadis le malheur d'abandonner ». C'est en effet l'époque où diverses grandes Conférences (Edimbourg, Stockholm, Lausanne) préparent la future création du Conseil œcuménique des Églises en 1948. L'Église catholique officielle et hiérarchique reste donc pendant tout l'entre-deux-guerres dans une réserve totale, presque hostile, à l'égard du mouvement œcuménique. La conception de l'unité restait le « retour » au bercail.

Mais ceci n'est pas vrai de tous les catholiques « à la base ». Pendant la même période se lèvent en elle plusieurs grands pionniers de l'œcuménisme. Au plan théologique, nous retrouvons évidemment le P. Congar et d'autres théologiens. Puis, après les pionniers que j'ai déjà mentionnés, nous voyons la grande figure de Paul Couturier à Lyon, le pionnier de l'œcuménisme spirituel : celui-ci s'occupe des orthodoxes exilés de Russie et fréquente Amay ; il lance en 1934 une nouvelle semaine de prière pour l'unité en janvier, il organise le « monastère invisible », amicale

---

[1]. Pie XI, Encyclique *Mortalium animos* du 6 janvier 1928, DC 412 (1928), col. 195-203.

d'échanges et de prières entre moines et moniales ; et il fonde en 1937 le Groupe œcuménique des Dombes. À côté de lui travaille Maurice Villain, mariste qui sera un de ses héritiers spirituels. En Hollande, Jan Willebrands fait la connaissance de Willem Adolph Visser t'Hooft. Je ne prétends évidemment pas être exhaustif. L'important tient dans des rencontres amicales à la base. Le mouvement œcuménique cheminera lentement dans l'Église catholique de la base au sommet et donnera le signe que le Saint-Esprit habite toute l'Église. Des rencontres discrètes se multiplient. Une de ces rencontres sera grosse de conséquences : Mgr Angelo Roncalli, pro-nonce quelque peu exilé à Sofia, puis délégué apostolique à Istambul, converse de l'unité des chrétiens avec Dom Lambert Beauduin, fondateur, exilé lui aussi, du prieuré d'Amay-Chevetogne. Angelo Roncalli a-t-il vécu alors une conversion à cette cause ?

La Seconde Guerre mondiale développera encore plus que la première la fraternité chrétienne au cours de tant de situations inhumaines. Je n'en prends pour exemple que la coopération pastorale entre le P. Y. de Montcheuil et le pasteur Daniel Atger, lorsqu'ils seront confrontés à l'attaque allemande dans le massif du Vercors. Au plan officiel, le ton change quelque peu sous le pontificat de Pie XII. Le Saint-Office prend une attitude plus positive à l'égard du mouvement œcuménique mais exerce une grande surveillance sur les divers colloques. En 1952, une Conférence catholique internationale pour les questions œcuméniques se tient à Fribourg en Suisse sous la présidence de Mgr Willebrands et, pour la première fois, quatre observateurs sont officiellement envoyés à la conférence de *Foi et Constitution* à Lund la même année. Je dois signaler aussi en 1954 un livre inattendu qui eut un grand écho pour la compréhension mutuelle entre catholiques et protestants, celui du P. Louis Bouyer, oratorien converti du luthéranisme au catholicisme. En écrivant *Du protestantisme à l'Église*[2], il faisait un

---

2. L. Bouyer, *Du protestantisme à l'Église*, Cerf, Paris, 1954.

éloge doctrinal appuyé des grands principes « positifs » de la Réforme : la grâce seule, à Dieu seul la gloire, l'Écriture seule (*sola gratia, soli Deo gloria, sola scriptura*) et la justification par la foi. Mais il regrettait leur « agonie » en raison des éléments négatifs de la Réforme et, paradoxalement, il tenait que l'Église catholique était nécessaire à l'épanouissement de ces principes positifs. À cette période, le sens œcuménique est en progrès constant, mais une prudence pleine de réticence reste officiellement de rigueur.

J'ai peut-être été un peu long sur ce premier demi-siècle ; mais il faut bien voir d'où nous venons. On ne change pas d'un coup le cap de navigation de la barque de Pierre, devenue un paquebot très lourd. Au cours de Vatican II quelques évêques, très minoritaires sans doute, pensent encore qu'il faut s'en tenir à l'enseignement de Pie XI dans *Mortalium animos*. Cela nous permet de mieux comprendre bien des réticences encore actuelles, sans parler du refus formel du camp traditionaliste.

C'est dans ce contexte qu'intervient l'élection de Jean XXIII. Comment les choses vont-elles s'engager au début du Concile ? Y aura-t-il un débat réel sur l'engagement œcuménique ?

En 1958, arrive Jean XXIII qui annonce le Concile et lui assigne comme l'un de ses premiers buts, avec l'*aggiornamento* de l'Église, « l'engagement sur la voie qui mène à la reconstitution de tout le troupeau mystique du Seigneur ». Mais la conversion du pape allait-elle devenir la conversion du Concile et de toute l'Église ? Comment celui-ci allait-il réagir ? L'interrogation était réelle. L'engagement du pape était très visible avec la création du *Secrétariat romain pour l'unité des chrétiens* et l'annonce de l'invitation d'observateurs orthodoxes, anglicans et protestants. Cette invitation était d'ailleurs délicate, puisque l'Église catholique avait refusé toutes les invitations à participer aux Conférences œcuméniques antérieures jusqu'à Lund en 1952. Il y eut évidemment des hésitations dans les réponses et quelques abstentions. Mais, dès les premiers votes conciliaires en 1962, il apparut que l'ouverture œcuménique était partagée par la grande majorité des évêques. « Lorsque les évêques se sont aperçus qu'ils étaient bien d'accord, écrit le P. Congar, l'Église catholique s'est convertie à l'œcuménisme en quelques minutes, quelques heures au maximum[3]. » Il faut ici parler de conversion au sens fort de ce terme, qui comporte rupture et repentir sur son passé.

Le décret sur l'œcuménisme *Unitatis redintegratio* a été perçu comme le point le plus remarquable de l'œuvre œcuménique du Concile. Mais le plus important fut sans doute que la préoccupation œcuménique a été coextensive à tous les actes de l'Assemblée. Les « observateurs » invités des diverses confessions chrétiennes assistaient aux séances officielles et se réunissaient régulièrement avec le cardinal Béa, qui leur transmettait les schémas et retournait ensuite leurs avis aux commissions. Selon le pasteur Visser t'Hooft, si l'on mettait du rouge sur tous les passages influencés par les observateurs, les documents prendraient de la couleur.

Cela a joué en particulier pour des points cruciaux : dans *Lumen Gentium*, on trouve, nous l'avons déjà rencontré, le fameux « *subsistit in* » (« L'Église du Christ *subsiste dans* l'Église catholique », et non plus « *est* ») et l'ouverture à l'ecclésiologie de communion. Dans *La Révélation divine*, l'enjeu était capital sur le rapport entre Écriture et tradition, étudié au même moment par *Foi et Constitution* à Montréal. L'option de fond a été vraiment œcuménique, même si les *modi* de dernière heure sont un peu revenus en arrière. Le décret sur la *Liberté religieuse* était jugé essentiel aux yeux du Conseil œcuménique des Églises comme signe de la loyauté de l'Église catholique, à laquelle il était couramment reproché d'être pour la liberté religieuse là où elle était minoritaire, mais contre cette même liberté dès qu'elle devenait majoritaire. Ce document a connu bien des vicissitudes, étant donné les positions héritées du XIXe siècle. Le document a été sauvé par Paul VI.

---

3. Y. Congar, dans *Unité des chrétiens*, 46, 1982, p. 12.

Le décret *Unitatis redintegratio* s'inscrit dans la ligne de l'œcuménisme spirituel de la prière et de la conversion. La désunion est un péché dont tous les chrétiens doivent se repentir en vue de retrouver l'unité. Les chrétiens non-catholiques sont considérés non seulement en tant que chrétiens baptisés, mais en tant qu'ils sont membres d'Églises. Cela vaut d'abord au plein sens du terme pour les Églises orthodoxes d'Orient, vite appelées « Églises sœurs ». Cela vaut aussi, avec des nuances sans doute, pour les « Églises et Communautés ecclésiales » en Occident. Le terme d'Églises y est à prendre au sens doctrinal. Le but à poursuivre est de chercher la « pleine communion », ce qui veut dire qu'il existe déjà une certaine communion. Le décret accepte le thème de la nécessaire réforme de l'Église. Il affirme la « hiérarchie des vérités », expression qui se révèle extrêmement féconde pour le dialogue œcuménique. Au plan sacramentaire, on y trouve la reconnaissance de tout baptême donné au nom de la Trinité et avec de l'eau. Une formulation extrêmement positive évalue la sainte Cène protestante. Le Concile accepte le dialogue considéré comme un grand programme de travail.

Un bilan du rapprochement œcuménique quarante ans après Vatican II

Mais voici que quarante ans se sont écoulés depuis Vatican II. Les promesses et les espérances du Concile ont-elles été tenues ? Où en est-on aujourd'hui ?

Je me suis exprimé sur tout cela dans *La patience et l'utopie*[4]. Ce titre récapitule bien ma perception des choses. Nous sommes engagés dans une course de fond dont nous ressentons les longueurs et les passages difficiles. Il y faudra encore beaucoup de

---

4. B. Sesboüé, *La patience et l'utopie. Jalons œcuméniques*, Desclée de Brouwer, Paris, 2006.

temps. Mais nous pouvons être animés d'une espérance inconfusible à l'égard du but poursuivi, espérance fondée sur le don de l'Esprit de Dieu et alimentée par les progrès spectaculaires et précisément « inespérés » de la seconde moitié du XXe siècle. Déçus par tant de lenteurs, nous oublions trop volontiers ce qui a été accompli. J'essaie de résumer les choses.

L'engagement de l'Église catholique n'est pas resté une parole vide. Pendant quarante ans, il s'est passé beaucoup de choses à la base comme au sommet. À la base, ce fut la redécouverte mutuelle dans la foi et la charité de frères chrétiens qui s'ignoraient ou entretenaient entre eux des relations conflictuelles. Ce fut la création d'une multitude de groupes œcuméniques qui prient ensemble, lisent l'Écriture, débattent des questions du contentieux doctrinal et agissent de concert au service des pauvres et de tous les déshérités de notre société. Ce furent les échanges de chaire et les invitations mutuelles aux rencontres locales. C'est l'ébauche de certaines formes de vie commune. Cet engagement de chrétiens responsables est la condition *sine qua non* de tout progrès œcuménique, car il fait avancer la conversion. Dans ces rencontres, le témoignage de la foi a été partagé et de grandes amitiés se sont nouées.

Au sommet les grands gestes symboliques de réconciliation ont toute leur valeur. Ils expriment à travers les responsables d'Églises la réconciliation en chemin entre leurs peuples. C'est l'œcuménisme de la charité, fondement de tout. Ce fut la rencontre de Paul VI et d'Athénagoras à Jérusalem et la levée en 1965 des excommunications portées en 1054 entre Rome et Constantinople ; le geste de Paul VI s'agenouillant devant Méliton, pour lui baiser les pieds ; Paul VI rendant visite au Conseil œcuménique à Genève ; le même pape donnant son anneau pastoral au docteur Ramsey ; la visite de Jean-Paul II en Angleterre ; et, plus tard, la déclaration que les « anathèmes » entre luthériens, réformés et catholiques ne visaient plus les partenaires actuels. Ces gestes sont importants et ils devraient exister davantage à l'échelon régional et local. Tous les « étages » de la vie ecclésiale ont besoin de vivre la réconciliation.

Personnellement vous vous êtes engagé surtout dans le dialogue doctrinal.

Dans ce dialogue doctrinal, il faut distinguer plusieurs modalités : le dialogue bilatéral, préféré par l'Église catholique, parce qu'il permet d'être plus précis et d'arriver à des résultats plus concrets, et le dialogue multilatéral, préféré par le Conseil œcuménique des Églises (COE) qui veut faire avancer ensemble toutes les Églises intéressées. Ces deux dialogues sont en fait complémentaires et l'Église catholique, qui n'est pas membre du COE, participe à part entière au travail de *Foi et constitution*, la commission doctrinale du COE. D'autre part, il y a les dialogues officiels, menés par des Commissions dûment mandatées par les Églises respectives et qui publient des documents que je dirais « autorisés ». Il existe également des dialogues officieux, menés par des groupes qui ne représentent qu'eux-mêmes et dont l'autorité ne vient que de la qualité reconnue de leurs propositions. Le Groupe des Dombes est de ce type. Ici encore je crois à la complémentarité de ces deux figures de dialogue : le dialogue officiel est plus prudent, le dialogue officieux peut se permettre des initiatives plus audacieuses capables de faire progressivement leur chemin, comme nous l'avait dit le cardinal Willebrands à l'occasion d'une visite faite au Groupe des Dombes. Personnellement, j'ai participé aux deux formes de ces dialogues. Je suis entré au Groupe des Dombes en 1967 et y suis resté fidèlement jusqu'en 2005. C'est là que j'ai reçu ma formation œcuménique et que j'ai noué de grandes amitiés tant du côté catholique, avec René Girault, Joseph de Baciocchi, René Beaupère, Maurice Jourjon, Jacques Desseaux, que du côté protestant, avec Hébert Roux, Georges Appia, Max Thurian, Daniel Atger, Marc Lods, Alain Blancy, Michel Leplay, Gottfried Hammann, et je ne peux évidemment pas nommer tous les amis rencontrés. J'ai aussi participé au dialogue officiel en étant coprésident de la seconde Commission de dialogue entre l'Église catholique et l'Alliance réformée mondiale. J'ai pu faire ainsi l'expérience des différences de climat, d'objectifs et de méthode entre ces deux types de rencontre. En France, j'ai été longtemps expert auprès de la Commission épiscopale pour l'unité et du Comité mixte catholique-protestant. Actuellement je siège encore à la Commission de dialogue avec les baptistes.

Mais je reviens au dialogue officiel. Le travail œcuménique du *Secrétariat*, devenu *Conseil pontifical pour l'Unité des chrétiens*, ne représente pas la totalité de l'engagement de l'Église catholique. Il est cependant significatif de la manière dont le Siège de Rome a entendu poursuivre la tâche œcuménique définie au Concile. À la suite de celui-ci, une série de dialogues bilatéraux ont été initiés avec pratiquement toutes les Églises ou Communautés ecclésiales d'Orient et d'Occident[5], dialogues conduits avec l'instance mondiale de chaque confession ou communauté. Bien entendu, ces dialogues avancent à des rythmes divers : les deux dialogues anglican-catholique et luthéro-catholique sont en pointe. À l'autre extrême, on ne peut que regretter la stagnation, ces dernières années, du dialogue orthodoxe-catholique, au moins celui de la « Grande Commission » internationale. Mais il est en train de reprendre. Entre ces ceux pôles s'échelonnent toute une série de dialogues, dont certains ont pour but immédiat la clarification honnête et positive du contentieux, dans un esprit de bienveillance mutuelle. C'est déjà considérable.

Comment estimez-vous les résultats obtenus ?

---

5. Voici la liste des commissions constituées entre l'Église catholique romaine et les autres Églises ou Communautés ecclésiales dans l'ordre chronologique de leur fondation : la Communion anglicane (1966) ; la Fédération luthérienne mondiale (1967) ; le Conseil méthodiste mondial (1967) ; l'Alliance réformée mondiale (1970) ; les Communautés et responsables pentecôtistes (1972) ; l'Église orthodoxe copte (1973) ; les Disciples du Christ (1977) ; l'Alliance évangélique mondiale (1977) ; l'Église orthodoxe dans son ensemble (1980) ; l'Alliance baptiste mondiale (1984) ; l'Église syriaque de l'Inde (1989) ; la Conférence mennonite mondiale (1989) ; les anciennes Églises orientales (2003) ; la Vieille Église catholique (2004).

Je dirai à la fois qu'ils sont substantiels et limités. Ces dialogues ont porté avant tout sur l'Église et les sacrements, c'est-à-dire le baptême, l'eucharistie et les ministères, selon le titre du document de Lima. L'analyse de la question de la différence et/ou divergence fondamentale dans nos ecclésiologies a permis un progrès sensible dans la prise de conscience des problèmes à résoudre. Ce dialogue a su également remonter au point central et crucial de la justification par la foi, grâce à de nombreux travaux qui trouvent leur aboutissement dans la déclaration commune entre luthériens et catholiques de 1999.

Ces résultats, vraiment « substantiels », ont évidemment leurs limites. Ils restent encore incomplets et n'ont pas permis une avancée décisive dans la symbiose entre les Églises. En particulier nous achoppons encore devant la très difficile question des ministères et de leur réconciliation, qui constitue une sorte de verrou dans l'avancée œcuménique. Enfin ces documents de commissions n'engagent pas encore les Églises en tant que telles. C'est pourquoi il faut souligner l'enjeu des quelques accords dans la foi officiellement signés par les responsables d'Églises. Je pense aux accords christologiques passés avec les Églises antéchalcédoniennes et à la déclaration commune entre luthériens et catholiques sur la justification par la foi[6].

Mais cette question de la justification, n'est-ce pas une discussion dépassée ?

Étant donné la technicité biblique, historique et dogmatique du débat, cela peut paraître ainsi. Mais si l'on fait attention à l'enjeu chrétien de la chose, un tel accord est essentiel. Car la nouveauté de cette déclaration est moins dans son contenu – de nombreux dialogues antérieurs l'avaient préparée –, que dans le fait que les

---

6. Église catholique, Fédération luthérienne mondiale, *La doctrine de la justification. Déclaration commune*, Bayard-Fleurus-Cerf-Labor et Fides, Paris, 1999.

deux instances ecclésiales se sont officiellement engagées. Il s'agit de tout autre chose que d'un simple travail de commissions. Sur un point capital de la doctrine paulinienne, la gratuité absolue de notre salut, catholiques et luthériens professent la même doctrine de fond, même si les uns et les autres l'inscrivent dans des théologies sensiblement différentes. Or ce thème fut l'objet d'un conflit très grave au temps de la Réforme, l'Église catholique étant accusée de professer une doctrine de la justification par les œuvres de l'homme et ses mérites, et de faire fonctionner les sacrements eux-mêmes comme des œuvres de l'homme. Le texte analyse dans toutes ses finesses les différents aspects du dossier. On peut dire que, sur un point décisif de la contestation venue de la Réforme, l'accord est fait. Un point reste encore mal élucidé, celui qui concerne les conséquences de la justification en l'homme sauvé et la capacité qui lui est rendue de répondre à la grâce et donc de coopérer avec elle.

Ce que je regrette dans cette déclaration, c'est qu'elle n'ait pas pris le soin de traduire en termes compréhensibles aux chrétiens d'aujourd'hui cet enjeu décisif pour la foi. Je risque une transposition, à l'exemple des théologiens de Strasbourg. Nul d'entre nous ne peut vivre, ni même survivre, si son existence n'est pas suffisamment reconnue, c'est-à-dire *justifiée* par d'autres, par la bienveillance, l'amour et l'estime d'un certain nombre de proches. Cela vaut éminemment pour l'enfant qui doit se sentir aimé de ses parents ; cela vaut entre les époux, entre frères et sœurs, entre camarades et amis ; cela vaut dans la vie sociale et professionnelle. *Être reconnu par les autres, c'est en quelque sorte être sauvé, parce que notre existence est justifiée à leur regard.* Quelqu'un qui ferait l'expérience que sa vie n'intéresse absolument personne, serait proche du désespoir. Cette justification-là, qui touche à mon bonheur fondamental, je la devrai toujours aux autres. Par hypothèse, je ne peux pas me la procurer à moi-même : j'en ai besoin aussi bien dans mes réussites que dans mes erreurs, mes échecs et le mal que je peux faire. Nous savons tous combien la présence de cette reconnaissance peut renouveler en nous les forces de la vie ; nous savons aussi combien son absence ou son insuffisance peut être désastreuse. La seule chose qui nous revient est de l'accueillir dans un climat d'amour et de la procurer à notre tour aux autres. Si je m'enferme dans un égoïsme absolu, si je la refuse aux autres, je ne dois pas m'étonner de m'en trouver exclu.

Que nous dit la justification par la grâce moyennant la foi ? Elle nous dit tout simplement que nous existons pour Dieu, que nous sommes reconnus et aimés par lui de manière absolue. Notre existence est « justifiée » aux yeux de Dieu, car nous avons du prix à ses yeux, comme le dit le prophète Isaïe (43, 4). La grâce de Dieu n'est rien d'autre que sa bienveillance amoureuse et inconditionnelle dans son *a priori* à notre égard. Elle pardonne gratuitement mes péchés, pour peu que je me tourne vers Dieu ; elle devient source de vie nouvelle, elle me permet de vivre selon les commandements. Elle me « sauve ». Il ne nous est demandé que d'accepter dans la foi et la confiance son initiative, son désir de nous appeler ses amis et le don qu'il veut nous faire de lui-même. Le bien que je peux faire n'est pas la source de la justification, il en est le fruit. À la lumière de cette réflexion anthropologique nous pouvons comprendre le terme de justification comme l'un des mots-clés du salut.

Pour ne pas perdre l'élan reçu de cette déclaration sur la justification, je forme un vœu. Je souhaite que la Commission internationale luthéro-catholique, bien rodée au dialogue, s'engage dans la préparation d'une nouvelle déclaration ayant la même autorité sur l'Église et les sacrements. Tous les chrétiens proclament la solidarité entre Église et justification par la foi, l'article qui fait tenir ou tomber l'Église, disait Luther. Mais les Églises encore séparées n'en tirent pas les mêmes conclusions. Les luthériens peuvent avoir l'impression que tout est fait avec cette déclaration et que la suite doit aller de soi. Les catholiques ne sont pas de cet avis. Si l'on en reste là, l'impression se répandra que la signature d'un accord important ne produit rien dans la vie des Églises. Il faut que catholiques et luthériens puissent tirer des conclusions communes sur le mystère de l'Église.

Le Groupe des Dombes

Parlons du dialogue officieux. Quel fut l'apport propre du Groupe des Dombes à ce travail ? Où en sont les questions concernant la Vierge Marie ?

L'intérêt du Groupe œcuménique des Dombes, fondé en 1937 par l'abbé Paul Couturier de Lyon, donc vingt-cinq ans avant Vatican II, est d'avoir les coudées plus franches et de pouvoir être plus audacieux dans ses propositions. Selon l'intuition de l'abbé Couturier, le travail du Groupe s'inscrit dans la tradition de l'œcuménisme spirituel et il vise à transposer l'attitude de conversion du domaine du cœur et de la prière à celui de la doctrine. Car il existe une corrélation entre vérité et charité. À l'opposé de la théologie de controverse, la théologie de conversion et de réconciliation ne cherche pas d'abord à convaincre le partenaire de son erreur au nom de la vérité que je possède, mais à reconnaître toute la part de vérité qui est en lui et des points aveugles de ma propre foi, dont il me fait prendre conscience. Si ce double mouvement se développe dans la réciprocité, nous nous approchons ensemble d'une vérité plus grande et plus riche et chacun réalise ce sur quoi il doit se convertir et donc se corriger. Nous avons fait l'expérience aux Dombes de découvrir des schémas réconciliateurs qui permettent d'intégrer heureusement ce qui est imprescriptible pour les uns comme pour les autres.

Après avoir rédigé pendant une quinzaine d'années des thèses théologiques, le Groupe s'est lancé à partir de 1971 dans la rédaction de documents plus amples et visant un public plus large, synthétisant sur un point fort de doctrine une sorte de catéchèse œcuménique qui puisse être lue par des laïcs. Il faut éviter que le dialogue doctrinal ne s'enlise dans une forme d'ésotérisme. La dimension pédagogique et pastorale est donc toujours présente. Le Groupe a suivi au départ l'itinéraire commun des dialogues sur l'eucharistie et les ministères. Mais il a tenu à aller plus loin en abordant le ministère épiscopal et le ministère de communion dans toute l'Église, ainsi que la sacramentalité en tant que telle. Il a approfondi la théologie même de la conversion, en montrant que la volonté de conversion n'était pas incompatible avec le maintien des aspects positifs des identités confessionnelles. L'identité d'une personne comme d'un groupe n'est pas une réalité statique et figée : elle est vivante et ne peut développer sa trajectoire que moyennant de constantes conversions. Identité et conversion ne sont pas en proportion inverse mais en proportion directe.

C'est grâce à cette attitude déjà mûrie par un long parcours que le groupe a pu s'engager dans une réflexion sur la Vierge Marie, sujet qui fut longtemps tabou dans le dialogue œcuménique, car on y voyait le résumé concentré de tout ce qui sépare catholiques et protestants. Nous avons fait la découverte, impressionnante pour chacun et au terme d'un parcours historique rigoureux et plein d'enseignements, de tout ce qui nous unit dans la foi au sujet de la Vierge Marie. Nous avons pu ainsi commenter, sur une suggestion du pasteur Alain Blancy, les grands textes du Nouveau Testament qui parlent d'elle dans le cadre des trois articles de la confession de foi : Marie est créature de Dieu ; Marie est Mère de Jésus, le Christ Notre Seigneur ; et enfin Marie, présente au Cénacle à la Pentecôte, appartient à la communion des saints. Après quoi il nous était possible d'aborder les quatre points de contentieux : la coopération de Marie au salut ; sa virginité perpétuelle ; les nouveaux dogmes catholiques concernant l'Immaculée Conception et l'Assomption, et enfin l'invocation de Marie et des saints. Faisant jouer la « hiérarchie des vérités » reconnue par Vatican II, nous avons proposé que, dans l'hypothèse d'une pleine réconciliation des Églises, les deux dogmes « modernes », dont l'Église catholique a pu se passer pendant de nombreux siècles et qui ont été définis dans le statut de séparation, ne seraient pas imposés au nom de la foi aux partenaires en cause, à la condition qu'ils reconnaissent que ce sont des conclusions légitimes tirées à partir du cœur du mystère de la foi et qu'ils n'ont rien de contraire à l'Évangile. Ces résultats sont extrêmement prometteurs : il faut maintenant qu'ils puissent être « reçus » de part et d'autre. L'attribution du prix René Laurentin à ce document[7], de la part de la faculté pontificale *Marianum* de Rome, est un bon signe en ce sens.

Dans le tout dernier document du Groupe consacré à l'autorité doctrinale[8] dans l'Église, sujet que nous n'avions pas abordé dans notre réflexion sur le ministère de communion de toute l'Église, nous avons adopté la méthode du « consensus différencié » mise en œuvre par la Commission luthéro-catholique pour l'étude de la justification par la foi. Ce document est un peu plus technique, car la question de l'autorité est infiniment complexe. Mais il porte sur un point qui conditionne toute l'avancée œcuménique. À quoi servirait-il de se mettre d'accord sur telle ou telle donnée de doctrine, si nous ne le sommes pas sur l'autorité que nous reconnaissons aux documents qui expriment cet accord ? Une fois encore, un long parcours historique nous permet de revenir à l'Écriture comme au lieu de discernement des enjeux et des limites de la « dévolution » ou de la transmission de l'autorité du Christ à ses disciples, exercée par eux dans des instances à la fois personnelles, collégiales et communautaires. Après ce travail de mémoire (« anamnèse ») nous faisons des propositions doctrinales et concrètes, afin de mettre en route un travail de convergence dans nos manières respectives d'exercer et de vivre l'autorité. Nous espérons que de tels progrès créeront un jour une situation nouvelle, capable de résoudre ce qui reste encore des difficultés doctrinales.

---

7. Groupe des Dombes, *Marie dans le dessein de Dieu et la communion des saints*, Bayard/Centurion, Paris, 1999.
8. Groupe des Dombes, « *Un seul Maître* ». *L'autorité doctrinale dans l'Église*, Bayard, 2005.

Mais un groupe comme celui des Dombes ne minimise-t-il pas les différences dans la foi ?

Je sais que c'est un soupçon toujours présent. Je ne le crois vraiment pas. Chaque membre du Groupe entend bien être fidèle à la foi de son Église. S'il n'en était pas ainsi, le dialogue sombrerait dans l'insignifiance. C'est même cette tension entre fidélité et désir de communion qui rend le dialogue à la fois difficile et passionnant. Le Groupe des Dombes n'a jamais connu de rappel à l'ordre, or les autorités ecclésiales suivent de près ses travaux qui leur sont toujours communiqués. Sans doute le Groupe n'a-t-il aucune autorité officielle et son travail n'engage-t-il que ses membres. Mais il existe une reconnaissance de fait de ses résultats qui sont utilisés par les dialogues officiels. Ils font en quelque sorte partie du « marché commun » du dialogue œcuménique.

Unanimité et différences

Comment voyez-vous les pointes respectives des grandes sensibilités chrétiennes ? En d'autres termes, dans le dialogue, sur quoi insistent plus orthodoxes, catholiques, luthériens, calvinistes, anglicans ? En quoi les différences sont-elles enrichissantes ?

La chose a été souvent analysée : on peut déjà procéder à partir des dénominations choisies ou retenues par les différentes confessions. Car toute l'Église se doit d'être orthodoxe, évangélique et catholique. Mais chacune entend insister davantage sur tel charisme imprescriptible de la foi chrétienne. Ces appellations traduisent donc quelque chose de la sensibilité et de la spécificité de chacune. L'orthodoxie se veut fidèle à la foi de toujours et elle donne une place très grande à la tradition, entendue au grand sens de ce terme, comme la transmission du dépôt de la foi de génération en génération. Elle reste donc nourrie de toute la richesse des témoins de cette tradition. Sa limite ou sa tentation est d'en venir à une sorte de rigidité figée qui ne fait pas suffisamment droit à l'évolution des temps et à la nécessaire actualisation de la foi de siècle en siècle. La Réforme a jailli du souci d'un retour à l'Évangile en un moment où l'Église d'Occident s'en était éloignée à ses yeux au profit d'une institution ecclésiastique qui lui semblait devenue trop pécheresse. Aussi l'Évangile était-il ramené à ses composantes essentielles, comme la justification par la grâce moyennant la foi. Ce souci évangélique se traduit par un sens aigu de la Parole de Dieu attestée dans l'Écriture. Mais ce gain incontestable se paie de la tentation de sous-estimer ce qui, dans l'institution ecclésiale, remonte vraiment à l'Évangile et à la volonté du Christ, ainsi que le poids de la tradition vivante. Entre luthériens et réformés les différences sont faibles et la concorde de Leuenberg[9] en Europe leur permet une large symbiose ecclésiale, mais elles existent au point d'engager la foi sur certains points. Aux yeux des catholiques, les luthériens semblent beaucoup plus fermes dans leurs convictions, alors que les réformés sont plus incertains et divers. Cela se traduit sur le plan du dialogue œcuménique qui est infiniment plus avancé entre luthériens et catholiques qu'entre réformés et catholiques. Disant cela, je ne prétends pas les opposer les uns aux autres, mais constater des nuances importantes.

L'Église catholique a retenu pour sa part comme indicatif l'idée d'universalité et d'unité. La catholicité est solidaire de l'apostolicité, forme diachronique de la catholicité. Celle-ci n'est pas seulement géographique, elle est qualitative : elle vise à la fois tout l'homme et tous les hommes et elle entend maintenir une pleine communion visible et hiérarchique entre chaque Église locale où vit la plénitude catholique du mystère de l'Église. Cela se traduit par une cohésion très forte qui a engendré au cours de l'histoire une centralisation croissante. Nous en connaissons les limites et les dangers. Mais nos partenaires nous envient, sans trop le dire, cette

---

9. Document signé le 16 mars 1973 entre les Églises luthériennes et réformées en Europe, établissant la reconnaissance mutuelle et une pleine communion entre elles.

cohésion et l'existence du ministère d'unité et de communion assuré par l'Église de Rome. Ils trouvent cependant le prix à payer trop cher au regard de leur sens de la liberté évangélique. L'Église catholique ne doit pas renoncer au principe de présidence, même dans le dialogue œcuménique. Mais elle doit l'équilibrer davantage par les dimensions collégiale et communautaire.

L'Église anglicane, dont la dénomination reste historique et non théologique, se veut comme une « voie moyenne (*via media*) » entre protestantisme et catholicisme. Elle a gardé au plan de l'Église bien des caractéristiques catholiques. Le dialogue avance beaucoup avec elle, comme avec les luthériens, mais il est grevé par la largeur de la *comprehensivness*, que j'ai entendu un anglican définir comme « l'art de tolérer l'intolérable ». Entre la Haute Église, qui se veut « catholique », et les tendances évangéliques, représentant parfois un extrémisme protestant, la distance grandit dangereusement, au point de faire apparaître le concept de « communion limitée ». La première tient à l'épiscopat historique, tandis que la seconde se contente de peu de principes ecclésiologiques.

Je comparerais volontiers ces diversités en ce qu'elles ont de meilleur aux différents charismes qui distinguent dans l'Église catholique les ordres et congrégations religieuses. Nul ne peut prétendre imiter la totalité de l'Évangile. Chacun en choisit et en privilégie un aspect. La paix bénédictine, tout adonnée à la contemplation et à la priorité absolue à donner à Dieu sur tout le reste, est un signe nécessaire de l'Évangile. Elle ne l'épuise pas pour autant. Elle laisse la place à la multiplicité des charismes actifs, comme celui des dominicains qui cherchent la vérité pour communiquer par la prédication le fruit de leur contemplation au peuple de Dieu. La dynamique de la mission de la Compagnie de Jésus au service de l'Église entend imiter les pérégrinations de Jésus annonçant le Royaume en pleine obéissance à la mission reçue du Père. Je ne prétends pas être exhaustif, car il faudrait pouvoir décrire des nuances multiples. Je sais que la comparaison ne va pas jusqu'au bout, car le choix qui est permis dans l'ordre de la vie et de l'imitation du Christ ne l'est pas dans l'ordre de la foi. Chacun doit alors viser le tout, même s'il le fait selon des axes différents. Ceci nous indique à la fois la légitimité et les limites des identités confessionnelles.

Cette analogie donne quand même une perspective valable en faveur d'une réconciliation ecclésiale qui n'aplatisse pas les différences, mais qui réunisse dans un spectre de lumières complémentaires toutes les diversités positives des différentes confessions. Cependant, chacune doit aussi vivre la conversion de tout ce qui en elle est encore « égoïsme », selon le mot de Möhler.

Dans les différences qui nous séparent, quelle est la part des obstacles qui sont le fait de l'autorité (reconnaissance du pape, des organismes œcuméniques...) ou des questions plus dogmatiques ?

Il y a deux aspects dans votre question. Dans le contenu du contentieux la part concernant le fonctionnement institutionnel de l'Église est évidemment importante ; je pense par exemple à la hiérarchie épiscopale et au ministère du pape, bien évidemment ; mais cette part engage aussi entre nous des points de foi. En principe nous sommes d'accord sur le contenu du Credo, nous sommes d'accord sur la justification par la grâce moyennant la foi, et les difficultés commencent avec les sacrements et l'Église. Dans l'ensemble, le différend porte davantage sur les vérités qui sont de *l'ordre des moyens* que sur les vérités qui sont de *l'ordre des fins*, pour reprendre le vocabulaire d'un évêque de Vatican II.

L'autre aspect de votre question porte sur les responsabilités respectives des autorités et du peuple des Églises dans ce qu'on appelle le piétinement de l'œcuménisme. Je répondrai que les autorités et le peuple se répondent dialectiquement en la matière. Il y a des pas qui seraient doctrinalement possibles, mais qui ne le sont pas concrètement à la fois parce que les autorités sont conservatrices et que le consensus du peuple des Églises n'est pas acquis.

C'est un paradoxe que le même peuple qui se plaint volontiers de ce que les théologiens raffinent et que les autorités sont trop prudentes réagit très rapidement quand une décision prise l'étonne, voire le scandalise, parce qu'elle heurte ses habitudes, sa mentalité ou son affectivité religieuse. Toutes nos Églises sont habitées par certains courants fondamentalistes ou intégristes qui risquent de refaire une rupture, alors que l'on essaie de recoudre la déchirure précédente. Les autorités y sont sensibles et abusent peut-être alors du fameux principe de précaution. Pour ne prendre qu'un exemple, la déclaration commune sur la justification de 1999 entre catholiques et luthériens a provoqué une réaction très négative de plusieurs professeurs luthériens très en vue en Allemagne, tandis qu'en France, la supplique d'un mouvement intégriste s'adressait au pape pour lui demander de ne pas laisser sombrer la foi catholique.

Le piétinement de l'œcuménisme ?

Vous avez employé le terme de piétinement que l'on entend souvent aujourd'hui. On a bien, de fait, le sentiment que l'œcuménisme piétine et que, à l'instar d'autres sujets comme la construction de l'Europe, il n'intéresse guère le public. Pourquoi ?

Au cours de ces années, le climat a changé. Nous sommes passés d'un enthousiasme plein d'espérance, qui fut heureux en ce qu'il donnait un élan extraordinaire à l'entreprise œcuménique, à un réalisme parfois déçu. Mais cet enthousiasme était porteur d'une illusion dangereuse. Beaucoup pensaient qu'en l'espace d'une ou deux générations, l'unité désirée entre les Églises serait au rendez-vous. Ce temps fut certainement pour les Églises un *kairos*, c'est-à-dire un moment favorable, un temps de grâce où la générosité nouvelle des uns et des autres permettait l'impossible. Je reste pour ma part persuadé que de ce *kairos* de grâce nous n'avons pas saisi toutes les possibilités pour franchir rapidement des pas irréversibles.

Comme dans tant d'occasions de notre vie personnelle nous sommes restés inférieurs à la grâce offerte. La prudence, pourtant bonne conseillère, ou le « principe de précaution » dont je parlais tout à l'heure, ont fait hésiter là où il fallait sans doute avoir plus d'audace et courir le risque de l'Évangile. Mais il n'était pas non plus possible d'aller beaucoup plus vite et plus loin au regard des mentalités du peuple des Églises. Pourtant, le fait que cent cinquante ans de mouvement œcuménique entre les Églises de la Réforme et celles de l'Orient orthodoxe n'avaient pas pu refaire la pleine communion entre ces Églises si diverses, auraient dû alerter davantage les esprits sur l'ampleur et les difficultés de la tâche. Ce qui devait arriver arriva : une déception assez grande devant ce qu'il est convenu d'appeler ce piétinement de l'œcuménisme ; un silence des médias qui avaient suivi avec passion la toute première phase ; et enfin la relativisation de l'ambition de l'unité des chrétiens au regard d'autres urgences comme le dialogue interreligieux. Entre-temps, le mouvement du balancier est passé de l'autre côté : on constate des raidissements et des retours à la préoccupation identitaire. L'œcuménisme pavoisait toutes oriflammes dehors sur le pont du navire : il est maintenant descendu dans ses soutes.

Au cours de ces années, la conjoncture a également changé. La question de l'incroyance s'est aiguisée et des problèmes nouveaux se sont manifestés. Nous avons pris conscience des facteurs non doctrinaux qui ont beaucoup plus de poids que l'on avait pu le croire en un premier temps. Je pense par exemple à la réconciliation des mémoires. Nous constatons aussi que des points de contentieux nouveaux se sont ouverts dans le domaine de l'éthique. Tout ce qui touche à la transmission de la vie et au respect de celle-ci, à l'exercice de la sexualité, à la naissance et à la mort, n'avait pas dans le passé posé de vraies difficultés dans les relations entre les Églises. Le consensus chrétien de base était commun. Il n'en va plus aujourd'hui de même, du fait des immenses possibilités que la recherche biomédicale nous propose. Jusqu'à présent les Églises en Occident sont intervenues séparément, mettant ainsi au grand jour leurs divergences. En ce domaine, le dialogue œcuménique reste encore très limité[10] et les Églises n'éprouvent pas le besoin de chercher à se concerter avant de prendre des positions publiques, alors qu'elles le font volontiers lorsqu'il s'agit de morale sociale et de justice. Le témoignage rendu à la foi s'en trouve radicalement affaibli, alors que nos contemporains ont besoin de plus en plus de repères clairs dans un monde où la confusion ne fait que grandir.

Un autre grave et difficile problème, dont les effets bloquants se font déjà sentir, est celui de l'ordination des femmes, où l'on constate un clivage essentiel entre orthodoxie et catholicisme, d'une part, et, de l'autre, Communion anglicane et Églises issues de la Réforme. Je dirai seulement mon regret que la dynamique œcuménique n'ait pas été assez forte pour que ce problème réel soit abordé en concertation entre toutes les Églises. On dira peut-être que cela aurait conduit à renvoyer *sine die* toute initiative. Mais, quand on pense aux conséquences pour la marche sur la route de l'unité, on ne peut que regretter certaines hâtes.

Nous avons découvert également le problème écologique dans la mesure où la gestion des richesses de l'humanité par les pays riches, à dominante chrétienne, constitue un danger pour l'avenir de la planète et une atteinte à la création. Nos générations se comportent avec un égoïsme insensé et inconscient à l'égard des générations appelées à nous succéder. Ce problème mériterait lui aussi que les Églises s'en saisissent ensemble.

Du côté protestant, le développement de certains courants fondamentalistes, très offensifs en particulier en Afrique ou en Amérique latine, pose de nouveaux problèmes. Ces courants sont à la traîne dans l'attitude œcuménique. Certaines Églises évangéliques s'y ouvrent cependant, avec retard, et cette évolution est très

---

10. Il faut signaler cependant un document du Comité mixte catholique-protestant en France : « Catholiques et protestants face à la morale dans une société laïque », du 19 octobre 1989, *DC* 1995, (1989), p. 1072-1073, et le document : « La vie en Christ : morale, communion et Église » de 1993, *DC* 2139, (1996), p. 509-528.

prometteuse. Mais aussi l'équilibre de l'ensemble du protestantisme se déplace des grandes Églises issues de la Réforme vers les Églises dites évangéliques. Certaines de ces dernières se sentent le vent en poupe et estiment qu'elles représentent l'avenir du protestantisme. Au plan doctrinal, elles se situent très en retard au regard du dialogue doctrinal déjà accompli avec les grandes Églises. Tout cela ne facilite pas les choses.

Est-ce que, à votre avis, l'engagement œcuménique a atteint son point de non-retour ?

Nous ne pouvons nier l'existence de vents contraires et d'une relative « latence » de la dynamique œcuménique. Le retour identitaire est bien là. Il affecte en particulier les plus jeunes générations de prêtres et de pasteurs. Chacun est tenté de retourner dans son pré carré. La flamme œcuménique doit se transmettre à de nouvelles générations qui n'ont pas connu le Concile et ressemblent à ce nouveau pharaon qui n'avait pas connu Joseph et n'avait plus les mêmes sentiments envers le peuple hébreu.

La vieille sagesse chrétienne nous enseigne que, dans le domaine de la vie spirituelle, « qui n'avance pas recule ». Il en va de même dans la vie des communautés chrétiennes et donc aussi pour le mouvement œcuménique. Celui-ci a-t-il atteint le point de non-retour ? Est-il irréversible ? Il est de bon ton de répondre oui. Comme je l'ai dit dans *La patience et l'utopie*, l'honnêteté intellectuelle demande de répondre que nous n'en sommes pas très loin, mais que nous ne l'avons pas encore franchi. Précisément, nous piétinons devant ce seuil que personne n'ose traverser. Je ne crains évidemment pas un retour à la situation conflictuelle et polémique de jadis. Mais la double tentation de repli identitaire ou de satisfaction dans le *statu quo* est bien présente. Certains diront : « Ne sommes-nous pas arrivés à un régime de relations fraternelles satisfaisantes ? Est-il si nécessaire d'aller plus loin ? La pleine unité est un mythe des origines qui n'a jamais fonctionné. » Or, consentir à en rester au point où nous sommes arrivés, ce serait inévitablement reculer. Si nous avons du mal à nous convaincre de la gravité de l'enjeu, pensons que le combat pour la communion des Églises est au service de la communion des hommes dans le monde et d'un témoignage évangélique vraiment crédible.

Prospective

L'œcuménisme ne peut pas se passer de prospective. Que faire dans la conjoncture nouvelle ?

Ma conviction profonde est que la réconciliation pleine et entière des Églises ne pourra venir sans de décisives conversions. Avec tristesse, je dois reconnaître que le frein le plus fort à l'avancée de la réconciliation entre les Églises est aujourd'hui l'insuffisance de l'esprit de conversion, dans les communautés comme chez les autorités.

Le Groupe des Dombes a déjà publié un texte, *Pour la conversion des Églises*[11], où il distingue et articule les trois dimensions d'une même et unique conversion : la conversion chrétienne de chacun, la conversion ecclésiale de l'Église toujours à réformer, et la conversion confessionnelle des Églises encore divisées. J'avais jadis, pour ma part, énuméré trois types de conversions ou de sacrifices dans la démarche œcuménique, les impossibles, les inutiles et les nécessaires[12]. Depuis lors, leur discernement a considérablement progressé. L'unité ne signifie pas l'uniformité. L'idée même de « consensus différencié » met mieux en œuvre la distinction entre ce qui doit obligatoirement être commun et ce qui peut rester différent.

Pourtant, tout n'est pas résolu en ce qui concerne les *conversions nécessaires*. La belle expression de « consensus différencié »

---

11. Groupe des Dombes, *Pour la Conversion des Églises. Identité et changement dans la dynamique de communion*, Centurion, Paris, 1991.
12. B. Sesboüé, *Pour une théologie œcuménique*, Cerf, Paris, 1990, p. 19-20.

recouvre une ambiguïté dans la mesure où les uns et les autres ne mettent pas le même contenu sous le substantif et sous l'adjectif. L'ecclésiologie catholique, par exemple, voit des divergences incompatibles avec la pleine communion là où les ecclésiologies protestantes ne discernent que des différences légitimes. « Dans la belle expression de "consensus différencié", dit le document des Dombes sur l'autorité doctrinale, il ne faudrait pas que l'adjectif en vînt à dominer le substantif, ni que le respect trop frileux des identités confessionnelles empêche les renoncements nécessaires à la restauration de l'unité visible de l'Église[13]. »

Je ne fais, sans entrer dans le détail, que quelques suggestions d'initiatives concrètes, immédiatement possibles, pour peu que la volonté œcuménique soit là et soit considérée comme une priorité, « afin que le monde croie » (Jn 17, 21). L'Église catholique, pour sa part, a besoin d'une conversion institutionnelle. Il lui faut rendre son visage attrayant et *désirable*. Cette figure nouvelle passe par une décentralisation réelle et une mise en œuvre concrète de la collégialité. Une telle conversion, qui ne pose aucun problème doctrinal, consiste à modifier les manières de procéder, sans doute enracinées dans des habitudes pluriséculaires et des mentalités fermement établies qui poussent à la centralisation de toute décision importante à Rome. Pour cette raison, elle sera difficile et lente à mettre en œuvre ; autant donc la démarrer le plus vite possible par certains signes forts. Elle consiste à mettre en œuvre le juste équilibre entre les trois dimensions, communautaire, collégiale et personnelle. La vie synodale, au plan des diocèses, serait aussi à développer. Une telle mise en œuvre progressive aurait des répercussions immenses sur la situation œcuménique. Elle donnerait une nouvelle preuve crédible de l'engagement de l'Église catholique dans la démarche vers la pleine communion. Elle donnerait figure à ce que pourrait devenir une Église pleinement réconciliée.

---

13. Groupe des Dombes, *Pour la conversion des Églises, op. cit*, n° 454.

Une autre conversion devrait concerner le vocabulaire pastoral officiel des différents échelons de la hiérarchie catholique. Il devient urgent que le langage des éléments indiscutés qui sont le fruit du dialogue œcuménique, en ce qui concerne la justification, l'eucharistie et les ministères, entre de plain-pied dans l'annonce de la foi et la catéchèse. Sinon, ils ne pénétreront jamais la mentalité des communautés catholiques. J'en prends un autre exemple avec la question conflictuelle des indulgences. L'honnêteté demande de reconnaître que la doctrine catholique des indulgences n'est plus ce qu'elle était au XVIe siècle. Mais pour les partenaires luthériens et réformés qui regardent la chose de plus loin, il y a toujours incompatibilité entre justification et indulgences. Il apparaît urgent que l'Église catholique clarifie cette question. Je souhaiterais qu'elle remplace le terme d'indulgence, définitivement grevé par les controverses du passé, par celui de bénédiction au sens biblique.

Du côté protestant, les Églises issues de la Réforme ont un grand travail à accomplir pour sortir du culte de leur particularité, porteur non seulement de diversités mais encore d'émiettement. Ne sont-elles pas trop jalouses de leur autocéphalie et de la liberté immédiate que celle-ci leur permet? Ce trait est enraciné dans leur histoire et affecte leurs mentalités bien au-delà du contentieux doctrinal. N'ont-elles pas à se convertir à un esprit de solidarité concrète avec l'Église universelle, malgré l'inévitable lenteur dans les décisions qui est le lot inévitable du fonctionnement d'une Église diversifiée? On ne change pas le cap d'un paquebot avec la même rapidité que celui d'une goélette. Les Églises de la Réforme ont à s'ouvrir à une perspective qui leur est restée jusqu'ici très étrangère: accepter que l'Église de tous les chrétiens soit une Église concrètement universelle. La conversion leur demande de prendre en compte le *sensus fidei* des chrétiens des autres confessions actuelles. Cela ne leur demande pas de renoncer à la priorité de l'autorité des Écritures, mais seulement d'être plus attentives à l'histoire et donc à la tradition de la foi, en raison même de notre foi commune à l'incarnation.

Devons-nous tenir compte du phénomène de la mondialisation et de la nécessité du dialogue interreligieux ?

Sans aucun doute. Mais ces nouveaux dialogues, pour nécessaires et urgents qu'ils soient, ne doivent pas faire oublier le dialogue œcuménique. Le mouvement vers la mondialisation correspond à une visée fondamentale du christianisme. L'humanité est une dans son origine, elle est traitée par Dieu dans l'histoire du salut comme une seule grande famille. Le salut doit rassembler dans l'unité les enfants de Dieu dispersés. Le développement actuel du dialogue interreligieux est le signe de l'impact de la mondialisation sur la vie des religions. Car l'éloignement qui rendait impossibles les communications entre les nations et plus encore entre les grands continents et les civilisations se trouve comme supprimé. Tout homme devient le prochain de tout homme. Le progrès de la communication de l'information et des idées fait prendre conscience à l'humanité de son unité. Au projet religieux correspond désormais un projet humain crédible.

Mais la mondialisation est comme la langue d'Ésope, la meilleure et la pire des choses. Elle peut devenir uniformisation abstraite, déshumanisation, exploitation internationale et totalitarisme. Elle peut aussi devenir échange fraternel, dans le respect des identités, et humanisation enrichissante pour tous. Elle dépend de notre liberté, et nous savons que celle-ci est pécheresse et tentée par le pire. Si nous devons avoir envers notre monde le préjugé favorable chrétien de l'espérance et la conviction de son salut final, nous ne pouvons pas nous cacher la puissance des forces de la violence, du mensonge et de la cupidité. Quelle est la responsabilité du christianisme devant ce défi ? La tâche du dialogue interreligieux mais aussi la tâche œcuménique s'inscrivent dans ce grand mouvement.

Patience et utopie

Vous avez donc écrit un livre intitulé La patience et l'utopie. *L'unité de l'Église, la quête incessante de cette unité, n'est-ce pas une utopie totale, impossible à réaliser ?*

C'est une utopie, car nous en sommes encore loin, mais pas une utopie impossible au regard des signes qui nous ont été donnés tout au long du XXe siècle. La réconciliation des Églises chrétiennes n'est pas une affaire de boutique interne, elle a valeur de témoignage. Elle est une parabole en acte de la réconciliation de l'humanité avec elle-même. Elle est un service que les chrétiens se doivent de rendre à cette humanité. Si les chrétiens qui sont les dépositaires et les porteurs du don de la réconciliation dans le Christ ne sont pas capables de se réconcilier entre eux dans une dynamique puissante, attirante, exemplaire au regard des conflits qui divisent l'humanité, qui en sera capable ? La nouvelle évangélisation sera œcuménique ou ne sera pas. Nous devons nous rappeler l'ecclésiologie de la réconciliation annoncée dans l'épître *aux Éphésiens* : « C'est lui, en effet, qui est notre paix : de ce qui était divisé, il a fait une unité. Dans sa chair, il a détruit le mur de la séparation : la haine. Il a aboli la loi et ses commandements avec leurs observances. Il a voulu ainsi, à partir du juif et du païen, créer en lui un seul homme nouveau, en établissant la paix, et les réconcilier avec Dieu tous les deux en un seul corps, au moyen de la croix ; là, il a tué la haine » (Ep 2, 14-16).

VII

Église et modernité

Nous avons beaucoup parlé du renouveau de la théologie et de l'Église au XXe siècle, un renouveau quasi révolutionnaire, le mot n'est pas trop fort. Mais nous voici déjà au XXIe. Aujourd'hui, beaucoup se posent la question de l'avenir de l'Église et de l'avenir de la foi, Église et foi qui apparaissent au premier regard en pleine perte de vitesse. Je n'en prends qu'un exemple parlant. L'autre jour, j'étais à Varsovie où j'assistais à une ordination d'une trentaine de prêtres dans une cathédrale bondée. Nous voyions cela en France, il y a encore trente ans. Aujourd'hui les ordinations se font rares et, si l'on peut dire, au compte-gouttes.

Vous me rappelez une réflexion de Mgr Molères, évêque de Bayonne, expliquant au pape Jean-Paul II qu'il y a trente ans, son diocèse du Pays basque était au plan chrétien une petite Pologne. Aujourd'hui, cet heureux temps n'est plus. J'apprends même que son séminaire, régional pourtant et assez vivant, a dû fermer ses portes. Mais, pour répondre à la question très grave que vous venez de poser, je ne voudrais pas partir de la crise des prêtres, qui n'est finalement qu'un effet induit parmi bien d'autres d'une évolution historique qui remonte à mon sens à l'aube des Temps modernes. C'est la crise de l'Occident qu'il faut essayer de prendre en compte, même si la chose est presque impossible. Sous le nom d'Occident, j'entends l'Europe et l'Amérique du Nord.

Je n'oublie pas pour autant les autres continents. L'Afrique connaît une expansion chrétienne, même si elle est en rivalité avec un islam assez conquérant qui a franchi le Sahara et est très présent en Afrique noire. Mais en Asie, si l'on excepte les Philippines, le christianisme reste extrêmement minoritaire dans tous les grands pays: Inde, Chine et Japon où hindouisme et bouddhisme dominent l'espace culturel, ou encore l'Indonésie majoritairement musulmane. Les conférences épiscopales, et d'ailleurs tous les chrétiens de ces régions, ont pleinement conscience de leur caractère minoritaire et de l'absolue nécessité d'un dialogue avec les autres religions. Ils trouvent même qu'en Occident on n'est pas assez alerté de cette situation. Il faut aussi penser à l'Amérique latine, où nous voyons une chrétienté traditionnelle très forte, mais menacée par le fait de l'injustice sociale, l'injustice rurale en particulier, et où opèrent des mouvements évangélistes américains aux arrière-pensées politiques. Je n'entends pas me prononcer sur ces situations que j'ignore trop largement et j'en reste à l'Occident. Mais nous ne devons pas oublier que les évolutions culturelles de l'Occident ont désormais leurs répercussions rapides dans le monde entier, du fait même de la mondialisation et des modèles culturels que celui-ci diffuse.

Il me semble qu'il faut analyser la situation de l'Église, de la foi et de leur avenir, dans la mesure où cela est possible, dans le cadre plus vaste de la « modernité » qui s'est répandue dans le monde à partir de l'Europe dès les XVIe et XVIIe siècles et a fait place à la fin du XXe à ce que l'on a pu appeler la « postmodernité ». Vous m'interrogez sur l'avenir et je vais vous répondre en parlant du passé. Il nous faut faire une entorse au propos de ce livre qui concerne le XXe siècle théologique et remonter aux siècles antérieurs. Car c'est à l'échelle de ces cinq derniers siècles que nous pouvons comprendre ce qui se passe aujourd'hui. Je vous propose donc un bon retour en arrière, pour me donner la possibilité d'évaluer ensuite avec honnêteté l'avenir. Les livres sont déjà nombreux[1] qui posent la question de

---

1. Cf. sans prétention à l'exhaustivité, au plan sociologique: Gilles Lipovetsky, *L'ère du vide. Essais sur l'individualisme contemporain*, Gallimard, Paris, 1983; D. Hervieu-Léger, F. Champion, *Vers un nouveau christianisme ? Introduction à la sociologie du christianisme occidental*, Cerf, Paris, 1986; D. Hervieu-Léger, *Le pèlerin et le converti*, Flammarion, Paris, 1999; J. Potel, *Les Français sont-ils encore catholiques ?*, Cerf, Paris,

l'avenir de la foi et de l'Église, soit selon une approche sociologique et culturelle, soit selon une perspective théologique. Ils rassemblent des éléments de discernement très intéressants et je m'y référerai. Pourtant, je redoute chez certains d'entre eux une lacune sur le point que nous évoquons. Ils donnent beaucoup de poids à des données de conjoncture contemporaine qui risquent d'être fugaces et ils ne remontent pas suffisamment dans le passé pour situer l'origine et les causes de notre situation actuelle à l'échelle qui est la sienne.

La première question que je me pose et à laquelle je voudrais essayer de répondre est la suivante : pourquoi la foi chrétienne a-t-elle si mal réagi devant le développement de la modernité ? Pourquoi la crise inévitable que devait engendrer cette mutation de l'humanité s'est-elle largement traduite par un conflit majeur et durable entre modernité et foi ? Les grandes valeurs de la modernité sont cependant pour une large part issues de l'idéal évangélique, ne serait-ce que celui de la liberté chrétienne. On reconnaît même aujourd'hui que le judéo-christianisme, par sa conception de la création, a été un vecteur positif du progrès scientifique. Pourquoi cet antagonisme culturel entre foi et modernité ?

Il nous faut donc remonter à l'aube de cette modernité, c'est-à-dire au XVIe siècle. Ce faisant, je m'engage sur un terrain

---

1991 ; É. Poulat, *Où va le christianisme ? À l'aube du IIIe millénaire*, Plon/Mame, Paris, 1996. Au plan philosophique et théologique : M.-L. Schillinger, *L'Église hors-jeu ?*, éditions du Rhin, Mulhouse, 1988 ; P. Valadier, *L'Église en procès : catholicisme et société moderne*, Flammarion, Paris, 1989 ; *Lettres à un chrétien impatient*, Éd. La Découverte, Paris, 1991 ; *Un christianisme d'avenir. Pour une nouvelle alliance entre raison et foi*, Seuil, Paris, 1999 ; « Société moderne et religion chrétienne. Analyse de philosophie sociale et politique », *Documents Épiscopat*, n° 17, nov. 1995 ; Jean Rigal, *Préparer l'avenir de l'Église*, Cerf, Paris, 1990 ; *L'Église en chantier*, Cerf 1995 ; *Horizons nouveaux pour l'Église*, Cerf, 1999 ; *L'Église en quête d'avenir : réflexions et propositions pour des temps nouveaux*, Cerf, 2003 ; Gh. Lafont, *Imaginer l'Église catholique*, Cerf, Paris, 1995 ; H. Simon, *Vers une France païenne ?*, Cana, Paris, 1999 ; Jean-Marie Ploux, *Le christianisme a-t-il fait son temps ?*, Éd. de l'Atelier, Paris, 1999 ; *Le christianisme a-t-il un avenir ?*, collectif sous la dir. de Ph. Baud, Éd. Saint-Augustin, Saint-Maurice, 2000 ; A. Rouet, *La chance d'un christianisme fragile. Entretiens avec Y. de Gentil-Baichis*, Bayard, Paris, 2001 ; *Quel avenir pour l'Église ? Perspectives dans les cinq continents cinq témoins*, Conférences de Notre-Dame de Paris 2001, présentées par le cardinal Jean-Marie Lustiger, Presses de la Renaissance, Paris, 2001.

particulièrement miné, parce que la modernité est aujourd'hui l'objet d'interprétations et de jugements fort opposés. Les prises de position idéologiques ne manquent pas, qui y voient soit l'origine de tous nos malheurs religieux, soit le véritable commencement d'une humanité digne de ce nom. De son côté, l'historiographie contemporaine modifie sensiblement un certain nombre d'idées reçues[2] et affine son information sur un mouvement extrêmement complexe et aux visages les plus divers, dont il faut distinguer les secteurs et les étapes. Comme tout développement humain, la modernité est ambiguë. Je voudrais l'évoquer sans parti pris, « sans colère et sans passion » (*sine ira et studio*), disait Suétone, et proposer un certain discernement, à la mesure de mes connaissances. Dans la modernité, il faut distinguer en effet deux éléments: une maturation de l'humanité qui était inévitable et qui en elle-même est un bien, parce qu'elle lui permet un exercice plus approfondi de sa liberté ; d'autre part, un certain nombre de dérives qui sont le fait de l'évolution de la société occidentale et des options qu'elle a prises à l'occasion de son accès à la modernité. La modernité dont nous héritons aujourd'hui n'est évidemment pas pure : elle est grevée de lourds maléfices. Le défi, délicat et toujours proposé à l'Église, est de savoir discerner comment faire droit à cette situation nouvelle d'une humanité adulte et qui ne peut revenir en arrière, tout en sachant s'opposer aux maléfices qui ont été engendrés au nom de cette modernité. On voit tout de suite qu'il ne peut s'agir ni d'un non massif, ni d'un oui sans discernement. En suivant le fil conducteur de la modernité dans mon propos, je ne prétends évidemment pas tout expliquer. Mais je crois m'appuyer sur une ligne de force incontestable.

---

2. Cf. par exemple, *Histoire du christianisme*, t. X : *Les Défis de la modernité (1750-1840)*, sous la responsabilité de B. Plongeron, Desclée, Paris, 1997.

La modernité

Est-ce que vous pouvez tout d'abord définir cette « modernité », qui reste pour beaucoup un concept un peu flou ? Si l'on va au-delà de la distinction simple entre ce qui est ancien et ce qui est récent, nouveau ou à la mode, de quoi s'agit-il ?

Je me réfère d'abord à un article d'Abel Jeannière, qui est un classique en la matière, et entend sortir des confusions du langage courant. Il estime que quatre révolutions ont déterminé le passage à la modernité : « Une révolution scientifique, une révolution politique, une révolution culturelle, une révolution technique et industrielle. Chacune de ces révolutions comporte des étapes [...]. D'autre part, il est possible d'effectuer une ou plusieurs révolutions sans avoir le moins du monde intégré l'autre ou les autres[3]. » Je résume rapidement ce qu'il met sous ces quatre révolutions.

La révolution scientifique, qui commence avec Newton et la loi de la gravitation universelle, rompt avec toute la vision antique du monde. À une vision symbolique de l'univers gouverné par Dieu et ses anges succède une mécanique céleste obéissant au déterminisme de ses lois. En d'autres termes, le monde est tout entier mathématisable. C'est dans ce cadre nouveau que viendront s'inscrire toutes les découvertes subséquentes jusqu'à la relativité d'Einstein et des grands physiciens du XXe siècle. La situation de l'homme dans ce monde dépourvu de tout symbolisme est complètement changée. Il n'en apparaît plus le but ou le sommet. Il devient un « tzigane de la nature », c'est-à-dire un être qui joue sa partition en marge des grandes forces cosmiques qui lui permettent sans doute d'exister, mais aussi qui l'ignorent.

La révolution politique a fait passer l'humanité de la conception d'un pouvoir charismatique du prince qui tient son autorité de

---

[3]. A. Jeannière, « Qu'est-ce que la modernité ? », *Études*, novembre 1990, p. 501. Voir une analyse analogue chez D. Hervieu-Léger, *Vers un nouveau christianisme ?*, *op. cit.*, p. 195-202.

Dieu à l'idéal de la démocratie raisonnable et raisonnée, ce qui s'est produit d'abord en Angleterre, puis en Amérique et en France. La source du pouvoir n'est plus en Dieu, mais dans le peuple. La démocratie est le type de l'État moderne. Cette révolution est portée par une requête très forte de liberté politique.

La révolution culturelle, dans un sens bien différent de celle de Mao, est un mouvement de pensée enraciné dans la nouvelle vision du monde physique. Elle s'appellera au XVIIIe siècle les *Lumières* en France et *Aufklärung* en Allemagne. « Il s'agit d'une laïcisation de la pensée et d'une rationalisation de tous les critères, en tout domaine[4]. » Cette sécularisation pose le problème religieux dans des termes évidemment nouveaux. Mais peut-être A. Jeannière exagère-t-il cette laïcisation de la pensée, au moins au départ de la modernité. Les philosophies anglaise et française du XVIIe siècle ne sont pas laïques et vivent pourtant déjà une révolution culturelle, car le régime de l'exercice de la raison a effectivement changé. Mais la description donnée vaut tout à fait pour les XIXe et XXe siècles.

La révolution industrielle est la conséquence à terme de la révolution scientifique. L'homme passe de l'outil traditionnel, à la machine et à la machine-outil, ce qui lui permet une production infiniment plus rapide des biens. Mais l'industrie moderne aboutit à une abstraction du travail décomposé en gestes élémentaires, commandés par la machine et ses exigences de rendement et non plus par l'homme, et qui se trouva intégré pendant une longue période dans un travail à la chaîne. Cette révolution s'est accomplie en plusieurs étapes à mesure que la technique exploitait de mieux en mieux la science. La production a de moins en moins besoin du travail humain et peut viser à exclure, à la limite, l'homme du processus de fabrication. Elle est une libération considérable par rapport aux tâches les plus pénibles et la source d'une économie d'abondance, mais aussi elle remet perpétuellement en

---

4. A. Jeannière, *ibid.*, p. 504.

cause l'équilibre des échanges économiques et devient souvent cause de chômage. Aujourd'hui, elle aboutit à la révolution informatique que nous sommes en train de vivre et dont nous ignorons encore largement les conséquences à moyen terme.

Vous nous décrivez là quatre modernités relativement distinctes. Mais qu'est-ce qui fait leur unité?

Si l'on prend les choses de manière plus globale, la modernité peut être comprise comme le passage de l'humanité d'un âge à un autre. Par analogie avec la croissance d'un individu, elle représente le passage de l'enfance à l'adolescence puis à la majorité. Cela ne jette aucun discrédit sur les grands penseurs de l'Antiquité et du Moyen Âge. Ils étaient bien des penseurs adultes dans leur monde. Les philosophes de l'Antiquité ont incontestablement fait avancer le questionnement de l'humanité; les théologiens ont fait aussi progresser la réflexion critique de la foi – pensons à ceux dont nous avons déjà parlé, Origène et Augustin – qui anticipe l'analyse du moi subjectif. Mais il était des questions qu'ils ne se posaient pas, parce que leur monde de culture ne les posait pas. Ce sont les questions issues du redoublement de la conscience sur elle-même. Elles sont le fruit du passage de l'objectivité à la subjectivité. Les penseurs anciens ne pouvaient pas anticiper la cristallisation qui s'est produite à l'aube des Temps modernes, avec l'émergence de l'individu.

Ce passage ne va pas sans crise pour une personne humaine : on l'appelle la crise de l'adolescence. La modernité a constitué une crise nécessaire dont l'humanité ne pouvait faire l'économie dans la maturation de la prise de conscience qu'elle faisait d'elle-même. J'emploie ce terme de crise dans le sens le plus neutre possible et sans engager aucun jugement de valeur. Une crise peut être féconde ou destructrice. La modernité est un fait historique qu'il faut analyser comme tel en tenant compte de son évolution et de ses développements. Elle n'était évidemment pas la même aux

XVIᵉ et XVIIᵉ siècles qu'aujourd'hui. Il faut éviter ici toute simplification et tout amalgame. C'est pourquoi je vais la suivre siècle après siècle dans ses lignes majeures.

La crise de la modernité a été en effet le facteur d'un incontestable progrès non seulement dans les domaines de la science, de la technique, de l'économie et de la culture, qui ont changé notre maîtrise de la création et notre qualité de vie, mais encore et surtout par la série des prises de conscience qu'elle a permises et l'affinement des valeurs de justice, de liberté, de démocratie, des droits de la personne humaine. Aucun d'entre nous ne pourrait vivre aujourd'hui dans une société dominée par les codes de la société médiévale. Ces progrès furent aussi ceux de la métaphysique, de l'émancipation de la philosophie par rapport à la théologie depuis Descartes et Spinoza, de l'avènement d'un rationalisme scientifique, d'une découverte de plus en plus précise du passé de l'humanité à l'aide de toutes les sciences historiques.

La modernité a également universalisé la querelle littéraire des Anciens et des Modernes qui s'est progressivement étendue à tous les domaines. Du respect du passé et de la tradition, la mentalité culturelle est passée au culte de l'avenir et du progrès. Elle est aussi devenue, dans certains cas, idéologie ou mythe, car la modernité était déjà une première forme de mondialisation. À un monde de stabilité et de continuité, vivant dans le respect de la transcendance, elle a opposé de plus en plus la mobilité et la rupture dans un univers où l'entreprise humaine terrestre devient la reine de tous les désirs. J. Baudrillard a pu écrire : « Après avoir été une dynamique du progrès, la modernité devient lentement un activisme du bien-être[5]. » À un monde acceptant la dépendance hiérarchique dans tous les domaines, la modernité fait retentir un idéal d'autonomie et de liberté. Elle a donc facilement représenté l'avènement de la raison qui s'oppose aux croyances. Mais il y a eu une bonne et une mauvaise modernité, suivant que la raison

---

5. *Encyclopædia Universalis*, t. 15, p. 554.

voulait s'exercer sagement dans le souci d'exploiter toutes ses possibilités métaphysiques avec celles de la science et de la technique qu'elle déployait, ou qu'elle prétendait affranchir l'humanité de toute autre référence qu'elle-même. Il existe un exercice de la raison qui sait faire toute sa place à la foi.

Tous ces progrès de la modernité ne posent-ils pas autant de questions nouvelles à la liberté des hommes et à l'éternelle angoisse de l'humanité sur son identité et son destin ?

Il est évident que la question de la liberté des hommes, à la fois personnelle et civile, se posera à un degré de plus en plus aigu à mesure que les capacités philosophiques, scientifiques et techniques de cette liberté vont augmenter. Les progrès de la modernité pouvaient donc et peuvent encore être pour le meilleur ou pour le pire suivant ce que l'humanité en faisait et en fera. Ils ne pouvaient pas ne pas faire tourner la tête aux hommes qui les découvraient les premiers avec ivresse, mais aussi avec une certaine naïveté. Nous découvrons aujourd'hui les caractéristiques ambiguës de la modernité, qui ont toutes un versant positif et un versant négatif. L'idéal d'émancipation de la raison par rapport à la foi religieuse peut donner lieu à une nouvelle figure de la foi, plus lucide, plus informée, plus critique ; mais elle peut aussi se traduire par une volonté d'exil de la religion, jugée solidaire de l'âge infantile de l'humanité. L'exigence d'autonomie, de liberté civile et de droits plus grands pour l'homme peut le faire grandir en responsabilité et en créativité féconde ; mais elle peut aussi faire place à la croyance mythique à une marche linéaire des sociétés vers un bonheur que l'homme réalisera par ses propres forces et ne devra qu'à lui-même. Au plan politique, l'idéal démocratique de liberté, d'égalité et de fraternité a des sources évangéliques incontestables, mais il peut donner lieu à l'orgueil de sociétés qui veulent ramener le tout de l'homme à son bien-être immédiat. Au plan économique, l'entreprise de transformation continuelle du monde et des conditions de vie est un projet légitime, à condition qu'il accepte de s'inscrire dans le respect de la création, dont il doit reconnaître que l'homme n'est que le gérant et non le propriétaire ultime. La modernité a donné lieu à un nouveau mythe dont on découvre aujourd'hui l'évidente naïveté.

Nous devons donc nous garder de faire de la modernité le bouc émissaire de toutes les difficultés rencontrées au cours de ces derniers siècles par la foi chrétienne dans des sociétés en mutation, comme si elle était la source de tous les péchés. Nous n'avons pas non plus à la sacraliser de manière inconditionnelle. La vraie question se pose au niveau de la rencontre entre la foi chrétienne, et donc l'Église qui la représente institutionnellement, et cette modernité. Ici il ne faut pas avoir peur d'analyser les responsabilités propres de l'Église. Elles sont réelles dans la mesure où l'Église de Dieu a été confiée à des hommes et à des hommes pécheurs, selon la logique de l'incarnation. Reconnaissons que l'Église a historiquement mal réagi aux défis de la modernité. Elle n'a sans doute pas manqué tous ses rendez-vous avec celle-ci, mais elle en a manqué tout de même beaucoup.

Vous portez là un jugement sévère.

Dans ma pensée, ce n'est pas un jugement, encore moins une critique : c'est un constat. Il est clair que les caractéristiques de la modernité posaient un ensemble de questions radicales à la foi chrétienne. Celle-ci est toujours située dans un rapport déterminé au monde : quand ce rapport change de manière radicale, la foi est inévitablement confrontée à des ajustements majeurs. Une conception du monde (*Weltanschauung*) nouvelle exigeait de soi que chaque croyant devienne un croyant adulte. Mais une telle conversion de mentalité ne pouvait advenir du jour au lendemain. Comme toute crise d'adolescence, elle demandait beaucoup de temps et de patience. Il y a toujours un retard dans l'assimilation d'une rupture culturelle par l'ensemble d'une société. Le P. de

Montcheuil disait en 1943 : « Il est à désirer que tout chrétien devienne un jour un chrétien adulte[6]. » Est-ce le cas aujourd'hui ? Certainement non, et c'est une tâche de plus en plus urgente de la catéchèse et de la pédagogie d'aujourd'hui et de demain.

Il nous faut donc analyser la manière dont l'Église catholique a réagi au cours des derniers siècles au défi de la modernité. Toujours avec le P. de Montcheuil, disons que « le chrétien adulte et formé, comme homme et comme chrétien, doit être capable de regarder en face, objectivement, l'histoire de l'Église comme son état présent[7] ». C'est ce que je voudrais faire en analysant les échecs et les retards que l'Église a connus devant la modernité. Ceux-ci viennent le plus souvent d'un jugement de valeur prématuré et d'un manque de discernement sur ce qui était en jeu. Je ne veux faire aucun procès à l'Église, mais il nous faut tirer les enseignements de ses erreurs, afin de ne pas les répéter. Ce passé peut être très instructif pour l'avenir. Le constat demande aussi de reconnaître que les Églises issues de la Réforme, en particulier dans le monde anglo-saxon, ont réagi de manière toute différente devant la modernité.

Mais on parle aussi maintenant de la postmodernité.

La *postmodernité*, dont on a vu naître le terme au XXe siècle sous la plume d'Arnold Toynbee, est un concept étonnamment fluide. L'expression se répand à partir de 1968. Elle affecte surtout les révolutions culturelle et industrielle. J'en retiens pour notre propos la critique des espérances mythiques de la modernité. La postmodernité, c'est la modernité qui a perdu ses illusions et sa foi en un progrès continu de la science et des techniques, capable de donner le bonheur à l'humanité. Elle se caractérise par la perte des idéologies et d'un grand nombre de valeurs, un relativisme, un

---
6. Y. de Montcheuil, *Aspects de l'Église*, Cerf, Paris, 1949, p. 67.
7. *Ibid.*

individualisme, une incertitude généralisée et le goût de la « déconstruction ». Elle a perdu même toute conviction concernant ses fondements sociaux (« forme agnostique du lien social », selon Claude Lefort et Paul Ricœur). Ne croyant plus au progrès, elle s'engage de plus en plus exclusivement dans l'immédiateté de la tâche du « vivre bien », c'est-à-dire avec aisance dans un bonheur de l'instant présent, mais avec de moins en moins d'espérance. Elle met en cause non seulement la vérité objective mais encore l'unité du sujet, qui constituait la grande référence de la modernité. Elle est une forme de désenchantement du monde et peut être tentée par le nihilisme. On pourrait dire également que la postmodernité est advenue avec l'ère de l'informatique et les contradictions de la mondialisation. Abel Jeannière, dont je me suis inspiré ici encore, estime qu'il s'agit plutôt d'une nouvelle étape de la modernité et qu'il n'y aurait de véritable postmodernité que si la physique arrivait à s'unifier autour de la physique quantique[8].

Je voudrais que le concept de postmodernité puisse prendre un nouveau sens : celui d'une modernité enfin sortie de sa crise d'adolescence, devenue vraiment adulte, plus lucide et plus mature. Il ne s'agit pas d'une modernité qui aurait simplement perdu ses illusions, mais d'une modernité beaucoup plus consciente de ses possibilités et de ses responsabilités pour l'avenir de notre monde, d'une modernité mondiale et pour cette raison promotrice de la justice, enfin d'une modernité respectueuse de tout l'homme et donc de sa dimension religieuse. Une telle modernité pourrait vivre une lente réconciliation avec la foi, qui de son côté saurait l'accueillir avec un préjugé favorable. Mais en disant cela, je tombe sans doute dans l'utopie.

Je reviens donc à ma question : comment l'institution ecclésiale et la foi qu'elle propose à l'humanité ont-elles réagi devant les requêtes de la modernité dont la nouveauté les ont bousculées siècle après siècle ? Il nous faut donc parcourir ces siècles pour voir

---

8. A. Jeannière, art. cit., p. 509-510.

comment la culture de la modernité est progressivement descendue de l'*intelligentsia* jusqu'aux milieux les plus populaires de la société, pour constituer une mentalité commune et diffuse qui nous atteint tous.

Le XVIᵉ siècle et le défi de la Réforme

Pour expliquer notre situation, vous voulez donc nous faire remonter au XVIᵉ siècle. Sur quels éléments fondez-vous la rupture qui se produit entre le Moyen Âge et ce que l'on considère comme l'avènement des Temps modernes ?

L'invention de l'imprimerie marque la fin du Moyen Âge. Je ne me prononce pas ici sur le degré de christianisme qui était celui de la « chrétienté » médiévale. C'est aujourd'hui l'objet de grands débats. Ne faisons pas de la société médiévale un âge d'or de la vie de l'Église, encore moins un âge vers lequel il faudrait retourner. Nous avons à regarder vers l'avenir. Ce que l'on peut reconnaître, du point de vue qui me préoccupe, c'est que la foi chrétienne était vécue dans une harmonie fondamentale avec la conscience de la société globale. Cet accord de base n'était mis en cause par personne et le même être humain pouvait appartenir aux deux sphères de l'Église et de la société sans tension intérieure. Cet accord était le fruit de l'ancienne conversion du monde antique au christianisme. Ce monde avait accepté de convertir ses valeurs. Cet héritage avait survécu aux vicissitudes des siècles antérieurs. C'est cet accord spontané qui commence à se fissurer au XVIᵉ siècle, avec déjà de réels prodromes au XVᵉ. Car ce siècle est déjà un siècle de réformes.

Au XVIᵉ siècle, l'Église d'Occident vit deux événements d'importance, à la fois distincts et solidaires : la Renaissance et la Réforme protestante. Le terme de Renaissance n'est pas anodin, car il exprime une forte rupture avec le Moyen Âge et l'explosion d'une vie nouvelle qui ne veut plus se contenter de continuer les âges précédents. Celle-ci s'exprime dans tous les domaines de la pensée, de l'art et de la littérature. L'imprimerie en pleine expansion, la « révolution Gutenberg » a-t-on pu dire, permet un accès plus généralisé aux textes anciens. L'édition des grandes œuvres de l'Antiquité païenne pose le problème de l'établissement du texte. Le rapport à la Bible n'y échappe évidemment pas.

La Renaissance est aussi marquée par l'émergence d'un premier individualisme, qui était déjà l'objet d'une sourde requête à la fin du Moyen Âge et qui se développera de manière continue jusqu'à nos jours. Cet individualisme est un progrès en soi, même s'il conduira plus tard à des revendications exagérées. Il est porteur d'une grande requête de liberté. Le citoyen médiéval menait une vie sociétaire dans les différents sens de ce terme. Il s'appropriait normalement les codes et les comportements de son groupe social, comme de son appartenance religieuse. Cette époque avait bien évidemment des intellectuels et des penseurs, mais l'ensemble du peuple pensait avec et comme son groupe d'appartenance et en exprimait les désirs. Il n'avait d'ailleurs pas les moyens de faire autrement. Au contraire, la Renaissance est le temps d'une émergence de l'individu qui découvre sa propre originalité et veut vivre par lui-même. L'individu se pose comme personne et sujet de droit en face de la société.

La fin du XVe siècle avait été déjà un temps de réformes. Les ordres religieux en avaient vécu plusieurs, au risque de créer des tensions entre eux et de créer de nouveaux abus. La « révolution évangélique » est à l'ordre du jour. On débat également sur la nécessité ou non d'étudier l'Écriture sur la base des textes originaux, hébreux et grecs, au détriment de l'autorité reçue de la vulgate latine. C'est dans ce climat d'effervescence quelque peu confuse, que l'on constate par exemple à Paris au début du XVIe siècle avec le cas d'Érasme[9] et d'autres, que jaillit la Réforme luthérienne

---

9. Cf. P. Lécrivain, *Paris au temps d'Ignace de Loyola (1528-1735)*, Éd. Facultés jésuites, Paris, 2006, p. 43-60.

puis calviniste. Si elle réagit contre les abus dont le pape Adrien VI avouait qu'ils étaient remontés jusqu'à Rome, elle est porteuse de tout autre chose. Luther est l'un des premiers témoins d'une nouvelle figure de la foi, liée à la revendication de l'individualisme et à une nouvelle expérience de la conscience en train de naître. La foi médiévale était fortement encadrée par la vie sociale des communautés. Elle était incontestablement sincère et s'exprimait dans un certain nombre de dévotions voulues, parfois inventées par les fidèles. Mais elle était portée par un catéchisme assez élémentaire ; le croyant croyait ce que lui enseignait son curé. Il avait la « foi de l'Église » et ne se posait pas beaucoup de questions sur son contenu. Cette foi faisait corps avec sa vie, elle en portait le sens. Elle n'était pas soumise à la question.

La Réforme a partie liée avec la naissance de l'individualisme moderne, où la conscience personnelle et donc aussi le sens de la liberté personnelle jouent un rôle de plus en plus grand. La foi est désormais l'objet d'une angoisse sur le destin de chacun. Serai-je sauvé ? Dieu me regarde-t-il avec bienveillance et me considère-t-il comme son ami ? Cette même foi se fait également critique. Le conflit avec l'Église catholique enveloppe déjà une attitude d'interrogation sur l'essentiel de la foi à partir d'une volonté de retour aux sources. La doctrine de la justification est déclarée comme l'article qui fait tenir ou tomber l'Église. La conscience des croyants, de plus en plus réfléchie et lucide, veut vérifier la foi à la lumière des origines. Selon l'esprit du temps, la Réforme retourne à l'Écriture et pose les questions de l'établissement des textes et de leur canon. D'autre part, l'impression des premières Bibles permet à un nombre beaucoup plus considérable de fidèles lettrés d'avoir accès aux textes et donc de vérifier l'enseignement contemporain de l'Église au regard des « sources ». Cela se traduit par le débat sur Écriture et tradition. La foi a changé de « figure » et d'attitude.

Dans ce climat nouveau, l'obéissance à l'Église et à son magistère ne va plus de soi : elle n'est plus la soumission paisible à ce que disent le curé, l'évêque ou le pape. Elle pose en quelque sorte ses conditions au nom de la conscience. Tout cela est sous-jacent à la révolte luthérienne, mais n'est pas étranger à la conscience de ceux qui resteront catholiques. Les débats du concile de Trente sur la justification par la foi en portent témoignage. Tout différents qu'ils soient, Luther et Ignace de Loyola se rejoignent sur certains points : ils sont l'un et l'autre des témoins des angoisses de la conscience et d'une foi très intériorisée à la recherche de critères concrets pour mener sa vie devant Dieu. Ce qui sépare évidemment les deux hommes, c'est le parti qu'ils prennent devant l'Église institutionnelle et « hiérarchique », puisque Ignace veut réformer l'Église de l'intérieur, en professant une obéissance au fondement mystique. Entre ces deux hommes, la figure d'Érasme, qui reste catholique, mais un catholique critique, est symbolique de ce qui affecte désormais la manière dont certains croyants se situent par rapport à la foi ecclésiale. Cette évolution profonde trouve donc de grandes consonances avec l'idéal de la Renaissance. La foi est l'objet d'une question, même si elle n'est pas encore mise en question.

Comment l'Église a-t-elle réagi devant cette situation nouvelle ?

On a pu dire qu'entre Luther et Léon X, l'homme le plus religieux n'était pas le pape. Dans un premier temps, comme si elle ne savait pas que faire devant une situation de crise toute nouvelle, l'Église catholique a commencé par hésiter et tergiverser. Le concile de Trente s'est réuni vingt-cinq ans trop tard. H. Jedin, le grand historien de ce concile, cite ce slogan de l'époque : « Pourquoi si tard, quand tout crie : Concile! Concile[10] ? » Ce retard fera qu'un concile primitivement prévu pour réconcilier les parties de l'Église en conflit ne fera qu'entériner leur séparation. À qui est dû ce retard ? Je dirais à tous les partenaires : aux papes qui,

---

10. H. Jedin, *Histoire du concile de Trente*, t. I, *La lutte pour le Concile*, Desclée, Paris-Tournai, 1965, p. 151 ss.

avant Paul III, ont refusé le Concile ; aux protestants qui mettaient des conditions de plus en plus exigeantes à leur participation ; aux princes enfin qui se servaient de la querelle religieuse pour en tirer un parti politique. Ce sont donc des libertés qui ont agi, réagi et engagé cette déchirure de l'Église d'Occident dont les conséquences incalculables sont encore actuelles et font l'objet aujourd'hui du difficile mouvement œcuménique. Ce sont des libertés qui ont laissé passer sans retour ce moment fragile des débuts de la crise où rien n'était encore solidifié et tout restait ouvert. Des rencontres, que l'on peut appeler de manière anachronique « œcuméniques » au sens moderne, ont bien eu lieu à Worms et à Ratisbonne. Elles ont même produit des textes en vue d'accords divers. Mais la dynamique majoritaire allait dans le sens de la rupture. L'œuvre salvifique de Dieu passe par les vicissitudes des libertés humaines. Je n'ai pas à répartir les responsabilités. Mais l'accord est fait aujourd'hui pour reconnaître que les responsabilités catholiques furent grandes.

En fait, l'Église catholique de l'époque a considéré en un premier temps la Réforme protestante comme un acte de désobéissance, au sein du mouvement général qui, de nombreux côtés, en appelait à la réforme de l'Église. Ce faisant, elle a pris du retard pour comprendre ce qui se cherchait à travers l'événement de la révolte proprement luthérienne. Elle n'a pas pris en compte cette figure nouvelle de la conscience et de la foi et ne l'a pas honorée. Or tout un aspect de la modernité était là en germe. L'Église a continué à traiter ses fidèles selon les modèles médiévaux. Son grand échec fut de ne pouvoir éviter la rupture, en acceptant plus tôt et plus vite tout ce qui était légitime dans la « protestation » de la Réforme. Peut-être était-ce impossible à l'époque. Aussi bien, je n'ai nullement l'intention de porter un jugement définitif à ce sujet. Je cherche seulement à exercer un discernement historique, dans la mesure où il est possible. La Réforme reste la première grande rupture inscrite dans la société occidentale, annonciatrice de plusieurs autres. En ce sens, l'Église catholique a mal réagi.

Mais aussi l'Église catholique a également « bien » réagi en convoquant le concile de Trente et en engageant le processus de la Réforme catholique. Elle a pleinement reconnu et enseigné la grande doctrine paulinienne sur la justification par la foi, texte auquel un Harnack rendait hommage au début du XXe siècle. Cependant, elle a continué sur la voie de la centralisation initiée par Grégoire VII au lendemain de la séparation avec l'Orient, et l'a intensifiée sur le plan doctrinal. Il n'y aura plus de concile entre Trente et Vatican I et les litiges doctrinaux seront désormais traités par la voie romaine.

Les conséquences de la déchirure de l'Église d'Occident ne tarderont pas à se faire sentir. La première fut la naissance des « guerres de religion », phénomène qui ne s'était pas produit après la rupture de 1054 entre l'Orient et l'Occident et qui empoisonnera le XVIIe siècle. Cette fois-ci, la séparation religieuse se produisait sur les mêmes terres et dans les mêmes États. Le prince de chacun d'entre eux voulait refaire l'unité religieuse de son peuple selon le principe : « On a la religion de son pays (*cujus regio, hujus religio*). » Les autorités religieuses n'étaient pas capables d'établir un *modus vivendi* pacifique entre les papistes et les fidèles de la « religion prétendument réformée ». Il fallut que l'État intervienne. L'édit de Nantes, promulgué par Henri IV en 1598, est un événement important de la modernité. Il reconnaît aux protestants, avec certaines restrictions, la liberté de conscience et de culte. Pour la première fois, l'autorité civile établit la loi d'un *modus vivendi* pacifique imposé aux uns et aux autres. Là où la religion échoue à maintenir le bien commun, l'État le prend en charge et impose la tolérance avec prudence et sagesse. L'édit de Nantes le fait au corps défendant des catholiques, qui chercheront à reprendre la concession jugée inadmissible, avec la révocation de l'édit de Nantes en 1685. L'édit d'Henri IV était en avance sur son temps, alors que l'Église catholique augmentait son retard. Cette histoire touche au point central de la liberté religieuse, liée à la sensibilité nouvelle des droits de la conscience. Une orientation se prend alors, qui consacre une rupture entre l'Église catholique et l'esprit moderne. Elle affectera les siècles suivants et ne trouvera sa solution doctrinale qu'à Vatican II avec le décret sur la liberté religieuse *Dignitatis Humanae*.

Sans doute, les masses populaires et paysannes de la fin du XVIe et du XVIIe siècle, qui ne voyagent pas beaucoup, restent-elles en dehors de ces conflits. Mais ceux-ci marquent fortement les élites et la société politique. Ils engagent une évolution sérieuse du rapport de l'Église à la société. Ils sont à l'origine d'un premier mouvement vers la laïcité. Il faudra bien que l'État, au nom de la moralité publique, gère le mariage des protestants, puisqu'ils sont désormais soustraits à l'autorité catholique. Il n'y a pas à déplorer cette évolution en elle-même, mais on peut regretter qu'elle se soit accomplie dans un climat de conflit naissant entre Église et société. Les deux autorités y ont leur part de responsabilité, mais l'Église catholique, trop arc-boutée sur ses privilèges, n'a pas toujours présenté une attitude évangélique. Qui dira les conséquences de cette situation sur l'évangélisation et la foi des élites chrétiennes ? Quel visage proposait cette religion dont les confessions en conflit au pire s'entretuaient, au mieux s'ignoraient ou se laissaient aller à la controverse, donnant un exemple soit de violence soit de manque élémentaire de charité ? La conscience moderne ne pouvait avoir qu'un jugement sévère, au nom même des principes évangéliques dont elle restait pénétrée. Comment de telles Églises pouvaient-elles parler au nom de l'absolu d'une révélation divine ? Une relativisation de la foi en fut l'inévitable conséquence.

Le XVIIe siècle et la « crise de la conscience européenne »

Vous faites donc remonter les choses jusque-là et vous voyez dans la déchirure de l'Église d'Occident au XVIe siècle le point de départ de la rupture progressive entre l'Église et le monde. Mais pendant ces siècles, il y eut une vitalité extraordinaire du christianisme. Comment voyez-vous la situation au XVIIe siècle, grand siècle d'efflorescence chrétienne ?

La première moitié du XVIIe siècle fut en effet un grand moment mystique et chrétien. Pensons à l'« invasion mystique » décrite par Henri Bremond dans sa grande *Histoire du sentiment religieux en France*[11] qui vient d'être rééditée. La mise en œuvre des décrets du concile de Trente portait ses fruits, en particulier avec l'organisation des grands séminaires. Ce siècle a été également très missionnaire. La vague mystique de ce temps est aussi le signe d'une intériorisation de la foi qui a son aspect psychologique. Elle pose de nouveaux problèmes dont le conflit entre Bossuet et Fénelon est un aspect caractéristique. Bossuet, avec toute l'autorité ecclésiastique qui est la sienne, se montre le garant de la tradition ; il est inquiet devant le raffinement manifesté par Fénelon dans ses analyses des états de conscience. Il contribuera à le faire condamner. C'est un aspect du versant religieux du conflit entre les Anciens et les Modernes. Je note enfin une première division dans le catholicisme français entre jansénistes et ultramontains.

La distance prise au siècle précédent entre l'Église et les premiers traits de la modernité naissante n'est pas réduite. Pour la première fois une incroyance s'exprime publiquement, celle des *libertins*. Les libertins ou « incrédules » étaient des déistes qui entendaient se contenter de la religion naturelle et refusaient toute idée de révélation. On les appelait aussi pour cette raison des « achristes ». Certains d'entre eux étaient même proches de l'athéisme. Ils constituaient les « esprits forts » de l'époque. Ils refusaient le christianisme établi et prétendaient s'en tenir à la preuve rationnelle de l'existence de Dieu. Le Père Mersenne en voyait déjà cinquante mille à Paris en 1623. Le chiffre semble bien exagéré. Quoi qu'il en soit du nombre, Pascal pense explicitement à eux dans la grande apologie de la foi chrétienne qu'il projetait et qui nous est parvenue de manière inachevée sous la forme des

---

11. H. Bremond, *Histoire du sentiment religieux en France depuis la fin des guerres de religion jusqu'à nos jours*, nouvelle édition augmentée sous la dir. de F. Trémolières, avec de nombreuses études, 5 vol., éd. Jérôme Millon, Grenoble, 2006.

Pensées. Alors que Pascal garde envers l'Écriture une lecture classique, celle des Pères de l'Église, du Moyen Âge et encore de Luther, ses arguments rationnels répondent à des objections typiquement « modernes » qui concernent l'idée même de la révélation de Dieu dans l'histoire. Pascal s'en prend aussi au pyrrhonisme, forme moderne de scepticisme. Il est le père de l'apologétique des Temps modernes. Ce siècle marque également un basculement du rapport entre le politique et le religieux : le premier domine désormais le second, comme le montre la décision de la révocation de l'édit de Nantes. En France en particulier, le politique a lui aussi ses responsabilités dans l'évolution des choses.

Vous parlez de Pascal, mais le XVIIe siècle est aussi celui de l'affaire Galilée, dont on ne saurait sous-estimer les conséquences pour l'avenir des relations entre science et foi. N'a-t-on pas, comme avec les meilleures requêtes de la Réforme, la triste impression d'un rendez-vous manqué ? Ce reproche est encore fait aujourd'hui, en dépit des déclarations de repentance.

Avec l'affaire Galilée, nous sommes en présence de la genèse de la science moderne à partir de l'astronomie et de la physique. Entendons-nous bien, cette science ne ressemble pas encore à l'image que nous en avons aujourd'hui. L'astronome reste un peu un astrologue. Cette « science expérimentale » apparaît encore comme une « haute magie ». La distinction des plans scientifique, philosophique et religieux n'est pas complètement acquise. Avant et après Galilée (Galileo Galilei, 1564-1642) se lève alors une pléiade d'esprits observateurs et prodigieusement curieux : Nicolas Copernic (1473-1543), Tycho Brahé (1546-1601), Giordano Bruno (1548-1600), Jean Kepler (1571-1630), Isaac Newton (1643-1727), auxquels on peut ajouter en cet ordre de la science René Descartes (1596-1650) et Blaise Pascal (1623-1662). Ces premiers savants étaient tous des chrétiens, un certain nombre des catholiques, l'un ou l'autre prêtre ou religieux. Newton lui-même était un théologien anglican. Ils entendaient tous rester de bons fidèles de leur Église. Il n'y avait dans leurs recherches aucune agressivité contre la foi. Mais ils étaient des modernes et vivaient difficilement une courageuse conversion de mentalité entre la perception ancienne de la nature, selon le système de Ptolémée, et les découvertes qu'ils faisaient et qui ont fondé l'astronomie et la physique.

Les premiers sont encore des astrologues en train de devenir des astronomes. Leur science expérimentale gardait certains traits de la « haute magie[12] ». Il est même touchant d'en voir l'un ou l'autre essayer de résoudre les insuffisances de leurs théories en faisant appel à des anges correcteurs des trajectoires stellaires. Les comètes sont conduites par de mauvais anges, ce qui explique leur marche imprévisible. Leur passage annonce des catastrophes. Galilée estime encore que chaque planète a un ange gardien qui la conduit. Kepler veut faire l'horoscope du Christ et découvrir l'année de sa naissance. Ce qui est en cause dans leurs élucidations, c'est la difficile et douloureuse sortie d'une confusion millénaire entre l'ordre de la connaissance positive, d'une part, et celui de la philosophie, puis de la théologie réfléchissant sur la révélation, d'autre part. C'est la sortie de la mentalité préscientifique. La différence d'objet demande une différence de méthode. Chaque discipline est autonome en son ordre. Notre esprit doit accepter qu'elles ne se rejoignent pas toujours et ne doit pas chercher à les faire concorder prématurément. C'est cette distinction que des savants chrétiens élaboreront lentement dans un souci de vérité plus grande et que les autorités de l'Église refuseront longtemps de reconnaître : elles verront donc spontanément dans des thèses ou des hypothèses tirées de l'observation une contradiction avec certaines données de la foi, jugées immédiatement solidaires des affirmations scientifiques.

---

12. J'emprunte les réflexions qui suivent à un cours d'Abel Jeannière, *De l'univers infini à l'univers inimaginable. De Newton à la physique quantique*, Médiasèvres, Paris, 1992.

La cosmologie, couramment enseignée selon le système de Ptolémée, mettait la Terre au centre du monde (géocentrisme). Tout l'univers tourne donc autour de la Terre. Au centre de la Terre, il y a la croix du Christ Sauveur qui est ainsi le centre du centre : « La croix tient ferme et immobile quand tourne le monde (*Stat crux dum volvitur orbis*) », disait un adage classique. Mais qu'arrive-t-il si la Terre n'est plus au centre du monde ? Nous avons du mal à comprendre le lien immédiat ainsi établi entre la foi et la structure astronomique de l'univers dans la mentalité préscientifique. En 1616 Copernic est donc mis à l'Index, car il place le soleil au centre du monde. C'est la fameuse « révolution copernicienne » qui deviendra tout un symbole. Mais il lui donne lui aussi une justification théologique : le soleil est l'image parfaite de la lumière intelligible, l'image visible du Verbe invisible : il représente le Christ. En 1623, Galilée est mis en procès puis condamné, non seulement en raison de son héliocentrisme, mais aussi parce qu'il prétend justifier ses thèses à partir de l'Écriture.

Pourquoi cette difficulté à accepter la « révolution copernicienne », c'est-à-dire cette vision nouvelle de l'organisation de l'univers, fruit d'observations et de calculs de plus en plus précis ? Pourquoi, contre une évidence grandissante, vouloir en rester à tout prix à la cosmologie aristotélicienne ? Parce que pendant des siècles les données bibliques, dont l'intention et la pertinence étaient proprement religieuses, ont été comprises comme bouchant le trou des connaissances scientifiques absentes. De manière inconsciente il leur a été donné une valeur dans le domaine de ce qui deviendra la science physique. C'était sans importance pratiquement jusqu'au concile de Trente ; cela devient dramatique au XVIIe siècle où l'on voit naître le premier conflit entre la science et la foi. Les autorités ecclésiastiques étaient désemparées devant un tel bouleversement.

Il est vrai que les conséquences ne sont pas minces. La nature était le grand livre dans lequel tout était symbole et tout parlait de Dieu. Mais ce n'est déjà plus le cas pour Pascal : « Le silence éternel de ces espaces infinis m'effraie[13]. » Galilée est à l'origine de la mécanique classique. La trajectoire des planètes est expliquée par des calculs mathématiques beaucoup plus simples que ceux de ses prédécesseurs. Le réel est mathématisable : on doit le regarder de manière géométrique (*more geometrico*). Avec Newton, on passe de ce monde où tout parle de Dieu à un monde automate qui fonctionne tout seul avec des lois dont l'homme est exclu. Car Newton estime qu'un Dieu rationnel a mis des lois dans la nature et qu'il les respecte. Si la science s'est développée en Europe, c'est en raison de la fécondité de cette vision « légaliste » de l'univers.

Cette rencontre « ratée » si l'on peut dire entre la foi et la science émergente grèvera lourdement l'avenir. Ce qui s'inaugure avec l'affaire Galilée et ses suites se retrouvera au XIXe siècle avec le concordisme impénitent, qui cherchait à mettre d'accord les récits de la création avec les âges géologiques. Il faudra attendre 1820 pour que l'Église reconnaisse officiellement l'héliocentrisme, et Jean-Paul II pour qu'elle prononce une parole de réhabilitation de Galilée.

Vous avez parlé du domaine de la science, mais il y a aussi celui de la philosophie qui s'émancipe de la théologie.

Le XVIIe siècle est aussi celui de la naissance de la philosophie moderne, autonome par rapport à la théologie et qui développe des méthodes nouvelles. C'est une époque où le pouvoir absolu entend bien contrôler encore la pensée à travers l'édition, mais où la revendication de la liberté de pensée et de la tolérance est déjà constante. Les pays protestants comme l'Angleterre et la Hollande y jouent tout leur rôle. En France, la figure emblématique est Descartes (1596-1650) dont je souligne que cet ancien élève des jésuites de la Flèche se veut un bon catholique. On peut reconnaître certains échos des *Exercices* ignatiens dans la démarche de

---

13. B. Pascal, *Pensées*, n° 201 (Lafuma).

son *Discours de la méthode*. Il rédige des *Règles pour la direction de l'esprit*, comme Ignace écrivait des *Règles pour le discernement des esprits*. Mais Descartes est déjà un catholique moderne et critique. Il ne se contente pas de l'autorité dogmatique en matière de foi. Il entend reconstruire l'édifice de son existence sur le fondement de la raison et procéder en philosophie avec la même rigueur qu'en géométrie. Son installation en Hollande et ses voyages en Europe expriment une distance intellectuelle avec le climat de l'autorité absolue qui règne en France. Mais il n'y a rien de provocant dans ce recours à la raison, qui doit à sa manière venir confirmer l'édifice de la foi. Descartes vit selon les deux registres de la raison et de la foi, qui sont chez lui désormais clairement distincts, également respectés, mais déjà situés dans une tension réelle entre eux, une tension qui reste supportable sans être réconciliée. Malebranche (1638-1715) est un prêtre oratorien qui s'enthousiasme pour la philosophie de Descartes et la développe dans un sens augustinien. En ces premiers temps de la philosophie moderne, la raison reste modeste et accepte, au moins chez certains de ses représentants, un réel dialogue avec la foi. Mais il est clair que la théologie scolastique acquise et dominante ne pouvait que s'inquiéter de la radicalité d'une telle démarche. Malebranche, comme tant d'autres en son siècle, rencontrera sur son chemin l'hostilité de Bossuet, qui fait fonction de « Saint-Office » français.

Il en va globalement de même en Europe. Spinoza (1632-1677) se veut le disciple de Galilée et de Descartes. Il est lui aussi soucieux d'une philosophie purement rationnelle bâtie *more geometrico*. Il vit son rapport à sa foi juive avec plus d'indépendance que Descartes à l'égard de sa foi chrétienne et scandalisera ses coreligionnaires. Thomas Hobbes (1588-1579), qui est un peu le Descartes anglais dans sa démarche rationnelle et partage avec lui la curiosité scientifique, est favorable à l'existence d'une religion officielle, mais il estime que le pouvoir politique doit gouverner la religion, pour que celle-ci reste au service de la paix publique. John Locke (1632-1704) estime également que le religieux doit être subordonné au politique et sa pensée annonce le XVIIIe siècle. En Allemagne, Gottfried Leibniz (1646-1716), homme « encyclopédique », savant et mathématicien, philosophe mais aussi théologien luthérien, s'inscrit dans la filiation de Descartes, critique les idées de Locke et rencontre Spinoza au cours d'un voyage. Tous ces hommes appartiennent à la « république des lettres » dans laquelle les frontières nationales et confessionnelles sont facilement franchies. Ils sont dans leur ensemble les représentants d'une modernité « raisonnable » et considèrent la religion avec une grande bienveillance.

L'exégèse biblique est un aspect capital de la modernité dans le domaine de la foi. Pouvez-vous nous préciser son acte de naissance et le climat dans lequel il s'est produit ?

Nous avons évoqué à propos du XVIe siècle ceux qu'on appelait les « bibliens », Lefèvre d'Étaples et Érasme, qui lisent l'Écriture en grec et en hébreu et se présentent comme de nouveaux interprètes des textes. Ce retour aux textes originaux ne pouvait pas ne pas amener un nouveau type d'exégèse biblique. Sur ce terrain, il faut encore nommer le philosophe Spinoza, dont les idées sur la révélation se voudront avant tout rationnelles. Dans une intention beaucoup plus orthodoxe, Richard Simon (1638-1712), qui est un érasmien et à ce titre un héritier, joue un rôle décisif dans la création de l'exégèse moderne. Mais ses découvertes apparaîtront si nouvelles qu'elles causeront à l'époque plus de turbulences que le rapport entre la philosophie et la foi. Le XVIIe siècle ouvre en effet sur ce point un nouveau dossier du conflit entre science, raison et foi, plus délicat peut-être que le précédent, car il touche au lien entre Écriture et dogme et au rapport entre l'histoire et la foi. L'affaire se cristallise autour du conflit entre Richard Simon et Bossuet (1627-1704). Ces deux figures apparaissent comme paradigmatiques de deux attitudes vis-à-vis de la raison et de la science historique : celle du chercheur passionné de vérité historique et celle du pasteur qui entend défendre la foi des simples au risque d'en prendre à son aise avec l'histoire. Le clivage entre les deux orientations durera dans l'Église jusqu'au milieu du XXe siècle. D'une certaine manière, il annonce le conflit du modernisme. Je suis frappé par certaines analogies entre le cas de Richard Simon et celui d'Alfred Loisy au début du XXe. Ce qui se noue dans un débat encore discret entre doctes aura d'immenses répercussions sur la crédibilité de la foi dans les siècles suivants.

En 1678, Richard Simon, prêtre de l'Oratoire, publie son *Histoire critique du Vieux Testament* et en 1689, l'*Histoire critique du Texte du Nouveau Testament*. Dans ces deux titres, le mot important est l'adjectif *critique* qui prend là tout son sens moderne. Simon le revendique en ce qui concerne à la fois la critique textuelle et l'interprétation des textes. Il cherche à établir la vérité du texte, quelle qu'elle soit, historique ou dogmatique. Il estime que les principes de la critique sont les mêmes, qu'il s'agisse de l'*Iliade*, de l'*Énéide* ou du *Pentateuque*. Il voit en Spinoza plus un rival qu'un prédécesseur et distingue chez lui les principes et les « conséquences impies » que celui-ci en tire en raison de ses présupposés métaphysiques. La pensée de Spinoza ramène en effet le concept de la révélation à une découverte progressive de la rationalité de l'homme par lui-même.

R. Simon a appris l'hébreu à l'Oratoire et se lance dans une lecture « scientifique » de la Bible. Il reçoit le choc frontal de la critique des libertins qui affirment que la Bible est un ensemble plein de contrariétés et dépourvu de tout ordre. Ceux-ci posent des questions à la fois très simples et radicales : « Comment Moïse, qui est jugé comme l'auteur du Pentateuque, a-t-il pu raconter sa propre mort à la fin de ce corpus littéraire ? » Simon discerne bien que la composition des textes anciens porte la trace de répétitions, de retouches et de corrections, qui ne permettent pas de considérer Moïse comme l'unique rédacteur du *Pentateuque* et qu'il s'agit d'une œuvre beaucoup plus collective réalisée lentement et bien après les événements. De nombreux traits stylistiques sont à l'évidence postérieurs à l'époque de Moïse. De proche en proche, il se pose tous les problèmes inhérents à la rédaction de l'Ancien Testament.

Pour sortir de ces impasses, Simon se réfère aux Pères de l'Église, surtout Origène, Jérôme et Augustin, qui ont respecté et pris au sérieux le texte scripturaire. Il tient fermement que les Écritures sont divines, mais elles sont le livre du peuple hébreu et ont été écrites par divers auteurs. Aussi étend-il l'inspiration à tous ces auteurs, au-delà des attributions reçues. En cela il se fait un grand défenseur de la tradition, ce qui lui permet de montrer son hostilité aux protestants. Il tiendra même, comme bien des Pères de l'Église, l'inspiration de la Septante. Ceci n'est pas loin de la perception de l'inspiration dans la théologie d'aujourd'hui. Son intention est de réconcilier la Bible et la théologie.

R. Simon est un peu à l'exégèse ce que Descartes a été à la philosophie. L'un comme l'autre accueillent l'enseignement reçu de l'Église, mais ils veulent le mettre à l'épreuve d'une enquête critique. Descartes est un bon chrétien, mais il veut reconstruire sa propre foi sur des bases rationnelles. Il est à l'origine, en milieu chrétien, d'une philosophie séparée de la théologie. Simon est un prêtre savant qui pose de son côté les jalons d'une exégèse qui s'attachera de plus en plus au sens littéral. Mais sa recherche est au plan doctrinal particulièrement « sensible », car elle s'inscrit à la jointure du traitement d'une littérature très humaine et de sa reconnaissance comme l'attestation de la Parole de Dieu. Simon entend bien rester orthodoxe. Il a même pour lui cette donnée de foi irréfragable que si Jésus est vraiment homme, son événement est alors susceptible de l'étude de toutes les sciences humaines. Si Jésus a partagé la condition humaine, il la partage aussi pour la transmission de son message dans les divers véhicules humains de l'histoire. Mais Richard Simon a un caractère difficile ; il sait être dur, ironique et blessant ; il a le goût du pamphlet, nous dirions aujourd'hui de la provocation. En cela il annonce un peu Loisy.

Simon sera longuement réfuté par les protestants. Mais surtout il trouvera son contradicteur immédiat en la personne de Jacques

Bénigne Bossuet, évêque de Meaux, qui représente en l'occurrence l'autorité de l'Église de France. Bossuet fait arrêter immédiatement la publication de l'*Histoire critique du vieux Testament* et s'en prend avec vigueur à Richard Simon au nom de la foi. Il fera de même avec l'*Histoire critique du Nouveau Testament*. Le travail de Simon est refusé par l'Église de France et son roi. Bossuet, très représentatif de son temps, aime la stabilité, la sécurité et la permanence. La vérité de l'Écriture est divine, donc elle est parfaite dès le début et ne saurait être compromise dans les sables mouvants d'une recherche textuelle. Le dogme est ou n'est pas : il est sans addition ni soustraction, de manière immuable. La foi est obéissance avant tout et la sienne est au-dessus de tout doute. Pourtant Bossuet a tort, même au regard de la foi, de penser que l'Écriture ne doit pas être traitée comme un texte humain parmi tous les autres textes humains. Sans s'en rendre compte, il met en cause l'incarnation de la Parole de Dieu. Il se verra d'ailleurs acculé à faire quelques concessions à R. Simon, mais en les minimisant le plus possible, et il ne pourra empêcher que les livres de Simon ne soient finalement lus et traduits.

Simon cherchera toujours à se concilier Bossuet. Mais ce dernier – qui se voulait le rempart de l'Église contre le libertinage – ne semble pas avoir entendu les attaques des libertins contre la Bible et n'est pas sensible aux enjeux déjà présents de la recherche critique. Il n'a pas compris l'intention profonde de Simon. Les deux hommes n'ont pas été capables de dialoguer de manière constructive, alors que le même Bossuet acceptera bien de dialoguer un moment avec Leibniz sur un projet d'union des Églises. Mais son intransigeance et l'ampleur de ses certitudes feront tout échouer. Cette incompréhension est tragique et elle coûtera très cher, à long terme, à la transmission de la foi. Ces deux hommes présentent les types de deux attitudes durables, dont ils sont les premiers témoins et qui ne feront que se durcir. L'Église catholique de la fin du XVIIe siècle n'était pas prête à prendre ce tournant, comme on le verra jusqu'à la crise moderniste incluse.

Ce qui s'est produit dans le domaine biblique se réalise également, mais de manière plus discrète, dans l'ordre de l'histoire de l'Église. La même rupture se produit au sein de l'Église entre science historique et dogme. Elle commence avec les travaux sur l'hagiographie. Jean Bolland (Bollandus, 1596-1665) et, à sa suite, la société des bollandistes, passent au crible les récits et légendes anciennes de la vie des saints. Mais la dénonciation de ces légendes risque de scandaliser un grand nombre de pieux fidèles et de mettre leur foi en difficulté. Nous retrouvons toujours le même conflit entre histoire et pastorale. En France, le jésuite Denis Petau (1583-1652), l'oratorien Louis Thomassin (1619-1695) et le bénédictin Jean Mabillon (1632-1707) poursuivent et d'une certaine manière renouvellent l'étude des Pères de l'Église sur la base d'une méthode historique aux critères déjà fermes. Leur travail historique s'inscrit dans une volonté de foi sans faille, mais ils prennent leur distance avec la scolastique et posent les jalons de ce qui deviendra plus tard l'*Histoire des dogmes*. Ils découvrent l'originalité de la *vérité historique* et sa différence avec la *vérité dogmatique*. Le grand témoin de cette rupture, très discrète dans sa forme, mais si grosse de conséquences pour l'avenir, est le prêtre de tendance janséniste Sébastien Le Nain de Tillemont (1637-1698), l'exact contemporain de Richard Simon[14]. L'*Avertissement* qu'il place en tête de ses *Mémoires pour servir à l'histoire ecclésiastique des six premiers siècles justifiés par les citations des auteurs originaux*, exprime une grande lucidité sur l'originalité de son entreprise et les risques qu'elle court. Tillemont ne prétend pas enseigner la vérité dogmatique : il se contente de « chercher la vérité des faits », ou la « vérité de l'histoire », « la vérité simple de ce qui s'est passé ». Il se pose franchement la question du conflit possible entre ce type de vérité et la vérité de l'enseignement officiel de l'Église. Car il traite des choses selon les principes de l'histoire et non selon ceux

---

14. Cf. B. Sesboüé, « Histoire et autorité dans la saisie de la vérité chrétienne (à partir du XVIIe siècle) », *Recherches de science religieuse*, 88 (2000), p. 39-79.

de la théologie. Mais il écarte ce souci, pensant que la vérité ne peut pas être contraire à la vérité. Sur le moment l'accueil réservé à l'ouvrage de Tillemont est très favorable. Mabillon en fait l'éloge et R. Simon se réjouit des premiers débats soulevés. L'accueil à Rome est plutôt bienveillant. Mais, paradoxalement, les choses changeront au début du XVIIIe siècle et Tillemont ne fera pas école. L'*Histoire ecclésiastique* de l'abbé Claude Fleury, un gallican, est de qualité bien inférieure et restera l'ouvrage officiel des séminaires jusqu'à la Restauration. Les jésuites très présents à la recherche historique au XVIIe deviendront pour certains des opposants à la critique historique au XVIIIe. Il est vrai que les résultats de Tillemont et de Mabillon seront alors utilisés par des tenants de l'esprit philosophique contre les intentions de leurs auteurs. Les difficultés entre histoire et doctrine ont commencé. Nous rencontrons toujours les mêmes clivages.

Tout ceci a été parfaitement diagnostiqué dans le grand ouvrage, déjà ancien, de Paul Hazard, que j'ai lu dans ma jeunesse, *La crise de la conscience européenne*[15]. Même si l'historiographie a progressé depuis et nuancé certaines de ses vues, les lignes de force de l'ouvrage demeurent. Hazard s'attache à la transition entre le XVIIe et le XVIIIe siècle. Il montre que dès 1680, les grands problèmes qui seront au premier plan au XVIIIe sont déjà posés. Voici sa préface :

« Quel contraste ! Quel brusque passage ! La hiérarchie, la discipline, l'ordre que l'autorité se charge d'assurer, les dogmes qui règlent fermement la vie : voilà ce qu'aimaient les hommes du XVIIe siècle. Les contraintes, l'autorité, les dogmes, voilà ce que détestent les hommes du XVIIIe siècle, leurs successeurs immédiats. Les premiers sont chrétiens, et les autres sont antichrétiens ; les premiers croient au droit divin, et les autres au droit naturel ; les premiers vivent à l'aise dans une société qui se divise en classes inégales, les seconds ne rêvent qu'égalité. [...] La majorité des

---

15. P. Hazard, *La crise de la conscience européenne (1680-1715)*, t. I et II, plus vol. de notes et références, Boivin et Cie, Paris, 1935.

Français pensait comme Bossuet ; tout d'un coup, les Français pensent comme Voltaire : c'est une révolution. »

L'auteur a voulu explorer aux confins des deux siècles « une zone incertaine, malaisée » où il discerne le passage progressif de « la stabilité au mouvement ». À ses yeux, les grandes caractéristiques du XVIIIe étaient déjà présentes dans les années de la gloire de Louis XIV. Pierre Bayle (1647-1706), « l'athée vertueux », est déjà un homme du XVIIIe siècle :

« À peu près toutes les idées qui ont paru révolutionnaires vers 1760, ou même vers 1789, s'étaient exprimées déjà vers 1680. Alors une crise s'est opérée dans la conscience européenne ; entre la Renaissance, dont elle procède directement, et la Révolution française, qu'elle prépare, il n'y a en pas de plus importante dans l'histoire des idées. À une civilisation fondée sur l'idée de devoir, les devoirs envers Dieu, les devoirs envers le prince, les "nouveaux philosophes" ont essayé de substituer une civilisation fondée sur l'idée de droit : les droits de la conscience individuelle, les droits de la critique, les droits de la raison, les droits de l'homme et du citoyen[16]. »

Je reconnais volontiers que ce discernement n'a pu se faire qu'après coup et que les contemporains ne pouvaient avoir conscience de la radicalité des ruptures alors en cours. La distance historique et la connaissance de la suite nous donnent sur ces enjeux une acribie, que les contemporains n'avaient pas. Sur le moment, il était bien difficile de discerner la part de légitimité des vues de R. Simon. Aussi bien ne s'agit-il pas pour moi de chercher des responsabilités personnelles mais de dégager une certaine intelligibilité de cette histoire. Je constate que l'Église catholique a manqué un rendez-vous capital avec la science naissante dans tous ses domaines, alors que ses divers représentants étaient souvent issus de ses rangs et n'avaient aucune agressivité contre la foi. Leurs découvertes étaient même pour une large part le fruit de

---

16. *Ibid.*, p. I-V.

l'évangélisation de l'Europe. Un refus *a priori* de toute nouveauté se conjugua avec un souci de sécurité dans le domaine pastoral. On ne peut que constater cet aveuglement, mais on ne saurait évidemment pas faire l'histoire de ce qui aurait pu arriver autrement. Le « principe de précaution », si je peux me permettre cet anachronisme, ne s'est pas révélé l'option la plus sûre. On pourrait même dire que la « sécurité » de la foi de Bossuet, qui se prétendait au-dessus de tout doute, était quand même affectée par un doute très grave : comment le peuple chrétien allait-il réagir aux nouveautés ?

À la fin du XVIIe siècle, la façade de l'Église semble intacte : l'édifice est en fait plein de fissures. Je discerne à ce moment les premiers symptômes de la rupture de la longueur d'onde à venir entre l'Église et le monde. Dans ce qui grandit alors dans ces groupes restreints, c'est la germination de la modernité.

Le XVIIIe siècle : des Lumières à la Révolution française

C'est ce secret bouillonnement qui va exploser en plein jour au XVIIIe siècle ?

Le XVIIIe siècle est beaucoup mieux connu pour l'impulsion qu'il a donnée à l'évolution des idées et *apparemment* les choses sont claires. Si on les analyse avec un peu plus de précision, elles se montrent infiniment plus complexes et la modernité – dont le terme n'apparaît qu'au milieu du XIXe siècle – recouvre des réalités assez différentes suivant les hommes et aussi les pays de l'Europe.

Commençons par ce qui est le plus massif. En France, une cristallisation antichrétienne se produit dans la société. Ce qui était récessif à l'âge précédent devient dominant et vice versa. La rupture est donc loin d'être totale. Si l'on se réfère à l'*intelligentsia* philosophique et littéraire du temps, le renversement des opinions est évident, comme l'a bien résumé Paul Hazard. Les attaques contre le christianisme et surtout contre l'Église catholique sont constantes et viennent de nombreux milieux. Au plan social, la noblesse perd largement la foi, même si elle sauve les apparences en raison de ses responsabilités sociales. La grande bourgeoisie – magistrats, diplomates, administrateurs – se fait volontiers l'adepte des idées des Lumières, elle est admise dans les salons où se créent les mouvements d'opinion. Elle quitte l'Église ou n'y reste que pour la façade. Tels ou tels prêtres, à l'instar du curé Meslier (1664-1729), perdent même la foi. Cependant, un courant majoritaire de l'*intelligentsia* ecclésiale entre dans les idées de la modernité scientifique et politique, à l'exemple de l'abbé Grégoire qui est un savant. Des jésuites sont mathématiciens, physiciens et astronomes en Chine et en Europe. Ils correspondent avec les centres de recherche européens. Leur *Journal de Trévoux* exprime une ouverture aux idées nouvelles. Les oratoriens sont également favorables à la modernité. Cependant dans la deuxième moitié du XVIIIe siècle un terme revient souvent chez les hommes d'Église, celui d'*incrédulité*, en particulier sous la plume d'un bon observateur comme Mgr Lefranc de Pompignan.

Mais le corps social français, qui est largement rural, reste chrétien et, pour sa plus grande part en France, catholique. Les idées des Lumières ne pénètrent que très partiellement le peuple. Sans doute tel ou tel curé communie-t-il avec les enthousiasmes du temps et il dut y avoir dans ses rangs tel ou tel « vicaire savoyard » dans l'esprit de J.-J. Rousseau. Mais les *Cahiers de doléance* témoignent, à la veille de la Révolution, « par la formule et le motif de leurs plaintes, d'une estime universelle pour l'Église et la religion[17] ». Le peuple restait très attaché à la foi catholique et n'était nullement ouvert à l'idée de tolérance pour les autres confessions ou religions. Il faudra attendre le XIXe siècle pour observer la naissance d'une prise de distance du peuple à l'égard de l'Église.

---

17. L.-J. Rogier, *Nouvelle histoire de l'Église*, t. 4, *Siècle des Lumières. Révolutions. Restaurations*, Seuil, Paris, 1966, p. 166.

Que mettez-vous sous le terme global de « Lumières » ? Ce mouvement a gagné toute l'Europe, était-il le même partout ? S'agit-il seulement de l'affirmation de la raison ?

Le mouvement des Lumières se produit d'abord en Angleterre, en France et aux Pays-Bas, nation où l'édition est libre et qui contribue fortement à la diffusion des idées. Voltaire dira avec son humour habituel que les libraires hollandais gagnent bien de l'argent, « parce que les Français ont de l'esprit ». De fait, les philosophes de France et d'Angleterre s'y retrouvent volontiers pour échanger leurs idées. Les Lumières ne gagneront l'Allemagne que dans la deuxième moitié du siècle et produiront son plus sérieux représentant avec Emmanuel Kant. En France, les choses sont différentes. Les Lumières à la française vont se développer dans un climat proprement antichrétien. Le déisme, encore discret au XVIIe, se transmet largement et revient d'Angleterre. Cependant, Anthony Shaftesbury (1671-1713), le père des Lumières anglaises selon Diderot, critique le déisme. Le déisme admet la preuve rationnelle de l'existence de Dieu, mais considère celui-ci comme un objet, le Grand Horloger de l'univers, tandis que le théisme confesse un Dieu personnel, un Dieu en « Je ». Le théisme garde le sens de la grandeur de Dieu et ouvre la voie à la preuve morale de son existence. Mais le Dieu chrétien, le Dieu révélé en Jésus-Christ, est déjà l'objet de contestation, même si la figure de Jésus restera respectée par les révolutionnaires.

Montesquieu et Voltaire sont des déistes. Si le premier est un authentique philosophe du droit public, le second n'est qu'un brillant vulgarisateur. Mais c'est lui qui exercera la plus grande influence, tout d'abord par ses *Lettres anglaises* (1734) dans lesquelles il fait l'éloge de la liberté de religion et où il commence à attaquer l'Église avec une violence qui ne se démentira pas, jusqu'à son « Écrasons l'infâme ! ». La qualité de son style, son ironie mordante et l'exploitation de grandes « affaires » publiques feront son succès et contribueront à la déconsidération croissante de l'Église au regard des nouvelles générations. Il se fait le grand apôtre de la tolérance religieuse, avec une agressivité idéologique et polémique qui n'était nullement de mise chez les premiers théoriciens anglais de la tolérance. Les grandes querelles menées par Voltaire témoignent d'une première forme d'anticléricalisme qui devient progressivement un antichristianisme. Il fait le procès de l'Église au nom des grands idéaux qui seront ceux de la Révolution française.

L'œuvre la plus importante des « philosophes » français fut la fameuse *Encyclopédie ou dictionnaire raisonné des sciences, des arts et des techniques*, qui parut en trente-cinq volumes entre 1751 et 1772. Elle fut l'œuvre de Denis Diderot, qui avait bâti sa célébrité internationale sur son étude *De la suffisance de la religion naturelle*, sorte de bible du déisme. Diderot confia la rédaction de certaines notices à des collaborateurs en vue: Voltaire, Montesquieu, Rousseau, Buffon, Turgot. L'ouvrage ne semble pas avoir été conçu au départ comme une arme antireligieuse. Barnabé Chiaramonti, le futur Pie VII, y souscrivit et certains théologiens y collaborèrent. Le *Journal de Trévoux* des jésuites lui fut dans un premier temps bienveillant, avant de le désapprouver. Ce n'est qu'en 1759, après la mort de Benoît XIV, que Clément XIII mettra l'*Encyclopédie* à l'Index. C'est aussi l'époque où elle prend un ton franchement anticlérical. Elle professera dans la seconde moitié du XVIIIe siècle une forme d'indifférence religieuse inconnue jusqu'alors. La franc-maçonnerie connaît une évolution analogue. Bien des chrétiens y entrent dans un premier temps. Elle est d'inspiration déiste et se veut l'apôtre de la libre-pensée. Elle est aussi porteuse d'un idéal spiritualiste qui favorise l'union de tous au-delà des différences religieuses et véhicule un œcuménisme facile. Elle sera bien vue dans les pays anglicans et luthériens, beaucoup plus sévèrement dans les pays calvinistes et catholiques. Son interdiction par le pape Clément XII dès 1738 en fit un lieu de ralliement anticatholique.

Jean-Jacques Rousseau se situe à une autre place sur l'échiquier intellectuel. Il se fâche avec les encyclopédistes. Il est un véritable philosophe, qui sera respecté par Kant, mais sa pensée assume bien des contradictions : il est à la fois théiste et chrétien ou chrétien théiste, mais pas déiste. Une forme de théisme moral peut être lue dans la *Profession de foi du vicaire savoyard*. Sa sensibilité devant la beauté du monde est celle d'une religion morale, une religion de la conscience qui révèle à l'homme sa dignité. Kant dira de lui qu'il fut le Newton de la morale. Il annonce par bien des aspects le réveil religieux du romantisme. Voltaire mourra sans postérité, tandis que Rousseau en aura plusieurs, aussi bien du côté du réveil de la religion en Allemagne que des socialistes utopiques en France. Mais Rousseau exprime également le renversement de la situation du miracle dans la religion : de preuve ou de confirmation spontanée de la révélation chrétienne le miracle devient un obstacle inadmissible. C'est la conséquence des premières découvertes des lois naturelles et du déterminisme scientifique. J.-J. Rousseau, qui a des pages émouvantes sur la grandeur morale de Jésus, ne peut admettre les miracles : ôtez les miracles de l'Évangile et toute la terre est aux pieds de Jésus-Christ, proclame le vicaire savoyard.

*L'*Aufklärung *allemande est-elle très différente des Lumières françaises ?*

Dans l'événement des Lumières, il nous faut éviter de faire l'amalgame. L'*Aufklärung* allemande, contemporaine des autres dans sa genèse mais plus tardive dans sa mise en forme, s'exprime dans la seconde moitié du siècle ; non sans lien avec une renaissance piétiste. Influencée par Jean-Jacques Rousseau, elle fut infiniment plus sérieuse que les Lumières françaises. Kant a répondu lui-même à la question : qu'est-ce que les Lumières (*Aufklärung*) ? Il s'agit pour lui de l'accès de l'humanité à la maturité de la raison et au désir de penser par soi-même. Mais à son jugement, si le terme est nouveau, la chose est ancienne. Tout n'est sans doute pas recevable dans son livre significatif, *La religion dans les limites de la simple raison* (1796). Mais son intention n'est nullement antichrétienne. Kant a reçu une éducation luthérienne et a toujours exprimé le plus grand respect envers la religion. Sa pensée de philosophe pose de vraies questions, comme le montre à l'envi l'influence décisive qu'elle aura sur le développement de la philosophie. Kant a lu Newton et a construit sa philosophie en tenant compte des vues du savant. Comme Maurice Clavel le dira en notre temps : Kant abaisse les capacités de la raison, pour laisser sa place à la foi. Il se fait l'apôtre d'une raison humble. Il a marqué dans la philosophie une étape – on a aussi parlé à son sujet de révolution – qui s'impose à tous ses successeurs et qui s'est imposée aussi à sa manière aux théologiens, comme à Joseph Maréchal et à sa suite Karl Rahner. La justification chrétienne de la foi ne pouvait pas éviter de penser désormais de manière nouvelle, en « passant par Kant », comme nous le disait un de mes professeurs de philosophie à Chantilly. On ne peut que regretter la diabolisation de Kant entretenue dans les milieux ecclésiastiques romains jusqu'au milieu du XXe siècle. N'a-t-on pas parlé avec humour des « ravages du kantisme dans les campagnes » ? On a fait trop longtemps un ennemi d'un chrétien de bonne foi, même s'il était hétérodoxe du point de vue catholique. On a jeté le grain avec la paille. Le refus infiniment trop massif de Kant dans l'Église est un aspect du divorce progressif entre elle et le monde moderne.

Ce que je voulais souligner dans ce rappel trop rapide de données très complexes, c'est que le mouvement des Lumières dans sa globalité véhicule du meilleur et du moins bon, dont le discernement n'était pas facile mais dont le rejet fut trop massif. Sans doute les excès de la Révolution française et l'évolution future de la société occidentale mettront-ils en relief ses effets négatifs. Mais il serait injuste d'en accuser les éléments « authentiques » des Lumières. Je me rangerai volontiers ici au jugement donné par Benoît XVI dans sa conférence de Ratisbonne, qui a fait tant de bruit en raison d'une citation concernant l'islam, mais dont le thème portait sur la foi et la raison :

« Fondamentalement, il s'agit d'une rencontre entre la foi et la raison, entre l'authentique philosophie des Lumières (*Aufklärung*) et la religion. [...] L'essai d'autocritique de la raison moderne esquissé ici à très gros traits n'inclut d'aucune façon l'idée qu'il faille remonter en deçà des Lumières (*Aufklärung*) et congédier les intuitions de l'époque moderne[18]. »

Sur le plan des sciences, y a-t-il du nouveau par rapport au siècle précédent?

En ce domaine, nous constatons la continuation et le progrès des recherches scientifiques. Pierre Laplace (1749-1827), astronome et mathématicien, publie une *Exposition du système du monde* en 1796. Cet univers est un parfait automate où tout est donné dans la mécanique céleste. On connaît sa réponse à Napoléon qui lui posait la question de Dieu « en tout cela ». « Sire, je n'ai pas besoin de cette hypothèse. » Cette formule a été comprise et a fonctionné comme une profession d'athéisme, ce qu'elle n'est pas forcément. Elle exprime une conception scientifique selon laquelle il ne faut pas mélanger l'ordre divin à l'ordre des phénomènes. La foi religieuse et la connaissance scientifique ne sont pas du même ordre.

Dans le domaine de l'exégèse, le docteur Jean Astruc (1684-1766), médecin qui s'intéresse à la Bible, continue sur la lancée des recherches de R. Simon, qu'il a lues. Dans ses *Conjectures sur la Genèse*[19], il établit dans une présentation sur diverses colonnes la distinction des différents documents qui sont à la base d'une synthèse rédactionnelle aux sutures visibles. La « théorie documentaire » fera autorité au XIXe et au XXe siècle, avant d'être à son tour critiquée, mais surtout très affinée. Avec Richard Simon et Astruc,

---

18. Benoît XVI, *Foi, raison et université*. Conférence de Ratisbonne, DC 2366 (2006), p. 926-928.
19. J. Astruc, *Conjectures sur la Genèse*, 1753; nouv. éd. par P. Gibert, Noesis, Paris, 1999.

la lecture de l'Écriture dans l'Église a franchi le pas de la modernité scientifique. Cette exégèse moderne sera vite adoptée dans les Églises issues de la Réforme, surtout en Allemagne, mais longtemps tenue à distance dans l'enseignement officiel des séminaires et facultés de théologie catholiques, avant d'être formellement combattue dans la deuxième moitié du XIXe siècle. La distance entre les recherches exégétiques protestantes et catholiques ne fera que croître et nous touchons ici du doigt l'une des causes de la future crise moderniste.

Pourtant, s'il est le siècle de la raison, le XVIIIe siècle n'est pas encore celui de l'histoire. Pour les philosophes du temps, l'histoire, qui est la connaissance du particulier, n'a pas de pertinence au regard de l'universel et donc de la raison. Du côté catholique, on commence à dénoncer « la critique et l'hérésie fidèles compagnes[20] ». Un jésuite, le P. Laubrussel, publie dès 1711 un *Traité des abus de la critique en matière de religion*[21] et certains jésuites deviennent des opposants à la critique historique. Le XVIIIe siècle, promoteur du conflit entre la foi et la raison, n'est pas encore celui du conflit entre l'histoire et la foi.

Devant cette situation en mouvement rapide, quelle est la réaction de l'Église institutionnelle ?

N'oublions pas d'abord que le christianisme occidental est toujours scindé entre le catholicisme et les diverses branches du protestantisme qui prennent à l'égard de la modernité des options toutes différentes. Catholiques et protestants vivent en conflit larvé qui se traduit souvent par des réseaux de vie sociale complètement séparés, ce qui ne sert pas le témoignage évangélique. Le protestantisme, surtout anglo-saxon, connaît une série de réveils.

---

20. Cf. Bruno Neveu, *Un historien à l'école de Port Royal. Sébastien Le Nain de Tillemont 1637-1698*, Martinus Nijhoff, La Haye, 1966, p. 289.
21. Cf. B. Neveu, *Érudition et religion aux XVIIe et XVIIIe siècles*, Albin Michel, Paris, p. 212-214.

Dans son ensemble, il a pris davantage rendez-vous avec la science moderne. Mais il l'a payé aussi de l'orientation d'une partie de son *intelligentsia* vers le « protestantisme libéral », très réducteur de l'idée de révélation : celui-ci ne retient plus la spécificité chrétienne de l'initiative concrète de Dieu en Jésus-Christ dans l'histoire des hommes. Le Credo, le Symbole de foi, ne propose plus alors un contenu réel d'articles à croire et ne garde qu'une valeur symbolique au sens faible de ce terme.

Devant ce qui est désormais un défi public, l'Église catholique du XVIIIe siècle, non seulement dans ses autorités mais dans l'ensemble de ses membres, semble atteinte d'une certaine décadence. Elle apparaît vieillie devant ces forces nouvelles qui explosent partout. La foi de certains de ses membres devient partagée, c'est-à-dire affectée d'un doute. Elle ne produit plus de penseurs originaux ni de savants. « C'est l'impuissance de l'Église qui a fait le succès de Voltaire, de même que les réels défauts de l'Église ont été son point d'appui[22]. » Elle hérite de « querelles cléricales », comme le jansénisme, le gallicanisme et le quiétisme qui apparaissent dérisoires au regard des contestations nouvelles. Elle ne se rend pas compte que la formule « Hors de l'Église pas de salut », qui ne faisait jusqu'alors problème ni à ses membres ni à l'opinion publique, est devenue odieuse à l'esprit des Lumières et l'expression même de l'intolérance et de l'obscurantisme catholiques :

« S'il était une religion sur la terre, écrit J.-J. Rousseau dans le *Contrat social*, hors de laquelle il n'y eût que peine éternelle, et qu'en quelque lieu du monde un seul mortel de bonne foi n'eût pas été frappé de son évidence, le Dieu de cette religion serait le plus inique et le plus cruel des tyrans[23]. »

De même, dans la *Profession de foi du vicaire savoyard*, il se moque des doctrines théologiques qui veulent s'appliquer aux

---

22. L.-J. Rogier, *op. cit.*, p. 26.
23. J.-J. Rousseau, *Émile ou de l'éducation*, Livre IV. *Profession de foi du vicaire savoyard*; *Œuvres complètes*, t.3, Seuil, Paris, 1971, p. 205.

indigènes des pays de mission : ces derniers, n'ont pas encore entendu parler de l'Évangile, sont damnés en raison d'une ignorance totalement innocente :

« À Dieu ne plaise que jamais je leur prêche le dogme cruel de l'intolérance ; que jamais je les porte à détester leur prochain, à dire à d'autres hommes : vous êtes damnés[24]. »

Remarquons au passage que les positions théologiques auxquelles Rousseau se réfère sont plus proches des opinions jansénistes de la Sorbonne que des positions romaines sur le même sujet, sensiblement plus ouvertes.

Prenons un tout autre domaine, celui du prêt à intérêt. L'Église l'avait traditionnellement condamné quand il s'agissait d'un prêt à la consommation : nul ne pouvait exploiter le besoin ou l'indigence d'un voisin à toute extrémité pour lui demander de rembourser plus qu'il n'avait emprunté. La mesure avait été appliquée progressivement comme allant de soi au prêt à la production, où plusieurs acteurs mettent en commun leurs capitaux pour fonder une entreprise. Du même coup, les bailleurs d'argent qu'étaient les banquiers étaient considérés en état de péché et devaient se confesser la veille des grandes fêtes, ce pourquoi on leur donnait une demi-journée de congé. Telle est la raison pour laquelle les banques sont encore aujourd'hui fermées à midi la veille des quatre fêtes d'obligation ! Or les banquiers avaient la conviction d'exercer un métier honnête, rendant un réel service à la vie économique. Ils faisaient la différence entre un taux usuraire et un intérêt légitime, correspondant aux risques encourus et à la privation de jouissance de son argent par le propriétaire qui l'avait engagé. Ce ne sera qu'en 1821 qu'une instruction du Saint-Office dira que les banquiers ne doivent plus être inquiétés[25].

---

24. J.-J. Rousseau, *Ibid.*, p. 213-214.
25. Cf. sur ce point, B. Sesboüé, « Le "*sensus fidelium*" en morale à la lumière de Vatican II », *Le Supplément*, n° 182, sept. 1992, p. 153-166.

Devant les attaques grandissantes des Lumières, B. Plongeron[26] recense deux réactions majeures : celle de la dévotion traditionnelle, avec les confréries du culte et de l'adoration du Saint-Sacrement, le développement des Congrégations mariales et les Associations d'amis (AA), la partie la plus discrète de ces congrégations à qui le climat du siècle reprochera des comportements ambigus. Contrairement à la thèse du « crépuscule des mystiques », on note également un renouveau spirituel dans la seconde moitié du siècle. L'autre réaction, dégagée par l'historiographie récente, est celle d'une « *Aufklärung* chrétienne », même si l'expression peut paraître provocante, ou d'un « catholicisme des Lumières ». Cette tendance entend proposer une « religion éclairée » mettant en œuvre l'« hommage raisonnable » (Rm 12, 2) que la foi doit rendre à Dieu. Ses principaux objectifs sont « une Église rénovée dans ses structures ; au service du peuple chrétien ; "intelligible" pour tous, parce que promotrice d'une culture populaire[27] ». Elle cherche à réconcilier religion et raison.

Les papes du XVIIIe siècle seront des hommes médiocres, à l'exception de Benoît XIV. Ce pape savant, historien et canoniste, fut conscient des enjeux du nouveau rapport entre foi et raison et se plaignait « que les théologiens gaspillassent scandaleusement leurs forces à se disputer sur des affaires de si peu d'importance, sans voir le danger que faisaient courir aux pays catholiques les doctrines venues d'Angleterre[28] ». Il sut se montrer souple envers les autorités politiques du temps et conclut plusieurs concordats. Il reconnut la compétence des autorités civiles en matière de mariage, prenant ainsi acte de l'état de fait causé par la Réforme. Il voulut alléger la discipline de l'index, ce qui permit à son successeur de libérer de leurs censures les ouvrages de Copernic et de Galilée en 1759. Mais

---

26. B. Plongeron dans *Histoire du christianisme*, t. 10, *Les défis de la modernité (1750-1840)*, Desclée, Paris, 1997, p. 252-268.
27. *Ibid.*, p. 268.
28. L.-J. Rogier, *op. cit.*, p. 14. (La référence donnée à la correspondance de Benoît XIV est erronée.)

dans l'ensemble la réaction de l'Église hiérarchique est surtout autoritaire et accuse un décalage grandissant avec l'esprit de l'époque. Elle condamne et cherche à imposer le silence, comme si l'on pouvait arrêter des idées par des sanctions. Elle applique aux idées nouvelles les principes de la Contre-Réforme, élaborés pour le protestantisme. Elle ne se rend pas compte que cette réaction est sans effet, ou, pire, qu'elle alimente le reproche d'intolérance en un temps où la tolérance est devenue une idée-force. Dans le même moment, la vie religieuse cloîtrée voit une grande raréfaction de ses vocations. De nombreux monastères sont obligés de fermer. Les derniers gouvernements de la monarchie durent fermer plus de quatre cent cinquante couvents et supprimer une huitaine d'ordres.

Parmi lesquels il ne faut pas oublier la Compagnie de Jésus !

Bien évidemment, quoique cette dernière ait connu une remontée de ses vocations juste avant sa suppression. C'est dans ce contexte que se situent la montée de l'hostilité envers les jésuites et leur suppression. Cet événement a donné lieu aux interprétations les plus opposées. La situation de cet ordre à l'égard de la modernité est originale. D'une part, la Compagnie est fille des premiers Temps modernes qui l'ont vue naître. Ses *Constitutions* et sa vocation prennent une réelle distance avec la tradition monastique. Sa spiritualité, issue de la *devotio moderna*, se trouve adaptée aux attentes nouvelles et exerce une grande influence. Le génie d'Ignace de Loyola, écrit Luce Giard, dans son « invention d'un nouveau mode de vie religieuse », « réside en ce qu'il a su, avec les premiers compagnons, puis avec le premier cercle des nouvelles recrues, donner forme à ce mode de vie et l'accorder à la figure de la modernité en train de naître[29] ». Cette figure nouvelle d'ordre

---

29. L. Giard, introduction aux « Lettres et Instructions », dans Ignace de Loyola, *Écrits*, traduits et présentés sous la dir. de M. Giuliani, Desclée de Brouwer/Bellarmin, Paris/Montréal, 1991, p. 626.

religieux sera une référence pour la création des futures congrégations religieuses masculines et féminines typiques des Temps modernes. La spiritualité ignacienne vise aussi les laïcs et leur propose un approfondissement de leur foi et des principes de discernement pour l'engagement de leur liberté ; pratique, elle les forme pour l'action dans le cadre d'une vie chrétienne typiquement « moderne ». Les collèges que la Compagnie multiplie entendent opposer aux progrès de la Réforme un catholicisme instruit et fondé. L'ordre connaît dans ses missions, en Chine, en Inde et en Amérique latine de grands succès. Les jésuites s'engagent avec détermination dans l'œuvre de la Réforme catholique par le militantisme de leurs œuvres de formation à la fois humaine et religieuse. Par contre, sur le plan évoqué de la « révolution politique », la Compagnie de Jésus n'a pas perçu le changement politique et économique de la société. Les jésuites restent des conservateurs fidèles aux monarchies absolues et sont très opposés à toute forme de démocratie. Au XVIIe siècle, leurs succès pastoraux et leur proximité de la cour de Louis XIV leur avaient conféré une notoriété considérable dont ils étaient sans doute devenus trop conscients.

Il n'en alla plus du tout ainsi au XVIIIe siècle. Le climat religieux et politique avait évolué. La réaction à un certain sentiment de supériorité et aussi la jalousie qu'ils avaient pu causer se retournèrent contre eux en agressivité. Sur l'échiquier politico-ecclésiastique, ils étaient des « ultramontains » et donc en butte au gallicanisme et toujours au jansénisme. Au plan chrétien, ils connurent en Chine une grande rivalité avec les autres instituts missionnaires et furent perdants dans la fameuse « querelle des rites chinois ». Leurs partenaires dans la mission jugeaient ces « accommodations » aux traditions locales dangereuses pour la foi. Rome interdit donc toute tolérance envers des rites comme le culte des ancêtres. Ce conflit portait exactement sur ce que nous appelons aujourd'hui l'« inculturation ». Il est dramatique que la première réaction de l'Église sur un point aussi sensible et aussi capital pour l'avenir de l'Évangile dans le monde ait été négative. À sa manière, il s'agissait encore d'un non donné à la modernité en raison du « principe de précaution », sans que l'enjeu de la chose ait été suffisamment mûri au plan théologique. Les historiens reconnaissent aujourd'hui que la décision romaine « constitua un coup mortel pour les missions d'Asie ». Robert Escarpit, autrefois l'auteur des billets d'humour dans *Le Monde*, bon sinologue et incroyant, leur donnait raison. Il faudra attendre Pie XI pour que l'Église revienne sur cette décision.

L'autre échec missionnaire des jésuites a des raisons directement politiques. Les réductions du Paraguay, territoires qui leur avaient été concédés et où ils gouvernaient des communautés d'Indiens pour les protéger des exactions des colons, constituaient une forme de vie politique tout à fait originale. Les philosophes eux-mêmes en faisaient l'éloge et Voltaire y voyait « un triomphe de l'humanité ». Le pouvoir était clérical, mais les Indiens y participaient par des « conseils d'indigènes[30] ». Les jésuites mettaient en œuvre les idées du théologien Francisco Suarez sur la communauté au niveau de la famille et de l'État. Dans cette perspective, le fondement de la souveraineté est à chercher dans la volonté populaire et la communauté des biens est une dimension sociale positive. On a parlé à leur sujet de « théocraties communistes » ou de « républiques communistes chrétiennes ». Des villages entiers vivaient un peu à la manière de communautés religieuses, dans un partage raisonné des biens produits. Cette situation avait un côté paternaliste et ne respectait pas suffisamment la distinction du temporel et du spirituel, mais elle exerçait aussi une protection urgente contre les risques de génocide. La destruction de ces réductions, de par la volonté conjointe des Espagnols et des Portugais, fut un immense malheur pour ces populations.

---

30. Cf. Ph. Lécrivain, *Pour une plus grande gloire de Dieu : les missions jésuites*, Gallimard, Paris, 1991.

On reprochait également aux jésuites leurs *Constitutions*, comme s'ils voulaient imposer au monde entier une forme de dictature inspirée de leur propre forme de gouvernement. L'opposition du jansénisme du XVIIIe siècle se porta sur ce terrain politique. Les cours du Portugal et de France, puis les cours bourboniennes d'Espagne et de Parme, en voulaient aux jésuites au point de militer pour leur expulsion et leur suppression. En France, le soutien royal de Louis XV faiblissait dangereusement, à partir de l'attentat de Damiens en 1757, mis sous le compte de la théologie jésuite du tyrannicide. Les papes, jusqu'ici défenseurs de la Compagnie, devinrent plus sévères et critiques à son égard. De très fortes pressions successives les poussaient à décider la suppression totale de l'Ordre, ce qui aboutit en 1773 sous Clément XIV. Alors que les rois catholiques demandaient sa suppression, l'« hérétique » Frédéric II – très conscient de l'ironie de la chose – et la « schismatique » Catherine II le maintinrent dans leurs États. Même si les jésuites avaient aussi leurs torts (par exemple dans l'affaire La Valette), cette suppression eut des conséquences pastorales négatives, puisque leurs maisons et leurs collèges étaient fermés et leurs œuvres interdites. Elle est un des signes de la décadence de l'Église au XVIIIe siècle. Les collèges – où les jésuites férus de culture latine n'enseignaient d'ailleurs pas suffisamment les sciences – visaient pourtant à leur manière à proposer une « *Aufklärung* chrétienne » et leur fermeture entraîna une crise de l'enseignement secondaire en France.

C'est ainsi qu'on en est arrivé à la Révolution française.

L'histoire religieuse de la Révolution française est d'une grande complexité et je n'entends pas prendre position à son sujet. Les historiens n'arrêtent pas de dégager des points de vue nouveaux qui demandent de nuancer bien des jugements à l'égard des deux images d'Épinal qu'en furent l'interprétation, disons républicaine, et l'interprétation donnée par la restauration catholique. Bien entendu, rien ne saurait justifier les persécutions, les violences et les massacres qui ont accompagné la Terreur. Mais ces excès ne peuvent pas faire oublier les enjeux de la modernité politique qui étaient en cause.

Il faut tout d'abord reconnaître qu'à son départ, la Révolution n'était pas dirigée contre l'Église et contre la foi. L'Église a participé aux états généraux au même titre que la noblesse et le tiers état. On a même dit souvent que les idéaux de la Révolution française étaient pour une large part des données évangéliques laïcisées. Ceci est très significatif d'une première distinction ou séparation entre le christianisme comme foi et le christianisme comme facteur de progrès civilisateur. Cependant, le statut juridique et légal de l'institution ecclésiale dans la société faisait problème. Il n'avait pas changé depuis des siècles et son décalage avec l'évolution de la société était reconnu par les observateurs de tous bords. À la veille de la Révolution, l'Église possédait le sixième du sol français, elle payait sous forme de capitation à l'État une somme de sept millions de francs qui n'avait pas été changée depuis 1561. Elle percevait sur ses fidèles l'impôt de la dîme, qui pouvait se monter à beaucoup plus que le dixième des revenus du sol. Mais aussi l'Église assurait pratiquement seule le soin des malades dans deux mille deux cents hospices ou hôpitaux et y dépensait plus de trente millions de francs. Elle assumait également le coût équivalent à l'enseignement secondaire[31]. Elle assurait en quelque sorte les services actuels de la Sécurité sociale et du ministère de l'Éducation. La répartition des richesses était très inégale entre les régions et surtout entre haut et bas clergé. Certains évêques ou abbés commendataires vivaient avec des revenus provocants. Cette situation est à l'origine du premier anticléricalisme rural, chez les paysans vivant sur des terres d'abbayes et qui se sentaient spoliés d'une part légitime du fruit de leur travail. À la veille de la Révolution, la nécessité d'une réforme

---

31. Cf. L.-J. Rogier, *op. cit.*, p. 163-164.

de ce statut était évidente. Il s'agissait d'un réajustement de fond de la relation de l'Église à l'État, dans le sens d'une répartition de droits et des charges correspondant mieux à la situation présente de la société et à la conjoncture religieuse qui devait faire leur place aux protestants et aux juifs. Mais le haut clergé s'attachait à ses privilèges et s'enfermait dans un refus net de toute concession. Étant donné le souci révolutionnaire de remettre à plat et de reconstruire à neuf tout l'édifice de la société sur des principes nouveaux, il était inévitable que le statut de l'Église soit remis en cause. Il ne pouvait être pensé au départ sur la base d'une séparation de l'Église et de l'État dont l'idée aurait paru provocante, mais que la Révolution proclamera pourtant devant l'échec de la *Constitution civile du clergé*. La réforme prévoyait à la fois une relation étroite et une répartition des pouvoirs dans lesquels l'autorité politique entendait bien s'affirmer, comme pour la nomination des évêques, lieu périodique de la « querelle des investitures ». À ceci il faut ajouter les tensions classiques entre un clergé très gallican et le siège de Rome.

Cette situation aboutit dès le début de la Révolution à l'élaboration de la *Constitution civile du clergé* en 1790. Elle fut l'objet de nombreuses tractations entre Rome et l'Assemblée constituante, sans parler des échanges discrets entre Louis XVI et le pape. Comme dans toute négociation, il y avait du côté catholique ceux qui auraient accepté une révision radicale du statut financier, à condition que les prérogatives spirituelles de l'Église soient bien respectées. Ils cherchaient à « baptiser » la *Constitution civile*. Même pour le serment qui posera tant de questions, un Mgr de Bonal propose un amendement qui en « réserve les choses spirituelles ». Mais la Constituante refusa ce compromis pour imposer l'option redoutable de l'acceptation ou du refus pur et simple, assumant ainsi une lourde responsabilité[32]. On peut rêver à ce qu'aurait pu donner un accord qui fut considéré longtemps encore comme

---

32. B. Plongeron, *op. cit.*, p. 331.

possible. La *Constitution civile* était très drastique, puisqu'elle substituait au régime traditionnel des bénéfices et de la possession des biens par le clergé un régime salarial assuré par l'État. Elle modifiait aussi la carte des diocèses. Elle constituait une rationalisation du rapport entre l'Église et la société qui était souhaité par certains évêques. Ces domaines pouvaient faire l'objet d'un compromis. Ce fut le serment qui provoqua le refus d'un premier groupe d'évêques et même l'appel paradoxal d'un clergé gallican à l'autorité du pape. Rome attendit huit mois avant de prendre la décision du refus : le pape Pie VI réagit fortement devant le fait accompli et les premières consécrations d'évêques constitutionnels, gestes considérés comme formellement schismatiques. L'Église de Rome refusait cette Constitution comme gravement attentatoire à son indépendance et à sa mission spirituelle. Dans ce refus, il faut noter la place du thème de la liberté religieuse, déjà inscrite dans la déclaration des droits de l'homme de 1789.

« On établit, écrit le pape, comme un droit de l'homme en société, cette liberté absolue, qui non seulement assure le droit de n'être point inquiété sur ses opinions religieuses, mais qui accorde encore cette licence de penser, de dire et d'écrire et même de faire imprimer impunément en matière de Religion, tout ce que peut suggérer l'imagination la plus déréglée ; droit monstrueux, qui paraît cependant à l'Assemblée résulter de l'égalité et de la liberté naturelle à tous les hommes[33]. »

L'Église prend pour la première fois fermement position contre la modernité politique. Nous voyons poindre là l'un des futurs grands thèmes de débat entre l'Église et le monde au XIXe siècle. C'est peut-être sur ce point que le décalage entre l'esprit moderne et l'Église est le plus notable.

Je voudrais attirer l'attention sur un autre aspect des choses, sur les conséquences à long terme de cette épreuve vécue par l'Église

---

33. Pie VI, Bref *Quod aliquandum*, 10 mars 1791, édition française originale, 1791, p. 13.

qui ont conditionné pour une part jusqu'à nos jours la vie du catholicisme français. L'Église de France s'est alors scindée entre ceux qui ont estimé qu'ils pouvaient accepter le serment et ceux qui, en leur âme et conscience, l'ont refusé, c'est-à-dire les prêtres et évêques « jureurs » et les « réfractaires ». Le Concordat signé par Bonaparte en 1801 voulut refaire l'unité des catholiques sur la base suivante : le pape demandait leur démission à tous les évêques. Il formait un nouvel épiscopat avec un tiers d'évêques jureurs, un tiers de non-jureurs et un tiers de nouveaux nommés. Institutionnellement, l'Église du XIXe siècle pouvait repartir. Mais elle restait cependant atteinte d'une fracture interne entre deux tendances très divergentes dans leurs attitudes à l'égard de la société. Je crois pouvoir faire remonter là l'origine du courant traditionaliste et de bien des querelles postérieures qui diviseront les catholiques jusqu'à nos jours. Bien entendu, il ne faut pas tomber dans le dualisme, car toutes les nuances de l'arc-en-ciel existent entre ces deux tendances. Mais cette polarité reste toujours sous-jacente.

Le XIXe siècle : de la révolution industrielle au scientisme

Comment voyez-vous le rôle du XIXe siècle dans cette évolution? N'oublions pas la Restauration et le retour à la foi d'une partie de la bourgeoisie ci-devant voltairienne.

Le début du XIXe siècle est marqué à la fois par le romantisme, qui exprime un retour de la culture au sentiment de la foi et à la « religion », et par la restauration politique et religieuse qui a suivi la période révolutionnaire et napoléonienne. Le romantisme littéraire et artistique est revenu aux valeurs de la religion, comme l'atteste *Le Génie du christianisme* de Chateaubriand. On connaît le quatrain d'Alfred de Musset : « Dors-tu content Voltaire ? Et ton hideux sourire voltige encore sur tes os décharnés ? Ton siècle était, dit-on, trop jeune pour te lire. Le nôtre doit te plaire et tes hommes sont nés. » Mais ce retour affectif plus que proprement doctrinal intègre un certain nombre des valeurs modernes de la vie en société. La Révolution a laissé de nombreuses traces dans les esprits. De plus, l'exacerbation proprement romantique de l'individualisme subjectif va dans le sens de l'apologie de toutes les « libertés modernes ».

Le mot même de *Restauration* est significatif de l'absence chez ses protagonistes d'une prise de conscience essentielle. Qu'il s'agisse du plan politique ou du plan religieux, leur dessein était de retrouver le *statu quo ante*. On comprend que le traumatisme de la Révolution française ait conduit l'Église de France à une reprise en mains de son institution. Mais en histoire, on ne revient jamais en arrière, et peut-être l'idéologie de la Restauration habite-t-elle encore certains catholiques d'aujourd'hui. Il ne faut cependant pas dénier au XIXe siècle un travail de rechristianisation considérable et efficace, on dirait aujourd'hui une « nouvelle évangélisation ». La France encore très rurale reste profondément chrétienne et catholique. Le XIXe siècle est également jalonné par une série d'apparitions de la Vierge Marie, à Paris rue du Bac, à La Salette, à Lourdes et à Pontmain. Les missions intérieures sont fréquentes et conduisent à de nombreux « retours », mais à l'aide d'une prédication axée de manière dramatique sur les fins dernières. Les jésuites, rétablis en 1814, ouvrent de nouveaux des collèges, mais sur un mode et dans un monde bien différents de leurs anciennes fondations. Le climat global est celui d'une spiritualité d'expiation pour le passé et d'ascèse volontaire pour l'avenir. On peut s'interroger sur la pertinence à long terme d'une pastorale unilatérale qui insiste plus sur le péché de l'homme que sur la grâce du Christ. Elle s'appuie encore sur ce qu'il y a d'enfant dans les consciences populaires : qu'arrivera-t-il quand précisément les gens n'auront plus peur de l'« enfer » ?

Ce qui a été le plus vivant au XIXe, ce fut l'élan missionnaire, le foisonnement créateur de congrégations religieuses essayant de répondre aux besoins du temps (hôpitaux, éducation, etc.), une certaine reconstruction de la théologie savante, de Möhler à Newman et à Scheeben, les initiatives du catholicisme social avec de grandes figures, comme La Mennais et Montalembert jusqu'à Albert de Mun à la fin du siècle. Bref, ce sont tous les efforts faits dans l'Église pour répondre aux appels d'un monde nouveau.

Car la « modernité » continue son cours inexorable et le divorce entre l'intelligentsia et l'Église catholique ne fait que grandir, même si celle-ci garde son emprise populaire.

La rechristianisation et les « retours » qui se produisent, même dans la bourgeoisie, ne doivent nous faire oublier que la « machine » de la modernité sous ses divers registres est toujours en marche. La transition des deux siècles a fait retentir la première proclamation de la mort de Dieu, sous la plume du poète Jean-Paul (Richter) qui lance cette expression comme le fruit d'un cauchemar. Madame de Staël diffusera ce texte en français dans son livre *De l'Allemagne*. La proclamation de l'athéisme chez Nietzsche, Marx et ses compagnons sera un des leitmotiv du XIXe siècle et retentira encore longtemps au XXe.

L'humanité ne pouvait faire l'économie de la tentation de l'athéisme. Celle-ci est inscrite en quelque sorte dans la vocation de l'homme à la liberté. Elle est la tentation par excellence de l'humanité adulte. C'est la tentation absolue, qui pose la question de Dieu dans un climat de rivalité : il n'y a pas de place pour Dieu et pour l'homme. Ou bien Dieu existe et alors l'homme n'existe pas vraiment, puisqu'il n'est plus fondamentalement libre et qu'il accepte d'avoir été créé par un autre à qui il doit rendre finalement des comptes. « Je suis horripilé d'être une créature », disait naguère Albert Camus. Ou bien l'homme existe, c'est-à-dire qu'il est capable de se faire lui-même tel qu'il se veut, indépendamment de tout donné préalable, de s'inventer lui-même, et alors Dieu ne peut exister. Cet athéisme est d'ailleurs encore un antithéisme. Proudhon ne disait-il pas que la question de Dieu lui était perpétuellement présente comme une obsession? Dieu existe toujours dans les consciences mais comme un partenaire à exterminer. L'athéisme est le défi absolu exercé à l'égard de la foi. Il aurait dû amener une révolution correspondante dans l'apologétique chrétienne qui semble l'ignorer et continue à s'adresser au déisme.

Les autres volets de la modernité sont également en marche. Le volet politique véhicule une aspiration « au droit des peuples à disposer d'eux-mêmes » et donc à la démocratie. Il fut la cause de nombreuses révoltes et révolutions en Europe. En France il conduira à une multiplicité de régimes successifs. La volonté populaire pèse de plus en plus sur les engagements politiques des nations. Cette crise de l'autorité concerne aussi le pape comme prince temporel. On a pu dire que le souci de Pie IX de faire reconnaître l'autorité infaillible du pape en matière dogmatique était une compensation à la perte de son autorité temporelle.

Au plan des idées, le XIXe devient celui de la naissance de l'histoire comme science. Elle avait fait déjà dans les siècles passés l'objet de progrès sensibles avec le souci du retour au texte et aux documents originaux. Mais elle restait un art. Désormais elle veut prendre de plus en plus modèle sur les sciences de la nature, dites objectives. Il lui faudra du temps pour prendre vraiment conscience qu'elle ne peut pas se modeler complètement sur leurs méthodes pour la bonne et simple raison que son objet met en jeu les libertés humaines : non seulement les libertés des acteurs de l'histoire, mais encore la liberté de l'historien qui lit et interprète les événements à travers le « formatage » de son propre disque dur, pour prendre une image anachronique, en d'autres termes de sa précompréhension. L'idéologie était au positivisme et affectera de manière réductrice la recherche sur la vie de Jésus (F. Strauss et E. Renan), comme nous l'avons déjà évoqué[34]. Mais l'Église d'alors résiste toujours à accepter les résultats de la recherche historique sur la composition de l'Ancien Testament et conduit ses exégètes

---

34. Cf. *supra*, p. 96-97.

et ses théologiens vers un concordisme insoutenable entre histoire, science et foi. Deux siècles après Richard Simon, l'authenticité mosaïque du *Pentateuque* est encore soutenue.

Le siècle se termine dans le climat d'un scientisme triomphant dénoncé alors par le jeune Claudel. Fière des découvertes continues de la science, l'idéologie se répand que l'homme devient capable de résoudre tous ses problèmes par la science et de créer son propre bonheur par ses propres forces.

Mais au XIXe siècle, la science a rendu possible la révolution industrielle qui n'a pas été sans effet sur l'évolution de la société.

La révolution scientifique conduit maintenant à de grandes découvertes techniquement utilisables par l'industrie. C'est l'énergie de la vapeur, le chemin de fer, plus tard l'électricité. C'est aussi la naissance du capitalisme industriel qui permet la production en série de nombreux objets à un coût très inférieur à celui de l'artisanat. Le XIXe siècle a été celui de la première révolution industrielle qui, pendant longtemps, a imposé au monde ouvrier des conditions de vie inhumaines. L'industrialisation a amené le transfert de nombreuses populations rurales dans les banlieues des villes, parce qu'elles cherchaient du travail dans les nouvelles entreprises. Ces ruraux ont subitement perdu les repères de la vie villageoise et de son encadrement chrétien. Dans les structures urbaines où ils avaient tout à construire, ils ont perdu rapidement la pratique de leur foi. Leur esprit était l'objet de bien d'autres influences et la perte de la foi elle-même a trop souvent suivi. On a dit que l'Église avait perdu la classe ouvrière, mais la classe ouvrière dans sa première gestation n'a jamais été chrétienne. Désormais, si une partie de la bourgeoisie a retrouvé la foi, une large part des classes populaires s'en éloigne, même si elle demande encore à l'Église de célébrer les grands actes de la vie. La pratique rurale demeure, inégalement suivant les régions. Le phénomène vraiment nouveau est l'émergence d'une population qui commence à vivre en dehors de la foi. Mais la prise de conscience de cet événement et de sa portée sera infiniment plus tardive.

Encore une fois, comment réagit l'Église catholique ?

À mesure que le siècle avance, l'Église institutionnelle s'enfonce dans une attitude défensive de repliement sur elle-même, celle de la « forteresse assiégée », et se pose comme la société de recours qui entend protéger ses ouailles des dangers de l'extérieur et d'une société globale jugée hostile et menaçante. Mais elle est aussi partagée entre le refus et l'accueil. Au plan romain, Grégoire XVI et Pie IX se sont fortement engagés dans le conflit avec les idées de la modernité, en particulier celle de la liberté religieuse, considérée comme de l'indifférentisme religieux. Ce texte de Grégoire XVI est resté tristement célèbre :

« Depuis la source empoisonnée de l'indifférentisme découle cette maxime fausse et absurde ou plutôt ce délire : qu'on doit procurer et garantir à chacun la liberté de conscience ; erreur des plus contagieuses, à laquelle aplanit la voie cette liberté absolue et sans frein des opinions qui, pour la ruine de l'Église et de l'État, va se répandant de toutes parts[35]. »

Pie IX continuera sur cette lancée avec son encyclique *Quanta cura* de 1864, accompagnée du fameux *Syllabus* de propositions condamnées. Il reprend la thèse de son prédécesseur en s'y référant :

« Ils n'hésitent pas à favoriser cette opinion erronée, on ne peut plus fatale à l'Église catholique et au salut des âmes, et que notre prédécesseur d'heureuse mémoire Grégoire XVI appelait un délire, savoir que "la liberté de conscience et des cultes est un droit propre à chaque homme ; qu'il doit être proclamé et assuré dans tout État bien constitué ; et que les citoyens ont droit à la pleine liberté de manifester hautement et publiquement leurs opinions,

---

35. Grégoire XVI, Enyclique *Mirari vos*, 15 août 1832 ; *Dz-H.* 2730-2731.

quelles qu'elles soient, par la parole, par l'impression ou autrement, sans que l'autorité ecclésiastique ou civile puisse le limiter[36]". »

Avec ces textes, nous touchons au sommet du divorce entre Église catholique et modernité. L'état d'esprit de ces papes est aux antipodes des requêtes de leur siècle et leurs textes semblent contredire formellement la future déclaration sur la liberté religieuse de Vatican II. Le P. Congar n'hésitera pas à reconnaître tout de go qu'ils ne disent pas la même chose. Il faudra toute l'intelligence théologique de John Courtney Murray, l'un des réalisateurs de *Dignitatis Humanae*, pour montrer une réelle continuité dans la courbe des enseignements pontificaux qui conduisent d'un point à l'autre. Dès le XIXe siècle, le converti Newman prendra soin courageusement de justifier ces textes en affirmant que ces deux papes ne se sont prononcés que contre des « sens erronés » des revendications de la conscience[37]. Il soulignera que « la défense de la loi morale et de la conscience est la raison d'être du pape ». Il terminera même avec humour en disant qu'il ne boirait à la santé du pape qu'après avoir bu à la conscience. On ne peut que regretter que le contexte fortement antireligieux de ces revendications de liberté et bien des abus de langage aient aveuglé les papes sur les éléments de vérité incontestables et fondés en tradition qui les habitaient. Le ton même de ces deux textes nous montre l'abîme d'incompréhension dans lequel l'Église s'enfermait au regard du mouvement du monde et de la société globale. Nous avons vu que la même attitude de refus s'était exprimée chez Pie VI à la fin du XVIIIe siècle, déjà par crainte de l'indifférentisme dont l'obsession habitera tout le XIXe.

Il faudra attendre Léon XIII pour que des distinctions judicieuses soient posées : la liberté de l'homme n'est juste que dans la soumission

---

36. Pie IX, Encyclique *Quanta cura*, 8 décembre 1864 ; *Pii IX Acta*, P. Ia, vol. III, Typographia Bonarum Artium, p. 690.
37. J.-H. Newman, *Lettre au duc de Norfolk* (1874) ; Textes newmaniens, VII, Desclée de Brouwer, 1970, p. 242-245.

à Dieu ; il ne faut pas confondre liberté et révolte. Ce texte marque déjà une ouverture à ce que dira Vatican II :

« Cette liberté, la vraie liberté, la liberté digne des enfants de Dieu, qui protège si glorieusement la dignité de la personne humaine, est au-dessus de toute violence et de toute oppression, elle a toujours été l'objet des voeux de l'Église et de sa particulière affection. C'est cette liberté que les apôtres ont revendiquée avec tant de constance, que les apologistes ont défendue dans leurs écrits, qu'une foule innombrable de témoins ont consacrée dans leur sang[38]. »

Le même Léon XIII sera l'auteur de l'encyclique *Rerum Novarum* (1891), au titre bien symbolique, et demandera aux catholiques français de renoncer à la nostalgie de la monarchie et de se rallier à la République, ce qui représente une ouverture politique et sociale nouvelle de l'Église et une première prise en compte de la société moderne telle qu'elle est.

N'oublions pas non plus, au moins en France, la division entre les deux formes de catholicisme dont j'ai évoqué l'origine au moment de la Révolution française. L'une entend réagir avec fermeté contre l'esprit du temps dans une attitude de restauration religieuse, mais aussi politique. On rêvera encore d'un retour à la royauté à la naissance de la IIIe République. L'autre cherchera le dialogue avec les « choses nouvelles » et s'engagera dans une action sociale courageuse pour contrer les injustices du capitalisme industriel.

On peut dire, malgré toutes les nuances qui s'imposent, qu'à la fin du XIXe siècle non seulement l'Église catholique est installée dans un conflit grave avec la société moderne, mais encore que ce conflit recouvre plus que jamais celui de la religion et de la science, de la foi et de la raison. On comprend que dans ce climat, le jeune philosophe catholique Maurice Blondel ait choisi de rédiger sa thèse sur *L'Action*, dans un souci de réconcilier l'exercice légitime

---

38. Léon XIII, Encyclique *Libertas praestantissimum donum Dei*, 20 juin 1888 ; Dz-H 3250.

et nécessaire de la raison avec son ouverture possible et fondée à la foi. Comment être authentiquement chrétien sans cesser d'être un homme ? Il n'est pas étonnant que le problème difficile du rapport entre raison et foi aient été successivement repris par Jean-Paul II et Benoît XVI.

Il faut marquer la pause après ce long parcours. Nous sommes maintenant mieux en mesure d'analyser l'évolution de la situation au cours du XXe siècle et de nous tourner vers l'avenir de la foi. Car ce long détour par le passé doit nous permettre un meilleur diagnostic tant sur les chances de la foi que sur les responsabilités de l'Église d'aujourd'hui et de demain.

VIII

Avenir de la foi et avenir de l'homme

Nous voici arrivés au XXe siècle, celui qui a fait l'objet de l'essentiel de nos entretiens et qui reste largement « notre siècle » pour vous et moi. Nous avons vu ce siècle comme celui d'un immense réveil dans les différents secteurs de la théologie, en particulier de la théologie de l'Église. Ce fut aussi un siècle de grands renouveaux en liturgie et en pastorale. Mais qu'est devenue la foi pendant tout ce siècle? Comment a-t-il vécu les héritages des précédents? A-t-il vraiment corrigé la trajectoire globale du refus de la modernité? Je reviens à ma question première: au début du XXIe siècle, sur lequel nous ne pouvons encore porter aucun jugement, comment voyez-vous l'avenir de la foi?

Si nous avons fait ce parcours depuis le XVIe siècle, c'est bien pour mieux comprendre notre présent et être capable de jeter un regard modeste sur l'avenir. Le XXe siècle fut particulièrement chargé et l'histoire s'y est en quelque sorte emballée. Car le rythme de l'histoire humaine va de plus en plus vite. Mon grand-père paternel est mort en 1900 et je suis encore là au début du XXIe siècle. Je ne l'ai évidemment pas connu, mais, si je pouvais lui parler, ne serions-nous pas deux étrangers l'un par rapport à l'autre?

Je ne reviens pas sur tout ce que nous avons déjà échangé au sujet de la « révolution » théologique au XXe siècle et de tous ses apports prometteurs. Ce siècle fut le grand siècle de l'Église; il a été marqué à Vatican II par une option toute nouvelle de l'Église à l'égard de la modernité. Il a été porteur d'une inventivité pastorale exceptionnelle. Il a été le siècle d'une sainteté incontestable manifestée par nombre de martyrs, de Charles de Foucauld aux Églises du silence, aux martyrs d'Amérique latine et aux moines de Tibhirine. Pourtant nos églises se vident : nous constatons la désaffection et l'éloignement paisible de nombre de chrétiens, une crise dans la transmission de la foi auprès des jeunes. Tel est le paradoxe devant lequel nous nous trouvons.

Du point de vue qui nous occupe maintenant, le XXᵉ siècle, encore si proche de nous, mérite d'être analysé en fonction de ses deux mi-temps. Distinguons donc la période 1900-1950 et la période 1950-2000, qui se suivent mais ne se ressemblent pas.

Le premier XXᵉ siècle : crise moderniste et guerres mondiales

Que retenez-vous de ces cinquante premières années, marquées par la douloureuse expérience des deux grandes guerres mondiales ?

Je vais commencer plus haut. Au tournant du XIXᵉ et du XXᵉ, l'Église catholique des États-Unis est très préoccupée par le rapport de l'Église au monde. En 1896, Mgr Ireland, archevêque de Saint Paul, publie un livre rassemblant des conférences sous le titre *The Church and the Age*, vite traduit en français *L'Église et le siècle*[1]. Cet ouvrage eut un grand écho et connut de nombreuses éditions jusqu'en 1914. L'auteur s'interroge, au nom de sa responsabilité ecclésiale, sur le « désaccord » entre l'Église et le siècle. Il constate que, dans cette situation, l'Église a ses propres torts :

« Je ne crains pas de dire que, durant le siècle qui s'achève, des hommes faisant partie de l'Église ont commis l'erreur d'être trop lents à comprendre les besoins nouveaux de leur époque, et à étendre vers elle la main de la conciliation et de l'amitié. Les excuses ne leur font pas défaut, et elles ont une valeur que je

---

[1]. Mgr Ireland, *L'Église et le siècle*, éd. française publiée par Félix Klein, Lecoffre/Gabalda, Paris, 1914.

respecte. L'Église, dans ses éléments divins, ne change pas, elle est souverainement conservatrice. Mais sa crainte du changement, si légitime dans une certaine mesure, risque de dépasser les bornes et d'envahir un terrain où les changements sont désirables[2]. »

Sur un ton éminemment positif et parfois enthousiaste, Mgr Ireland essaie de discerner « le mauvais et le bon dans notre siècle », de même que l'invariable et le « variable » dans l'Église. Il propose comme une « nouvelle croisade » la tâche de réaliser un « contact intime » entre l'Église et le siècle, dont il dégage les traits caractéristiques : la passion de la science, le sens de la liberté et de la démocratie, le désir de la justice sociale en même temps que du progrès matériel. Il fait l'éloge de Léon XIII et du cardinal Gibbons, archevêque de Baltimore, et s'interroge sur l'avenir du catholicisme aux États-Unis, en un moment où « un siècle s'achève, un siècle commence ». Ce livre donnera lieu au développement d'un mouvement en faveur d'un « catholicisme américain », vite appelé *américanisme*, et à de grands débats en Amérique et plus encore en France entre partisans de cette ouverture et les conservateurs ou la tendance intégriste. Un autre ouvrage relatant la vie du P. Hecker, fondateur de la Congrégation de Saint Paul, proposait une série d'adaptations de la foi catholique aux conditions nouvelles qui mettaient en cause certains points de doctrine. Léon XIII lui-même tint à mettre fin à cette controverse dans une lettre à l'archevêque de Baltimore en 1999, qui condamnait un certain nombre de propositions. Mais Mgr Ireland ne fut jamais l'objet de condamnation. Tout ce débat est le signe d'un problème réel déjà ressenti à l'époque par les plus lucides. Quoi qu'il en soit des excès doctrinaux commis, les mentalités n'étaient pas encore aptes à vivre un tournant de ce type et donc à exercer les discernements nécessaires. D'une certaine manière les réflexions de Mgr Ireland annoncent Vatican II. Mais dans l'immédiat elles nous tournent vers la crise moderniste sur le point de naître.

---

2. *Ibid.*, p. 26.

Car au plan ecclésial, le XXᵉ siècle a commencé par la crise moderniste. Nous l'avons déjà évoquée plus d'une fois. Elle est un héritage du retard pris au XIXᵉ siècle du côté catholique en exégèse et en théologie. Ce fut une crise gravissime dont nous ne sommes pas encore totalement sortis malgré Vatican II. La crise moderniste est née quand des exégètes et des historiens catholiques du dogme ont pris connaissance des résultats de la science protestante allemande, et réalisé qu'il y avait parfois un abîme entre les résultats de la recherche historique et les énoncés de la théologie scolastique officielle. Celle-ci ne se préoccupait pas trop de l'histoire dans ses données objectives, mais surtout elle ne la considérait pas dans sa pertinence proprement théologique, due au fait que le christianisme est le fruit d'un événement réalisé dans l'histoire et transmis par l'histoire. Le divorce entre histoire et théologie (et même dogme) apparaissait d'autant plus grand que les découvertes historiques n'étaient encore souvent que des premières ou des demi-découvertes, interprétées de manière généralisante et qui devront se corriger elles-mêmes par la suite, à mesure que les recherches s'affineront. Sur le moment, ce fut une sorte de vertige. La crise se manifesta surtout dans deux pays latins, la France et l'Italie, et dans une certaine mesure en Angleterre. La division du catholicisme français, dont j'ai déjà parlé, ne faisait que radicaliser les choses dans la passion et l'esprit de parti. Pie X réagit avec la plus grande fermeté en 1907 par deux documents sévères, un décret rassemblant les propositions erronées des modernistes (*Lamentabili sane exitu*) et une Encyclique *La pacification du troupeau du Seigneur (Pascendi dominici gregis)*, dont le titre même montrait qu'il fallait pacifier l'Église catholique. Je ne peux entrer dans le détail de cette épreuve qui a suscité un grand nombre d'études à l'époque et jusqu'à nos jours[3]. Du point de vue qui nous occupe, on peut dire que la réaction romaine a été gravement unilatérale. Dans un souci légitime de parer

---

3. Cf. Pierre Colin, *L'audace et le soupçon. La crise moderniste dans le catholicisme français*, Desclée de Brouwer, Paris, 1997.

au plus pressé et de maintenir l'orthodoxie, mais un souci devenu obsessionnel et pas assez respectueux des hommes, elle a mis en quelque sorte les problèmes au frigidaire. Mais elle n'a pas répondu aux questions posées. Sans doute n'était-ce pas possible à l'époque. D'une certaine manière la réponse sur le fond ne fut apportée qu'à Vatican II, grâce au travail obstiné de deux générations de chercheurs catholiques, comme le P. Congar, pour ne prendre qu'un exemple, qui évoque dans son premier *Journal* la manière dont les questions posées par la crise moderniste l'avaient atteint. Cette « crise moderniste » reste un exemple dramatique d'un rendez-vous manqué entre l'Église catholique et la modernité. En France, elle a marqué le clergé et les fidèles qui réfléchissaient à la justification de leur foi.

Mais nous ne sommes encore avec le modernisme que dans un débat d'Église. La première moitié du XXe siècle fut le théâtre des deux guerres mondiales qui ont provoqué un certain nombre de ruptures dans la vie de la société occidentale et ont profondément atteint les mentalités. Le monde prit une conscience dramatique de la capacité à tuer que lui offraient désormais la science et la technique. Déjà la guerre de 1914-1918, longtemps nommée la « grande guerre », accumulait des millions de morts entre pays chrétiens pour des raisons qui nous apparaissent aujourd'hui – et déjà aux plus lucides de l'époque – bien inconsistantes. Avec la Seconde Guerre, non seulement l'arsenal de mort s'était terriblement perfectionné, mais l'inhumanité grandit encore avec nombre de massacres gratuits et de génocides. Comment ne pas mettre en cause la providence divine sur l'humanité ? Comment parler de Dieu après la Shoah ? Nous connaissons ce thème. La démesure de l'horreur reposait la question de Dieu à un niveau proprement existentiel. Je pense que ces deux guerres ont beaucoup joué dans le progrès de l'athéisme et l'avènement d'une société de non-sens. Nous assistons à un exil de la transcendance et notre monde a réalisé qu'il avait en quelque sorte perdu ses raisons de vivre en même temps que ses raisons de croire. Mais la question se pose aussi des responsabilités humaines : l'abîme des capacités du mal et de la violence chez l'homme donne littéralement le vertige. Faut-il en accuser la modernité en tant que telle ? Un discernement s'impose qui nous renvoie toujours à l'exercice de la liberté humaine. Le pouvoir d'une liberté devenue adulte nous dévoile le tragique de la condition humaine.

Revenons à la situation de l'Église. Pendant la guerre de 1914 les curés « sac au dos » ont partagé la vie des tranchées comme tous les conscrits français. Les religieux exilés sont revenus pour accomplir leur devoir militaire. La fraternité des tranchées a rapproché l'Église du peuple et engagé la décroissance de l'anticléricalisme. La Seconde Guerre a mélangé encore plus profondément les chrétiens, les prêtres et les religieux dans toutes les situations de détresse : camps de prisonniers, résistance, maquis, Service du travail obligatoire (STO), camps de concentration. C'est en raison de l'accompagnement pastoral des jeunes envoyés de force en Allemagne que l'idée des prêtres-ouvriers est née. L'expérience s'est développée par la suite. Elle a contribué à faire naître une nouvelle figure de la foi, solidaire et inscrite au cœur des réalités humaines. Nous avons vu aussi que Pie XI avait pensé à convoquer en 1926, après la Première Guerre, un concile qui aurait pu constituer une étape entre Vatican I et Vatican II.

Je signale aussi deux prises de position de l'Église romaine à cette époque : ce fut la condamnation du Sillon de Marc Sangnier par Pie X en 1910, mouvement en faveur d'un christianisme social et démocratique, disons pour faire simple de la gauche catholique, et celle de l'Action française par Pie XI en 1926, mouvement de droite patronné par Charles Maurras. Ces deux mouvements sont parfaitement représentatifs de la division du catholicisme français dont j'ai parlé. Remarquons seulement que Marc Sangnier s'est soumis avec une grande humilité, tandis que l'Action française prit une tout autre attitude, qui provoqua des drames chez nombre de vieilles familles catholiques. Le Saint-Siège s'est montré historiquement plus vigilant et rigoureux envers les tendances de gauche qu'envers celles de droite.

Le premier XXᵉ siècle a été celui du retour à la foi de nombreux intellectuels comme Paul Claudel, Charles Péguy, Ernest Psichari, Jacques Maritain, d'autres encore. Leurs itinéraires, leurs personnalités et la qualité de leurs œuvres exercèrent une grande influence au bénéfice du catholicisme. Ils réagissaient en particulier à l'atmosphère étouffante du scientisme triomphant de la fin du XIXᵉ siècle. Pour la première fois la modernité était capable de se critiquer elle-même. Mais cette réaction pleine de santé n'a atteint que quelques élites, elle n'est pas descendue dans l'ensemble du peuple.

Cette période fut aussi celle du grand développement de l'Action catholique et de nombreuses initiatives pastorales.

C'est dans l'intention de reconquérir à la foi les masses populaires que se développa entre les deux guerres l'Action catholique par une démultiplication de ce qu'avait initié à la fin du XIXᵉ, Albert de Mun en fondant l'Association catholique de la jeunesse française (ACJF). En Belgique (Mgr Cardijn) et en France naissèrent alors les mouvements spécialisés de la JEC (Jeunesse étudiante chrétienne), de la JOC (Jeunesse ouvrière chrétienne), dont un chant célèbre proclamait: « Nous referons chrétiens nos frères », de la JAC (Jeunesse agricole chrétienne) qui exerça une influence considérable dans la prise en charge par lui-même du monde rural, de la JIC (Jeunesse indépendante chrétienne) et de la JMC (Jeunesse maritime chrétienne). L'idée majeure en était celle de l'apostolat du milieu par le milieu et le pape Pie XI prit fortement fait et cause pour cette nouvelle Action catholique dans laquelle il mettait de grands espoirs. L'Action catholique spécialisée, qui ne doit pas faire oublier non plus l'autre branche de l'Action catholique générale, représente la première innovation pastorale d'un siècle qui en comprendra beaucoup. On ne peut pas reprocher au clergé français d'avoir manqué d'inventivité en ce domaine, même s'il fut tenté d'appliquer les méthodes successives avec une certaine rigueur autoritaire.

Quel bilan peut-on faire aujourd'hui de cet effort pastoral, toujours présent d'ailleurs, même si actuellement certains mouvements semblent vivre en veilleuse ? Il a entretenu une réelle vitalité dans le catholicisme français. Mais son développement même l'a amené à certaines crises, dont la principale concernait la responsabilité et une suffisante autonomie des laïcs dans l'Église. L'épiscopat voulut diriger de manière de plus en plus ferme ces différents mouvements, redoutant de leur part des dérives politiques. Le premier conflit d'autorité fut celui qui en 1956 aboutit à la suppression de l'ACJF, organisme pourtant très sage de formation humaine et spirituelle des jeunes. Il n'a été remplacé par rien et ce fut une perte sèche. L'épiscopat fit sienne avec une grande fermeté la doctrine du « mandat », selon laquelle les organismes d'Action catholique ne pouvaient exercer un apostolat organisé que par un envoi en mission de l'épiscopat. Cette option créait une certaine tension entre organisations mandatées et organisations sans mandat. Il y avait là une méconnaissance de la théologie du baptême, qui habilite tout baptisé à l'apostolat chrétien, comme l'avaient dit à l'époque K. Rahner et Ch. Baumgartner dans des articles dont le fond était tout à fait classique, mais qui furent alors interprétés comme une entreprise menée contre les évêques. Derrière tout ce contentieux, on retrouve la grande difficulté de la hiérarchie et du clergé catholiques à considérer les laïcs comme des chrétiens adultes et à leur laisser exercer en vérité les responsabilités dont ils étaient officiellement investis. L'exercice légitime de l'autorité de la hiérarchie se traduisait dans les faits par un certain autoritarisme. Sous cet aspect et au cœur d'une initiative pastorale vraiment nouvelle, l'Église a une fois encore pris du retard dans son rendez-vous avec la modernité. La figure moderne de la conscience avait changé et les laïcs voulaient être traités comme des adultes. Heureusement, ces péripéties firent évoluer la situation des laïcs dans l'Église, contribuèrent à la réflexion sur la théologie du laïcat avec le P. Congar et aboutirent ensuite à une considération nouvelle du laïcat par le concile de Vatican II. Mais, malgré tous ses mérites, l'Action catholique n'a pas enrayé le mouvement de déchristianisation de la société française qui se continuera dans la seconde moitié du siècle. L'inventivité pastorale assez exceptionnelle, qui ne s'est pas démentie pendant tout le XXe siècle, s'est heurtée à ce que saint Paul appelait des tribulations apostoliques, c'est-à-dire à une contradiction majeure.

L'expérience des prêtres-ouvriers, née des situations extrêmes de la guerre, était aussi significative d'une volonté pastorale permettant à l'Église, à travers ses « permanents », de rejoindre le peuple des usines et des banlieues là où il vivait. C'était une initiative d'incarnation qui entendait répondre à la prise de conscience publique consécutive à la parution du livre, que j'ai déjà cité, des abbés Godin et Daniel *La France, pays de mission*[4]? Pour la première fois, on réalisait et on exprimait publiquement la profondeur de la déchristianisation populaire. On sait les vicissitudes et les débats qu'engendra l'envoi de prêtres au travail, dont les difficultés vinrent parfois de l'incompréhension des militants de l'Action catholique ouvrière. La tension fut grande entre les évêques français et Rome jusqu'à la décision de suppression de l'expérience en 1954. J'ai vu de près le drame qu'ont vécu certains prêtres-ouvriers comme Joseph de Lorgeril, qui avait été autrefois mon surveillant au collège du Mans. Malgré certains dérapages inévitables pour une expérience aussi neuve, non seulement l'intention était profondément juste, mais encore les fruits ont été réels. Cette expérience apostolique et pastorale appartient à la mémoire du catholicisme français.

Nous avons déjà beaucoup parlé du renouveau théologique incontestable de ce premier XXe siècle, qui a abouti à Vatican II[5]. Je ne veux nullement le renier maintenant. Il a rendu possible

---

4. Éditions de l'Abeille, Paris, 1943.
5. Cf. *supra*, p. 170-175.

le Concile et ses fruits n'ont pas tardé à se manifester. Mais l'année 1950 fut aussi le théâtre d'une crise théologique grave avec la condamnation de la « théologie nouvelle », mise sous l'étiquette de « l'école de Fourvière », qui n'en était pas une, et la parution de l'encyclique de Pie XII *Humani generis*. Nous l'avons évoquée également[6]. On peut y voir une séquelle de la crise moderniste. Un groupe de théologiens avait essayé depuis plusieurs décennies de construire une théologie qui prenait quelque distance avec la scolastique et essayait de penser la foi selon une rationalité meilleure, tenant compte du mouvement des idées et de la philosophie des temps modernes. Les thèmes essentiels de la foi étaient touchés : la vérité du dogme, le péché originel, la sotériologie, les sacrements et l'eucharistie. Une formule du P. Bouillard a même scandalisé : « Une théologie qui ne serait plus actuelle serait une théologie fausse[7]. » Le contexte en disait clairement le sens. Elle venait au terme d'une étude historique, où l'auteur faisait le point sur l'héritage toujours riche de la théologie médiévale, mais aussi sur certains de ses traits désuets. Il ne plaidait nullement pour un relativisme, mais pour le respect de la condition historique de la transmission de la révélation et la nécessité de son actualisation. Le scandale soulevé était typique d'une mentalité qui refusait l'histoire en théologie et considérait comme absolu ce qui ne l'était pas. L'Église semblait prisonnière d'une rationalité dépassée, comme si celle-ci était la seule capable de rendre compte en vérité de la foi chrétienne. C'était, une fois encore, une crise de peur dans la rencontre de la modernité dans sa dimension la plus légitime. La chose était d'autant plus étonnante que le même pape Pie XII avait donné toute sa légitimité à l'exégèse scientifique catholique avec l'encyclique *Divino Afflante Spiritu* de 1943.

---

6. Cf. *supra*, p. 33-34.
7. H. Bouillard, *Conversion et grâce chez saint Thomas d'Aquin. Étude historique*, Aubier, Paris, 1944, p. 219.

Le second XXᵉ siècle : Vatican II, vers une réconciliation avec la modernité

La seconde moitié du XXᵉ siècle est d'abord marquée par le concile de Vatican II et l'immense espérance qu'il a suscitée. Par la suite, une certaine déception s'est manifestée.

Le second XXᵉ siècle fut encore bien chargé en événements. Le premier fut évidemment le concile de Vatican II, concile paradoxal, puisqu'il a été voulu par le pape seul dans une situation où l'on pouvait penser que le gouvernement de l'Église n'avait plus besoin de concile. Nous en avons évoqué ensemble l'ecclésiologie[8]. Une des intentions premières de Jean XXIII était l'*aggiornamento* de l'Église, c'est-à-dire sa *mise à jour* dans tous les domaines. Le pape prenait acte du dangereux décalage qui avait grandi de manière continue entre le monde ecclésial et le monde tout court. L'Église devait apprendre à parler de manière nouvelle, par le double langage de sa parole et de sa vie. Elle voulait quitter l'attitude de conflit et de condamnation pour engager un dialogue loyal. Elle se proposait de se réformer en profondeur. Cette intention est à la base de la réforme liturgique – attendue depuis longtemps par les prêtres –, de la conversion à l'œcuménisme et au dialogue avec les autres religions, de l'actualisation de sa doctrine sur l'Église et sur la révélation, de l'élaboration d'un nouveau discours sur « l'Église dans le monde de ce temps », et enfin à la reconnaissance de la liberté religieuse. Ce point était capital et constituait la pierre de touche de la crédibilité de sa « conversion ». Car il était reproché à l'Église d'être favorable à cette liberté là où elle était minoritaire, et de la piétiner quand elle était majoritaire. L'appel à la doctrine de « la thèse et l'hypothèse », proposée par la revue romaine *La Civiltà cattolica* et diffusée par Dupanloup au XIXᵉ siècle pour pallier les conséquences du *Syllabus* de Pie IX,

---

8. Cf. *supra*, p. 176-181.

n'était plus tenable. Cette interprétation affirmait en thèse que seule l'Église catholique avait des droits à répandre sa doctrine, puisque l'erreur n'a pas de droit ; mais dans la situation des Temps modernes, et c'était l'hypothèse, il fallait tolérer l'existence d'autres cultes et leur protection par l'État.

Il faut bien voir la radicalité du tournant pris, étant donné l'attitude continue et séculaire prise par l'Église à l'égard de la modernité. Cela s'est traduit par un véritable combat à l'intérieur même du Concile entre majorité et minorité, combat qui est passé par des moments de forte tension. Le *Journal du concile*[9] du P. Congar le montre bien. Plusieurs fois les deux papes ont dû sortir le Concile de ses propres divisions et de ses impasses. Le décret sur la liberté religieuse, qui fonde celle-ci sur un droit objectif, inhérent au statut de la liberté humaine, de se décider librement en matière religieuse – car l'acte de foi ne peut être que libre –, faillit aller au gouffre et fut sauvé par la volonté patiente de Paul VI. De son côté, celui-ci n'a pas voulu que la minorité soit traitée comme l'avait été celle de Vatican I et il a tout fait pour rallier celle-ci au vote des documents. Il pensait sans doute à l'avenir de la réception du Concile. Cela s'est traduit par l'acceptation d'amendements (*modi*) qui n'ont pas clarifié la rédaction des textes. Tout concile est traversé par une dialectique entre l'ancien et le nouveau. Il doit évidemment s'inscrire dans la grande tradition de la foi et la confirmer dans une situation inédite et devant des problèmes nouveaux ; c'est précisément à cette fin qu'il doit employer des mots neufs et développer des doctrines apparemment nouvelles, mais qui ne sont que des aspects de l'Évangile mieux dégagés.

Mais alors, s'il en était ainsi, on comprend la violence de la réaction qui s'est produite dans les rangs du catholicisme intégriste ou traditionaliste après le Concile.

---

9. Y. Congar, *Mon journal du Concile*, t. I et II, Cerf, Paris, 2002.

La conversion de Vatican II était radicale, non pas par rapport à la tradition de la foi apostolique, mais par rapport aux options prises de manière dominante et continue par l'Église dans les derniers siècles. Il y eut cependant des exceptions notables : j'en ai signalé deux, en évoquant Léon XIII et Pie XI avec la condamnation de l'Action française en 1926. Il faudrait ajouter les initiatives de Benoît XV, pape méconnu, qui essaya de resituer l'Église dans la société internationale, en particulier pendant la Première Guerre mondiale. Nous retrouvons ici, surtout en France, un effet de la division entre catholiques. Les représentants du courant dit « traditionaliste » qui est plus proche du traditionalisme du XIXe siècle – entre parenthèses condamné à Vatican I –, que de la vraie tradition de la foi, avaient la conviction d'une sorte de trahison du Concile. Ce qu'ils appelaient « la doctrine catholique de toujours », n'était en fait qu'une figure de la foi dans laquelle ils avaient été éduqués par leur milieu familial. Ils ne se rendaient même pas compte que les prises de position de Vatican II renouaient avec la tradition du premier millénaire de l'Église, au-delà du second. L'ouverture œcuménique, en particulier avec les protestants, et la liberté religieuse étaient considérées comme des initiatives inacceptables, pour ne pas dire hérétiques. Dans les raisons de ce mouvement, il faut distinguer deux choses : il y a d'abord le refus doctrinal, venu d'une idéologie conservatrice qui fait un gros contresens sur le terme de tradition et refuse la modernité en bloc : elle est le fait des responsables ; et le problème de la liturgie qui assure à ce mouvement le soutien plus populaire de certains milieux.

L'homélie de Mgr Marcel Lefebvre le 29 août 1976 à Lille, juste après qu'il eut ordonné à Écône les premiers prêtres de la fraternité Saint-Pie X, est parfaitement explicite à ce sujet et montre la confusion toujours présente dans ces milieux entre foi et politique :

« Qu'ont voulu les catholiques libéraux pendant un siècle et demi ? Marier l'Église et la Révolution, marier l'Église et la subversion, marier l'Église et les forces destructives de la société, de la société familiale, la société civile, la société religieuse. Ce mariage de l'Église, il est inscrit dans le Concile. Prenez le schéma *Gaudium et spes* et vous y trouverez qu'il faut marier les principes de l'Église avec les conceptions de l'homme moderne. Qu'est-ce que ça veut dire, ça ? Ça veut dire qu'il faut marier l'Église catholique, l'Église de Notre Seigneur Jésus-Christ avec des principes qui sont contraires à cette Église, qui la minent, qui ont toujours été contre cette Église, et c'est précisément ce mariage qui a été tenté dans le Concile par des hommes d'Église et non pas par l'Église, car jamais l'Église ne peut admettre une chose comme celle-là. »

Notez la distinction entre les hommes d'Église, c'est-à-dire le Concile et le pape, et l'Église à laquelle l'évêque fait appel, dans une contradiction totale avec ses propres principes d'obéissance. Après avoir évoqué les persécutions de la Révolution qui ont fait monter des prêtres et des religieuses sur l'échafaud, le prélat poursuit :

« Voilà ce qu'a fait la Révolution, eh bien je vous dis, mes bien chers frères, ce qu'a fait la Révolution n'est rien à côté de ce qu'a fait le concile Vatican II. Rien. Il eût mieux valu que les trente ou quarante ou cinquante mille prêtres qui ont abandonné leur soutane, qui ont abandonné leur serment fait devant Dieu, soient martyrisés, aillent à l'échafaud, ils auraient au moins gagné leur âme, mais maintenant ils risquent de la perdre[10]. »

Le texte continue en fustigeant le rite « bâtard » de la messe et des sacrements. Plus loin il se livre à l'éloge de la récente dictature argentine du général Videla, qui a apporté à son pays « un gouvernement d'ordre qui a des principes, une autorité ». Mgr Lefebvre fait l'éloge de la messe de saint Pie V « parce que cette messe est la proclamation de la royauté de Notre Seigneur Jésus-Christ. La nouvelle messe est une espèce de messe hybride qui n'est plus hiérarchique, mais démocratique, où l'assemblée prend plus de place que le prêtre[11] ».

---

10. Texte dans Jean-Anne Chalet, *Monseigneur Lefebvre*, Éditions Pygmalion, Paris, 1976, p. 209-210.
11. *Ibid.*, p. 217-218.

> *On peut lui reconnaître une sorte de lucidité sur le sens général de Vatican II et le tournant accompli par l'Église à l'égard de la modernité. De plus il y a encore des gens pour le suivre sur cette voie.*

C'est une lucidité de refus mais qui confirme le diagnostic que j'ai essayé de formuler dans le parcours historique proposé. Ce jour-là, dans une atmosphère de fête, Mgr Lefebvre a parlé sans retenue et bien montré le fond non seulement de sa pensée personnelle mais de l'idéologie théologico-politique de tout son mouvement. Derrière la question liturgique, qui renaît aujourd'hui, nous nous heurtons à la certitude d'être dans la vérité malgré et contre l'Église et à la volonté de faire céder l'Église. Cette idéologie justifie une désobéissance à l'Église que l'on peut considérer comme obstinée. Si l'Église leur cédait en quoi que ce soit, les « traditionalistes » crieraient à la victoire et seraient les premiers à exiger alors des autres une obéissance immédiate.

En ce qui concerne la liturgie, reconnaissons que la réforme de Vatican II a été appliquée sans assez de pédagogie : elle était très attendue des prêtres qui l'ont mise en œuvre avec une rapidité toute juridique et sans prendre le soin d'en dire le sens aux fidèles. Aussi pour la partie populaire du mouvement traditionaliste, c'est l'*aggiornamento* des rites liturgiques qui a cristallisé l'opposition. Cette réforme touchait à l'affectivité religieuse des fidèles, zone profonde de l'être humain qui n'obéit pas à la règle de la raison. Certains se sentaient subitement frustrés de rites et d'une langue dans lesquels ils avaient investi leur foi et leur piété avec toute leur sensibilité. Ils se sentaient comme veufs. Une transition plus progressive, une information et une justification éclairées auraient pu aider à faire évoluer ceux qui étaient le plus « choqués » en leur âme et conscience. On leur a même parfois imposé sous le couvert de Vatican II des initiatives privées, plus ou moins sages. Mais l'honnêteté demande de reconnaître que ce temps n'est plus. Aujourd'hui, la très grande majorité des prêtres dans notre pays respecte la liturgie de Vatican II. La messe face au peuple exprime l'initiative de Dieu qui dans le Christ vient vers nous pour nous faire partager le repas sacrificiel où il se donne lui-même à nous pour nous conduire à Dieu. Mais à partir du moment où le refus s'est cristallisé dans des communautés qui brandissaient le rite de saint Pie V comme un étendard de ralliement, les choses devenaient de plus en plus difficiles.

Mais alors le concile de Vatican II s'est immédiatement trouvé dans une situation de non-réception ?

Non-réception très minoritaire dans le concert d'une réception qui a été plutôt enthousiaste en un premier temps, avant de traverser certaines vicissitudes par la suite. En fait, ce qu'il y a de plus traditionnel dans le mouvement engagé par Mgr Lefebvre, c'est la dynamique schismatique ! Elle s'est produite presque après chaque concile. La réception d'un concile est un phénomène complexe, qui ne se commande pas et qui s'étend sur plusieurs générations. Je suis persuadé que la réception de Vatican II n'est pas achevée. Il y a encore des points importants où la vie du corps de l'Église n'a pas encore assimilé l'enseignement de Vatican II. Pour en rester au sujet qui nous occupe, du rapport à la modernité, je crois que Vatican II nous invitait, en raison de sa propre logique, à un discernement plus courageux des *oui* et des *non* que l'Église doit exprimer devant la modernité. Car l'*a priori* de bienveillance que doit garder l'Église à l'égard de la société et du monde, le *oui* de sympathie, doit aussi savoir fonder des *non* devant ce qui est inacceptable : nous aurons à en reparler.

Mais on peut se demander si, comme le concile de Trente, Vatican II n'est pas un concile qui est venu trop tard pour enrayer le divorce latent entre Église et société et créer une donne nouvelle dans la situation de la foi. Nombre de défis demeurent encore, qui n'ont pas été suffisamment pris en compte.

Crise de la société et crise de la foi après Vatican II

*Mais on attendait de l'*aggiornamento *engagé par Jean XXIII une embellie de l'Église et de la foi. C'est tout le contraire qui s'est produit. Le Concile se termine en 1966 et deux ans après, c'est l'explosion étudiante de mai 1968. Je ne vous demande pas d'expliquer un tel événement, mais comment comprenez-vous, avec le recul du temps, son impact sur les tribulations qui ont affecté alors la vie de l'Église ?*

N'interprétons pas une coïncidence chronologique comme une relation de cause à effet. Je ne crois pas que Vatican II soit pour grand-chose dans la crise de 1968. Celle-ci germinait depuis plusieurs années, parallèlement au déroulement du Concile. Je m'en suis aperçu en revenant de Rome, pour commencer mon enseignement à Fourvière en 1964. N'oublions pas non plus le phénomène très important qui s'est produit au Canada français dans l'année 1962 et qu'on a appelé la « révolution tranquille ». En un an, tout le rapport à la foi d'une société assez conservatrice a basculé, pour faire place à des comportements tout nouveaux.

La période d'après-guerre et de reconstruction était désormais terminée. Le monde occidental avait retrouvé une croissance exceptionnelle et procuré le bien-être encore inconnu de la société de consommation. Paradoxalement, ce nouveau bonheur apparaissait sans signification et débouchait sur le vide, comme le diagnostiquait à l'époque dès 1966 Paul Ricœur avec une grande lucidité :

« Qu'est-ce que l'homme de la société du développement ? Quelles sont ses motivations profondes ? […] C'est dans ce monde même de la prévision, de la prospective, de la planification que, d'une manière que les hommes ignorent naturellement, peut œuvrer un certain maléfice dont je voudrais discerner la figure. Ce *maléfice* à l'œuvre dans le monde de la prospective concerne ce que j'appellerai la perspective de la prospective. Il nous pose quatre questions : la question de l'*autonomie*, la question du *désir*, la question de la *puissance*, et la *question* du non-sens. »

Ricœur montrait alors comment l'homme, qui se jugeait sorti de son enfance, s'était engagé dans un « prométhéisme », un « athéisme pratique » véhiculé par l'autonomie de la société technique. Mais l'homme, ainsi livré à lui-même et à sa propre loi est aussi livré à sa convoitise, celle de la société d'abondance. Le problème moral alors posé est celui de la « captivité du désir ». Tout cela est au service d'un rêve de puissance, qui s'exprime toujours à travers les conflits entre les nations et « il est également possible que l'unification mondiale soit l'œuvre d'une dictature violente ou insidieuse ». Mais le développement du maniable et de l'ustensile aboutit au « vide béant d'un certain non-sens ». L'auteur concluait ainsi :

« Comprendre notre temps, c'est mettre ensemble, en prise directe, les deux phénomènes : le progrès de la rationalité et ce que j'appellerais volontiers le *recul du sens*. Nous sommes les contemporains de ce double mouvement. […] L'absence croissante de buts dans une société qui augmente ses moyens est certainement la source de notre mécontentement. Au moment où prolifèrent le maniable, le disponible, à mesure que sont satisfaits les besoins élémentaires de nourriture, de logement, de loisir, nous entrons dans un monde du caprice, de l'arbitraire dans ce que j'appellerais volontiers le monde du geste quelconque. Nous découvrons que ce dont manque le plus les hommes, c'est de justice, certes d'amour sûrement, mais plus encore de signification. L'insignifiance du travail, l'insignifiance du loisir, l'insignifiance de la sexualité, voilà les problèmes sur lesquels nous débouchons[12]. »

Vatican II ne pouvait rien faire dans l'immédiat contre cette lame de fond qu'il n'a sans doute pas vue venir et qui a emporté certains acquis de notre civilisation. Le diagnostic demeure étonnamment juste pour notre monde d'aujourd'hui. Car distinguons bien les excès politiques et idéologiques plus spectaculaires

---

12. P. Ricœur « Prospective et utopie. Prévision économique et choix éthique », *Esprit*, février 1966, p. 178-193.

qui ont marqué dans de nombreux pays le printemps de 1968 et ce mouvement profond de transformation des comportements sociaux, moraux et religieux de l'ensemble de la population. Une certaine forme de modernité culturelle, simplifiée, vulgarisée par les médias, en tout cas la plus facile et non pas la meilleure, s'est imposée comme allant de soi dans la mentalité courante. Nous sommes devant le point d'arrivée du processus qui descendait progressivement depuis le XVIIe siècle des milieux les plus intellectuels jusqu'au peuple de base. Il affecte maintenant l'état d'esprit général.

Reprenons les points majeurs de P. Ricœur: la revendication d'autonomie totale et athée, à laquelle il fait référence, n'est même plus l'athéisme marxiste qui a pourtant joué un si grand rôle dans les débats intellectuels des années soixante-dix. Cet athéisme est « pratique », il n'est plus militant: il ne se bat plus contre Dieu (antithéisme). Il est tout simplement sans Dieu, *a-thée* au sens étymologique. L'homme s'estime par rapport à lui-même dans une liberté totale, c'est-à-dire qu'il prétend à la liberté même de Dieu. Il n'a de compte à rendre à personne: il refuse d'être la créature de quiconque, car il est le créateur de lui-même, sans aucune référence à un donné qui s'imposerait à lui.

Pour ne prendre qu'un exemple, il ne veut être ni homme ni femme, puisque l'un est l'autre et que la différence sexuelle peut être niée comme sans importance anthropologique. Ricœur parlait de l'insignifiance de la sexualité. Or la sexualité humaine est porteuse de sens, parce qu'elle porte la relation humaine de l'amour, elle porte la transmission de la vie au sens humain, pas simplement au sens biologique, et doit permettre que la transmission de la vie se fasse dans un climat d'amour où l'enfant soit accepté, accueilli et aimé. La revendication actuelle de l'homosexualité à avoir même valeur et sens que l'hétérosexualité contribue à nier le sens de la sexualité comme fondement de la famille et lieu d'humanisation. Trait culturel signifiant pour l'image que la société donne d'elle-même: dans les romans, les feuilletons et au cinéma, les couples sont rarement « normaux » : il s'agit de personnes divorcées, de familles recomposées et de cohabitation. Le rapport homme-femme est vécu dans l'instant présent et complètement déconnecté de la notion d'engagement durable. Ce thème de la signification des « genres » masculin et féminin est aujourd'hui l'objet de toute une réflexion[13]. L'insignifiance de la sexualité passe aussi par là. Le nouveau code civil belge efface, autant qu'il le peut, la considération du masculin et du féminin en particulier quand il traite du mariage. En ce domaine comme en d'autres l'homme se veut totalement libre d'inventer les lois de sa propre morale. Son anthropologie est sujette à une révision constante.

Seulement ce « maléfice », pour reprendre le terme de Ricœur, ou cette idéologie, même si elle n'est évidemment pas le fait de tout le monde, agit sur les mentalités, en particulier chez les jeunes. Leur manque de structure intérieure et la perte des repères essentiels les livrent à une situation générale de non-sens et les abandonnent à leur propre caprice. Le risque est alors grand de voir un certain nombre d'hommes et de femmes, jeunes ou adultes, s'abandonner à la simple convoitise. La quête d'un bonheur de plus en plus immédiat peut les entraîner jusqu'aux dérapages de l'argent, du sexe et de la drogue. Ces gens qui se veulent libres se sont rendus en fait esclaves. L'ère des idéologies étant révolue, cette dynamique aboutit à un « à quoi bon ? » qui vient gangrener les plus belles initiatives : « À quoi bon aller sur la lune si c'est pour s'y suicider ! » Un certain structuralisme a même prophétisé la mort de l'homme, conséquence normale de la mort de Dieu. Je n'ai pas besoin de répéter la dernière phrase de Ricœur. L'homme ne vit pas seulement de pain, il vit tout autant de signification. Il a voulu quitter son propre mystère, il risque de se perdre lui-même. Un des grands maléfices de notre société est de s'en prendre aux fondements du sens sur lequel elle est assise.

---

13. Cf. J. Arènes, « La problématique du genre », *Documents-Épiscopat*, n° 12, 2006.

Quand Ricœur parlait, le phénomène était encore récent et il faut savoir gré à sa lucidité de l'avoir si nettement dégagé. Aujourd'hui, cette mentalité s'est déjà transmise à la deuxième et à la troisième génération. Les parents ou les grands-parents qui avaient vécu la crise s'appuyaient encore concrètement sur les valeurs qu'ils avaient reçues et que leur idéologie mettait en cause. Les enfants ou les petits-enfants sont nés dans ce monde largement privé des valeurs élémentaires qui donnent du sens à une vie. Je parle ici en ne pensant pas seulement à la foi chrétienne. Il est dramatique de donner la vie à des enfants sans proposer en même temps un sens à leur vie. La quête du bonheur, inhérente à la vie de l'humanité depuis qu'elle existe – car tout homme veut être heureux –, s'investit dans un *Toujours plus* de la société de consommation, décrit par François de Closets, ou un *Encore plus* de la réussite immédiate et du bien-être de l'instant. « Dis-moi quel est ton bonheur et je te dirai qui tu es. » Notre société ne se juge-t-elle pas à la qualité du bonheur qu'elle vise ?

Ce jugement est corroboré par celui de Karl Rahner, douloureusement impressionné par la perte de la transcendance en notre temps et dont la théologie, au dire de Jean-Baptiste Metz, n'était « rien d'autre qu'une manière de s'insurger contre cette absence de mystère que notre modernité ressent ou même proclame[14] ». Dans une longue et belle méditation sur le mot « Dieu », ce mot qui nous est donné, ce mot dont on peut se demander s'il a encore un avenir, le théologien s'interroge sur l'état de l'humanité « en l'absence de ce mot », c'est-à-dire si ce mot avait disparu au point de ne plus être l'objet de la moindre question :

« L'homme aurait oublié le tout et son fondement, et en même temps oublié – si l'on pouvait encore dire – d'avoir oublié. Qu'en serait-il alors ? Nous pouvons seulement dire : il cesserait d'être homme. Il aurait fait retour à l'animal inventif. [...] Nous ne pouvons dire qu'un homme existe, que si ce vivant pose devant lui

---

14. J.-B. Metz, dans K. Rahner, *Le courage du théologien*, Cerf, Paris, 1985, p. 16.

et met en question, par la pensée, par le langage, et dans la liberté, le tout du monde et de l'existence, devrait-il même en présence de cette question une et totale, devenir muet de perplexité. L'on pourrait même imaginer – qui peut le savoir exactement? – que l'humanité meure de mort collective dans le maintien de son existence biologique et technico-rationnelle, en régressant vers une société de termites, d'animaux extraordinairement inventifs. [...] L'homme n'existe en tant qu'homme que là où, au moins comme question, au moins comme question qui nie et qui est niée, il dit "Dieu"[15]. »

Je pense aussi au mot bien connu de l'agnostique Malraux, affirmant que c'était la première fois qu'une société commençait à vivre sans référence, sans espérance, sans finalité; et cela, disait-il, était un « événement considérable ». Tout cela n'est pas du passé, mais appartient à notre actualité culturelle : c'est le défi du présent et de l'avenir auquel l'Église est confrontée. L'enjeu de notre avenir réside dans la question du sens, ou pour employer une expression équivalente, de la transcendance de l'homme par rapport à son quotidien et à ses objets techniques. En disant tout cela je vais bien au-delà de ce qui s'est manifesté en mai 1968. On peut sans doute affirmer que cette gestation lente et encore largement souterraine est au départ d'un nouveau tournant qui se prendra en 1985.

Vous reprenez là les thèmes du livre de Mgr Hippolyte Simon : Vers une France païenne[16]?

Ce livre a eu le courage de dire en clair des choses devant lesquelles on préfère trop souvent se voiler la face, ou faire comme si elles n'existaient pas. On sent d'ailleurs l'auteur partagé entre sa lucidité d'observateur et son espérance chrétienne. Beaucoup de ses analyses sont pertinentes. J'ai été frappé comme lui, mais ce

---

15. K. Rahner, *Traité fondamental de la foi*, trad. G. Jarczyk, Centurion, 1983, p. 63-64.
16. Cana, Paris, 1999.

n'est qu'un détail, lors de la dernière fête de Noël, par les commentaires des médias qui nous expliquent sentencieusement que Noël était d'abord une fête païenne, celle du solstice d'hiver qui célèbre la lumière solaire reprenant sa croissance. Elle avait été christianisée pour la naissance de Jésus, lumière du monde. Maintenant elle redevient païenne, c'est-à-dire qu'elle est rendue à sa signification primitive. De même, on entend l'éloge des dieux païens tolérants, infiniment plus tolérants que le Dieu unique des chrétiens. On constate également un abandon assez généralisé par les femmes des bijoux à symbolisme chrétien. Pour passer à l'anecdote, j'ai entendu un jour une présentatrice de France Culture (même là!) annoncer le chant de l'hymne *Asperges me, Domine* en traduisant « Asperges me dominent »!

Mais je crois que Mgr Hippolyte Simon universalise trop le thème du néopaganisme, très suggestif au demeurant, pour en faire une clé de lecture globale de notre situation. Les différents aspects qu'il dégage ne sont pas homogènes les uns par rapport aux autres et revêtent une importance très variable. H. Simon ne tient pas assez compte du fait qu'il ne s'agit pas du tout du retour à un paganisme comme celui de l'Antiquité, qui était un paganisme religieux. En histoire, on ne revient jamais simplement en arrière. Notre néopaganisme en Occident est un paganisme postchrétien. Il s'agit d'une figure neuve de civilisation, encore portée par le christianisme dans ses profondeurs et ses requêtes, en particulier par son sens de l'individu et de la personne, ce qui n'était pas le cas dans l'Antiquité. H. Simon cite lui-même un texte fort intéressant de Marcel Gauchet :

« Le christianisme a engendré un monde qui le conteste ou qui peut se passer de lui ; mais un monde avec lequel il reste en connivence matricielle et auquel il a toutes les chances de demeurer associé, moyennant évolution et adaptation. La modernité est son autre, il s'y est senti violemment étranger, il l'a rejeté – côté catholique surtout… Et puis, ce combat d'arrière-garde épuisé, il s'avère que le fait chrétien possède une affinité occulte avec le plus moderne du moderne. Probablement même, si l'on pousse l'analyse, le christianisme est-il la seule religion en l'état compatible jusqu'au bout avec la modernité. Même chose avec l'Église : l'institution typique que la modernité est vouée à contester ; mais une institution indépassablement enracinée en même temps dans l'histoire qui la conteste[17]. »

Paradoxalement, au vu du conflit séculaire entre l'Église et la modernité, voici qu'une affinité profonde est décelée entre les deux. En effet, le concept de modernité auquel j'ai fait référence ne coïncide pas avec celui de néopaganisme. Notre humanisme reste profondément chrétien, mais d'un christianisme qui s'est progressivement sécularisé. Qu'il le veuille ou non, il reste porteur de nombreuses valeurs typiquement chrétiennes. Et il y a là un levier puissant sur lequel peut s'appuyer une Église qui doit être plus que jamais témoin du sens de l'homme.

Mais un autre symptôme se manifeste aujourd'hui, qui n'est pas du paganisme mais de l'antichristianisme. Nous en avons déjà parlé[18] en évoquant le livre de René Rémond. Je pense à cette attitude *a priori* négative à l'égard de la et des religions, couramment accusées d'intolérance et de violence, et le goût de les dévaloriser et de les ridiculiser. Les amuseurs publics réclament le droit au blasphème et estiment qu'il n'y a pas de secteur de l'existence humaine qui puisse échapper à la dérision. Cela s'adresse tout autant au christianisme qu'à l'islam. C'est un aspect réel du *Da Vinci Code* et d'une série de bandes dessinées qui présentent Jésus comme un « faux-jeton » médiocre et intéressé, fondateur d'une Église qui repose sur un mensonge soigneusement tenu secret.

Mais aussi la France est devenue plurireligieuse : aujourd'hui l'islam est la seconde religion en France et le judaïsme est de plus en

---

17. M. Gauchet, « La scène catholique », *Autrement*, n° 75, décembre 1985.
18. Cf. *supra*, p. 85-86.

plus présent dans notre société. À un moment où certains proclament que la religion est devenue une affaire privée, le communautarisme religieux s'affirme de plus en plus.

Cette situation est effectivement inédite. Les enfants de ma génération savaient bien qu'il existait des juifs, des musulmans et des croyants d'autres religions, mais ils n'en voyaient guère. Nous n'en avions pas ou très peu comme compagnons d'études. Aujourd'hui la question religieuse se pose à l'enfant dans le contexte du pluralisme religieux qui devient l'objet de ses incessants « pourquoi ? ». Reconnaissons qu'au sein de notre société laïque, qui exile de l'espace public la question de Dieu, celle-ci refait surface aujourd'hui à partir de la conscience religieuse musulmane. Il y a aussi en France six cent mille bouddhistes. Dans tout diagnostic sur l'avenir religieux de notre civilisation, il faut tenir compte de ce pluralisme qui exige d'abord de l'Église et de chacun d'entre nous une attitude de bienveillance et de dialogue.

On constate en effet aujourd'hui un retour critique sur toutes les théories qui annonçaient un monde complètement sécularisé et areligieux : Dietrich Bonhoeffer, Harvey Cox, Peter Berger, tous ces gens qui avaient dit que la sécularisation était inéluctable. Les deux derniers reconnaissent un retour du religieux, pas forcément dans le christianisme, encore qu'il y ait des sectes chrétiennes. Certains ne parlent-ils pas d'un « réenchantement » du monde ?

Je ne crois pas à la thèse de la sociologie des religions de naguère annonçant une disparition complète des religions. Ses tenants jugeaient à partir de la situation occidentale et oubliaient le fait religieux dans des continents entiers. Je crois que l'homme est un être de nature profondément religieuse et que l'hypothèse faite par Rahner d'un monde qui aurait oublié le nom même de Dieu est celle d'un véritable suicide moral et spirituel de l'humanité. Elle a le mérite de nous mettre devant la responsabilité radicale et dramatique de celle-ci par rapport à son destin. L'exemple le plus remarquable de la *retractatio* est effectivement celui de Harvey Cox, l'auteur de *La cité séculière* en 1968 et qui fait humblement amende honorable dans *Le retour de Dieu* que vous avez publié[19]. Mais je crois que ce retour est trop souvent « sauvage » et parfois trop conforme à la visée négative que Karl Barth se faisait de toute religion. Il ne se fait pas à partir de ce qu'il y a de meilleur dans le religieux. Il exprime en tout cas le besoin d'un milieu communautaire dans lequel la reconnaissance mutuelle et le soutien affectif soient suffisamment forts pour permettre à certains de survivre dans un univers social devenu glacial. On le voit en particulier dans des sectes qui veulent garder une coloration chrétienne. C'est un religieux qui n'est pas « converti » et il ne doit nullement nous « rassurer » sur l'avenir de la foi, même s'il a sa signification.

La crise de la société entrée dans l'Église

Si je vous comprends bien, la crise lentement développée dans la société moderne radicalise de plus en plus les enjeux du rapport entre l'homme et Dieu et cette crise a pénétré largement l'Église de ces dernières décennies. Est-ce que Mai 68 n'a pas été l'indicatif de tout cela ?

L'Église ne pouvait pas rester indemne de cette mutation culturelle dont l'importance est comparable à celle de la Révolution française. Vous évoquez toujours mai 1968 : ces événements spectaculaires qui mimaient la révolution mais sans la vouloir, n'étaient, comme je l'ai dit, que la partie émergée de l'iceberg. Puisque nous revenons sur cet épisode, je ne peux résister à la tentation de vous citer cette page brillante de Chateaubriand dans ses *Mémoires d'outre-tombe*, où il décrit la vie à Paris en 1789. La ressemblance est patente avec l'explosion de mai 1968 et nous

---

19. Desclée de Brouwer, Paris, 1995.

montre que cette dernière était moins neuve qu'on ne l'a cru. Voici le climat qui régnait à Paris dans les premiers mois de la Révolution française :

« Les moments de crise produisent un redoublement de vie chez les hommes. Dans une société qui se dissout et se recompose, la lutte des deux génies, le choc du passé et de l'avenir, le mélange des mœurs anciennes et des mœurs nouvelles, forment une combinaison transitoire qui ne laisse pas un moment d'ennui. Les passions et les caractères en liberté se montrent avec une énergie qu'ils n'ont point dans la cité bien réglée. L'infraction des lois, l'affranchissement des devoirs, des usages et des bienséances, les périls même, ajoutent à l'intérêt de ce désordre. Le genre humain en vacances se promène dans la rue, débarrassé de ses pédagogues, rentré pour un moment dans l'état de nature, et ne recommençant à sentir la nécessité du frein social, que lorsqu'il porte le joug des nouveaux tyrans enfantés par la licence.

[...] Dans tous les coins de Paris, il y avait des réunions littéraires, des sociétés politiques et des spectacles. [...] On se transportait du club des Feuillants au club des Jacobins, des bals des maisons de jeu aux groupes du Palais Royal, de la tribune de l'Assemblée nationale à la tribune en plein vent. Passaient et repassaient dans les rues des députations populaires, des piquets de cavalerie, des patrouilles d'infanterie. Auprès d'un homme en habit français, tête poudrée, épée au côté, chapeau sous le bras, escarpins et bas de soie, marchait un homme, cheveux coupés et sans poudre, portant le frac anglais ou la cravate américaine. Aux théâtres, les acteurs publiaient les nouvelles ; le parterre entonnait des couplets patriotiques. Des pièces de circonstance attiraient la foule : un abbé paraissait sur la scène ; le peuple lui criait : "Calotin ! calotin !" et l'abbé répondait : "Messieurs, vive la Nation !"[20] »

Mais dans les deux cas, distinguons les manifestations et la réalité sous-jacente, infiniment plus grave. Nous savons comment a

---

20. F. de Chateaubriand, *Mémoires d'outre-tombe*, L. 5 ; éd. Garnier, t. I, p. 229-231.

évolué la Révolution française et mai 1968 a tourné court. Mais maintenant comme alors, il s'est produit en profondeur un ébranlement de civilisation. L'Église en a été atteinte dans ses forces vives et a dû gérer la crise au moment même où elle mettait en œuvre Vatican II. Dans les années 1968, on a vu des hommes de poids et de jugement perdre leurs repères et vaciller devant la séduction de certaines sirènes. Il est facile de leur jeter la pierre. Mais la situation était inédite. Cela s'est traduit par de nombreux prêtres qui ont quitté le ministère, par une certaine effervescence dans les grands séminaires et les scolasticats religieux et diverses revendications idéologiques. Cela n'a eu qu'un temps d'ailleurs et les communautés catholiques ont réussi à trouver un nouvel équilibre de vie qui est tout à leur honneur.

Plus en profondeur, il se passait ce qu'un sociologue avisé a appelé « l'impression d'une sortie de la religion[21] », sortie tranquille, comme la révolution de 1962 au Canada, et apparemment sans crise, du moins chez les jeunes. Les églises se sont progressivement vidées et les candidatures au ministère presbytéral ont connu une diminution spectaculaire.

Au-delà donc de mai 1968, comment interprétez-vous l'évolution marquante des trois ou quatre dernières décennies?

Beaucoup de paramètres sont en jeu. Ce que je vais décrire est l'aboutissement des lentes évolutions diagnostiquées au cours des derniers siècles et qui nous conduisent à un seuil nouveau, lié à l'évolution globale de la société. Commençons par le quantitatif, qui reste assez extérieur, mais sur lequel il serait illusoire de faire l'impasse. Depuis les grandes enquêtes de sociologie religieuse (Le Bras, Boulard...) du milieu du XXe siècle, des statistiques sont périodiquement publiées, tirés des sources officielles. Les toutes

---

21. Y. Lambert, « Les jeunes et le christianisme : le grand défi », *Le Débat*, n° 75, 1993, p. 63-80.

dernières ont été données récemment par *Le monde des religions*[22]. On peut toujours discuter tel ou tel chiffre, mais la vue d'ensemble n'est pas contestable.

En 1972, 84 % des Français se déclaraient catholiques. Aujourd'hui ils sont 51 % à se dire tels. Encore parmi eux faut-il distinguer entre ceux qui expriment ainsi une solidarité de foi et ceux qui ne font que reconnaître un certain héritage culturel.

Le phénomène le plus impressionnant fut le décrochage de la pratique sacramentelle. La pratique dominicale est passée de 32 % en 1947, à 20 % en 1970 et à 10 % en 1990. On l'estime actuellement à 9 %. 52 % des catholiques ne mettent les pieds à l'Église que pour des cérémonies de baptêmes, de mariage ou de funérailles, c'est-à-dire par courtoisie ou pour des raisons familiales ou amicales.

En 1961, 92 % des Français étaient baptisés dans la religion catholique. La baisse a commencé pour ce sacrement dès 1963. On est passé en France à 80 % en 1975, à 62 % en 1990, à 53 % en 1999 et enfin à 46 % en 2004. Ces statistiques uniformisent des réalités qui comportent de grandes variations locales. Bien évidemment, l'enfant non-baptisé ne sera normalement pas envoyé à la catéchèse, sauf exceptions notables, puisque l'on voit aujourd'hui une certaine pratique de baptêmes d'enfants en âge scolaire. Mais le nombre des baptisés qui ne sont jamais envoyés au catéchisme est lui aussi important. En 1994, 42 % d'enfants étaient catéchisés en France, avec des disparités régionales considérables (25 % dans la région parisienne ; 70 % dans la Manche). Je n'ai pas trouvé de chiffre concernant ce qu'il en est aujourd'hui. La baisse des premières communions est de 32 % entre 1994 et 2003. Celle des confirmations, sur la base de chiffres absolus très inférieurs, est de 39 % entre les mêmes dates.

Dans le décrochage de la pratique sacramentelle, il faut aussi signaler les sacrements de réconciliation et de mariage. En 1952, un

---

22. « Les catholiques français. Qui sont-ils ? Une mutation radicale : 18 siècles d'histoire passionnelle », *Le Monde des religions*, n° 21, janvier-février 2007.

Français catholique sur deux se confessait « au moins une fois par an » ; il n'en reste que 14 % en 1983 et 69 % ne se confessent jamais. Vous aviez, en 1975, 72 % de mariages catholiques par rapport aux mariages civils, en 1990 51 %, en 1999 42 % et en 2004 35 %. Ces chiffres ne prennent pas en compte la cohabitation juvénile.

La baisse des ordinations presbytérales s'inscrit dans cet ensemble : la France est passée de mille cinq cents ordinations par an en 1900, à mille en 1950 et à un étiage de cent à cent trente depuis. On nous parle périodiquement de « frémissement », mais il n'y a rien de significatif. Le fait est que le nombre des ordinations a chuté de 43 % entre 1970 et 1991. Vingt diocèses ont une ordination tous les deux ans ; trente-six de 0,5 à 1 par an ; dix de 1 à 1,5 ; seize de 1,5 à 2 ordinations ; huit de 2 à 2,5 ; quatre entre 3 et 4 ; un entre 4 et 5, un entre 5 et 6. Il y avait en France quarante-cinq mille prêtres en 1970 ; il n'y en a plus que vingt-deux mille en 2004, avec une pyramide des âges qui se situe autour de soixante-dix ans, c'est-à-dire bien au-delà de l'âge normal de la retraite. Je me suis déjà expliqué sur le problème des ministères et des prêtres[23]. Mais le problème des vocations presbytérales n'est qu'une facette du problème de toute l'Église et de la diminution générale du terreau de la foi. Cette évolution est à mettre en parallèle avec la diminution aussi rapide des religieux et des religieuses. Les religieuses étaient soixante-dix-huit mille en 1980 : elles sont trente-sept mille en 2005.

Faut-il dire alors que le catholicisme devient minoritaire ? Mais alors il constitue encore une minorité fort importante ; et, comme vous le disiez, tout cela n'est que du quantitatif.

C'est vrai et l'on peut se demander ce qui se passe plus en profondeur dans les consciences. Que reste-t-il de la foi chez tous

---

23. B. Sesboüé, *N'ayez pas peur ! Regards sur l'Église et les ministères aujourd'hui*, Desclée de Brouwer, Paris, 1996.

ces catholiques nominaux (qui se disent tels), mais ne pratiquent presque jamais ? C'est un terrain sur lequel les statistiques sont davantage sujettes à caution. Je les utilise en les prenant avec les pincettes nécessaires. Elles sont surprenantes. Il convient d'ailleurs de les interpréter sans erreur car toutes n'ont pas le même dénominateur : certaines sondent les Français en général, d'autres ceux qui se disent catholiques. Mais on s'aperçoit que nombre de ces derniers ne croient ni à la divinité de Jésus-Christ ni à la vie éternelle. Le dernier sondage est encore plus paradoxal : 26 % des catholiques disent croire en Dieu avec certitude ; 26 % estiment que son existence est probable (total 52 %) ; 31 % ne savent pas et 17 % répondent pratiquement non. Parmi ceux qui disent croire en Dieu, seulement 18 % estiment qu'ils peuvent être en relation personnelle avec lui. Or en 1972, 75 % des Français affirmaient croire que Dieu existe. En ce qui concerne la vie éternelle, 26 % estiment qu'il n'y a rien après la mort ; 53 % que quelque chose existe qu'ils ignorent ; 10 % seulement affirment la résurrection des morts. Quant aux dogmes chrétiens, 39 % croient à la virginité de Marie et 37 % au mystère de la Trinité. Par contre 64 % croient aux miracles et 76 % ont une bonne opinion de l'Église catholique. Mais 39 % estiment que toutes les religions se valent. Des prêtres me disent également aujourd'hui que la notion chrétienne de « salut » n'est plus comprise par des pratiquants qui n'éprouvent absolument pas le besoin d'être sauvés. Les préoccupations concernent beaucoup plus le bien-être d'ici-bas que la question de l'au-delà. L'idée que l'humanité et en elle chacun d'entre nous, avons besoin d'un Sauveur, d'un Libérateur, reste en quelque sorte étrangère.

La distinction classique entre pratiquants et croyants est devenue moins pertinente. Ne nous étonnons pas, dans ces conditions, de la difficulté de la transmission non seulement la foi chrétienne, mais d'un certain nombre de valeurs essentielles. Parmi les jeunes, beaucoup n'ont rien reçu et semblent ne manquer de rien. Ils sont donc au-delà même de la sortie sereine de la foi déjà évoquée. Les autres qui ont reçu une éducation chrétienne ont besoin d'un réel courage pour témoigner de leur foi dans un climat où celle-ci est comme « exculturée ». Malgré ce courage, la tentation est grande de tout laisser tomber. Le climat culturel général en pousse beaucoup à vivre dans l'immédiat, dans l'oubli complet du passé et même du passé récent, et sans aucune projection dans l'avenir pour construire, créer quelque chose qui tienne et qui ait un minimum de stabilité. Nous rejoignons la difficulté des jeunes à pouvoir s'engager, c'est-à-dire aussi à donner un sens à leur vie.

Nous découvrons aussi une sorte d'ignorance historique grandissante sur la tradition chrétienne comme sur la tradition religieuse de l'humanité. Cette ignorance inquiète aujourd'hui les responsables de l'Éducation nationale qui cherchent à mettre en place un enseignement laïc et neutre sur les religions. Cette ignorance atteint non seulement l'intelligence mais aussi l'imaginaire, parce que les enfants formés au catéchisme recevaient une connaissance minimale de l'Ancien et du Nouveau Testament, étaient familiarisés avec les grandes scènes évangéliques, entendaient l'affirmation des grands principes chrétiens comme la loi d'amour et de charité. Ces symboles étaient profondément acquis et vivaient au fond des consciences. Tout cela a aujourd'hui largement disparu, si bien que l'on a pu dire : « Le peuple français n'est plus chrétien parce que son imaginaire n'est plus chrétien. » L'enfant qui accompagne ses parents dans une église à cause de son architecture ou de sa beauté, leur demandera : « Pourquoi le monsieur est-il puni sur une croix ? Qui est la dame qui est là avec son enfant ? » Je ne parle pas de la perte de l'évangélisation du sens de la transcendance auquel pourtant l'enfant est naturellement ouvert. Aujourd'hui, les grands-parents ont encore suivi une catéchèse, mais les parents l'ont déjà beaucoup moins suivie et nous sommes à la troisième génération devant beaucoup d'enfants qui n'ont aucune référence religieuse.

Ce décrochage massif par rapport à la pratique sacramentelle s'est accompagné en l'espace de deux générations de l'instauration de mœurs nouvelles, qui se sont répandues et généralisées, sans aucune crise ni débat, et sont vécues en complète innocence subjective, comme la cohabitation juvénile, et cela jusque dans les milieux traditionnellement chrétiens.

Je n'ai pas évoqué non plus les conséquences institutionnelles de cette évolution. L'Église de 1950 en France animait nombre d'institutions importantes et respectables : hôpitaux, écoles et collèges, enseignement supérieur, patronages, colonies de vacances et mouvements de formation de jeunes, œuvres caritatives et sociales, instituts culturels, revues nombreuses, magazines, publications de livres assurant un large rayonnement théologique, dynamisme missionnaire. Sa vitrine était partout. Or chaque année, ces diverses « institutions du croire » et le réseau chrétien qu'elles formaient se réduisent, parce que nombre d'entre elles sont tombées, discrètement d'ailleurs, l'une après l'autre comme des dominos. La diminution des séminaires s'est accompagnée d'une baisse inquiétante de l'investissement dans les tâches intellectuelles de la foi. L'Église se fait porter absente sur de nombreux fronts et n'encadre plus la formation des jeunes qui ne rencontrent plus que rarement des prêtres. Le phénomène d'identification par l'exemple à un homme jeune qui consacre sa vie au service de Dieu et des autres ne peut plus jouer. Or ce contact jouait un grand rôle dans la naissance d'une vocation religieuse ou presbytérale. J'ai même lu récemment un chiffre terrifiant parlant de 2 % de jeunes qui se disent catholiques. Je pense aussi à la souffrance de tant de parents chrétiens qui voient leurs enfants s'éloigner de la foi qu'ils avaient voulu leur transmettre, dans le cadre de ce mouvement global d'opinion sur lequel ils ne peuvent rien. Le P. de Grandmaison publiait déjà dans les *Études* en 1924 des articles intitulés « La crise de la foi chez les jeunes[24] ». La question n'est pas nouvelle, même si elle se présente aujourd'hui en des termes plus graves.

---

24. Repris en livre en 1927 aux éditions Beauchesne.

Aujourd'hui, ce n'est plus le maillage culturel, ou les institutions latérales – fort importantes au demeurant –, qui sont menacés, mais le squelette institutionnel, c'est-à-dire le maillage pastoral de base, sa présence minimum sur le terrain paroissial et sa capacité à assurer les tâches administratives élémentaires, à la campagne comme à la ville. Nous sommes au bord de l'implosion du maillage paroissial, je l'ai déjà dit. Le regroupement drastique des paroisses les transforme en larges secteurs, où la présence du prêtre a changé de nature. Le catholique de base, en de nombreuses régions, a beaucoup de mal à pouvoir rencontrer un prêtre. Un évêque, qui avait réduit massivement le nombre de ses paroisses dans l'idée qu'il pourrait mettre au moins un curé dans chacune des nouvelles grandes paroisses ainsi créées, me confiait un jour que ce ne serait même pas possible, sous peine d'y mettre la totalité de ses prêtres actifs, alors que de nombreuses autres tâches les requéraient.

En même temps, nous constatons que la parole publique de l'Église a perdu considérablement de son autorité et qu'elle ne peut plus s'exprimer de la même façon. Elle ne s'impose plus, mais elle est ou bien ignorée ou bien contestée, dès qu'elle heurte les idées aujourd'hui reçues. Même de ceux qui se veulent catholiques, elle n'est pas respectée sur tous les points. Le rapport Dagens constate un « affaiblissement de l'autorité normative de l'Église qui ne parvient pas, dans ses propres rangs, à faire l'unanimité sur certains comportements ». La parole ecclésiale ne peut plus se présenter dans la société que comme un témoignage parmi d'autres.

C'est un grand mérite du rapport de Mgr Dagens d'avoir fait, pour la première fois dans un texte officiel de l'Église de France, un inventaire lucide et courageux de cette situation nouvelle[25]. On ne peut pas enregistrer sans une réelle inquiétude une telle

---

25. *Proposer la foi dans la société actuelle (Rapport Dagens)*. I. Paris, Cerf, 1996 ; II. *Vers une nouvelle étape*, 1996 ; III. *Lettre aux catholiques de France*, 1997.

évolution, surtout quand on a participé à l'effort considérable de l'Église de ces dernières décennies dans le domaine théologique et pastoral. L'inventivité pastorale de l'Église de France a été extraordinaire et il faut lui rendre hommage. Mais elle s'est heurtée à une vague de fond qui venait de bien au-delà. Nous devons analyser cette situation à l'échelle d'une évolution séculaire qui a atteint dans son fond la société française et s'attaque à son caractère chrétien, sous sa forme catholique puisque la France était à majorité catholique. Il en va à peu près de même en Hollande, en Espagne et dans d'autres pays de l'Europe où l'évolution est très rapide. La France semble davantage atteinte, mais désormais elle en a pris la mesure.

Vatican II n'est, à mon sens, pour rien dans cette évolution. Je dirais même que les orientations du Concile ont permis à la pastorale de mieux résister. Les efforts d'*aggiornamento* ont été très positifs dans leur ensemble. Ils ont permis à un certain nombre de catholiques de garder la foi en toute honnêteté intellectuelle, comme le souhaitait Rahner. Si l'Église avait abordé cette crise dans l'attitude qui était la sienne sous le règne de Pie XII, les choses eussent été bien pires.

Alors, l'Église catholique est-elle minoritaire ou non aujourd'hui en France ? On peut répondre à la fois par oui et par non. Formellement elle n'est pas minoritaire, puisque 51 % des Français se déclarent catholiques. Si l'on fait référence à l'impact de la tradition chrétienne sur la culture et les mœurs dans notre pays, la présence chrétienne est encore très majoritaire. Si l'on considère l'Église à partir de son clergé et de son encadrement clérical, elle devient évidemment minoritaire. Mais on ne saurait oublier toute la vitalité et le renouveau qui s'exprime dans les communautés chrétiennes et dont nous allons parler. Sans doute par rapport à la population globale, tout cela reste-t-il minoritaire, mais ce sont des minorités importantes et agissantes.

Ni pessimisme ni optimisme, mais espérance

Mais cette vision n'est-elle pas trop pessimiste et unilatérale ? Si l'on prolonge vos statistiques selon les mêmes courbes, la foi chrétienne n'est-elle pas en train de s'effondrer ? Je vais même aller plus loin. Vous êtes un théologien en phase avec l'ouverture conciliaire. Vous avez exposé avec conviction le renouveau quasi révolutionnaire de la théologie au XXe siècle ; et maintenant vous portez un jugement assez sévère sur l'évolution actuelle de la modernité, alors que vous la jugiez avec plus de bienveillance dans les siècles passés.

Cette lecture vous semble unilatérale parce qu'elle n'est pas achevée. Je viens d'énoncer des données quantitatives connues de tous. J'ai accumulé l'ensemble des paramètres qui sont en baisse, les clignotants rouges, si vous voulez. Ils sont effectivement impressionnants. Je n'ai pas parlé par goût du catastrophique, mais dans un désir de lucidité. Je suis persuadé que notre espérance dans l'avenir de l'Église ne peut se bâtir sans le courage de regarder la réalité en face. Je ne crois pas à la stratégie du dernier quart d'heure, où à l'appel à un nouveau coup de collier qui permettrait de tout remettre en place. Reconnaissons que l'Église d'aujourd'hui est passée au crible. Ce n'est pas la première fois dans l'histoire. Ce que j'ai dit n'est nullement un *scoop*, même si certains ne veulent pas regarder les choses en face. Il fallait prendre le temps de peser ces éléments, afin de réaliser l'importance de la mutation ecclésiale que nous vivons et qui va déboucher sur une tout autre figure d'Église. Mais, pour reprendre le thème d'un petit colloque tenu il y a quelques années à Versailles : si l'Église est minoritaire, elle n'est pas moribonde. Outre qu'elle demeure une minorité importante, elle peut s'appuyer sur le consensus d'un certain nombre de valeurs chrétiennes encore très vivantes dans la société. Notre humanisme reste largement chrétien. Ce sont les valeurs liées à la personne, à son respect, à l'engagement de la liberté, à une certaine forme d'amour et de fidélité, de générosité.

Mais le quantitatif ne dit pas tout, et vous auriez tort de continuer les courbes évoquées jusqu'à leur point zéro. Elles ne peuvent que se tasser désormais, même si elles doivent sans doute encore descendre un peu. Une analyse objective nous montre aussi des données qualitatives dans la vie de l'Église, qui attestent que celle-ci dispose encore aujourd'hui d'un capital de foi et humain considérables. Même dans l'ordre des statistiques il y a des courbes encourageantes. Parlons donc des clignotants verts. Nous avons la montée spectaculaire du nombre des diacres permanents : ils étaient onze en 1970, 571 en 1990, 1479 en 1999 : ils sont 1850 en 2003. Nous avons aussi de nombreux laïcs, hommes et femmes qui, après avoir suivi une formation théologique, sont envoyés en mission proprement pastorale. Ils tiennent beaucoup d'aumôneries, parfois des paroisses, et rendent de multiples services. Ce fait d'Église est le signe de la part des laïcs d'une vitalité de foi et d'une générosité dans l'engagement vraiment nouvelles. Cette vitalité s'est manifestée au moment de la célébration de nombreux synodes diocésains ; elle s'exprime aussi à travers les cent vingt mille personnes qui participent à la catéchèse des enfants. Nous assistons aussi au phénomène des « recommençants », c'est-à-dire de personnes d'origine chrétienne qui avaient pris de la distance et qui, confrontées aux expériences de l'existence, reviennent à une foi profonde et à la pratique sacramentelle. Le catéchuménat des adultes s'est considérablement développé depuis une dizaine d'années : on compte presque dix mille catéchumènes en France. Dans les grandes paroisses urbaines, la célébration de la vigile pascale comporte souvent un ou plusieurs baptêmes. Il faut aussi mentionner les milieux traditionalistes, dont on peut regretter l'attitude trop rivée sur le passé et trop frileuse devant l'avenir, mais qui demeurent aujourd'hui un lieu signifiant de transmission de la foi.

L'Église est toujours le lieu d'une créativité. Elle voit aujourd'hui la naissance de nombreux mouvements et d'associations de fidèles (Sant-Egidio, le Chemin neuf, l'Emmanuel, Fondacio) et l'émergence de tous ces catholiques convaincus et confessants (plus d'un million) qui vivent en association avec diverses familles religieuses (dominicaine, franciscaine, carmélite, ignatienne). Les nouvelles fondations liées au mouvement charismatique correspondent à la création des nombreuses congrégations religieuses du XVIIe au XIXe siècle et constituent une forme nouvelle de consécration religieuse. La requête spirituelle des jeunes s'exprime à travers les grands rassemblements du type de ceux de Taizé et des JMJ (Journées mondiales de la jeunesse). Leur générosité les envoie dans le monde entier, par de nombreuses associations chrétiennes, au service du développement, des réfugiés et d'autres grandes causes humanitaires. Beaucoup fondent dans ces expériences un sens nouveau à leur vie. Je ne prétends nullement faire un inventaire exhaustif de ces initiatives multiples. Ce sont autant de germinations, parfois très discrètes et qui demeurent fragiles, mais aussi autant d'ouvertures à ce qui est juste dans les requêtes de la modernité. Elles ne prétendent pas remplacer les grandes institutions du passé. Mais elles constituent *La chance d'un christianisme fragile*[26] selon le titre apéritif d'un livre récent de Mgr Rouet.

Le plus important peut-être est la naissance d'une nouvelle figure de la foi dont les traits sont évidemment en phase avec les requêtes de la modernité. L'Église a beaucoup perdu de ses membres qui lui appartenaient autrefois de manière culturelle; elle a gardé le noyau dur des catholiques par conviction. Dans notre monde de liberté et d'individualisme, le mot de Tertullien se vérifie plus que jamais : « On ne naît pas chrétien, on le devient (*nascitur homo, fit christianus*). » On le devient par une décision libre et on le reste en maintenant cette décision dans le temps. La foi d'aujourd'hui – et je suis persuadé que telle sera de plus en plus la foi de l'avenir – est une foi volontaire, un engagement personnel;

---

26. A. Rouet, *La chance d'un christianisme fragile*, entretiens avec Yves de Gentil-Baichis, Bayard, Paris, 2001.

elle est une foi critique et exigeante, qui se veut informée, une foi communautaire et participante (coresponsabilité). Cette foi attend le discours de l'invitation plus que celui de l'obligation, et elle entend se vivre sur le modèle de la communication. Cette attente est en harmonie avec le schème choisi par Vatican II pour parler de la révélation. Quand Dieu se révèle, il s'adresse à l'homme comme un ami parle à son ami et instaure un dialogue, une longue conversation avec l'humanité. Cette figure nouvelle veut établir une cohérence entre le dire et le faire : elle entend que le rituel liturgique corresponde à de l'existentiel. L'exécution pure et simple du rite religieux ne la satisfait pas, si ce rite ne rejoint pas d'une manière ou d'une autre l'expérience de l'homme. Cette foi sait faire sa place à la sensibilité et à la vraie émotion, elle entend aussi revenir à l'Évangile. Elle veut imiter « la manière d'agir du Christ et des apôtres ». Elle s'exprime dans un style de vie qui entend témoigner d'elle-même. Pour la résumer d'un mot, c'est une foi d'adulte consciente et responsable, une foi « exposée » également, selon le mot déjà évoqué de K. Rahner. C'est une foi exigeante pour elle-même qui n'est évidemment pas une foi facile. Le père Pierre-André Liégé, le théologien dominicain qui fut un grand apôtre de la jeunesse parisienne pendant les années soixante-dix, parlait de ceux qui étaient « fatigués de croire ». C'était en effet le cas d'un certain nombre de chrétiens dans le sillage de mai 1968. Nous sommes aujourd'hui dans un autre cas de figure. Bien évidemment, cette nouvelle figure de la foi engendre à son tour une nouvelle figure de vie en Église. J'y reviendrai. Nous touchons là un grand motif d'espérance pour l'avenir.

L'avenir de la foi

En tenant compte de ce que vous venez de dire de négatif et de positif sur l'état actuel de l'Église en France et plus généralement en Occident, comment envisagez-vous, en votre âme et conscience, l'avenir de la foi, car c'est bien à ce point que devait nous conduire le parcours historique

que vous avez proposé en remontant aux origines de la modernité. Comment l'Église peut-elle faire face positivement à cette modernité incontournable, à ses défis de toujours et à ses défis nouveaux ?

Votre question me force à m'engager sur un terrain particulièrement incertain. Je ne suis ni prophète ni devin et je n'aime pas « prophétiser ». Ce que je vais dire n'engage donc que moi et je m'avance à mes risques et périls, bien conscient que non seulement je puis me tromper, mais aussi que d'autres ne partageront pas mon point de vue. Les miracles sont toujours possibles. Je ne veux nullement exclure la possibilité d'un « réveil » soudain et plus ou moins spectaculaire de la foi dans notre pays : c'est le secret de Dieu. Mais nous n'avons pas le droit de compter sur les miracles. C'est pourquoi je vais parler à la lumière de ce que le parcours accompli avec vous permet de prévoir. Je crois beaucoup au mystère de l'incarnation et à ses conséquences pour la vie de l'Église. C'est ce que j'appelle la « loi de l'incarnation » : Dieu a confié son Église à des hommes, et à des hommes pécheurs. L'histoire nous montre que, s'il sait intervenir par des dons imprévus de l'Esprit, il respecte le plus souvent le cours humain des choses, tel que l'engendre le jeu normal des responsabilités humaines. Les responsabilités du peuple chrétien comme celles de ses dirigeants ont joué dans l'histoire pour le bien comme pour le mal. Nous l'avons constaté de siècle en siècle. C'est dans cette hypothèse « normale » que je veux réfléchir devant vous et en faisant appel à nos responsabilités ecclésiales pour demain.

Tout donne à penser, à mon sens, que le processus de diminution des croyants, de la pratique sacramentelle et des institutions ecclésiales, et donc de la présence et du témoignage chrétien, va rester durable. Il est enraciné dans une courbe trop lointaine pour s'arrêter subitement ou s'inverser. Il ne s'agit pas d'une affaire des dernières décennies, ni de quelque chose qui est lié immédiatement à Vatican II. C'est une évolution lente, mais continue, qui est – pour une part seulement sans doute – le fruit des prises de position complexes, et parfois contradictoires, de l'Église devant la modernité. Je ne suis pas sûr que nous soyons arrivés au plus creux de la vague. L'avenir des ordinations presbytérales sera tout à fait proportionnel à cet ensemble. C'est le terreau d'une communauté chrétienne vivante, avec des familles suffisamment stables et heureuses, qui permet aux vocations d'aboutir. Or la surface de ce terreau se rétrécit. Dans le climat scolaire, le jeune catholique se trouve généralement en situation très minoritaire, dans un climat indifférent, quelquefois hostile. Aujourd'hui, il faut un courage relativement exceptionnel pour s'orienter dans cette voie, qui s'ajoute à la difficulté qu'éprouvent des jeunes à s'engager pour la vie. Je pense donc que l'Église de France doit se préparer à vivre pendant encore un certain temps sur un nombre d'ordinations qui ne sera pas plus fort que celui d'aujourd'hui. Elle doit aussi se préoccuper du fait que certains de ses jeunes prêtres sont souvent confrontés à trop de solitude et à des responsabilités prématurées.

De toute façon, nous en sommes déjà à un point où la diminution quantitative devient un phénomène qualitatif nouveau qui change forcément le visage public de l'Église. J'ai parlé de l'implosion de notre maillage pastoral qui, à force de rassembler les paroisses, nous conduit à une pastorale de *diaspora*. K. Rahner l'avait évoquée dans les années soixante pour certaines régions de l'Allemagne. Ce qu'il disait alors vaut, je crois, largement aujourd'hui pour un certain nombre de régions françaises. Mais notre tradition catholique n'a pas vraiment l'expérience d'une pastorale de *diaspora*. On rassemble aujourd'hui les paroisses en raison de la pénurie des prêtres. Nous disposons aussi d'une génération de laïcs très généreux, hommes et femmes, envoyés en mission pastorale. Mais rien ne nous dit que la relève de cette génération est acquise. Certains signes montrent plutôt le contraire. On sera sans doute un jour obligé de réunir certains diocèses. Car il faudrait dans l'avenir qu'un prêtre sur vingt devienne évêque. Cela semble impensable à tous points de vue. Devant tout cela des paroles d'encouragement ou de consolation trop faciles sur le thème « Tenez bon, cela va repartir », risquent d'avoir un effet plutôt contraire sur leurs destinataires.

L'Église doit vivre une de ces mues dont elle a d'ailleurs l'expérience. La paléontologie nous enseigne que les grandes mutations animales se sont généralement accomplies dans des populations restreintes. Peut-être que le dépouillement qui lui est imposé aujourd'hui de tant de ses institutions peut avoir l'avantage de libérer l'Église de son armure de Saül, aujourd'hui trop grande pour elle, et de lui permettre de s'avancer dans la plaine, plus vulnérable que jamais, ou pour reprendre l'image de Jean-Paul II au seuil du troisième millénaire, d'aller au grand large (*duc in altum*!). L'Église doit vivre, se manifester et s'exprimer, donc rendre témoignage et annoncer l'Évangile, de manière différente.

Qu'est-ce que cela veut dire? Que la figure nouvelle de la foi, qui est déjà celle d'un certain nombre de communautés, descende dans l'ensemble du peuple des chrétiens et devienne attractive pour les non-chrétiens et leur donne le goût de croire. Il s'ensuivra nécessairement une nouvelle figure de l'Église. C'est à mon avis un des sens de la « nouvelle évangélisation ». Mais le facteur temps y est capital, car cette mutation entraîne toute une conversion des mentalités par rapport aux représentations encore courantes sur le christianisme et l'Église. Ce qui nous est demandé est tout le contraire d'une restauration du passé, ou du repli identitaire. Prétendre revenir au passé est toujours une illusion : nous l'avons constaté avec les « restaurations » du XIXe siècle. Nous devons regarder vers l'avenir et nous sommes en quelque sorte condamnés à inventer. C'est ce qui fait le caractère passionnant de notre époque. Nous pouvons être le creuset d'une nouvelle étape de l'histoire de l'Église.

L'épreuve actuelle de l'Église a une signification spirituelle et théologique capitale en ce qu'elle nous rappelle, selon une vue très juste du théologien Joseph Ratzinger, que celle-ci ne peut plus prétendre embrasser de manière immédiate toute la multitude humaine. Elle redevient, selon une dialectique typiquement biblique, le « petit nombre » au service du salut de la multitude :

« Si l'Église n'existait plus, s'il n'y avait plus d'hommes qui s'engagent, avec un sérieux total, à une existence de foi dans l'Église, le monde apparaîtrait autrement. Si la foi des chrétiens s'éteignait, en fait – on peut le dire sans exagération – "le ciel tomberait" sur le monde.

Ce n'est pas la libération du monde, mais sa destruction qui serait la conséquence de cette extinction. [...] On peut ajouter sans crainte : "Je ne voudrais plus vivre, s'il n'y avait plus la petite troupe des croyants, l'Église ; et même, il faut compléter : nous ne pourrions plus vivre, s'il en était ainsi."

[...] Le phénomène Église devient, dans notre optique, toujours plus infime dans l'ensemble du cosmos. Mais quand on comprend l'Église en fonction de ce que nous avons dit, on n'a plus lieu de s'étonner de cette petitesse qui est la sienne dans le monde – et qui du reste était prédite de bien des manières dans l'Écriture (cf. par exemple, Ap 13, 3.8.13 s.). Pour pouvoir être le salut de tous, l'Église ne doit pas coïncider extérieurement avec tous. C'est plutôt son essence de constituer, à la suite de l'homme unique qui a pris sur ses épaules toute l'humanité, la petite troupe de ceux par lesquels Dieu veut sauver la multitude. L'Église n'est pas tout, mais elle existe pour tous. Elle est l'expression de ce que Dieu construit l'histoire, sur le fondement du Christ, en faisant exister les hommes les uns pour les autres. Y. Congar a étudié cette pensée à travers toute la Bible, dans laquelle il trouve constamment présent le principe de la *pars pro toto*, de la "minorité au service de la majorité"[27]. »

C'est en ce sens que la Constitution *Lumen Gentium* de Vatican II a qualifié l'Église du nom de « sacrement », c'est-à-dire de « signe et d'instrument de l'union intime avec Dieu et de l'unité de tout le genre humain » (n° 1). L'Église n'est pas d'abord pour elle-même : elle est pour tous et au service de tous. Il appartient à son être même d'être missionnaire. Pour cela, elle doit se rendre

---

27. J. Ratzinger, *Le nouveau peuple de Dieu*, Aubier, Paris, 1971, p. 169-170.

attirante, « séduisante » et, pour tout dire, contagieuse, à l'image des premiers chrétiens. Elle doit devenir plus que jamais un témoin de l'événement du Christ. L'Église est l'institution qui rend présent dans l'espace et dans le temps un événement. Elle se doit de tout faire pour être transparente à cet événement.

Répondre à nouveau aux défis de la modernité

Oui, mais comment faire ? Ne pouvez-vous pas être plus précis sur les moyens à prendre ? Vous avez pris la modernité comme fil conducteur de ces réflexions, je pense qu'il serait utile de nous y référer encore, afin de voir comment y répondre de manière positive. Je ne vous demande pas de donner un organigramme pastoral de ce qu'il faut faire, mais de nous indiquer les options les plus importantes à prendre.

La modernité s'est radicalisée de siècle en siècle. Elle nous atteint aujourd'hui, chargée de toutes les options que la société a de siècle en siècle prises à son égard. Nous savons que certaines de ces options ont été négatives. Il n'y a évidemment pas de modernité idéale. Les défis qu'elle lance à l'Église sont toujours là. Mais elle en développe aujourd'hui de nouveaux auxquels il est non moins important de répondre. Quand je dis répondre, je ne dis pas céder. Dans l'esprit de Vatican II, soyons habités par un *a priori* de bienveillance et de *oui*. C'est au cœur de cet *a priori* que nous pouvons exprimer avec vigueur et rigueur certains *non* qui, pour être crédibles, doivent être perçus comme un véritable service de l'homme et du sens de son existence. Dans notre monde trop souvent désemparé, où beaucoup ne croient plus mais sont aussi prêts à croire n'importe quoi, l'Église du Christ doit se faire le témoin que la vie de l'homme a du sens et que la recherche patiente de ce sens peut donner le vrai bonheur. Comme vous m'y invitez, je reprends les quatre secteurs de la modernité que nous avions dégagés la fois dernière.

Vous avez parlé de la modernité au plan scientifique qui a engagé une nouvelle vision du monde et affecte aujourd'hui notre mentalité générale. Quelles conséquences en tirez-vous ?

Votre question fait immédiatement penser au dialogue entre la foi et la science. Celui-ci est déjà largement engagé et il est capital de le continuer en évitant tout « concordisme ». Le concordisme est la tentation toujours renaissante de trouver un accord ou une correspondance immédiate entre les données de la science d'un temps et celles de la foi. S'il est vrai que deux ordres différents de vérité ne peuvent se contredire, il reste qu'il faut accepter qu'ils ne se rejoignent pas toujours, soit en raison des limites de notre connaissance, soit qu'ils ne puissent tout simplement pas se croiser, car tout ce qui touche à Dieu, comme tout ce qui vient de Dieu, reste transcendant à l'ordre de la science.

Mais j'inscrirai cette requête dans un horizon beaucoup plus large et aussi beaucoup plus urgent, car il concerne tout l'ensemble de la catéchèse ecclésiale, qu'elle s'adresse aux enfants ou aux adultes. C'est tout le problème du rapport entre la foi et la raison, évoqués récemment avec profondeur par Jean-Paul II[28] et Benoît XVI[29] L'homme d'aujourd'hui veut avoir une foi raisonnable qu'il soit capable de justifier à ses propres yeux comme aux yeux des autres, selon l'invitation de la *première épître de Pierre* (3, 15). La justification de la foi est un domaine spécifique de la théologie, celui de la « théologie fondamentale » qui doit incessamment se renouveler en raison de l'évolution des questions qui lui sont posées au cours des temps. Les travaux techniques existent bien, mais cette justification reste trop absente de la catéchèse. J'en prends deux exemples officiels et patents. Le *Catéchisme pour*

---

28. Jean-Paul II, Encyclique *Fides et ratio*, du 14 septembre 1998, Centurion/Cerf/Mame, 1998.
29. Benoît XVI, Conférence de Ratisbonne, *Foi, raison et université*, DC 2366 (2006), p. 924-929. La citation finale de l'empereur Manuel paléologue a suscité la tempête que l'on sait et a fait oublier l'essentiel du texte.

adultes[30] des évêques de France comme le *Catéchisme de l'Église catholique*[31] se contentent de dire avec exactitude ce que le catholique *doit* croire. Ils ne se préoccupent pas de donner à l'homme d'aujourd'hui un *accès* raisonnable à cette foi. Il y avait là une option dont j'ai été le proche témoin à propos du premier de ces catéchismes. Je peux dire aujourd'hui que Mgr Billé m'avait demandé d'en rédiger le troisième chapitre concernant la Trinité, le Christ et la Vierge Marie. Je l'avais construit en essayant de montrer comment les premiers disciples de Jésus en étaient venus à reconnaître en Jésus le Christ, le Seigneur et le Fils de Dieu. Cette pédagogie de la foi n'a pas été acceptée par Rome et le chapitre dut être repris à la base par un autre rédacteur. Je me rappelle que Mgr Plateau, le jour où il avait présenté à la presse le volume, avait dit : « Cherchez dans cet ouvrage un contenu et non un itinéraire. » J'admirais intérieurement le courage de cet aveu. Mais je me disais : ce que le lecteur attend, c'est tout autant un itinéraire qu'un contenu. Il en a même plus besoin que du contenu.

La pédagogie qui se contente de dire de manière autoritaire ce qu'il faut croire est une pédagogie qui traite les croyants d'aujourd'hui en enfants, même si elle s'adresse à des adultes. La catéchèse de l'Église doit se faire contemporaine de la figure nouvelle de la foi : à une foi devenue inévitablement critique, il faut une catéchèse qui accepte aussi d'être critique et qui traite les adultes en adultes. Je crois que ce point demande une conversion profonde de l'attitude pédagogique globale de l'Église. Il y faudra un immense travail, car il concerne la formation, première ou permanente, de l'ensemble des catéchètes.

N'est-ce pas ce que vous avez cherché à faire avec le livre Croire *qui propose à la fois une justification et une présentation de la foi, adressées*

---

30. Les évêques de France, *Catéchisme pour adultes. L'Alliance de Dieu avec les hommes*, Éditeurs associés, Paris, 1991.
31. *Catéchisme de l'Église catholique*, Mame/Plon, 1992.

à l'honnête homme d'aujourd'hui ? Ceci suppose qu'il existe toujours et qu'il peut recevoir le message. Ce livre a bien marché...

Ce livre *Croire*[32], comme celui intitulé *Pédagogie du Christ*[33], font partie des nombreuses initiatives théologiques et apostoliques de notre temps qui cherchent à rejoindre le lecteur croyant au niveau des questions adultes qu'il se pose. J'ai bien précisé au début qu'il ne s'agissait pas d'un catéchisme. Avant d'aborder chaque thème, j'ai pris le soin de « déminer » le terrain, afin de tenir compte de l'objection spontanée qui habite nos contemporains à son sujet. J'ai repris en fonction du public français le propos de K. Rahner dans son *Traité fondamental de la foi*[34] : aider l'homme d'aujourd'hui à vivre d'une « foi intellectuellement honnête ». J'ai la naïveté de penser que c'est un bon livre, qui ne cherche pas à « endoctriner », mais à susciter une adhésion intelligente et affective. Je suis heureux de l'avoir écrit et je crois qu'il en a aidé certains à vivre heureux dans la foi. J'ai reçu des lettres et j'ai donné un certain nombre de conférences. Beaucoup de groupes à travers la France ont pris cet ouvrage comme programme de réflexion. Je suis même allé plusieurs fois conclure ces séries de rencontres en répondant aux questions des participants. Il a été traduit en diverses langues, dont le chinois ! Bref, les échos ont été très sympathiques. Mais restons modestes : l'influence d'un tel livre n'a rien à voir avec le succès médiatique de tant d'autres qui entendent « déniaiser » le bon catholique naïf, d'un *Da Vinci Code*, pour prendre l'exemple le plus récent.

Je parlais du rapport entre foi et raison. Ce qui est encore plus important aujourd'hui peut-être, c'est le rapport entre la foi et

---

32. B. Sesboüé, *Croire. Invitation à la foi catholique pour les femmes et les hommes du XXIe siècle*, Droguet & Ardant, Paris, 1999.
33. B. Sesboüé, *Pédagogie du Christ. Éléments de christologie fondamentale*, Cerf, Paris, 1994.
34. K. Rahner, *Traité fondamental de la foi. Introduction au concept du christianisme*, trad. G. Jarczyk, Centurion, Paris, 1983.

l'histoire. L'histoire est devenue une science interprétative et son objet englobe le jeu des libertés humaines. La grande question du Jésus de l'histoire et du Christ de la foi, qui habite la recherche théologique depuis deux cents ans, est devenue aujourd'hui une question commune. Nos contemporains attendent que l'Église leur en parle de manière infiniment plus explicite. Le succès du *Da Vinci Code*, un livre dont on peut penser ce qu'on veut comme roman policier, mais qui est nul dans ses prétentions historiques abusives, a révélé dans l'ensemble du corps des chrétiens une ignorance massive du passé en général, en particulier des origines chrétiennes et d'un manque inquiétant du sens de l'histoire. Comme le disait une brave dame en sortant du cinéma, « tout peut être vrai ! ». Faisant un jour une conférence pour remettre les pendules à l'heure sur ce livre et ce film, j'ai eu l'impression d'apprendre du nouveau à nombre de mes auditeurs. Une personne se plaignait même que les prédications des dimanches et des fêtes n'abordent jamais des thèmes de ce genre. L'ouvrage de Dan Brown est d'ailleurs habile, car il inverse le poids de la preuve : il avance n'importe quoi au nom d'une imagination devenue folle mais très orientée, et c'est à nous de prouver avec des arguments que cela n'a pas existé. Il en va de même en ce qui regarde l'enthousiasme nouveau pour les évangiles apocryphes qui nous révéleraient ce que l'Église cherche soigneusement à nous cacher.

Le *Da Vinci Code* – qui est à sa manière une expression de l'anti-christianisme version américaine – est un révélateur de croyances assez communément reçues dans notre société, parce qu'elles correspondent à certains désirs, et il pose une réelle question à l'Église. La réponse conjoncturelle, qu'il fallait évidemment apporter, ne suffit pas. Il y faut une réponse à long terme qui éduque à réfléchir au rapport entre l'histoire et la foi. Pour beaucoup, tout ce qu'on ne peut pas rejoindre par l'histoire est nul et non avenu. C'est du mythe. Or par hypothèse, le Jésus de l'histoire ne peut pas recouvrir totalement le Christ de la foi. Mais il est souverainement important de montrer que ce que nous pouvons rejoindre de lui par l'histoire est en pleine cohérence avec l'enseignement de la foi.

Nous arrivons là dans le domaine de l'exégèse de l'Ancien et du Nouveau Testament. L'exégèse catholique est devenue vraiment scientifique et elle est reconnue pour telle au-delà de nos limites ecclésiales. Elle a sans doute déjà largement pénétré la catéchèse dans ses résultats les plus généralement reçus. Mais cette dernière n'aborde pas suffisamment les questions de l'histoire. De ce fait, elle entretient l'idée que « tout cela, c'est du mythe ». C'est du mythe, même pour les jeunes enfants, comme le montre cette histoire symptomatique. À la rentrée des classes, des enfants se racontaient dans la cour de l'école les prouesses de leurs vacances. L'un dit, croyant épater la galerie : « Moi, je suis allé cet été à Jérusalem ! » Un autre lui répond aussitôt : « Tu nous racontes des histoires. Jérusalem, ça n'existe pas, c'est dans la Bible ! » Combien d'adultes n'ont retenu de leur catéchèse d'enfant que l'impression d'une vaste mythologie. Il est urgent que la catéchèse aborde avec la plus grande honnêteté et aussi pédagogie ces questions selon leur aspect critique. Elle doit sans doute savoir s'adresser à des enfants, mais en sachant que les adultes qu'ils seront demain jugeront l'enseignement que l'enfant reçoit aujourd'hui. Dans ce domaine, le livre récent de John Meier *Un certain juif Jésus. Les données de l'histoire*, dont nous avons déjà parlé[35], me paraît l'exemple même d'un dialogue avec la modernité. Je ne présente évidemment pas cette immense enquête en quatre tomes et près de trois mille pages comme un livre de catéchèse, mais comme un modèle d'attitude à prendre. Meier représente une science typiquement moderne, parfaitement à jour, modeste, humble et consciente de ses limites, une science qui ne veut pas chercher à conclure au-delà de ce qu'elle sait.

Il faut que notre catéchèse et toute une littérature de vulgarisation dans les domaines de la Bible, de l'histoire de l'Église et des affirmations

---

35. Cf. *supra*, p. 110-114.

du Credo puissent peu à peu transformer les idées trop largement reçues qui considèrent que tout ce qui touche à la foi est de l'ordre de la pure subjectivité et de l'arbitraire de la vie privée. Il faut pouvoir montrer leur pertinence pour l'homme en tant qu'homme, même l'homme qui surfe maintenant sur la communication informatique. Paul VI parlait d'une évangélisation de la culture. Il faut aussi nous livrer à l'évangélisation de l'intelligence. Il nous faut montrer que la foi chrétienne n'est pas un mythe religieux parmi d'autres, que son inscription dans l'histoire est réelle, qu'elle est capable de penser de manière rationnelle l'intervention de la transcendance de Dieu dans notre immanence humaine, que l'incarnation du Verbe et la résurrection du Christ ne sont ni des dogmes arbitraires, ni de vagues symboles, mais des données qui donnent du sens à l'existence de l'homme en tant qu'homme. Faut-il parler ici de « démythologisation »? Ce serait alors dans un sens différent de celui que lui donnait un Bultmann[36]. Loin de considérer le mystère chrétien de l'incarnation et de la rédemption comme un ensemble mythique à valeur symbolique, il s'agit bien plutôt de faire comprendre qu'il est tout autre chose, puisqu'il annonce à travers un événement concret le don inouï que Dieu fait de lui-même à l'homme. Pour cela nous avons encore besoin d'un grand travail de recherche et d'un nouvel effort de diffusion. C'est d'un tout autre ordre que le nécessaire devoir d'une adaptation du langage. La confiance en la vérité dont nous témoignons doit nous donner le courage de la présenter de manière critique, c'est-à-dire avec le discernement voulu. C'est à ce prix que l'Église pourra être un témoin du sens de la destinée humaine.

Parlons de la modernité politique : nous savons que toute notre société est pénétrée par l'image idéale et parfois idéaliste de la démocratie.

---

36. Sur R. Bultmann, cf. *supra*, p. 99-101.

Je ne reviens pas sur la part de démocratie dans l'Église dont nous avons déjà parlé[37]. Je retiens simplement des vues de l'Assemblée œcuménique de *Foi et Constitution* à Lausanne en 1927, reprises plusieurs fois dans les travaux du Groupe des Dombes, affirmant que l'Église repose de manière structurelle sur trois dimensions : la dimension communautaire, la dimension collégiale et la dimension de la présidence. L'Église catholique, pour répondre positivement à la modernité politique, se doit de les mettre en œuvre de manière lisible par notre société. C'est une figure originale de l'exercice de l'autorité.

Selon la dimension communautaire tous les baptisés, en tant qu'ils participent au sacerdoce commun, sont invités à participer aussi activement à la vie de l'Église. Le grand principe, posé jadis par Cyprien de Carthage et rappelé opportunément par le P. Congar, veut que ce qui concerne tous soit l'affaire de tous. Cyprien avait pris pour maxime de ne rien décider d'après son opinion personnelle, sans le conseil des prêtres et des diacres et sans le suffrage de son peuple[38]. La communion ecclésiale exige en effet une réciprocité entre le mouvement qui va du centre à la périphérie et celui qui revient de la périphérie vers le centre. C'est une dimension que l'on peut appeler démocratique dans l'Église. Cette concertation doit jouer à la fois au plan paroissial, celui de la communauté de base, au plan diocésain et au plan universel. Le visage de l'Église se transforme à mesure qu'une vraie coresponsabilité fonctionne et que les baptisés jouent tout leur rôle. Ce changement est en devenir : il a encore beaucoup de progrès à faire.

Une des expressions de ce principe communautaire au plan diocésain est la célébration d'un synode. La France en a connu un certain nombre depuis vingt-cinq ans. Le temps serait sans doute venu d'en réunir de nouveaux et de les inscrire dans une périodicité. Le synode a l'avantage de mobiliser toute la partie vivante du

---

37. Cf. *supra*, p. 189-190.
38. Cyprien de Carthage, *Lettre* 14,4 ; éd. Bayard, I, p. 42.

diocèse ; il est un temps fort de célébration chaleureuse, de prise en compte de la vie de l'Église par beaucoup et de création législative. Mais jusqu'ici l'expérience est restée mélangée. Le plus souvent le nombre des paroisses d'un diocèse a été ramené de manière drastique à une pour dix, mesure inévitable mais douloureuse et qui n'entraîne pas pour autant que l'évêque sera en état donner un curé à chacune de ces grandes paroisses. Puis, sur certains points institutionnels difficultueux, l'Église de Rome n'a pas donné de réponse claire et fondée, même négative, aux requêtes des divers synodes. Mais la difficulté majeure réside dans le temps de l'après-synode. Il est souvent bien difficile de mettre en place tout ce qui avait été proposé. Les laïcs ont alors l'impression que la vie quotidienne de l'Église est repartie comme avant. Le soufflé est retombé ! La nouveauté exceptionnelle de l'expérience synodale a joué contre elle : on en a trop attendu en raison d'un investissement affectif très fort. Il faudrait à l'avenir que le synode, peut-être plus modeste dans sa forme, entre dans les mœurs diocésaines grâce à une certaine régularité. À ce prix, onéreux sans doute, le synode pourra constituer une référence réelle et efficace dans la vie diocésaine.

La dimension collégiale concerne le corps des ministres. Elle a été redécouverte à Vatican II tant au plan épiscopal que presbytéral. Mais son affirmation doctrinale de principe a beaucoup de mal à se concrétiser. La collégialité régionale est devenue une réalité à travers les conférences épiscopales. Mais la collégialité universelle est restée peu opératoire dans la vie de l'Église. Les grands problèmes doctrinaux et pastoraux qui se sont posés depuis Vatican II ont tous été réglés par la voie romaine. Les synodes triennaux des évêques, créés par Paul VI pour continuer la concertation heureuse vécue au Concile entre le primat romain et l'épiscopat, n'ont pas donné les effets escomptés. Ils se sont progressivement transformés en sessions de formation permanente des évêques et des lieux où la Curie romaine leur adressait des rappels doctrinaux ou disciplinaires. Ils ne sont pas des lieux où les évêques sont effectivement consultés pour donner leur avis et dégager parmi eux des orientations de fond ayant valeur de conseil. Institués pour être avant tout une voie et la voix d'une remontée, ils se sont largement transformés en organes de transmission descendante. Aussi des voix qualifiées se sont élevées pour demander la réactivation du principe collégial dans l'Église. Ce fut en 1998 Mgr Quinn, ancien archevêque de Los Angeles et président de la conférence épiscopale des USA, dans une conférence célèbre tenue à Oxford et relayée ensuite par un livre[39]. Le cardinal Martini a fait en 1999 une intervention remarquée au cours du synode des évêques européens. Sans prononcer le mot de concile, il suggère que le nouveau siècle voie de temps en temps la répétition de l'expérience d'une rencontre universelle entre les évêques qui permette « de défaire certains nœuds disciplinaires et doctrinaux » qui « apparaissent périodiquement comme des points chauds ». Il énumère même courageusement ces « points nodaux » : « La place des femmes dans la société et dans l'Église, la participation des laïcs à certaines responsabilités ministérielles, la sexualité, la discipline du mariage, la pratique pénitentielle, les rapports avec les Églises sœurs de l'orthodoxie et plus généralement le besoin de ranimer l'espérance œcuménique ; je pense au rapport entre démocratie et valeurs, entre lois civiles et lois morales[40]. » Ce cahier des charges ressemble fortement à celui qu'indiquait auparavant Mgr Quinn. Plus récemment mais avec la sérénité que lui donne son passage à l'émérat, le cardinal Martini reprenait les mêmes orientations : « Je voudrais surtout qu'il y ait la possibilité dans l'Église de discuter ouvertement et librement de certains problèmes, qui sont renvoyés de synode en synode. Je pense par exemple à la question des divorcés remariés, et à différentes questions concernant le mariage[41]. »

---

39. Mgr J. Quinn, « Réflexions sur la papauté », *DC* 2147 (1996), p. 930-943.
40. Cardinal C.-M. Martini, *DC* 2213 (1999), p. 950-951.
41. Cardinal Martini, Entretien exclusif avec M. Féron et F. Boëdec, « C'est vivre l'Évangile qui rend les chrétiens visibles », *Croire aujourd'hui* n° 211, 1-15 mai 2006, p. 25.

La collégialité épiscopale est le lieu d'une médiation essentielle entre le peuple de Dieu et le pape de Rome. Car l'évêque est toujours porteur des questions de son peuple et peut faire remonter sereinement les attentes de celui-ci et à son retour lui annoncer les orientations de l'Église universelle.

Reste la dimension de présidence que j'aborde en dernier dans une perspective de remontée. Vatican I ne l'a évidemment pas remise en cause. C'est la présidence du prêtre dans la communauté paroissiale, la présidence de l'évêque dans son diocèse, la présidence de l'évêque de Rome à toutes les Églises. Ce dernier préside à ce titre à la foi et à la charité, comme le disait Ignace d'Antioche. Cette dimension de présidence est un bien que l'Église catholique a gardé et que beaucoup de chrétiens séparés lui envient, même s'ils la critiquent. Mais bien des questions se posent à son sujet, ne serait-ce que parce que son fonctionnement actuel met sur les épaules du pape une tâche qui dépasse à l'évidence les forces d'un seul homme. Une décentralisation raisonnable contribuerait beaucoup à son exercice. Jean-Paul II a lui-même posé le principe d'une reconsidération de la fonction pontificale dans une formule devenue célèbre de son encyclique *Ut unum sint* de 1995 : « J'écoute la requête qui m'est adressée de trouver une forme d'exercice de la primauté ouverte à une situation nouvelle, mais sans renoncement aucun à l'essentiel de sa mission[42]. »

Une forme nouvelle d'articulation et de rééquilibrage entre ces trois dimensions ou instances, permettant un réseau d'échanges vivants, serait un beau témoignage que rendrait l'Église au mystère de transcendance qui l'habite. Une Église « participante » donnera une nouvelle image d'elle-même et encouragera la collaboration œcuménique en la rendant plus souple. Car le monde attend « pour croire » (cf. Jn 17, 21) que les chrétiens donnent le témoignage de leur unité. De même, une décentralisation de l'Église aurait un impact considérable sur tous les partenaires du dialogue.

---

42. Jean-Paul II, Encyclique *Ut unum sint*, Cerf/Flammarion, 1995, n° 95.

Bien évidemment, un tel fonctionnement de l'Église sera plus « compliqué » que celui dont le IIe millénaire nous a fait hériter.

Les problèmes les plus difficiles qui attendent l'Église concernent sans doute la modernité culturelle : notre société est celle de la sécularisation, de l'individualisme, du relativisme, du libéralisme et de la permissivité. Pensons au tableau de la situation donné par Jean-Marie Donegani dans un article récent du Monde[43]. *Notre société réduit la religion à la sphère privée, domaine de la conviction subjective et non de la certitude. Elle refuse en la matière l'idée d'une vérité objective qui s'impose, encore moins que l'Église prétend imposer. On parle souvent de postchristianisme pour exprimer cette situation où le croyant prend de la distance avec l'institution et choisit dans les affirmations de la foi proposée ce qui lui plaît. La mentalité globale refuse toute ingérence dans le domaine intime de l'éthique familiale. Les récents sondages nous ont montré toute la distance entre l'orthodoxie catholique et cette foi subjective. Il semble que la tendance soit irréversible en Occident. L'Église est acculée à un dilemme crucial : doit-elle se raidir dans une opposition systématique ou doit-elle céder par la force des choses ?*

Ni l'un ni l'autre, et c'est bien cela qui va être le plus difficile. Ne retombons pas dans l'erreur du XIXe siècle qui a condamné de manière massive la requête de la liberté religieuse, sans discerner à temps sa part de vérité. Le libéralisme dont vous parlez est pour une large part une dérive de l'usage et des revendications de la liberté dans notre société. Mais cela ne doit pas nous faire oublier que la liberté est ce que Dieu veut depuis toujours pour l'homme. Il s'adresse à lui dans une gratuité totale et attend de lui une réponse d'amour aussi gratuite que possible. Il respecte jusqu'au bout la responsabilité qui est celle de notre liberté de dire oui ou non, de croire ou de ne pas croire. Un régime culturel où la liberté

---

43. J.-M. Donegani, « L'Église sera vaincue par le libéralisme », *Le Monde*, 21-22 janvier 2007, p. 14.

est davantage respectée, où elle peut s'engager de manière plus lucide, dégagée de son enfance originelle qu'un Irénée reconnaissait, mieux à même de résister aux pressions sociales et aux calculs sécuritaires, est en soi une excellente chose[44]. Il a une double conséquence. Il pose infiniment plus de problèmes à une autorité institutionnelle qui a, il faut bien le dire, souvent usé de l'autoritarisme comme d'une solution de facilité, en encadrant le peuple chrétien dans le réseau serré du permis et du défendu. Annoncer la foi et assurer la responsabilité ministérielle dans l'Église sont devenues des tâches infiniment plus compliquées que par le passé. Car il ne suffit plus de commander, il faut se faire comprendre, tenir compte de l'opinion publique, justifier ses décisions en raison de l'Évangile, etc. La seconde conséquence est que les enjeux de la foi sont de plus en plus nus et que chacun se trouve en quelque sorte sur le fil du rasoir. J'ai parlé déjà de l'athéisme comme d'une tentation inévitable et nécessaire. Le choix de la foi ou de la non-foi dans notre société, que nul ne peut prétendre juger de l'extérieur, se pose à chacun de façon de plus en plus radicale.

L'Église et chacun d'entre nous nous sommes donc condamnés à un discernement constant du positif et du négatif dans les requêtes actuelles de la modernité culturelle. C'est une tâche immense qui requiert non seulement la réflexion théologique mais aussi des engagements dans l'action. Discerner, c'est savoir dire oui ou non, consentir ou résister, mais d'une manière adaptée et crédible et en donnant des raisons. Car, outre les lignes de force que vous avez exprimées, la modernité pose désormais de nouveaux problèmes qui sont devant nous. Dans ce domaine on retrouve tous les problèmes d'éthique.

Ce que vous évoquez avec le terme de « postchristianisme » exprime en effet la relation floue à l'Église et à la foi de beaucoup de ceux qui se disent catholiques et dont nous avons déjà parlé en

---

44. Cf. J. Moingt, « Dieu veut que l'homme soit libre », *La Croix*, 14-15 août 2006, p. IV-V.

évoquant les statistiques. L'article que vous évoquez décrit avec justesse le heurt entre l'Église catholique et la modernité libérale. Je ne peux que reconnaître ses constats. Certains les interpréteront comme le commencement de la fin, et le titre donné par le journal va en ce sens ; d'autres souligneront au contraire tout le poids de valeurs chrétiennes encore vivantes dans notre société et en remarqueront la différence faite entre relativisme et indifférentisme. Mais ils risquent de se consoler à bon compte. Si l'Église venait effectivement à disparaître – supposition pour moi impossible –, ces valeurs ne tiendraient pas longtemps ; elles deviendraient de plus en plus résiduelles. Le christianisme s'y réduirait alors aux estimations fluctuantes des sondages. La description des attitudes de ceux qui se disent catholiques ne correspond pas à la figure de la foi que j'ai essayé de décrire plus haut, même si l'on y retrouve certaines convergences.

Le défi est immense : il s'agit de réconcilier la référence à une foi reçue de la révélation biblique et transmise par l'Église, une foi qui a son intelligibilité et sa cohérence propre et objective, avec la requête d'une adhésion libre, personnelle et adulte, d'un engagement volontaire, d'une pratique convaincue et d'une participation à la vie d'une Église qui écoute le sens de la foi exprimé par ses membres. Cet immense défi, ce défi vital, est devant nous. Il nous faut distinguer la sécularisation comme un fait de société qui fait place au pluralisme religieux et dans lequel l'Église est entrée de manière pacifique, ce qui est une manière de respecter la liberté de conscience ; et la sécularisation comme idéologie qui entend réduire systématiquement le religieux à la sphère privée. La religion a toujours été un fait humain à dimension fondamentalement sociale. Elle doit donc pouvoir s'exprimer publiquement. Vaut pour elle ce qui vaut pour la laïcité, dont on a vu le concept se modifier considérablement au cours du XXe siècle et qui devient un *modus vivendi* réel. Mais cette dernière ne s'est pas encore purifiée de certaines de ses exclusions discriminatoires, à l'Université par exemple. On peut dire la même chose de l'individualisme, dont nous avons vu la naissance dès le XVIᵉ siècle, peut-être un peu avant. Il est un progrès humain fondamental au service du respect de chaque personne humaine et de sa conscience, mais il a pris la valeur d'une référence absolue et dangereuse, non seulement pour la société qu'il rend de moins en moins solidaire et gouvernable, mais aussi pour la personne elle-même qui peut se perdre comme sujet. La permissivité en est un fruit dangereux et le relâchement public des mœurs n'est pas de bon augure. N'oublions pas que l'Empire romain s'est jadis effondré en grande part pour avoir cédé à la décadence. Voilà tous les problèmes posés par le libéralisme culturel à l'égard duquel l'Église et les chrétiens se doivent de répondre par un discernement que leur témoignage doit rendre recevable.

Tous ces défis se redoublent en ce qui concerne la foi des jeunes. Les sondages nous disent à quel degré les jeunes évoluent en quelque sorte « hors christianisme ». On constate aujourd'hui que la requête spirituelle des jeunes s'exprime à travers des événements exceptionnels, comme les Journées mondiales de la jeunesse (JMJ). Ces temps forts manifestent quelque chose, mais je me méfie d'un temps fort qui ne débouche pas sur le temps *ordinaire.* La vie chrétienne se vit dans le quotidien. Elle se vit dans des tâches scolaires, étudiantes, professionnelles, familiales, matérielles et intellectuelles. C'est dans cette trame que la foi chrétienne et l'engagement chrétien doivent prendre place. Le temps fort peut en être un adjuvant précieux et même nécessaire et je comprends que les jeunes aient besoin de se sentir nombreux, de voir qu'ils ne sont pas seuls ni isolés. Mais ne croyons pas que la pédagogie des temps forts soit suffisante. Que font ces jeunes quand ils sont revenus chez eux ? À quel groupe de vie chrétienne vont-ils s'inscrire, à quel mouvement d'action catholique vont-ils adhérer ? Dans quelle paroisse vont-ils être actifs ? Est-ce que l'expérience faite aura une influence sur leur vie morale ?

Dans ce que vous avez évoqué, le problème du discours éthique et moral de l'Église est aussi posé. Une chose apparaît claire, c'est qu'il ne passe pas, même dans les milieux catholiques. Le discours social de l'Église est plutôt loué, mais il tombe dans l'oubli et reste sans efficacité. Son discours dans le domaine de la sexualité, du mariage, de la contraception, est radicalement contesté. On a remarqué aussi qu'il ne s'exerce pas de la même manière dans les deux cas. Il parle par réflexion globale et donne des orientations dans le premier ; il est extrêmement précis et qualifie chacun des actes dans le second[45]. Je le crois juste dans son intention profonde qui est au service de la vérité de l'homme. Il est capital de défendre aujourd'hui la signification de la fidélité conjugale, la valeur de l'engagement mutuel comme ouverture à un exercice humain et humanisant de la sexualité, le respect fondamental du don de la vie. Mais, avec beaucoup d'autres, je regrette les modalités de son expression, répétitives, autoritaires, sans assez de nuances, pas toujours justifiées de manière compréhensible et reçues comme presque toujours négatives.

Je ne suis pas moraliste et ne veux pas entrer dans le domaine où le contenu même de cet enseignement pourrait être révisé. Je me contente de parler de la forme nouvelle que pourrait prendre cet enseignement. D'emblée je vois trois points.

Une première chose serait de le donner sous le signe du témoignage, de la proposition et de l'invitation plus que sous celui de l'obligation. L'Église ne peut plus parler au nom d'une autorité spontanément reconnue dans la société. Elle se fait entendre des non-chrétiens comme une voix parmi d'autres. Il faut que cette voix puisse être perçue comme évangélique et soit capable d'attirer. Elle doit montrer que le contenu de la Parole de Dieu concerne tout l'homme au plus profond de lui-même. Le plus important est que la position exprimée et justifiée soit perçue comme vraie, juste et bonne pour l'homme. Je ne dis pas que l'affirmation de l'obligation doit disparaître, mais elle doit être

---

45. J.-Y. Calvez, « Morale sociale et morale sexuelle », *Études*, 378/5, mai 1993, p. 641-650.

mise à sa place qui est seconde. La répétition incessante de l'obligation est inopérante. Elle est même préjudiciable à l'autorité de l'Église en matière morale. Peut-être qu'aujourd'hui en ce domaine un temps de silence est à respecter, avant qu'une parole nouvelle puisse être dite dans un climat nouveau. Je remarque que Benoît XVI dans son discours de Cologne aux jeunes et dans sa belle première encyclique sur l'amour a renoncé à tout rappel moralisateur, alors que le thème pouvait lui en donner l'occasion. Je m'en réjouis. Il nous a donné à la fois une anthropologie et une théologie de l'amour.

Un second point est à prendre en compte. Jusqu'ici toute découverte biologique ne posait aucun problème moral : elle pouvait être immédiatement mise en pratique en médecine et en chirurgie. Aujourd'hui les choses sont différentes, la maîtrise biologique de la vie permet des expérimentations ou des pratiques qui mettent en cause l'identité de l'homme dans son être et son agir. Il est normal que l'Église réfléchisse et donne son avis sur la mise en œuvre ou non de ces techniques toutes nouvelles. Chaque cas requiert un jugement approprié. Sans doute le fait-elle un peu trop vite, sans une maturation suffisante de la réflexion sur les données en cause et sans une consultation des évêques et à travers eux des communautés ecclésiales à travers le monde.

Le troisième point, et sans doute le plus important, est celui de la conscience. L'enseignement de l'Église s'appuie sur l'Écriture et sur la raison pour établir des normes objectives du bien et du mal en matière morale. Mais dans ses affirmations récentes, il ne fait pratiquement jamais référence aux droits et aux devoirs de la conscience, sans doute par crainte du relativisme et de ce qu'on a appelé dans le passé le « libre examen ». Évoquer l'autorité de la conscience et ses devoirs ne serait nullement une concession de mauvais aloi au relativisme. C'est un élément profond de la doctrine catholique la plus sûre, puisqu'il a été affirmé avec la plus grande netteté par saint Thomas d'Aquin. Nul ne doit agir contre sa conscience, même erronée, et la conscience est la règle immédiate de tout agir. Mais la conscience n'est pas caprice et elle a des responsabilités vis-à-vis d'elle-même. « Quand nous parlons de conscience, dit le Groupe des Dombes, nous entendons une conscience responsable qui fait tout ce qui dépend d'elle pour former son propre jugement, une conscience chrétienne qui essaie de se mettre à l'écoute de l'Esprit[46]. » Elle doit donc s'informer des données du problème devant lequel elle se trouve et de la position de l'Église. Elle peut aussi se trouver dans une situation d'« ignorance invincible », thème souvent développé à propos de la liberté religieuse. Elle peut être confrontée à un conflit de devoirs. La situation peut la contraindre à choisir le moindre mal, thème sur lequel la morale la plus classique a élaboré tout un système. Enfin la conscience erronée ne perd pas ses droits. C'est cette conscience qui est « l'instance ultime de toute décision humaine ». Je retiens encore cette invitation du Groupe des Dombes à l'Église catholique :

« Nous attendons de l'Église catholique qu'elle soit davantage attentive dans son enseignement à la référence à la conscience et à l'expérience des croyants dans les différents domaines de la foi et des mœurs, faisant ainsi confiance à l'action de l'Esprit dans les cœurs. Cette référence parfaitement exprimée dans les textes des théologiens les plus reconnus (comme Thomas d'Aquin), reste souvent implicite. Nous pensons que la relation complexe qui existe entre l'autorité de la conscience et l'autorité du magistère extérieur mérite d'être explicitée[47]. »

En ce domaine et au-delà de ce qui tourne immédiatement autour de la sexualité, du mariage et de la transmission de la vie, se lèvent de tout nouveaux problèmes que l'Église devra bien aborder, parce qu'ils sont encore devant nous. Je reviens sur la mise en cause très courante de la différence sexuelle, comme si celle-ci était

---

46. Groupe des Dombes, *Un seul maître. L'autorité doctrinale dans l'Église*, Bayard, Paris, 2005, n° 442.
47. *Ibid.*, n° 443.

purement culturelle et n'avait aucune signification anthropologique. En termes chrétiens, elle constitue un aspect de la création de l'humanité comme image de Dieu. Un slogan actuel répète: l'un est l'autre. Au nom de la légitime égalité entre l'homme et la femme, on prône leur identité pure et simple. On nie les différences et à travers elles l'altérité nécessaire à un amour authentique. On voit cette question abordée aujourd'hui dans de nombreuses publications. Elle est essentielle, car elle appartient à l'anthropologie fondamentale et a des conséquences quant aux fonctions des hommes et des femmes dans la société et dans l'Église. Il est attendu de celle-ci qu'elle aborde le problème féminin au nom de l'anthropologie, mais aussi qu'elle tienne compte des requêtes de la modernité, chaque fois qu'elles sont justes. Discernement combien difficile. Il en va de même à propos de l'homosexualité, dont on ne peut savoir si elle est plus fréquente aujourd'hui qu'autrefois, mais qui est désormais devenue un problème de société. Comment respecter les homosexuels, sans pour autant reconnaître l'homosexualité comme une valeur anthropologique et une expression normale de l'amour?

Mais en disant tout cela, ne tombez-vous pas déjà dans le relativisme, souvent combattu par le pape actuel?

Sur le fond, je ne crois pas: je me tiens dans l'espace de la doctrine catholique. Je suggère une pédagogie ecclésiale différente: une pédagogie qui tienne compte du fait que l'Église n'est pas ou plus majoritaire dans de nombreux pays occidentaux, et qui se préoccupe de parler avec le plus de pertinence possible à la mentalité libérale que vous avez évoquée. Cette pédagogie de dialogue devra mieux distinguer ce qui concerne les chrétiens et ce qui s'adresse aux hommes de bonne volonté en général.

Vous m'interrogez sur l'avenir de la foi et de l'Église dans le climat du libéralisme ambiant. Je ne propose pas une conciliation facile. Je cherche seulement à tâtons la voie étroite qui permettrait de faire droit aux requêtes légitimes de la nouvelle figure de la foi et au croyant de se sentir pleinement et pacifiquement lui-même, en même temps dans l'Église et dans la société. Une voie qui fasse davantage appel à sa liberté adulte et responsable. Je suis parfaitement conscient du défi que cela représente.

Que va devenir la religion populaire?

La religion populaire est évidemment très mélangée : c'est celle dont nous parlent à leur manière les sondages. Elle nous invite à une grande humilité à son égard. Elle ne doit pas être jugée de manière supérieure, mais comprise et éduquée. Elle peut constituer un levier de base pour la nouvelle évangélisation. Tout le monde a constaté que dans le cadre d'une baisse drastique de la pratique religieuse, la fréquentation des pèlerinages non seulement n'a pas diminué, mais est plutôt en augmentation. Les responsables de ces pèlerinages ont fait un effort considérable pour charger d'un grand contenu de foi la prédication et la catéchèse proposée aux pèlerins. Toute prière a un corps et une âme : dans un pèlerinage, c'est la prière du corps qui se met en route à la recherche de son âme. À Lourdes l'été dernier, j'ai été extrêmement frappé par la présence des malades dont les petites voitures sont en déplacement continuel d'un lieu à l'autre du site ; frappé aussi par la générosité sans faille des bénévoles qui les prenaient en charge. Je me disais que ces gens n'avaient ni plus ni moins de foi que les foules qui poursuivaient Jésus dans l'espérance d'une guérison. Jésus a respecté et souvent exaucé cette foi. Il nous donne l'exemple de l'attitude que nous avons à prendre. Cette réflexion n'enlève rien à ce que je disais précédemment : il faut faire ceci sans omettre cela. Telle est la complexité des défis auxquels nous sommes confrontés pour l'avenir de la foi.

Le dernier secteur que nous avons évoqué est celui de la modernité technique et industrielle. Il est porteur pour demain à la fois de chances et de risques immenses. Quel témoignage la foi chrétienne peut-elle donner en ce domaine ?

Je crois que c'est le lieu où l'Église et les chrétiens peuvent le plus donner un témoignage prophétique. La mondialisation est sur toutes les lèvres. Elle sera la meilleure ou la pire des choses suivant ce que les hommes en feront. Ce que nous voyons aujourd'hui, ce sont les contradictions dans lesquelles est en train de s'enferrer la modernité technique : contradiction écologique, contradiction économique qui accuse de plus en plus la disparité entre riches et pauvres, non seulement entre les pays, mais à l'intérieur de chacun d'entre eux, contradiction politique et sociale enfin. L'injustice se mondialise plus que jamais et elle est ce qui s'exporte le plus facilement. Notre modernité actuelle a donné lieu à cette nouvelle forme de capitalisme qu'est le capitalisme financier, fruit non seulement du libéralisme économique, mais aussi de la technique qui permet des mouvements instantanés et incessants de capitaux. La répartition des fruits du travail se fait de plus en plus en faveur du capital. La devise « Enrichissez-vous ! » est partout à l'œuvre. Jusqu'ici le mouvement social a essayé d'encadrer les débordements du capitalisme dans le cadre de lois nationales. Mais le problème est aujourd'hui international. Or à cette échelle il n'existe rien, ou pratiquement rien comme autorité capable de faire respecter des règles élémentaires de justice. La découverte en Afrique d'une richesse comme le pétrole est plus une malédiction pour la population du pays en cause que l'espérance d'une amélioration du niveau de vie de ses habitants. Cette richesse sera doublement spoliée par les investisseurs étrangers et des responsables locaux sans scrupule. Jamais l'argent n'a autant mené le monde et jamais le combat pour la justice n'a été plus urgent.

En ce domaine, l'Église, après avoir pris un certain retard au XIXe siècle, a développé de Léon XIII à Jean-Paul II un discours social de plus en plus élaboré. En s'appuyant sur cet enseignement déjà centenaire, elle peut encore aujourd'hui et demain, à la condition de le faire de manière compétente et réaliste, tenir une parole et animer des réalisations – les deux doivent aller ensemble – au service de la justice internationale. On attend d'elle ce témoignage prophétique. Elle peut proposer une voie de sagesse qui sorte l'humanité de la contradiction immédiate entre le capitalisme libéral de plus en plus déréglé, et un dirigisme autoritaire, étouffant, décourageant et bureaucratique dont on sait les résultats. Mais comment être prophétique en restant crédible ?

Dans son comportement personnel, l'Église s'est convertie facilement aux progrès de la technique. Elle est devenue polycopiante avant d'être photocopiante et de se rendre présente sur les radios et la télévision. Elle utilise aujourd'hui largement les sites Internet. Elle a tout à fait raison. Mais toute médaille a son revers et des pièges sont là aussi. Car la communication trop facile a des effets pervers. Trop d'impôts, a-t-on dit, tue l'impôt; trop de communication tue la communication. Celle-ci doit veiller à la qualité de l'image symbolique qu'elle propose de la foi et de l'Église; un autre danger est de faciliter la centralisation et de tomber dans une inhumanité administrative qui ne respecte pas vraiment les personnes.

Enfin je dirai que les nouvelles formes de pauvreté posent la question du nouveau style de pauvreté qui doit être celui de l'Église. L'immense écho du témoignage d'amour des pauvres donné par l'abbé Pierre nous invite tous à une grande créativité en ce domaine.

Une triple conviction de foi

Nous avons beaucoup évoqué le conditionnement humain et culturel de l'avenir de la foi. Vous n'avez pas caché les aspects sombres de cet avenir; mais vous avez aussi voulu tracer une voie où une véritable espérance peut se vivre. Pour terminer, comment voyez-vous la situation tout simplement comme croyant ?

Parler de l'avenir de la foi dans notre contexte culturel était une entreprise risquée. Comment être vrai et rester lucide sans « décourager Billancourt », selon la célèbre expression de Jean-Paul Sartre ? Je ne voulais pas en rester aux affirmations qui se veulent consolantes et encourageantes, trop souvent entendues et qui, finalement, ne confortent pas les prêtres quotidiennement confrontés aux contradictions évoquées et auxquels je pensais beaucoup en vous parlant. Encore une fois, l'espérance chrétienne ne peut se fonder que sur la réalité. J'ai simplement voulu être honnête. Mon refrain a été celui des rendez-vous manqués entre l'Église et une modernité bonne en elle-même, mais qui n'a pas évité des dérapages pécheurs : l'une comme l'autre ont leur part de responsabilité. Je n'ai pas voulu être sévère à l'égard de l'Église : encore une fois ce qui s'est passé appartient aux risques courus par l'incarnation du Verbe. Je n'ai pas caché non plus les atouts très positifs dont nous disposons pour vivre la mutation déjà en cours. Pour répondre à votre question, je voudrais affirmer avec force quelques convictions qui sont pour moi des convictions de foi.

La première est que j'ai une totale confiance que les « Portes de l'enfer », comme dit Jésus en Matthieu (16, 18), ne prévaudront pas contre l'Église indéfectible, bâtie sur Pierre, parce que celle-ci a les promesses de la vie éternelle, que le Christ « reste avec nous pour toujours jusqu'à la fin du monde » (Mt 28, 20) et qu'il nous a envoyé son Esprit qui est un don sans repentance. Certes, l'Évangile contient aussi cette parole inquiétante : « Quand il reviendra, le Fils de l'homme trouvera-t-il la foi sur la terre ? » (Lc 18, 8). Elle n'annule pas les précédentes, mais nous rappelle que le rapport de la liberté divine aux libertés humaines constitue un drame aux péripéties qui seront toujours surprenantes.

Cette perspective dramatique confirme une seconde conviction qui me vient de l'histoire. Celle-ci nous enseigne que si l'Église universelle est assurée de son avenir définitif, aucune Église régionale n'est pour autant à l'abri des plus graves vicissitudes, ni assurée de sa pérennité dans tel ou tel lieu. Le christianisme n'est jamais héréditaire. Les exemples les plus forts sont aussi les plus anciens. La terre de Palestine, terre promise sur laquelle Jésus a vécu, enseigné, souffert et est ressuscité, est aujourd'hui une terre où le christianisme est peu représenté au regard d'un islam dominant et d'un judaïsme renaissant. Elle n'est pas aujourd'hui une terre chrétienne. Dès le début, elle a été une terre de souffrance, de persécution et d'exil pour les chrétiens. L'Asie Mineure, la Turquie d'aujourd'hui, fut la terre de l'expansion la plus forte et la plus rapide du christianisme ancien, par simple contagion du témoignage des chrétiens. Elle fut la terre des missions de saint Paul, avant de devenir celle des Pères de l'Église, d'Ignace d'Antioche et d'Irénée de Smyrne aux Cappadociens, Basile de Césarée et les deux Grégoire de Nysse et de Nazianze ; elle fut la terre des grands conciles anciens, de Nicée, de Constantinople, d'Éphèse et de Chalcédoine. Or cette chrétienté qui fut florissante a été comme recouverte par l'islam. Dès la prise de Constantinople par les Turcs en 1453, la basilique Sainte-Sophie, construite au temps de Justinien, fut transformée en mosquée. Nous constatons la même chose pour l'Égypte, qui a donné à l'Église la théologie de la métropole d'Alexandrie, depuis Clément et Origène jusqu'à Athanase et Cyrille. Elle est devenue aujourd'hui un pays où les chrétiens sont très minoritaires. Enfin le Maghreb, qui a vu naître Tertullien, Cyprien et Augustin et qui pouvait aux IVe et Ve siècles réunir des conciles de plusieurs centaines d'évêques, est devenu, lui aussi, une région musulmane. La confrontation avec l'islam a donc coûté très cher au christianisme. Je n'ai ni l'intention ni les moyens d'analyser les causes de ces évolutions, mais la responsabilité des chrétiens y a une part certainement importante.

Aujourd'hui nous vivons en Occident sur un acquis presque deux fois millénaire de christianisme. Mais cet acquis prodigieux ne doit en aucun cas être considéré comme une assurance. L'avenir est toujours grand ouvert. Nous savons aussi que l'on a souvent reproché à l'Église de passer aux barbares. Aujourd'hui, nous constatons une croissance du christianisme dans de nouveaux continents. Je ne veux pas dire que Notre-Dame de Paris va devenir une mosquée avant la fin de ce siècle. Mais l'avenir du christianisme en France – et la même chose vaut pour l'Europe – dépendra de la foi chrétienne des Français d'aujourd'hui et de demain.

Enfin, troisième et pour l'instant dernière conviction, ces vicissitudes historiques donnent prise à deux registres d'interprétation. Il y a bien évidemment l'analyse historique, culturelle et sociologique des évolutions vécues et des divers défis de la modernité et de la postmodernité. J'ai essayé de l'honorer. Mais il y a aussi, et on l'oublie trop souvent, l'analyse proprement chrétienne de la contradiction apostolique, telle que Jésus l'a rencontrée le premier et telle que Paul en a fait l'expérience en lui-même et l'a thématisée dans sa doctrine de la grâce et de la liberté. C'est la grande parabole de la force et de la faiblesse : « "Ma grâce te suffit ; ma puissance donne toute sa mesure dans la faiblesse." Aussi mettrai-je mon orgueil bien plutôt dans mes faiblesses, afin que repose sur moi la puissance du Christ. [...] Car lorsque je suis faible, c'est alors que je suis fort » (2 Co 12, 9-10). En cela, Paul est conformé à l'existence du Christ « crucifié dans sa faiblesse, mais vivant par la puissance de Dieu » (2 Co, 13, 4). Ce sont ces mêmes Corinthiens qui lui reprochent d'envoyer de loin des lettres sévères en concluant, « quand il est présent, il est faible et sa parole est nulle » (2 Co 10, 10). L'Église d'aujourd'hui ne fait-elle pas la même expérience ? Elle est passée au crible. La contradiction apostolique, c'est son pain quotidien qui conforme sa vie à celle de son Seigneur et la fait passer à son tour par le mystère de mort et de résurrection. L'histoire des persécutions est constante dans l'Église, depuis ses origines jusqu'aux persécutions soviétiques et chinoises, même si les procédés ont changé. Ne vivons-nous pas aujourd'hui, au sein de notre confort matériel occidental, une nouvelle forme originale de contradiction, une sorte de « persécution culturelle » ? Le mot est trop fort, sans doute. En disant cela, je voudrais être compris sans aucun esprit d'apocalypse : mais n'est-ce pas notre quotidien ?

L'avenir de la foi chrétienne est un grand défi pour l'avenir de l'humanité. Un défi qui n'a jamais été aussi radical et dont l'enjeu n'a jamais été aussi grave, pour la simple raison que le degré de liberté et de responsabilité de l'humanité grandit avec les progrès de sa conscience et la multiplication de ses possibilités. Les hommes d'aujourd'hui ne sont ni plus ni moins mauvais que leurs prédécesseurs, mais ils ont à leur disposition infiniment plus de moyens que ceux-ci pour le bien ou pour le mal. Espérons que la modernité atteindra bientôt l'âge de la sagesse et sera capable, elle aussi, de se convertir.

Le christianisme a donc un futur, selon vous ?

Je crois à l'avenir du christianisme. Je crois à la nécessité du message de la foi dans ce monde. L'épreuve critique entre la foi et la non-foi, qui est de toujours, atteint en quelque sorte un sommet. Mais je crois en définitive à l'infini amour de Dieu pour les hommes, d'un Dieu qui nous a donné son Fils et dont la volonté de sauver l'humanité est irrévocable.

IX

Théologie et tradition spirituelle

Notre parcours a dépassé largement le cadre du XXe siècle que nous nous étions fixé. Je vous propose de le terminer de manière plus personnelle. Vous êtes jésuite, vous avez été formé dans la tradition spirituelle de la Compagnie de Jésus. Vos maîtres en théologie ont été des jésuites. Tout cela comporte une originalité. Est-ce que l'on peut parler aujourd'hui d'une « école jésuite » de théologie ?

J'aime votre question parce qu'elle aborde un point qui me tient à cœur. Mais je veux dire tout de suite que le terme d'originalité engage aussitôt celui de particularité. Je suis le témoin d'une manière, parmi bien d'autres, de faire de la théologie. J'appartiens à une famille spirituelle au milieu de bien d'autres. Vous avez employé le terme d'« école de théologie », terme délicat, souvent employé dans les années cinquante à propos de Fourvière et récusé par ceux-là mêmes dont on disait qu'ils en étaient les figures de proue. Le P. Chenu avait naguère parlé du Saulchoir comme d'une « école de théologie ». Dans les deux cas, il s'agissait plutôt du tournant pris dans la méthode et la conception même de la théologie, tout ce que nous avons évoqué dans nos conversations. Je pense qu'il est préférable de ne plus employer ce terme actuellement. Car il n'y a plus d'écoles de théologie au sens strict, comme il y avait autrefois l'école thomiste, l'école franciscaine, les Carmes de Salamanque et l'école suarézienne ou jésuite. Chacune de ces écoles comportait des options de famille, si l'on peut dire, sur un certain nombre de points librement débattus en théologie. Ces débats et parfois ces controverses ont certainement contribué à faire avancer le traitement des questions. En un sens déjà très nouveau s'est fondée au XIXe siècle l'école de Tübingen, avec Drey et Möhler. Mais aujourd'hui la « théologie de la libération » ne constitue pas une école de théologie au sens traditionnel du terme. C'est, en effet, tout le jeu de la communication entre les centres de recherche théologique dans notre monde qui a changé.

Mais il existe une diversité réelle dans la manière de faire de la théologie. Les différences culturelles interviennent fortement. En un sens plus subtil, il existe en théologie des « modes de procéder », qui viennent d'une inspiration spirituelle particulière. Cela peut correspondre à des « options préférentielles », mais plus largement à un certain climat. La vie de communauté menée par les religieux favorise considérablement un réseau d'échanges fraternels et amicaux qui forme chaque génération et permet la transmission de maîtres à disciples. La Compagnie de Jésus a eu la grâce au XXe siècle, en raison de la personnalité d'un certain nombre de ses membres, de constituer un milieu spirituel et humain extrêmement riche. La même chose s'est évidemment produite ailleurs. Je parle, sans aucun esprit de compétition, de ce que je connais mieux et dont je suis un modeste héritier.

Ignace de Loyola et la théologie

Mais saint Ignace, qui était un spirituel et un mystique, n'avait rien d'un théologien. Peut-il être à l'origine d'un « mode de procéder » en théologie ?

Saint Ignace n'a jamais été un théologien de métier. Il fut même un étudiant tardif. Mais il a pris très au sérieux sa formation théologique à Paris, car il avait la conviction qu'il ne pouvait pas « aider les âmes », selon son expression, s'il ne faisait pas les études nécessaires. Il a fait ces études en des temps troublés et dans le contexte de la Réforme naissante à Paris[1]. Trois tendances majeures se détachaient: les conservateurs hostiles à tout renouveau; les modérés qui cherchaient à concilier l'aspiration à une foi plus intérieure et personnelle et l'autorité doctrinale de l'Église; les radicaux enfin qui privilégiaient la rencontre individuelle de Dieu, à dominante soit rationnelle soit sentimentale. Ignace et ses compagnons s'inscrivent dans la tendance modérée: ils sont ouverts aux recherches et aux progrès de la Renaissance, ils sont favorables à l'étude des « trois langues », l'hébreu, le grec et le latin. Mais ils veulent garder la référence classique à la théologie scolastique dans ses meilleurs représentants, saint Thomas, saint Bonaventure, Duns Scot. Bref, Ignace est très vigilant en ce qui concerne l'orthodoxie de la doctrine et le « sentir avec l'Église », mais en même temps il conseille à son compagnon Bobadilla d'associer la théologie positive à la théologie scolastique, ce qui engage l'étude des langues, en un moment où ceux qui étudiaient le grec avaient la réputation d'embrasser les idées de Luther. De même Ignace, sans doute inscrit au collège dominicain du couvent Saint-Jacques, sait aussi prendre ce qu'il y a de meilleur dans l'enseignement des autres collèges, la Sorbonne, Navarre et les Cordeliers. Nous retrouvons dans son attitude, à la fois traditionnelle et ouverte aux courants nouveaux, le sens du discernement qu'il a légué à la Compagnie. Il exprime ce même équilibre dans cette réflexion qu'il a introduite plus tard dans les règles « pour sentir avec l'Église » :

« Louer la théologie positive et la théologie scolastique. C'est en effet plutôt le propre des docteurs positifs, tels que saint Jérôme, saint Augustin, saint Grégoire, etc., de mouvoir le cœur à aimer et servir en tout Dieu notre Seigneur. Et c'est plutôt le propre des scolastiques, tels que saint Thomas, saint Bonaventure, le Maître des Sentences, etc., de définir et d'expliquer pour notre

---

[1]. Sur ce qui suit je m'inspire de l'ouvrage de Ph. Lécrivain, *Paris au temps d'Ignace de Loyola (1528-1535)*, Éditions facultés jésuites de Paris, 2006, p. 141-166.

époque ce qui est nécessaire pour le salut éternel et pour mieux combattre les erreurs et les sophismes. Les docteurs scolastiques, en effet, étant plus modernes, non seulement profitent de l'intelligence de la Sainte Écriture et des saints Docteurs positifs, mais encore illuminés et éclairés par la grâce divine, ils peuvent s'aider des conciles, des canons et des décrets de notre sainte Mère l'Église[2]. »

Ce texte recouvre un petit paradoxe, puisque ceux qu'il présente comme des « modernes » sont en fait les grands maîtres scolastiques déjà anciens, tandis que les « docteurs positifs », plus anciens sans doute, sont à l'époque ceux qui ont le vent en poupe et requièrent l'étude des langues. La scolastique était l'objet de critiques et le retour aux textes anciens, un des traits de la Renaissance, remettait en valeur l'enseignement des Pères de l'Église. Quoi qu'il en soit de ce qui est ancien et de ce qui est moderne, Ignace n'oppose pas théologie scolastique et théologie positive, comme on le faisait volontiers à l'époque ; mais il garde une position également bienveillante pour les deux méthodes et leurs contenus respectifs. Il voit dans les Pères les grands témoins d'une théologie spirituelle, capable de toucher le cœur et de développer l'esprit d'amour et de service. Mais il sait que l'on ne retourne pas en arrière et que la théologie doit demeurer vivante et adaptée à « notre époque ». C'est pourquoi il estime nécessaire une théologie qui sait argumenter, définir et expliquer, et donc tenir sa place dans les débats contemporains. Les théologiens scolastiques profitent en effet à la fois de l'Écriture, de la tradition des docteurs positifs, mais aussi de l'enseignement des conciles et des canons de l'Église, terme qui correspond à ce que nous appelons aujourd'hui le magistère. Ignace se fait l'apôtre d'une théologie qui reste toujours vivante, ne se résout pas à la simple

---

2. Ignace de Loyola, *Exercices spirituels*, « Règles à observer pour avoir le sens vrai qui doit être le nôtre dans l'Église militante », n° 11 ; trad. F. Courel, Desclée de Brouwer, Paris, 1960, n° 363.

répétition et sait faire face aux questions nouvelles. Dans ces quelques lignes, il y a tout une indication pour une voie théologique équilibrée.

Son projet fondateur était en effet de donner à l'Église des prêtres réformés et instruits. Les premiers compagnons étaient fiers d'avoir leur diplôme de « théologiens de Paris ». Ignace conseillera plus tard Paris comme le lieu où l'on peut faire les meilleures études et où la vie des étudiants est la plus rangée. C'est sur la double base d'une conviction et d'une expérience qu'il prendra lui-même un tournant apostolique décisif pour l'avenir, en fondant des collèges et en donnant à la Compagnie une orientation privilégiée vers l'enseignement. La manière d'enseigner des jésuites se voulait conforme à celle de « l'Académie des Parisiens ». Ces orientations fondatrices seront plus tard codifiées dans la *Ratio Studiorum* de 1599. Cette théologie se veut avant tout apostolique et missionnaire. Elle est aussi spirituelle. Elle se met au service de la foi à annoncer de manière pertinente dans une époque troublée. Elle est en même temps traditionnelle et ouverte. Elle s'appuie sur un discernement aigu de « ce qui est le meilleur ». Elle a donné une forte impulsion à ce que sera la tradition théologique de l'ordre.

Léonce de Grandmaison, Pierre Rousselot et leurs disciples

Revenons à aujourd'hui ou du moins à hier. Pouvez-vous nous parler de ces hommes que vous avez évoqués à l'instant et nous décrire ce climat à la fois spirituel et intellectuel dans la Compagnie de Jésus du XXe siècle ?

Je vais le faire en évoquant quelques grandes figures jésuites du XXe siècle. Elles s'inscrivent dans la tradition concrète d'une famille religieuse où les générations se forment les unes les autres. Au début du siècle, je retiens deux personnalités, celles de Léonce de Grandmaison et de Pierre Rousselot, que j'ai cités d'ailleurs une fois ou l'autre.

Au plan théologique, le P. Léonce de Grandmaison (1868-1927) est l'illustration même d'un *christocentrisme* tout droit issu des *Exercices spirituels* de saint Ignace de Loyola. Tout jeune religieux, mais déjà très prometteur, il avait reçu de son maître le P. Longhaye un testament spirituel qui est une des clés de son œuvre et dont le texte a beaucoup circulé dans la Compagnie de Jésus. En voici quelques extraits particulièrement significatifs :

« Quant au fond des choses et aux objets à étudier, avant tout, laissez faire la Compagnie, puis agissez de concert avec elle, les yeux toujours tournés vers l'objet suprême qui est Jésus-Christ. Là est le tout de tout, vous le saviez avant de me l'entendre dire, et ma leçon privilégiée est tombée sur une terre déjà ensemencée et féconde. Vous la répéterez à d'autres, cette leçon : mais surtout, vous l'accomplirez à la lettre pour vous-même. Si ce testament avait – ce qu'il n'a pas – une force obligatoire, je vous enjoindrais une chose, une seule chose : chercher en tout objet d'étude le rapport à Jésus-Christ, le moyen le plus direct mais toujours existant de faire de toute connaissance acquise un témoignage en faveur de Jésus-Christ. Tout le reste est curiosité plus ou moins vaine, parce qu'elle est plus ou moins incomplète ou ravalée. Et si Dieu vous donne encore quarante ou cinquante ans de vigueur intellectuelle, ce sera toujours trop peu pour étudier Jésus-Christ même et le rapport de toutes choses, divines et humaines à Jésus-Christ.

[…] Tel est mon second vœu, mon vœu suprême. Aimez Jésus-Christ, mon frère Léonce ; allez jusqu'au dernier soupir vous passionnant chaque jour davantage pour sa Personne adorable. Étudiez, scrutez, fouillez, déployez sans relâche pour vous-même et pour autrui ses insondables richesses ; regardez-le obstinément jusqu'à le savoir par cœur ; mieux encore, jusqu'à vous assimiler à lui, vous absorber en lui. Qu'il soit bien et toujours de plus en plus le centre de vos pensées, le nœud de vos connaissances, le terme pratique de vos études quelconques. Faites-en l'objet moralement unique, l'argument souverain, l'arme triomphante de votre apostolat. Professeur, prédicateur, écrivain, missionnaire, que sais-je?... Ayez, s'il plaît à Dieu, et pour sa seule gloire, une large et noble renommée; mais, obscur ou célèbre, occupé des plus grands ministères ou des plus humbles, au moins soyez connu dans votre sphère d'action pour l'homme rempli et possédé de Jésus-Christ, pour l'homme qui, à propos et hors de propos – s'il était possible! –, parle sans relâche de Jésus-Christ et en parle d'abondance du cœur[3].

[...] Jésus-Christ médité, Jésus-Christ connu, Jésus-Christ aimé d'une passion toujours croissante et conséquente avec elle-même: c'est là tout pour vous [...] »

Ce texte passionné, et quelque peu daté dans son style, a été manifestement une source d'inspiration de l'auteur du grand livre *Jésus-Christ* dont j'ai déjà cité quelques formules[4], en particulier celles sur la « limpidité » du Christ. Ce testament est doublement significatif: il nous montre le lien entre spiritualité et théologie et la transmission vivante intérieure à une famille religieuse.

Grandmaison fut professeur de théologie fondamentale à Fourvière puis en exil en Angleterre pendant une dizaine d'années en pleine crise moderniste. Dans cette crise, il se refusait aux surenchères polémiques qui florissaient de tous les côtés. Il se contentait d'une analyse sobre et vraie des enjeux de fond. Alfred Loisy disait qu'il était le seul avec lequel il aurait accepté de discuter, parce qu'il était « bien élevé ». Il fut même attaqué comme « progressiste » par la tendance intégriste. Il contribua au renouvellement de l'apologétique ainsi que son cadet le P. Jules Lebreton (1873-1956), professeur à l'Institut catholique de Paris, et auteur d'un grand livre sur *L'histoire du dogme de la Trinité*. L'un comme l'autre s'illustrent par leurs ouvrages sur la personne et l'enseignement de Jésus-Christ. Grandmaison fut le fondateur en 1910 de la revue des *Recherches*

---

3. Dans J. Lebreton, *Le Père Léonce de Grandmaison*, Beauchesne, Paris, 1932, p. 39-42.
4. Cf. *supra*, p. 94.

de science religieuse, dont le titre ne nous étonne plus aujourd'hui, mais qui était assez neuf pour l'époque. Il ne choisit pas, à dessein, le terme de *théologie*, dans l'idée de mettre sur le marché intellectuel une revue authentiquement scientifique capable de traiter des différents problèmes religieux, au-delà même de la théologie chrétienne. Il avait l'intention d'engager un dialogue avec des universitaires et d'ouvrir sa revue non pas encore à des échanges avec les autres religions, mais à une préoccupation positive les concernant. Il favorisera également la naissance de la collection d'études bibliques *Verbum salutis*, dans l'entre-deux guerres.

Son nom était resté très présent au collège Notre-Dame-de-Sainte-Croix du Mans, dont il avait été l'élève et où je fis ma formation primaire et secondaire. Je ne l'ai évidemment pas connu, mais il a marqué ma jeunesse religieuse et je l'ai découvert plus tard comme théologien et comme maître spirituel. Il a été et reste pour moi le témoin d'une spiritualité très « christique » comme d'une théologie ouverte, cherchant à répondre aux problèmes posés par la modernité scientifique et historique. N'est-ce pas la transposition des intentions d'Ignace au XVIe siècle ?

Le Père Pierre Rousselot (1878-1915), mort prématurément dans les combats de la Grande Guerre, était professeur de théologie à l'Institut catholique de Paris. Il chercha à renouveler l'étude de saint Thomas et avait l'intention de se lancer dans un grand travail sur la théologie de l'amour. Il se rendit célèbre par ses articles sur les « yeux de la foi » qui renouvelaient l'apologétique en montrant que l'acte de foi donne lui-même des yeux pour voir. Il fut le maître du P. Joseph Huby, lequel sera à son tour le garant intellectuel de la génération suivante, c'est-à-dire d'Henri de Lubac et Yves de Montcheuil. Ces deux derniers, dans leurs correspondances, se réfèrent sans cesse à Rousselot et se demandent sur certains points ce qu'en pense « le Père Léonce ». Vous avez là des filiations évidentes.

La place, le rôle et l'itinéraire d'Henri de Lubac dans la théologie du XXe siècle sont largement connus. Lui aussi fut un héritier avant de devenir un maître. Yves de Montcheuil, de quatre ans plus jeune qu'Henri de Lubac et devenu son grand ami, donnera l'exemple même d'une théologie qui savait être spéculative et rigoureuse et qui était en même temps pleinement engagée au service du Royaume. Il a signé cet engagement de sa mort, puisqu'il fut fusillé à Grenoble le 12 août 1944, pour avoir voulu répondre à l'appel d'anciens étudiants et être « avec eux » dans le maquis du Vercors. Dans sa trop brève carrière, il a su faire avancer divers points délicats de la théologie dans la ligne qui aboutira à Vatican II[5]. Il fut en même temps un authentique « maître spirituel », aidant nombre d'étudiants à exercer dans la foi les discernements les plus cruciaux auxquels les confrontait le temps de l'Occupation. Son livre posthume, *Problèmes de vie spirituelle*[6], fut une sorte de bréviaire pour toute génération d'étudiants, de séminaristes, de religieux et de religieuses. J.-B. Metz parlera plus tard de la valeur proprement théologique de l'existence de certains théologiens. La chose vaut éminemment pour l'« existence théologique » du P. Yves de Montcheuil qui a gardé toute sa vie la cohérence la plus limpide entre son dire et son faire.

La théologie des Exercices d'Erich Przywara et Hugo Rahner à Gaston Fessard

À l'exception du P. de Lubac, vous nous avez fait remonter à la première moitié du XXe siècle. Est-ce que ce milieu favorable s'est prolongé après Vatican II ?

Venons-en au milieu du siècle. C'est d'ailleurs le moment d'évoquer rapidement la grande figure du P. Teilhard de Chardin. Il est mort le jour de Pâques 1955. Son œuvre appartient donc au premier XXe siècle. Mais elle n'a été publiée qu'après sa mort. Nous

---

5. Cf. B. Sesboüé, *Yves de Montcheuil (1900-1944), précurseur en théologie*, op. cit.
6. Après avoir connu sept éditions entre 1945 et 1959, il vient d'être réédité chez Desclée de Brouwer, Paris, 2006.

ne lisions encore à l'époque de ma formation que quelques textes épars ronéotypés et ses longues années d'exil ne permettaient guère de le rencontrer. Certains en connaissaient sans doute beaucoup plus. Aussi son influence fut-elle sensiblement plus grande dans les années qui ont suivi sa mort, à la fois dans et hors de la Compagnie de Jésus. Ses intuitions théologiques séduisaient certainement, mais il y avait aussi sa personnalité spirituelle exprimée dans Le Milieu divin et ses correspondances.

Depuis la même époque, les *Exercices spirituels* de saint Ignace ont été l'objet non seulement de commentaires spirituels, mais plus encore d'analyses et d'interprétations théologiques. Le premier à se lancer fut le jésuite allemand Erich Przywara (1889-1972), philosophe et théologien de haut vol, qui dès 1938 publiait une théologie en trois tomes des *Exercices spirituels*. Plus tard, Hugo Rahner (1900-1968), le frère aîné de Karl, étudiera la genèse des mêmes *Exercices* et soulignera le christocentrisme de leur théologie[7]. En christologie Ignace s'inscrit dans la perspective franciscaine qui, à la lumière de l'hymne de *Éphésiens* 1, tient que le Christ est au centre de l'intention divine concernant l'homme. Bien entendu, le Christ a été envoyé pour libérer l'humanité du péché, mais ce motif ne rend pas compte de tout. Est-ce à dire que le Christ se serait incarné si l'homme n'avait pas péché, problème qui préoccupait fort les grands scolastiques ? Aujourd'hui on n'ose pas poser la question sous cette forme-là, car nous n'avons aucune représentation possible de ce qu'aurait été notre monde dans une telle hypothèse. Contentons-nous de dire que le dessein de Dieu, tel qu'il nous est révélé dans l'Écriture, donne une place centrale au Christ, au Verbe incarné, présent dès avant la fondation du monde à l'intention créatrice. Le Christ est donc venu non seulement pour nous libérer du péché, mais aussi pour établir la parfaite communication entre Dieu et l'humanité, c'est-à-dire pour accomplir notre divinisation.

---

7. H. Rahner, *La genèse des Exercices*, Desclée de Brouwer/Bellarmin, 1989.

Du côté français, il faut signaler l'œuvre du Père Gaston Fessard, et sa *Dialectique des Exercices spirituels*, ouvrage rédigé dans les années trente et publiée en 1956. Beaucoup de compléments de cette œuvre ont été publiés après la mort de l'auteur. Ce livre est à la fois spirituel, philosophique et théologique. J'ai personnellement reçu un cours à Chantilly du P. Fessard, qui a beaucoup marqué notre génération. Dans son sillage, Édouard Pousset développera de nouvelles analyses qui le conduiront, à partir des brefs « points de méditation » donnés dans les *Exercices* sur les textes évangéliques, à élaborer une lecture des évangiles selon les méthodes les plus modernes. De son côté, le P. Maurice Giuliani lance la revue *Christus* en 1954, revue de spiritualité ignatienne, mais aussi de réflexion théologique. Nos professeurs y écrivaient généreusement et nous avons ensuite pris le relais. Ce mouvement se prolonge jusqu'à aujourd'hui.

Karl Rahner et Hans Urs von Balthasar

Un peu plus proches de nous, vous avez les deux très grandes figures de Rahner et de Balthasar, bien différentes l'une de l'autre. Pouvez-vous les « expliquer » à partir du même Ignace de Loyola ?

Il n'est pas exagéré de dire que la pensée la plus spéculative de Karl Rahner est la thématisation théologique de l'expérience spirituelle de la rencontre de Dieu, telle qu'elle est proposée par Ignace. Le théologien confiait à la fin de sa vie que la spiritualité ignatienne a eu sur lui une influence plus grande que la philosophie et la théologie de l'époque de sa formation. Cela se trouve très clairement exprimé dans le *Discours d'Ignace de Loyola aux jésuites d'aujourd'hui*[8], sorte de prosopopée où Rahner fait parler un Ignace qui lui ressemble sans doute mais qui n'est nullement

---

8. K. Rahner, *Discours d'Ignace de Loyola aux jésuites d'aujourd'hui*, trad. Ch. Ehlinger, Centurion, Paris, 1979.

dénaturé. L'expérience immédiate de Dieu, répétée à satiété dans ces pages, est une des sources de la réflexion sur l'expérience transcendantale que nous avons rencontrée dans nos échanges. Lisons quelques expressions :

« J'affirme avoir rencontré Dieu de façon immédiate. Inutile de confronter cette assurance avec ce qu'un cours de théologie peut dire sur la nature de telles expériences immédiates de Dieu. [...] Je dis seulement ceci : j'ai fait l'expérience de Dieu, de Dieu innommable et insondable, de Dieu silencieux et pourtant proche, de Dieu qui se donne dans sa Trinité. J'ai expérimenté Dieu au-delà de toute image et de toute représentation. J'ai expérimenté Dieu qui ne peut d'aucune façon être confondu avec quoi que ce soit d'autre quand il se fait proche ainsi lui-même dans sa grâce[9]. »

Ces répétitions disent à leur manière l'incapacité du discours à dire autre chose que la chose elle-même. Rahner pense aux textes où Ignace parle du Créateur et Seigneur qui embrasse sa créature dans son amour et sa louange. C'est dans le sanctuaire du « pôle originaire de sa conscience » qu'Ignace a pu faire cette expérience aussi forte de Dieu et de la grâce. C'est là que Rahner l'a suivi, remontant du discours thématique exprimant l'expérience à l'expérience elle-même. Ce n'est pas pour rien que Rahner considère que ses écrits spirituels constituent la meilleure manuduction vers l'intelligence de sa théologie. Il conseillait comme introduction un texte intitulé « Logique de la connaissance existentielle chez Ignace de Loyola[10] ». Il n'a pas peur d'attribuer à Ignace une « connaissance existentielle », c'est-à-dire une expérience « authentique, originelle de Dieu », qui précède logiquement la réflexion et la verbalisation théologiques, une expérience qui ne peut jamais être totalement rejointe par la réflexion réalisée dans le langage. Nous sommes au cœur de ce qu'il appelle l'« expérience

---

9. *Ibid.*, p. 11.
10. Traduit dans *Éléments dynamiques dans l'Église*, Desclée de Brouwer, Paris, 1967, p. 75-133.

transcendantale ». Dans le même esprit, Rahner s'est livré à une longue analyse de la « consolation sans cause », décrite par Ignace, c'est-à-dire une irruption de la présence de Dieu qui n'est motivée par aucune cause précédente. Rahner passe spontanément de cette consolation sans cause à l'expérience transcendantale.

Tout ceci reste intimement lié à la « dévotion à Jésus », proposée dans les *Exercices* à la méditation et à la contemplation du retraitant. À la suite d'Ignace, Rahner a choisi de suivre Jésus pauvre et humble. Il a même écrit un petit livre spirituel traduit sous le titre *Aimer Jésus* :

« En vérité, voyez-vous, il faut tout de même bien le dire : on n'a encore quelque chose à faire avec Jésus que si on lui saute au cou, que si l'on réalise, dans la profondeur de sa propre existence, que quelque chose comme cela est possible même aujourd'hui[11]. »

Hans Urs von Balthasar fut le grand ami de Karl Rahner au cours de leur jeunesse. Leurs itinéraires se séparèrent ensuite et ils se livrèrent à de petites polémiques théologiques. Pour ce qui nous préoccupe, Balthasar est également l'exemple d'un théologien héritier de saint Ignace, et il a toujours dit que la spiritualité de ce dernier constituait sa patrie spirituelle. L'un comme l'autre ont exercé une grande influence sur les jésuites que nous étions. J'ai dit ce que je devais à l'enseignement et à l'amitié de Joseph Moingt.

Je n'ose pas mentionner bien d'autres jésuites, dont certains sont morts et d'autres toujours vivants, ni les contemporains de ma génération ni les plus jeunes, par discrétion et par pudeur aussi. Mais je puis vous dire que ce milieu porteur dans la Compagnie de Jésus, s'il est sans doute plus restreint en nombre qu'autrefois, demeure bien vivant. Jamais je n'aurais pu écrire ce que j'ai écrit, si je n'avais pu m'appuyer non seulement sur nombre d'informations et de vérifications amicales venant des uns et des autres mais surtout sur la stimulation constante des échanges communautaires.

---

11. K. Rahner, *Aimer Jésus*, Desclée, Paris, 1985, p. 38.

Prenons un peu de distance et cela pourrait permettre de conclure ce livre. Puisque l'on a commencé par les Pères de l'Église, est-ce que la fréquentation d'un Irénée, d'un Basile de Césarée a aussi une résonance dans votre vie spirituelle ? Malgré le décalage des siècles rencontrez-vous, en travaillant sur tous ces textes, des frères avec lesquels vous vous sentez en pleine communion de foi ?

Certainement! L'intérêt d'une thèse est de se confronter à la pensée d'un grand auteur, d'un homme qui soit vraiment un maître. Il y a d'abord l'expérience professionnelle que donne un sondage mené de première main. Il permet de savoir si ce qu'on lit chez les autres auteurs est le résultat d'un travail analogue ou non, et dans quelle mesure les uns ou les autres font intervenir leur précompréhension personnelle et leurs options dans leurs conclusions ou leurs interprétations. On discerne mieux le coefficient personnel de chacun. En effet, quand on fait une thèse, on est obligé de prendre position par soi-même au-delà de la documentation rassemblée, de conclure soi-même et de justifier ses jugements en se méfiant de soi. C'est une expérience très nécessaire.

Mais il y a beaucoup plus, la confrontation à la pensée d'un grand auteur et, quand il s'agit d'un théologien la confrontation à la foi de celui-ci. J'avais choisi Basile de Césarée et le domaine de la théologie trinitaire. Certains pensaient que ce n'est pas le plus grand auteur patristique, et même qu'il n'avait pas beaucoup d'idées théologiques. S'il n'est pas un génie à l'égal d'Origène et d'Augustin, il est un homme qui s'est affronté avec courage à une contradiction grave entre le contenu de sa foi et la culture de son temps, une contradiction qui l'habitait lui-même, parce qu'il était chrétien jusqu'au bout des ongles, mais aussi pétri de culture hellénistique jusqu'à la moelle. C'était un Grec parlant grec, formé par la tradition philosophique grecque et pensant grec. Pour résoudre le « clash » qu'il ressentait entre sa culture et sa foi au sujet de la Trinité, il avait trois solutions : se réfugier dans la répétition en ignorant la question ; céder à la contestation rationnelle et adapter le christianisme à l'absolu des principes grecs ; ou chercher en vérité, sur le terrain même de la pensée grecque, la possibilité de tenir un discours de foi cohérent et crédible. Il courait le risque d'être mal compris, ce qui arriva ; il se livrait à un effort considérable d'intelligence et de volonté pour tirer des catégories grecques la possibilité de dire ce qu'elles n'avaient jamais dit. Il devait se livrer à un discernement exact des enjeux de la foi, tout en gardant une attitude « œcuménique » avant la lettre dans sa compréhension de ceux qui avaient trop de mal à dire que l'Esprit Saint est Dieu. Basile de Césarée fut pour moi un maître du discernement théologique et de l'alliance entre le respect de la tradition et l'ouverture aux problèmes de son temps. Plus tard, j'ai fait la même expérience, toujours étonnante, avec Irénée de Lyon. J'ai lu une convergence entre le discernement théologique chez Irénée et Basile et le discernement spirituel chez Ignace. Les quelques intuitions que j'ai pu avoir viennent de là. Je me sens totalement un héritier.

Abréviations

DC: *Documentation catholique*

Dz-H: H. Denzinger, *Symboles et définitions de la foi catholique*. 37ᵉ édition par P. Hünermann et J. Hoffmann, Cerf, Paris, 1996

SC: *Sources chrétiennes* Lyon et Paris (Cerf)

Index des noms cités

Adrien VI, 245
Alberigo (Giuseppe), 177
Anselme de Cantorbéry, 149, 150
Aphraate le Sage Persan, 78
Appia (Georges), 210
Aquila, 24
Arènes (Jacques), 310
Arius, 47, 60, 61, 62
Astruc (Jean) 269
Atger (Daniel), 205, 210
Athanase d'Alexandrie, 61, 62, 357
Athénagoras (Patriarche), 209
Aubert (Roger), 8
Augustin d'Hippone, 20, 23, 26, 30, 36, 38, 49, 53, 69, 70, 71, 146, 149, 237, 258, 357, 363, 374

Bacht (Heinrich), 118
Baciocchi (Joseph de), 210
Balthasar (Hans Urs von), 22, 30, 35-37, 44, 75, 76, 77, 120, 371, 373
Barth (Karl), 17, 89, 100, 119, 316
Basile de Césarée, 56, 62, 63, 64, 69, 79, 83, 357, 374, 375
Baud (Philippe), 233
Baudoz (Jean-François), 121
Baudrillard (Jean), 238
Baumgartner (Charles), 298
Bayle (Pierre), 262
Beauchamp (Paul), 16
Beauduin (Dom Lambert), 203, 205
Beaupère (René), 210
Bellarmin (saint Robert), 160
Benoît XIV, 266, 273
Benoît XV, 303
Benoît XVI (Joseph Ratzinger), 44-45, 175, 199, 268, 269, 289, 332, 333, 335, 350
Berger (Peter), 315
Billé (Cal Louis-Marie), 336

Blancy (Alain), 210, 216
Blondel (Maurice), 288
Bobadilla (Nicolas), 363
Boèce (Anicius, Manlius), 40, 71
Boëdec (François), 343
Boff (Leonardo), 122
Bolland (Jean), 260
Bonal (Mgr François de), 279
Bonaventure (saint), 45, 363
Bonhoeffer (Dietrich), 315
Borne (Etienne), 172
Bornkamm (Günther), 102
Bossuet (Mgr Jacques-Bénigne), 250, 255, 256, 259, 262, 263
Bouillard (Henri), 30, 300
Boulard (Fernand), 318
Bourgeois (Henri), 8
Bousquet (François), 8
Bouyer (Louis), 121, 191, 205
Brahé (Tycho), 251
Bremond (Henri), 250
Brown (Dan), 62, 109, 156, 338
Bruno (Giordano), 251
Buffon (Georges Louis Lecler comte de), 266
Bultmann (Rudolf), 95, 98, 99-101, 106, 108, 116, 119, 124, 125, 137, 340

Calvez (Jean-Yves), 349
Camus (Albert), 87, 283
Cardijn (Cal Joseph), 297
Catherine II, 277
Chaban-Delmas (Jacques), 104
Chaillet (Pierre), 162, 168
Chalet (Jean-Anne), 304
Champion (Françoise), 232
Charles (Pierre), 166, 198
Chateaubriand (François-René de), 281, 316-317
Chenu (Marie-Dominique), 361
Christophe (Paul), 200
Claudel (Paul), 285, 296
Clavel (Maurice), 268
Clément de Rome, 16, 21
Clément d'Alexandrie, 29, 38, 83, 357
Clément XII, 266
Clément XIII, 266
Clément XIV, 277
Closets (François de), 311
Comte-Sponville (André), 87
Congar (Cal Yves), 12, 22, 32, 34, 74, 118, 154, 160, 162, 164, 166-169, 169, 171-172, 174, 177, 179, 190, 191, 192, 200, 204, 207, 287, 295, 298, 302, 333, 341

Constantin, 62
Copernic (Nicolas), 251, 273
Courel François, 364
Couturier (Paul), 204, 215
Cox (Harvey), 315, 316
Cyprien de Carthage, 29, 37, 178, 179, 341, 357
Cyrille d'Alexandrie, 357

Dagens (Mgr Claude), 324
Damiens (Robert-François), 277
Daniel (Yvan), 170, 299
Daniélou (Cal Jean), 29, 30, 35, 36, 37-38, 154
Debray (Régis), 87
Delorme (Jean), 194
Delors (Jacques), 104
Denys l'Aréopagite (Pseudo), 36
Depardieu (Gérard), 20
Descartes (René), 72, 251, 254, 255, 256, 258
Desseaux (Jacques), 210
Diderot (Denis), 265, 266
Dillard (Victor), 65
Donegani (Jean-Marie), 345
Doré (Mgr Joseph), 121
Drey (Jean-Sébastien), 362
Duns Scot (Jean), 363

Dupanloup (Mgr Félix), 301
Dupont (Dom Jacques), 28
Dupuis (Jacques), 154
Duquesne (Jacques), 103, 104
Duquoc (Christian), 121, 126
Durrwell (François-Xavier), 118

Ebeling (Gerhard), 120
Einstein (Albert), 235
Erasme (Didier), 244, 246
Escarpit (Robert), 276
Eunome de Cyzique, 62, 69, 79

Fédou (Michel), 121
Feiner (Johannes), 36, 120
Fénelon (Mgr François de Salignac de La Motte), 250
Féron (Martin), 343
Ferry (Luc), 87
Fessard (Gaston), 369, 371
Feuerbach (Ludwig), 96
Field (Frederick), 25
Fleury (Claude), 261
Fontoynont (Victor), 28
Forte (Bruno), 121
Foucauld (Charles de), 292
Fouilloux (Etienne), 177
Franzelin (Cal Jean-Baptiste), 163

Frédéric II, 277
Freud (Sigmund), 85
Frings (Cal Karl), 45

Galilée (Galileo Galilei), 251, 252, 253, 254, 255, 273
Garrigou-Lagrange (Réginald), 33, 34
Gauchet (Marcel), 313, 314
Gaulle (Charles de), 18, 26, 188
Geiselmann (Joseph), 162
Gentil-Baichis (Yves de), 233, 328
Gesché (Adolphe), 121
Giard (Luce), 274
Gibbons (Cal James), 293
Gibellini (Rosino), 8
Gibert (Pierre), 269
Girard (René), 148
Girault (René), 210
Giuliani (Maurice), 274, 371
Godin (Henri), 170
Gonzalez de Cardedal (Olegario), 121
Grandmaison (Léonce de), 94, 323, 365-368
Grégoire de Nazianze, 63, 165, 357

Grégoire de Nysse, 29, 35, 37, 357
Grégoire le Grand, 363
Grégoire VII, 248
Grégoire XVI, 286
Grégoire (Abbé Henri-Baptiste), 264
Grelot (Pierre), 194, 195
Grillmeier (Aloys), 118
Grossi (Vittorino). 8
Guillet (Jacques), 121
Gutenberg (Johannes), 244
Gutierrez (Gustavo), 122

Halifax Lord (Charles Wood), 202, 203
Hammann (Gottfried), 210
Harnack (Adolf von), 96, 97, 106, 125, 164, 165, 248
Hazard (Paul), 261, 263
Hecker (Isaac-Thomas), 293
Hegel (Georg Wilhelm), 40, 41, 42, 73, 96
Henri IV, 248
Hervieu-Léger (Danielle), 232, 235
Hick (John), 154
Hobbes (Thomas), 255
Huby (Joseph), 368
Hünermann (Peter), 120

Ignace d'Antioche, 16, 21, 344, 357, 362
Ignace de Loyola, 68, 244, 246, 255, 274, 362-365, 366, 368, 370, 371, 372, 373, 375
Ireland (Mgr John), 292, 293
Irénée de Lyon, 14, 16, 20, 21, 23, 26, 27, 33, 36, 37, 57, 80, 81, 89, 357, 374, 375

Jean XXIII (Angelo Roncalli), 182, 205, 301, 307

Jean-Paul (Richter), 283
Jean-Paul II, 17, 70, 89, 155, 171, 185, 189, 202, 209, 231, 254, 283, 289, 332, 335, 344, 354
Jeannière (Abel), 235, 236, 242, 252
Jedin (Hubert), 246
Jérôme (saint), 112, 258, 363
Jourjon (Maurice), 210
Journet (Cal Charles), 173
Jüngel (Eberhard), 77, 120
Justin, 14, 16, 57, 154
Justinien, 357

Kähler (Martin), 98, 99
Kannengiesser (Charles), 36, 37

Kant (Emmanuel), 73, 84, 265, 267, 268
Käsemann (Ernst), 95, 101-103
Kasper (Walter), 77, 83, 120, 123, 129, 150
Kepler (Jean), 251, 252
Knitter (Paul), 154
Küng (Hans), 97, 120, 154, 190

Ladaria (Luis-F.) 8
Lafont (Ghislain), 233
Lambert (Yves), 318
La Mennais (Félicité de), 283
Laplace (Pierre de), 269
Laubrussel (Ignace de), 270
Laurentin (René), 217
Lauret (Bernard), 150
La Vallette (Antoine de), 277
Le Bras (Gabriel), 318
Lebreton (Jules), 367
Lecler (Joseph), 38
Lécrivain (Philippe), 8, 244, 276, 363
Lefebvre (Mgr Marcel), 303, 304, 305, 306
Lefèvre d'Etaples (Jacques), 256
Lefort (Claude), 242
Lefranc de Pompignan (Mgr Jean-Georges), 264

Légaut (Marcel), 203
Legrand (Hervé), 195
Leibniz (Gottfried), 256, 259
Léon X, 246
Léon XIII, 202, 203, 287, 288, 293, 303, 354
Liégé (Pierre-André), 329
Liénart (Cal Achille), 45
Lipotevsky (Gilles), 232
Locke (John), 255, 256
Lods (Marc), 210
Löhrer (Magnus), 36, 120
Loisy (Alfred), 159, 164, 165, 257, 258, 367
Longhaye (Georges), 366
Lorgeril (Joseph de), 299
Louis XIV, 262, 275
Louis XVI, 279
Lubac (Cal Henri de), 14, 22, 25, 28, 29, 30-34, 35, 36, 37, 38, 40, 43, 45, 88, 152, 154, 166, 168, 173-174, 200, 368, 369
Lustiger (Cal Jean-Marie), 233
Luther (Martin), 146, 245, 246, 251, 363
Lyonnet (Stanislas), 149

Mabillon (Jean), 260, 261
Malebranche (Nicolas), 255
Malraux (André), 312
Mao Tsé-toung, 236
Maréchal, (Joseph), 268
Marguerat (Daniel), 107
Maritain (Jacques), 297
Martel (Antoine), 203
Martelet (Gustave), 89, 121
Martini (Cal Carlo Maria), 186, 343
Marx (Karl), 85, 283
Maurras (Charles), 296
Maxime le Confesseur, 35
Meier (John-P.), 110-114, 129, 339
Méliton (Métropolite), 209
Mercier (Cal Désiré), 203
Merleau-Ponty (Maurice), 87
Mersch (Emile), 166
Mersenne (Marin), 250
Meslier (Jean, dit le curé), 264
Metz (Jean-Baptiste), 311, 369
Migne (Jacques), 31
Möhler (Johann Adam), 161-162, 163, 167, 168, 169, 191, 202, 221, 283, 362
Moingt (Joseph), 38-44, 53, 59, 121, 125, 195, 346, 373
Molères (Mgr Pierre), 231
Mollat (Donatien), 30
Moltmann (Jürgen), 76, 119

Mondésert (Claude), 29, 37
Montalembert (Charles de), 283
Montcheuil (Yves de), 118, 149, 151, 152, 162, 168, 169, 174, 177, 205, 241, 368, 369
Montesquieu (Charles de Secondat, de La Brède et de), 265, 266
Mühlen (Heribert), 191
Mun (Albert de), 283, 297
Murray (John Courtney), 287
Musset (Alfred de), 281
Mussolini (Benito), 182

Napoléon (Bonaparte), 281
Neveu (Bruno), 270
Newman (John-Henri), 161, 162-163, 191, 202, 283, 287
Newton (Isaac), 235, 251, 254, 267, 268
Nietzsche (Frédéric), 85, 283
Nora (Simon), 104

Onfray (Michel), 85
Origène, 14, 21, 23, 24, 25, 26, 30, 35, 37, 38, 44, 47, 237, 258, 357, 374

Panikkar (Raymond), 154

Pannenberg (Wolfhart), 54, 119, 124, 125, 126, 127, 130
Pascal (Blaise), 250, 251, 253, 254
Passaglia (Carlo), 163
Paul III, 246
Paul VI, 176, 177, 180, 183, 185, 192, 204, 207, 209, 302, 340, 342
Péguy (Charles), 296
Perrone (Jean), 163
Perrot (Charles), 110
Petau (Denis), 260
Pie VI, 280, 287
Pie VII (Barnabé Chiaramonti), 266
Pie IX, 284, 286, 301
Pie X, 294, 296
Pie XI, 182, 186, 204, 206, 276, 296, 297, 303
Pie XII, 34, 169, 171, 181,182, 186, 205, 300, 325
Pieris (Aloysius), 154
Pierre (Abbé, Henri Grouès), 355
Plateau (Mgr Pierre), 336
Plongeron (Bernard), 234, 273, 279
Ploux (Jean-Marie), 233
Portal (Fernand), 202, 203

Potel (Julien), 232
Poulat (Emile), 233
Pousset (Edouard), 371
Proudhon (Pierre-Joseph), 283
Przywara (Erich), 369, 370
Psichari (Ernest), 296
Ptolémée, 252, 253

Quinn (Mg John-R.), 189, 343

Rahner (Hugo), 44, 58, 325, 369, 370
Rahner (Karl), 37, 38, 45, 54, 58, 59, 64, 67, 74, 75, 77, 90, 92, 119, 120, 130-134, 143, 154, 169, 170, 174, 183, 199, 268, 298, 311,312, 315, 329, 331, 337, 371-373
Reimarus (Hermann), 96, 98
Rémond (René), 86, 88, 314
Renan (Ernest), 96, 97, 284
Richard (Louis), 152
Ricœur (Paul), 72, 242, 307-310, 311
Rigal (Jean), 192, 233
Rivière (Jean), 151, 152
Rogier (L.-J.), 264, 271, 273, 278
Rouet (Albert), 233, 328

Rousseau (Jean-Jacques) 264, 266, 267, 271, 272
Rousselot (Pierre), 43, 365, 368
Roux (Hébert), 210

Sanders (Ed Parish), 105
Sangnier (Marc), 296
Sartre (Jean-Paul), 85, 356
Scheeben (Matthias), 161, 163, 283
Schillebeeckx (Edward), 120, 123, 174, 195
Schillinger (Marie-Laurent) 233
Schoonenberg (Piet), 120
Schrader (Clément), 163, 164
Schweitzer (Albert), 98, 99
Segundo (Juan-Luis), 122
Semmelroth (Otto), 174
Seper (Cal François), 199
Sesboüé (Bernard), 8, 16, 34, 97, 128, 152, 156, 168, 194, 197, 198, 208, 226, 260, 272, 320, 337, 369
Shaftesbury (Anthony), 265
Simon (Hippolyte), 233, 312-314
Simon (Richard), 256, 257-259, 261, 262, 269, 285
Sobrino (Jon), 122

Speyr (Adrienne von), 44
Spinoza (Baruch), 255, 256,257
Staël (Germaine Necker de), 283
Strauss (David), 96, 97, 284
Suarez (Francisco), 276
Symmaque, 24

Teilhard de Chardin (Pierre), 88, 89, 121, 369
Tertullien, 38, 57, 83, 328, 357
Theobald (Christoph), 8
Théodotion, 24
Thomas d'Aquin (saint), 37, 40, 42, 71, 72, 350, 363, 368
Thomassin (Louis), 260
Thurian (Max), 210
Tihon (Paul), 8
Tillard (Jean-Marie R.), 192
TIllemont (Louis-Sébastien Le Nain de), 260, 261, 270
Tilliette (Xavier), 73, 121
Tixeront (Joseph) 8
Toynbee (Arnold), 241
Tromp (Sébastien), 169
Turgot, (Anne-Robert de) 266

Valadier (Paul), 233
Van der Gucht (Robert), 8
Vanhoye (Cal Albert), 195
Vannier (Marie-Anne), 26
Varillon (François), 30
Vergely (Bertrand), 87
Veyne (Paul), 82
Videla (Général argentin), 304
Villain (Maurice), 205
Vissert'Hooft (Willem Adolph), 205, 207
Vögtle (Anton), 132, 133
Voltaire (Jean-Marie Arouet), 262, 265,266, 267, 271, 276
Vorgrimler (Herbert), 8

Willebrands (Cal Jan), 205, 210
Wolinski (Joseph), 8
Wrede (William), 96, 98,

Zitrone (Léon), 156

Table

Avant propos 7

I. Retour aux sources : les Pères témoins de la jeunesse de l'Église 11
    Le point de départ : les Pères et l'Évangile 11
    L'Église et le judaïsme 16
    Lire aujourd'hui les Pères de l'Église 20
    La Gnose 26
    Le mouvement patristique au XXe siècle 28
    Les problèmes du langage 45

II. Actualité du mystère trinitaire 53
    Priorité à la christologie ou à la Trinité ? 53
    Économie du salut et théologie trinitaire 55
    Le développement du dogme trinitaire relu au XXe siècle . 60
    Le mystère de la Trinité donne toujours à penser 68
    Le scandale trinitaire au regard des juifs
    et des musulmans 77
    Un Dieu passionné pour l'homme 82

III. Jésus de l'histoire et Christ de la foi 92
    Des recherches sur la vie de Jésus au Jésus historique 96
    De Schweitzer à Bultmann : la « première question »
    du Jésus historique 98
    Ernst Käsemann *et alii* : la « deuxième question »
    du Jésus historique 101
    La « troisième question » du Jésus historique 105
    Quel bilan ? 108

IV. La christologie en mouvement 115
Les hommes et les œuvres 118
Les principales caractéristiques : le retour à l'Écriture
et à l'histoire de Jésus 122
Christologie d'en bas et christologie d'en haut 126
Les quatre prétentions d'autorité de Jésus 129
La conscience de Jésus 130
La résurrection 135
Christianisme et judaïsme 137
Sotériologie : l'unique Médiateur 141
Un nouveau débat : l'unicité du Christ 152
Jésus dans notre société 155

V. Le siècle de l'Église 159
Les précurseurs au XIXe siècle 160
Au XXe siècle : l'ecclésiologie de l'entre-deux-guerres ... 164
Entre la Seconde Guerre et Vatican II 170
Vatican II et ses suites 176
Après Vatican II 181
Le débat sur les ministères 193
Le théologien dans l'Église 198

VI. La conversion œcuménique 201
Le tournant œcuménique de l'Église catholique
au XXe siècle 202
Un bilan du rapprochement œcuménique quarante ans
après Vatican II 208
Le Groupe des Dombes 215
Unanimité et différences 218
Le piétinement de l'œcuménisme? 222
Prospective 226
Patience et utopie 230

VII. Église et modernité 231
  La modernité 235
  Le XVIe siècle et le défi de la Réforme 243
  Le XVIIe siècle et la « crise de la conscience européenne » 249
  Le XVIIIe siècle : des Lumières à la Révolution française . . 263
  Le XIXe siècle : de la révolution industrielle au scientisme . 281

VIII. Avenir de la foi et avenir de l'homme 291
  Le premier XXe siècle : crise moderniste
  et guerres mondiales 292
  Le second XXe siècle : Vatican II, vers une réconciliation
  avec la modernité 301
  Crise de la société et crise de la foi après Vatican II 307
  La crise de la société entrée dans l'Église 316
  Ni pessimisme ni optimisme, mais espérance 326
  L'avenir de la foi 329
  Répondre à nouveau aux défis de la modernité 334
  Une triple conviction de foi 355

IX. Théologie et tradition spirituelle 361
  Ignace de Loyola et la théologie 362
  Léonce de Grandmaison, Pierre Rousselot
  et leurs disciples 365
  La théologie des *Exercices*, d'Erich Przywara et
  Hugo Rahner à Gaston Fessard 369
  Karl Rahner et Hans Urs von Balthasar 371

Index des noms cités 379

Composition et mise en pages réalisées par
Sud Compo - 66140 - Canet en Roussillon
029/2007

Achevé d'imprimer sur les presses de l'imprimerie Corlet

en juillet 2007

N° d'imprimeur : 97715

Dépôt légal : août 2007

Imprimé en France

Pour être informé des publications
des Éditions Desclée de Brouwer
et recevoir notre catalogue, envoyez vos coordonnées à :

Éditions Desclée de Brouwer
2, Passage de la Boule-Blanche
75012 Paris

Nom : ....
Prénom : ....
Adresse : ....
....
Code postal : ....
Ville : ....
E-mail : ....
Téléphone : ....
Fax : ....

Je souhaite être informé(e) des publications
des Éditions Desclée de Brouwer